Barbara Cramer
Bist du jetzt ein Engel?

Barbara Cramer

Bist du jetzt ein Engel?

Mit Kindern und Jugendlichen über Leben und Tod reden

Ein Handbuch

Tübingen
2., überarbeitete und erweiterte Auflage 2012

Kontaktadresse:

Barbara Cramer
Am Ritterskamp 52
40489 Düsseldorf

E-Mail: barbara-cramer@gmx.de

Bibliografische Information der Deutschen Nationalbibliothek

Die Deutsche Nationalbibliothek verzeichnet diese Publikation in der Deutschen Nationalbibliografie; detaillierte bibliografische Daten sind im Internet über http://dnb.d-nb.de abrufbar.

2., überarbeitete und erweiterte Auflage 2012
© 2008 dgvt-Verlag
Im Sudhaus
Hechinger Straße 203
72072 Tübingen

E-Mail: dgvt-verlag@dgvt.de
Internet: www.dgvt-Verlag.de

Gestaltung & Satz: Die Kavallerie GmbH, Tübingen
Belichtung: KOPP – desktopmedia, Nufringen
Druck: Druckerei Deile GmbH, Tübingen
Bindung: Karl Dieringer GmbH, Gerlingen

ISBN 978-3-87159-270-6

Inhalt

Vorwort zur ersten Auflage (2008) 11

Vorwort zur zweiten Auflage (2012) 13

Kapitel 1
Voraussetzungen für das Verstehen von Sterben und Tod 17

1. Erleben von Zeit 17

2. Allgemeingültigkeit 21

3. Körperlicher Zerfall 23

4. Endgültigkeit 26

Kapitel 2
Entwicklung der Todesvorstellungen und Trauerverhalten bei Kindern und Jugendlichen 29

1. Todesvorstellungen bis 6 Jahre (Schulreife) 31

2. Von 6 Jahre (Schulreife) bis 10 Jahre (Wechsel zur weiterführenden Schule) 42

3. Todesvorstellungen ab 10 Jahre 56

4. Hinweise zur Erfassung der kindlichen Todesvorstellung 68

5. Kinder und Jugendliche mit einer lebensverkürzenden Erkrankung 73

6. Trauerverhalten von Kindern und Jugendlichen 77

7. Geschwistertrauer 82

Kapitel 3
Grundlegende Gedanken für ein hilfreiches Gespräch 85

1. Selbstbesinnung 86

2. Das Gespräch mit dem Kind einzeln und in der Gruppe 98

3. In einer Krisensituation 112

4. Freitod 114

Kapitel 4
Bilderbücher als Einstieg für ein Gespräch über Sterben und Tod 117

1. Versuch einer Typologie der Bilderbücher 118

2. Vorüberlegungen zum Umgang mit Bilderbüchern 123

3. Zum Gesprächsanlass 129

4. Zur Auswahl eines Buches 132

5. Die Bezugsperson 137

6. Hinweise zum Lesen und Betrachten 139

7. Praktische Anregungen im Bilderbuch 145

8. Die positive Kraft der Bilderbücher 163

9. Darstellungen zu „Sterben, Tod, Totsein und dem Danach" in Bilderbüchern 172
   Vergleich mit der mittelalterlichen „ars moriendi" 172
   Bilder zum „Sterben" 172
   Bilder zu „Totsein, weg für immer" 203
   Bilder vom Tod 207
   Das „Danach" 230
      Das sichtbare Geschehen nach dem Tod 230
      Die Verwandlung 236
      Bilder vom Jenseits 242

Kapitel 5
Weitere praktische Hilfestellungen 253

1. Selbst etwas tun 253

2. Malen 254

3. Schreiben 257

4. Lieder singen, Musik machen 258

5. Sprüche, Verse, Gedichte 259

6. Rollenspiele 259

7. Rituale 260

8. Anregungen zur Stärkung des Realitätssinns 263

9. Gegenstände als Trostspender 264

10. Imaginäre Begleiter 265

11. Geschichten erzählen mit verändertem Verlauf oder Perspektivenwechsel ... 265

12. Fiktive Geschichten 267

13. Therapeutische Geschichten 268

14. Erinnerungsbücher 270

15. Comic- oder Fotobücher als Gesprächseinstieg mit Jugendlichen ... 270

16. Weitere Hilfsmittel zum Gesprächseinstieg – ein „Handwerkskoffer" 272

Anhang 1
Aus der praktischen Erfahrung: Bilderbuchbetrachtungen 275

Luca 275

Anna 278

Anhang 2
Aus der praktischen Erfahrung:
Fallbeschreibungen mit therapeutischen Materialien 281

Jonas 281

Paul mit Materialien 1 bis 5 282

Anhang 3
Fragen 293

Fragen der Kinder und mögliche Antworten des Erwachsenen 293

Fragen der Begleiter und mögliche Antworten 301

Anhang 4
Tabellarische Übersicht 315

zu Bilderbüchern 315

zu bebilderten Kinderbüchern 358

zu Comic-, Foto- und Bilderbüchern für Jugendliche 364

Anhang 5
Übersicht über die verwendeten Bilder 373

Kinderbilder 373

Abbildungen aus Bilderbüchern 374

Schaubilder 378

Literatur 379

Fachliteratur 379

Bilderbücher zu Sterben und Tod 384

Bilderbücher zum Abschied 395

Bebilderte Kinderbücher 395

Erinnerungsbücher 398

Bilder-, Comic- und Fotobücher für Jugendliche 399

Weitere Jugendliteratur 400

Materialien 402

Prosa und Dichtung 403

Kataloge 404

Sachwortregister 405

Danksagungen 415

Vorwort zur ersten Auflage

Soll ein Erwachsener mit einem Kind über den Tod sprechen? Wenn ja, wie? Und wenn er selbst mit seinem eigenen Sterben nicht umgehen kann?

Der Tod gehört zum Leben und ist nicht zu vermeiden. Sicher vorhersagbar ist, dass im Umkreis der Bekannten oder Verwandten eines jeden Kindes irgendwann unerwartet oder absehbar ein Todesfall eintritt. Die Hinführung des Kindes zu diesem einschneidenden Geschehen sollte zu einer guten Lebensvorbereitung gehören. Einfühlsame Gespräche in frühem Alter können einen gelassenen Umgang mit dem Tod vorbereiten und Kräfte zur Bewältigung dessen entwickeln, was das Leben bringen wird.

Untersuchungen, Fallberichte und eine eigene Befragung zeigten mir, dass junge Menschen ohne Vorerfahrung zunächst keine Angst vor der Begegnung mit dem Sterben haben. Oft sind es aber die Bezugspersonen, die über ihre Aussagen und ihr Verhalten dem kleinen Kind ihre eigenen Vorstellungen und Gefühle weitergeben. Immer wieder kommt es auf diese Weise zu einer sich wiederholenden Weitergabe von unausgesprochenen Ängsten vor dem Tod von einer Generation an die nächste. Kinder, die mit ihren Fragen zum Lebensende zur Seite geschoben werden, wachsen zu Eltern heran, die sich wiederum ihren Kindern gegenüber so verhalten, wie es ihre Eltern schon getan haben. Dieser Teufelskreis soll endlich durchbrochen werden.

Es ist eine große Herausforderung für Erwachsene, Kindern vom Tod zu erzählen. Für einen guten Gesprächsverlauf sind die gefühlsmäßige Haltung der Bezugsperson und sein eigener Umgang mit Sterben und Tod bedeutsam. Dem Kind sollen im Gespräch vor allem Zuversicht und Gelassenheit im Wissen um den allgegenwärtigen Tod weitergegeben werden.

Die therapeutische Arbeit mit Kindern ermutigte mich zu diesem Buch. Bei meiner eigenen Auseinandersetzung mit den Fragen über Leben und Tod haben mir auch die erzählenden Bilder und die verständliche Sprache von Bilderbüchern zu einer veränderten Sichtweise vom Sterben und dem Danach verholfen. Diese Erfahrung, wie sich angstbesetzte Vorstellungsbilder in hoffnungsvolle umwandeln lassen, möchte ich weitergeben.

Kinder entdecken in den ersten Jahren sich selbst und die Welt vorwiegend über die Sinne, über ihr Tun und Handeln. Deshalb enthält dieses Buch praktische Anregungen aus Bilderbüchern, wie auch weitere Hilfestellungen und selbst entwickelte Materialien. Sie dienen dazu, Vorstellungen von Sterben und Tod beim Kind zu hinterfragen und es zu wirklichkeitstreuen Korrekturen anzuregen. Hinzugezogen werden im Folgenden auch ausgewählte Beispiele aus meiner Praxiserfahrung sowie Aussagen und Bilder von 118 Kindern, mit denen ich eine Befragung durchgeführt habe. Hierbei wiederholte sich bei den Kindern eine Hauptfrage, die auch der Erwachsene sich stellt: Wo werde ich nach dem Leben sein? Das Titelbild des kleinen Engels, das ein 8-jähriger Junge malte, verspricht eine tröstliche Antwort wie auch der Buchtitel, der aus einem Zwiegespräch desselben Kindes mit seiner verstorbenen Großmutter stammt: Bist du jetzt ein Engel?

Meine Absicht ist es, die Leser zu ermutigen, sich selbst mit den Bilderbüchern zu beschäftigen, und sprachliche oder bildhafte Hinweise zu Sterben und Tod für die eigene Auseinandersetzung und für Gespräche mit Kindern aus diesen Büchern aufzugreifen.

Dieses Buch richtet sich an Pädagogen, Therapeuten, an Mütter, Väter, Großeltern und jeden, der Kindern zu einem angstfreien Zugang zu Sterben und Tod verhelfen will, – und auch an den, der selbst über Sterben und Tod nachdenken möchte.

Düsseldorf, im Januar 2008 *Barbara Cramer*

Vorwort zur zweiten Auflage

Als nach knapp zwei Jahren die erste Auflage vergriffen war, habe ich mich gefreut und dies als ein gutes Zeichen für die Annahme meines Buches gesehen.

Es gibt mehrere Gründe für eine zweite und dabei neubearbeitete Auflage. Als Erstes möchte ich die zahlreichen positiven Rückmeldungen nennen, die mich ermuntert haben, die Inhalte des Buches nochmals intensiv zu bearbeiten. Hinzu kommt der Wunsch, meine neuen Erfahrungen aus Seminaren und Therapien sowie aus der Arbeit als ehrenamtliche Mitarbeiterin des Kinderhospizdienstes und als Notfallseelsorgerin weiterzugeben. Ferner habe ich in Gesprächen und Therapien mit Jugendlichen wertvolle Erkenntnisse gewonnen, die ich in das Buch ergänzend aufgenommen habe. Ein weiterer Grund ist schließlich die stetige Zunahme der neuen Bilderbücher zu Sterben und Tod.

Die Gliederung des Buches ist im Wesentlichen unverändert. Alle Kapitel wurden durch Bilder und Anregungen aus den neu erschienenen bzw. neu aufgelegten Bilderbüchern und erprobten praktischen Hilfestellungen ergänzt. Das erste Kapitel ist um *Hinweise aus der Jugendliteratur* erweitert worden. Zum zweiten Kapitel gehören nun *Besonderheiten bei Kindern und Jugendlichen mit einer lebensverkürzenden Erkrankung* und die Themen *Trauerverhalten von Kindern und Jugendlichen* sowie *Geschwistertrauer*.

Das dritte, der Gesprächsführung gewidmete Kapitel wurde ergänzt durch eine ausführliche Bearbeitung des Themas *Selbstbesinnung*. Es geht dabei um die eigene Auseinandersetzung mit dem Lebensende, die für mich die entscheidende Voraussetzung für ein gelungenes Gespräch darstellt. Die hier beschriebenen praktischen Anregungen, die ich bereits über mehrere Jahre hinweg in Workshops und Seminaren erprobt habe, sollen dem Leser dieses Buches helfen, seine Erfahrungen, Gefühle und Gedanken zu ordnen und zu bearbeiten. Ausführungen über die Wahrnehmung der eigenen *Hilflosigkeit* vor oder in einem Gespräch mit Kindern und die Suche nach *Kraftquellen* zur *Selbstfürsorge* wie auch *Hinweise zum Gesprächsablauf in Schule und Kindergarten* runden das Kapitel ab.

Das vierte Kapitel wurde durch Beispiele aus zahlreichen neu erschienenen Bilderbüchern bereichert. Hierzu gehört unter anderem die Erweiterung der Beschreibung bildhafter Darstellungen vom Tod als einer Person. Inhaltliche Ergänzungen gibt es zu den Themen *Sterben auf der Palliativstation* sowie *im Hospiz, Früh-, Fehl- und Totgeburt, Urnenbestattung, Suizid, Gestaltung des Abschieds, Gesprächseinstieg mit Jugendlichen, Über eine Krebserkrankung reden* sowie *Comic-, Foto-, Jugend- und Erinnerungsbücher*.

Neu aufgenommen habe ich in das fünfte Kapitel Ergänzungen zu Fragen, die in den Seminaren immer wieder gestellt wurden. Hierzu gehören *Rituale* in der Nähe des Todes für den, der geht und für den, der bleibt, und auch Rituale zur Beerdigung. Auf Anregung mancher Teilnehmerinnen entstand ein „*Handwerkskoffer*", eine Auflistung von *Hilfsmitteln zum Gesprächseinstieg*. Der Anhang wurde ferner ergänzt durch eine bewährte Übung aus den Seminaren: *Fragen der Begleiter und mögliche Antworten*.

Zu der tabellarischen Übersicht der Bilderbücher und zu der umfangreichen Literaturliste habe ich positive Rückmeldungen bekommen. Nach diesen Hinweisen werden die Tabelle und die Literaturliste sowohl zu Forschungszwecken als auch für die praktische Arbeit verwendet. Für die leichtere Handhabung habe ich in der neu bearbeiteten *tabellarischen Übersicht* diejenigen Bücher gekennzeichnet, die ich besonders empfehle. Es wurden dafür Bücher mit hoffnungsvollen Bildern und verständlicher Sprache zu Sterben und Tod ausgewählt.

Im Anhang gibt es bei dieser Auflage ein *Sachwortregister*. Auch im *Literaturverzeichnis* wurde eine Veränderung vorgenommen: Zu jedem Buch wird das letzte Erscheinungsjahr angegeben. In der folgenden Klammer steht jeweils das Jahr der ersten Auflage. Der Hinweis, ob ein Buch vergriffen ist, wurde hingegen gestrichen, weil diese Angabe sich schnell durch eine Neuauflage ändern kann.

Ich hoffe, mit diesem Buch möglichst viele Menschen in der Arbeit mit Kindern und Jugendlichen zu ermuntern, sich selbst mit Sterben und Tod auseinanderzusetzen, und für Gespräche und eine mögliche Begleitung da zu sein.

Wir können die jungen Menschen nicht vor dem Schicksal bewahren, aber wir können ihnen helfen, das Leben, zu dem der Tod gehört, besser zu bewältigen.

Düsseldorf, im Februar 2012   *Barbara Cramer*

„Wenn es nur eine einzige Wahrheit gäbe,
könnte man nicht hundert Bilder
über dasselbe Thema malen."

Pablo Picasso

Kapitel 1
Voraussetzungen für das Verstehen von Sterben und Tod

Einige grundlegende Erkenntnisse müssen gegeben sein, um die Begriffe „tot" oder „gestorben" verstehen zu können. Hierzu gehören die Vorstellungen von Raum und Zeit. Die Worte „ewig, endgültig, nie wieder" müssen verständnisvoll verwendet werden können und die Unterscheidung zwischen tot und lebendig muss möglich sein. Als weitere Voraussetzungen kommen in Betracht: Der Tod trifft jeden; kein Mensch kann dem Tod entrinnen. Und der Tod kann nicht rückgängig gemacht werden. Für Erwachsene, die mit Kindern und Jugendlichen über den Tod sprechen wollen, ist es sinnvoll, sich selbst auf diese verschiedenen Bedeutungsaspekte des Todes zu besinnen.

1. Erleben von Zeit

Das Verstehen der Endgültigkeit erfordert die Zuordnung im Erleben von Vergangenem, Gegenwärtigem und Zukünftigem.

Phänomen der Zeit. Die Zeit läuft unentwegt. Die Zeit gibt dem ständigen Wechsel und Wandel der Natur und so der Lebensordnung einen Namen. Mit ihrer Veränderung schwindet alles Leben dahin. Nichts, was lebt, kann die Zeit aufhalten.

Um etwas Zukünftiges sprachlich auszudrücken, sind Begriffe erforderlich, die in die Zukunft weisen, wie „heute, morgen, übermorgen, später". Hierzu gehört auch das Verstehen der Vergangenheit, die Vorstellung von Ewigkeit und Unendlichkeit. Der Gedanke von der Zeitlosigkeit der Seele und dem Verfall des Körpers kann ohne eine Zeitvorstellung nicht erfasst werden. Eine Vorstellung von Zeitdauer entwickeln Kinder mit Hilfe der Uhrzeit. Das Erlernen der Uhrzeit setzt das Zählen und eine Vorstellung von der Zahlenwelt voraus. Zum Zeitverständnis gehört auch das Kennen der Wochentage, der Monatsnamen, der Jahreszeiten. Zeitliche Reihenfolgen, wie auch die Folge von Ursache und Wirkung im zeitlichen Geschehen, müssen bei einer reifen Todesvorstellung ebenso gegeben sein. Ferner ist es für das Kind wichtig, eine Raumvorstellung zu bekommen, um Begriffe wie „vorn, hinten, innen und außen, davor und dahinter" zu verstehen.

Wenn ein Mensch stirbt – so sagt man – „bleibt die Zeit stehen". Die Welt gerät mit dem Ausbleiben der Zeit aus den Fugen, so wie der Tod das Leben der Hinterbliebenen verändert. Eine solche allegorische Darstellung des Lebensendes findet sich unter anderem als Sprachbild bei Goethe:

Die Uhr mag stehen, der Zeiger fallen,
Es sei die Zeit für mich vorbei!
Johann Wolfgang von Goethe

Subjektives Erleben der Zeit. Zeit ist kein Ding und so nicht greifbar. Zeit ist nicht sichtbar und konkret nicht bildhaft darzustellen. Zeit wird einheitlich auf der ganzen Welt nach einem System definiert, aber über den Umgang mit der Zeit entscheidet jeder für sich.

Ein Tag kann eine Perle sein
Und ein Jahrhundert nichts.
Gottfried Keller

Dieses eigene Zeitempfinden rückt die Vergangenheit in die Gegenwart, und es verlängert oder verkürzt in der eigenen Vorstellung die tatsächlich gegebene Spanne des Augenblicks. Es gibt Momente, in denen mehrere Zeiten gleichzeitig im Erleben spürbar sind. Eine eindringliche Schilderung gibt *Carl Zuckmayer* in seinem *Deutschlandbericht*. Es ist die Zeit während des Zweiten Weltkrieges.

„Die Witwe arbeitete in einer Fabrik, die bombardiert wurde, und das Haus, wo sie mit ihrem Sohn Zuflucht gefunden hatte, wurde eines Nachts vollständig zerstört. Sie erzählte von der Nacht und sprach dabei einen Satz, den man in der Erinnerung aufbewahren sollte: Es dauert so entsetzlich lange – das Krachen und Knistern dauert solch eine Ewigkeit – nachdem die Bombe getroffen hat –, bevor das Haus schließlich zusammenbricht. Und dann kommt eine furchtbar lange Stille – bis das Schreien beginnt."

Zeiterleben des Kindes. Das Zeiterleben in der Kindheit ist ein anderes als das eines Erwachsenen. Das Kind lebt in der Gegenwart und es träumt von der Zukunft, die ihm ohne Ende zu sein scheint. Rückwirkend aus der Erinnerung schreibt *Eugène Ionesco* im hohen Alter über sein Erleben von Zeit als kleiner Junge. Er beschreibt den Moment, als ihm zum ersten Mal bewusst wurde, dass die Zeit vergeht:

„Gewiß erkannte ich mit vier oder fünf Jahren, daß ich älter und älter wurde und sterben würde. Mit ungefähr sieben, acht Jahren sagte ich mir, eines Tages würde meine Mutter sterben, und dieser Gedanke erschreckte mich. Ich wußte, sie würde vor mir sterben. Das erschien mir wie ein definitiver Bruch mit der Gegenwart, denn alles schien mir Gegenwart, denn alles war Gegenwart. Ein Tag, eine Stunde erschien mir lang, grenzenlos … Demnach war es dieser Gedanke, daß meine Mutter sterben würde, nicht heute, aber eines Tages, eines ganz bestimmten Tages, der mir den Begriff von der Zeit gab." *(Tagebuch)*

Thema der Weltliteratur. Sprache für das Sein in Raum und Zeit zu finden, fordert die großen Dichter seit Menschengedenken auf der ganzen Welt immer wieder heraus. Eine unüberschaubare Menge von Gedichten, Essays, Literatur aller Gattungen handelt von dem Versuch, die Zeit als gegebenes Maß unseres Lebens anzunehmen.

> Du bist beschäftigt, das Leben eilt dahin;
> inzwischen stellt sich der Tod ein, für den du,
> ob du willst oder nicht, Zeit haben musst.
> *L. Annaeus Seneca*

Hinweise aus der Kinder- und Jugendliteratur

Ohne Verständnis des Zeitbegriffs können sich Kinder nicht vorstellen, was die Begriffe „endgültig, nie wieder, für immer" meinen. Dieser Gedanke zeigt sich in dem folgenden Wortwechsel. Die Großmutter des 5-jährigen Robert ist gestorben. Nachdem die Mutter ihrem Sohn gesagt hat: „Großmama ist tot", will Robert wissen: „Wann kommt sie denn wieder?" (*Ich will etwas vom Tod wissen*[1]) Das Zeiterleben eines Kindes spiegelt sich in Aussagen, die wie im Märchen von einem immer fortwährenden Leben erzählen. So heißt es in einem Bilderbuch: „Es gab eine Zeit, da kannten wir nicht einmal seinen einfachen Namen. Tod? Nie gehört. Es gab kein letztes Stündchen ..." (*Als der Tod zu uns kam*)

Bilder helfen, Gefühle auszudrücken, wo die Sprache fehlt. Der Stillstand im Leben bei dem plötzlichen Tod eines Geschwisterkindes wird auf einem Bild mit einer Uhr ohne Zeiger dargestellt (*Die Blumen der Engel*). Vielfältige Wort- und Gedankenspiele mit bunten erzählenden Bildern zum Thema Zeit gibt es für die Jüngsten in dem Gesprächsbilderbuch *Alle Zeit der Welt* von *Antje Damm*. In einem anderen Bilderbuch wird anstelle des Wortes „sterben" gesagt, dass „die Zeit gekommen sei, von der Welt zu gehen" (*Jolante sucht Crisula*).

Eine ausgefallene Formulierung für die Zeit, die eine bildhafte Vorstellung ermöglicht, erfindet Franziska. Sie fordert ihren Freund Fabian auf, mit ihr zu Tante Sofia zu gehen. „Vielleicht hat deine Tante gar keine Zeit?" ... „Tante Sofia hat immer Zeit. Sie sammelt Zeit." ... „Fabian spürt, dass die Tante viel Zeit hat. Sie hat schon viel gesammelt, denkt er." (*Abschied von Tante Sofia*) Erwähnenswert erscheint auch die Formulierung eines 6-jährigen Jungen über den Umgang seiner alten Tanten mit der Zeit: „Sie haben alle Zeit der Welt, aber keine zu verlieren." (*Garmans Sommer*)

---

[1] Eine Zuordnung der Bilderbuchtitel zu Autor und Illustrator ist über die tabellarische Übersicht im Anhang leicht möglich.

In der märchenhaften Bilderbuchgeschichte *Für immer leben* wohnen zwei Jungen, Peter und Pixi, mit ihren Eltern in einer phantastischen Welt, in einem Regal mit Büchern in einer großen Bibliothek. Die Kinder bemerken, dass ein Buch fehlt. Es hat den Titel *Für immer leben*. Sie glauben im Besitz dieses Buches nicht alt zu werden und machen sich auf die Suche. Bald treffen sie auf ein 10-jähriges Kind. „Es war jung und zugleich alt; nur zehn Jahre alt und dennoch zeitlos. Seine Haut war zart wie die eines Kindes, aber sie war welk und blass. Die Augen waren die eines Kindes und doch wirkten sie müde und weit entrückt." Das 10-jährige Kind erzählt, wie es nach dem Lesen des Buches in der Zeit erstarrt war, und so sagt es: „Für immer leben heißt überhaupt nicht leben."

In dem Jugendroman *Das lange Schweigen* von *Sylvie Desrosiers* bleibt dem 16-jährigen Mathieu nur wenig Zeit, um sich von seiner langjährigen Freundin zu verabschieden. Die Freundin hat sich kurz zuvor das Leben genommen. In einem intensiven imaginären Zwiegespräch redet er mit ihr über alles, was ihn bewegt: „Ich bin mit dir groß geworden, mit dem Blick nach vorn, nie zurück. Wenn man klein ist, gibt es kein Zurück. Aber es liegt auch nichts vor einem. Es gibt nur Augenblicke, die man lebt, Tage, die man ausfüllt, ohne Ziel, ohne Plan."

In Prag und später in Theresienstadt und Auschwitz erlebte *Petr Ginz* als 14-Jähriger die Grauen des Nationalsozialismus. In den Jahren 1941 und 1942 schrieb er ein Tagebuch, in dem er von den Tatsachen und auch von seinem innerpsychischen Erleben berichtet: „Eigentlich passiert viel, aber man nimmt es kaum wahr. Das, was heute ganz gewöhnlich ist, hätte in einer normalen Zeit bestimmt Aufsehen erregt." (*Prager Tagebuch*)

Ein Dasein ohne Raum und Zeit ist für den menschlichen Verstand nicht vorstellbar. Hierzu schreibt *Kevin Brooks* in dem Jugendroman *Martyn Pig*: „Als ich ein kleines Kind war, dachte ich oft übers Sterben nach. Nachts lag ich im Bett, den Kopf unter der Bettdecke, und versuchte mir die totale Abwesenheit von allem und jedem vorzustellen ... keine Zeit, kein Wo, kein Wann, kein Garnichts, und das auf ewig. Es war so unvorstellbar, dass es mich erschreckte."

In der Comicgeschichte *Komm zurück, Mutter* von *Paul Hornschemeyer* verliert ein Mann nach dem Tod der Ehefrau und Mutter seines 7-jährigen Sohnes die reale Zeitvorstellung. Er kann nicht begreifen, dass seine Frau nun für immer weg ist. Das für Jugendliche und Erwachsene geeignete Buch beginnt mit Bildern, auf denen der Vater suchend durch die Luft fliegt. Er kann und will nicht wahrhaben, dass die geliebte Frau aus seinem Leben verschwunden ist. In Gedanken spricht er zu ihr: „Ich glaube, es ist zwei Tage her. Oder drei? Schwer zu sagen an einem Ort wie diesem – noch dazu habe ich mich ziellos treiben lassen und umgeschaut. Nein, aber ich ließ mich einfach treiben, verstehst du? Und mehr brauchte ich auch nicht – unbeschwert dahintreiben und an etwas denken, das ich finden würde, in ein paar Tagen, vielleicht in vier, auf jeden Fall bald."

2. Allgemeingültigkeit

Der Tod trifft jeden. Mit diesem Gedanken soll verdeutlicht werden, dass der Tod eine allgemeine Gültigkeit für alles Leben hat. Der Tod gehört zur Gesetzmäßigkeit jedes einzelnen Lebens und so zur Lebensordnung.

Unfähigkeit zu denken. „Wenn Sie an den Tod denken, denken Sie dann an Ihren eigenen oder an den des anderen?" Diese Frage wurde während einiger therapeutischer Gespräche an Erwachsene gestellt. Die meisten Befragten antworteten spontan, dass sie, wenn überhaupt, an den Tod eines anderen denken. Es gehört zum Menschsein, den Tod von sich selbst weit weg zu schieben.

Auch wenn der Mensch sich gegen das Leben entscheidet und sein Leben beenden will, kämpft der Körper bis zum letzten Moment ums Überleben. Diese körperliche Reaktion geschieht instinktiv. Die Gedanken an den eigenen Tod werden zusätzlich dadurch erschwert, dass das eigene Sterben und das Danach schwer vorstellbar sind. Das menschliche Denken ist an Raum und Zeit gebunden. Wenn es nach dem Leben nichts mehr gibt, was ist das Nichts? Was meint Unendlichkeit? Dem Menschen fehlen Sprache und Erfahrung für das eigene Sterben und den eigenen Tod.

> dem Tod gegenüber
> bin ich wie ein Tier
> und das Tier kann sterben
> kann aber nicht schreiben
> *Inger Christensen*

Es gibt nur Vermutungen, aber kein nachzulesendes allgemeingültiges Wissen über das Danach. In Literatur, Kunst und Musik gibt es aber viele Anregungen, dieses Unbekannte mit konkreten Vorstellungen zu füllen, die Gelassenheit und Ruhe geben.

> Nun sind die Wellen nicht mehr aufgerührt,
> nun legt sich das gleiche ruhige Licht
> über Himmel und Erde,
> beide in unendlicher Weise verschmelzend.
> *Verfasser unbekannt*

Geschichtliches. Die frühesten schriftlichen Aufzeichnungen mit Gedanken und Fragen zum Tod stammen aus dem *Gilgamesch Epos* aus der Zeit um 2000 v. Chr. Statt vom Tod wird in dem frühen Epos von der „Bestimmung des Menschen" gesprochen (10. Tafel V. 13). Bis dahin wurde angenommen, Tod werde hervorgerufen durch äußere Einwirkungen oder durch die Übermacht von geisterhaften Feinden.

> Mein Freund, den ich über die Maßen liebte,
> Der mit mir durch alle Beschwernisse zog
> Er ging dahin zur Bestimmung der Menschheit.
> Die Schenkin sprach zu ihm, zu Gilgamesch:
> „Gilgamesch, wohin läufst du?
> Das Leben, das du suchst, wirst du sicher nicht finden!
> Als die Götter die Menschheit erschufen,
> Teilten den Tod sie der Menschheit zu,
> Nahmen das Leben für sich in die Hand."
> *Gilgamesch*

Aus dem Erleben. *Leo Tolstoi* findet Sprache für das Erleben von der Wirklichkeit des nahenden Todes. In seinem Werk *Der Tod des Iwan Iljitsch* beschreibt der Autor seine Einsicht, selbst wie alle anderen sterblich zu sein.

„In seinem tiefsten Innern wusste Iwan Iljitsch, daß er sterben müsse, allein er wollte sich nicht nur nicht an diesen Gedanken gewöhnen, sondern konnte ihn einfach nicht begreifen, die nackte Tatsache nicht begreifen. Jenes bekannte Beispiel für Syllogismen, das er in der Logik von Kiesewetter gelernt hatte: Cajus ist ein Mensch, alle Menschen sind sterblich, also ist auch Cajus sterblich, war ihm sein ganzes Leben hindurch rechtmäßigerweise lediglich als auf Cajus anwendbar vorgekommen, keinesfalls aber auf ihn, Iwan Iljitsch, selber. Jenes war der Mensch Cajus, der Mensch überhaupt, und für diesen war das Gesetz völlig gerechtfertigt; er indes war nicht Cajus und ebensowenig der Mensch an sich, sondern er war ein Wesen völlig für sich und völlig von anderen verschieden ..."

Trost. Die Universalität, die Allgemeingültigkeit aller Wesen vor dem Tod hat etwas Beängstigendes und gleichzeitig auch etwas Tröstendes.

> Die Asche macht uns alle gleich:
> Ungleich werden wir geboren,
> im Tode sind wir alle gleich.
> *L. Annaeus Seneca*

Hinweise aus der Kinder- und Jugendliteratur

In der Bilderbuchgeschichte *Aus dem Leben von Freddie, dem Blatt* erzählt ein Blatt den anderen Blättern von Leben und Tod. Es geht auch hier um die Gleichheit vor dem Tod. „Für die Blätter ist es Zeit, ihr Zuhause zu wechseln. Einige Menschen nennen das ‚sterben'. ‚Müssen wir alle sterben?', fragte Freddie. ‚Ja', antwortete Daniel.

‚Alles stirbt, gleichgültig wie groß oder klein, stark oder schwach es ist ..."' Um die Allgemeingültigkeit des Todes geht es auch in einem Gespräch unter personifizierten Tieren in dem Buch «*Was ist das?» fragt der Frosch*. Auf die Frage: „Tot? Was ist das?", antwortet der Frosch: „Alles stirbt einmal." In *Vier Pfoten* heißt es: „Jeder Mensch und jedes Tier lebt seine Zeit auf der Erde und dann stirbt es." Anregungen zu einem Gespräch über die Gleichheit vor dem Tod finden sich auch in den folgenden Büchern: *Die besten Beerdigungen der Welt. Abschied von Rosetta. Und was kommt dann? Der alte Bär muss Abschied nehmen. Eine Kiste für Opa.*

Wer in seinem Umfeld erlebt, dass ein Mensch oder ein Tier stirbt, wird plötzlich überwältigt. Und immer wieder stellt sich nach dem Erleben eines solch schmerzlichen Ereignisses die quälende Frage: Warum? Warum musste er sterben? Warum musste es mir passieren? Es hilft Kindern zu erfahren, dass sie mit ihren verzweifelten Gefühlen nicht allein sind, dass andere Kinder auch diese schreckliche Erfahrung machen und dann dieselben Gedanken haben.

Stephans Hund wurde von einem Auto überfahren und ist tot. Der Hund hatte sich von der Leine losgerissen und war über die Fahrbahn gelaufen. Stephan ist verzweifelt und gibt sich die Schuld. Er fühlt sich hilflos und traurig. „Warum ist mein Hund tot? Warum grad meiner?" Die Mutter holt nicht zu großen Erklärungen aus. Sie fühlt mit ihm und sagt: „Ich hatte ihn genauso lieb, wie du ihn lieb hattest." (*Ich will etwas vom Tod wissen*)

Der Gedanke, dass jeder Mensch irgendwann sterben wird, dass also alle anderen Menschen mein Schicksal teilen, hat etwas Tröstendes. In *Oskar und die Dame in Rosa* von *Eric Emmanuel Schmitt* sagt Oma Rosa zu dem 10-jährigen Oskar: „Eines Tages wirst du sterben. Aber auch deine Eltern werden einmal sterben. ... du hast nicht verstanden, dass du nicht der einzige bist, der stirbt. Jeder stirbt. Irgendwann auch deine Eltern. Irgendwann auch ich."

3. Körperlicher Zerfall

Alles was lebt – auch Denken, Fühlen, Bewegen, Körperprozesse – hört mit dem Tod auf.

Fehlende Annahme. Keine magischen Kräfte oder innigen Wünsche können den menschlichen Körper vor seinem Funktionsende bewahren. „Ich will gehen und das Land suchen, wo man niemals stirbt, denn das mit dem Sterben gefällt mir nicht." Mit diesen Worten beginnt eine märchenhafte Erzählung, in der ein junger Mann in die Welt zieht, um dem Tod zu entrinnen. Die Sehnsucht nach ewigem Leben treibt ihn in die Ferne. Nach langem Suchen trifft er einen Alten, der ihm unter strengen Bedingungen fortwährendes Leben verspricht. Der junge Mann willigt ein, doch hält er sich nicht an sein Versprechen und so muss er auch sterben (*Das Land, wo man nicht stirbt*).

Vorbestimmtes Ende. Der römische Philosoph *Lukrez* schreibt über die naturgesetzlichen Zusammenhänge, zu denen das vorherbestimmte Ende jeglichen Lebens gehört.

> Sicher auf jeden Fall ist Menschen das Ende des Lebens,
> und es läßt sich der Tod, ihn nicht zu erleiden, nicht meiden.
> Weilen zudem im selben Kreis und befinden uns drin stets,
> nicht wird neuer Genuß aus längerem Leben geschlagen.
> *Lukrez*

Auseinandersetzung. Biographien und Romane von „Todgeweihten", wie die Aufzeichnung des 32-jährigen krebskranken *Fritz Zorn,* zeigen, was für diese Menschen in der letzten Lebensphase bedeutsam wird.

„Ich bin jung und reich und gebildet; und ich bin unglücklich, neurotisch und allein. Ich stamme aus einer der allerbesten Familien des rechten Zürichseeufers, das man auch die Goldküste nennt ... Wenn ich nun aber sterben werde, bevor ich geheilt worden bin, dann habe ich diese letzte Chance nicht gehabt. Dann werde ich eben an meinem Leiden zugrunde gegangen sein, ohne je Gelegenheit gehabt zu haben, einen anderen Aspekt des Lebens zu erfahren als den des Zugrundegehens. Auch das ist möglich. Man weiß, dass nicht jeder eine Chance hat." (*Mars*)

Philip Roth begleitet seinen sterbenden Vater in den letzten Stunden seines Lebens. Er schreibt: „Ich bat den Arzt, mich mit meinem Vater allein zu lassen, oder immerhin so allein, wie er und ich das inmitten der Hektik der Notaufnahme eben sein konnten. Während ich dort saß und ihm zusah, wie er sich abquälte, um weiter zu leben, versuchte ich mich darauf zu konzentrieren, was der Tumor bei ihm schon angerichtet hatte. ... Ich dachte an das Elend, das unausweichlich noch kommen würde, vorausgesetzt, er konnte überhaupt mit einer Beatmungsmaschine am Leben erhalten werden. ... Sterben ist Arbeit, und er war ein Arbeiter. Sterben ist schrecklich, und mein Vater starb." (*Mein Leben als Sohn*)

Hinweise aus der Kinder- und Jugendliteratur

In den Bilderbüchern werden in der Mehrzahl alte Menschen, am häufigsten die Großeltern, vom Tod getroffen, so wie es der Lebensordnung entspricht. Jüngere Kinder sehen einen Zusammenhang zwischen Sterben und hohem Lebensalter. So fragt in einem Bilderbuch die Enkelin ihren Großvater: „Du bist auch schon sehr, sehr alt. Stirbst du auch bald?" Bei einer beträchtlichen Anzahl von Bilderbüchern sterben alte Tiere, die meist vermenschlicht dargestellt werden. Es sind Geschichten von geliebten Haustieren und frei lebenden Tieren.

Das Funktionsende des Lebens bezieht sich nicht nur auf den Alterungsprozess. In den problembewussten Bilderbüchern sterben auch Kinder, Jugendliche oder Eltern durch Krankheit oder Unfall. In dem Buch *Pele und das neue Leben* stirbt Peles Freund Tomo. Die beiden Jungen haben gemeinsam Samenkörner in den Boden gelegt, sie gewässert und auf neues Leben gewartet. Pele findet eine verfaulte Samenhülle und sagt: „So ist es mit Tomo. Sein Körper war krank. Jetzt ist er tot. Er wird wieder zur Erde." Später sagt ein Fischer zu Pele: „Wie ein mächtiger Herrscher geht der Tod durch die Welt. Er holt nicht nur die alten Menschen, die gerne sterben möchten. Er holt manchmal Junge und Gesunde." In diesem religiös ausgerichteten Bilderbuch gibt es Trost in dem Auferstehungsgedanken. So heißt es in dem Buch über Tomo: „Er hat jetzt ein neues, anderes Leben wie dieses Samenkorn. Ein schönes Leben, irgendwo. Wir kennen es nicht. Ein Leben mit Gott."

In einem kindgerechten Bildersachbuch wird schon für die Jüngsten verständlich am Beispiel des Verwesungsprozesses von Mäusen vom ständig wiederkehrende Lebenskreislauf erzählt *(Wo bleibt die Maus?)*. Als hilfreich zum Thema des fortwährenden Weiterlebens erweisen sich immer wieder Geschichten, die von einem Wandlungsprozess erzählen, zum Beispiel von der Raupe in einen Schmetterling (*Im Traum kann ich fliegen. Die kleine Raupe Nimmersatt. Raupengeschichte*) oder von einem Engerling in einen Maikäfer (*Auf welchem Stern lebt Sina?*).

In *Max, mein Bruder* erzählt *Sigrid Zeevaert* von einem 10-jähriger Jungen, der an Knochenkrebs erkrankt und stirbt. Das Schicksal des Kindes wird von der ganzen Familie mit großer Anteilnahme getragen. Hierzu gehören aufrichtige Gespräche über Sterben und Tod. Nach der Beerdigung erklärt der Vater der zurückbleibenden jüngeren Schwester: „Max verändert sich jetzt langsam. ... Das Leben ist aus seinem Körper herausgegangen. Und in vielen, vielen Jahren wird sein Körper der Erde immer ähnlicher, bis er schließlich ganz zu Erde geworden ist."

Ohne Beschönigung beschreibt Anthony *McCarten* in *Superhero* über den körperlichen Verfall des Jugendlichen Donald: „Seit einundzwanzig Tagen liegt er im Koma, für jedermann unerreichbar ... Auch Donalds Körper sieht nicht mehr aus wie zu seinen besseren Zeiten ... ein klapperdürres Gerippe, eine zerbrechliche Gliederpuppe; der Kopf mit Furchen und Adern übersät, Arme und Beine so ausgemergelt wie die Gliedmaßen eines Gollum. Er sieht aus wie eine Figur aus einem Horrorfilm."

Voll Verzweiflung klagt Anneke in *Zwei Flügel des einen Vogels* über den Verfall ihres Körpers: „Mein Körper wird so lästig. ... Ich habe so viele Schmerzen. ... Meine Nieren. Sie tun es nicht mehr. Behalte nichts mehr bei mir. Ich habe Blut gehustet. Alles tut weh." In dem Fotobuch von *Yoeke Nagel* gibt es auf einer Seite das Bild einer aufrecht sitzenden Katze mit folgendem Text: „Muschi setzt sich nicht mehr zu mir. Katzen meiden Sterbende. Der Geruch stimmt nicht. Was, Muschi?"

4. Endgültigkeit

Alles, was stirbt, kommt nicht zurück.

Sehnsucht nach Unsterblichkeit. Es gehört zum Menschsein, immer weiter leben zu wollen. Doch die Vergänglichkeit ist gegeben. Der Mensch altert unentwegt. Die Flüchtigkeit des Augenblicks, damit verbunden die Endlichkeit, regen die Menschen an, ihre Verzweiflung und Trauer mit schöpferischen Kräften im Schreiben, Dichten, Singen, Malen, Formen oder Tanzen auszudrücken.

> „Du hast Unsterblichkeit im Sinn;
> Kannst du uns deine Gründe nennen?"
> Gar wohl! Der Hauptgrund liegt darin,
> dass wir sie nicht entbehren können.
> *Johann Wolfgang von Goethe*

Zwei Sichtweisen. Zwei verschiedene Sichtweisen beschäftigen die Menschen von der Antike bis zum heutigen Zeitpunkt. Die eine Anschauungsweise geht von der Auflösung und Zerstörung von Körper und Seele aus, die als Einheit gedacht werden. Die andere setzt sich mit der Unsterblichkeit der Seele bei Verwesung des Körpers auseinander. Diese zweite Sichtweise ist in jedem Menschen tief als Sehnsucht nach Unsterblichkeit verankert, auch wenn er vom Verstand her um sein begrenztes Dasein weiß.

> Nicht gänzlich werde ich vergehen,
> ein großer Teil von mir wird entgehen der Todesgöttin;
> unaufhörlich werde ich in der Nachwelt
> wachsen im Ruhme jugendfrisch, solange auf das Kapitol
> steigen wird mit der schweigenden Jungfrau der Priester.
> *Horaz*

Weiterleben. Erwachsene meinen häufig, sie wären den Kindern grundsätzlich überlegen. Dabei übersehen sie, dass sie bei manchen Fragen genauso unwissend sind wie die Kinder. Bei genauer Betrachtung stimmen ihre Denkmuster in der Auseinandersetzung mit dem Tod mit denen der Kinder überein. Mit sprachlicher Gewandtheit finden sie Formulierungen für ihre Vorstellungen. Manche Aussagen in der Umgangssprache und auch in der Lyrik decken sich mit der kindlichen Phantasie.

> Ich möchte schlafen diese Nacht,
> da du nun tot bist; schlafen,
> schlafen, schlafen im Gleichklang

mit deinem vollkommenen Schlaf;
vielleicht erfaß ich dich so!
Juan Ramón Jiménez

Alltägliche Redewendungen. Mit vielen alltäglichen Formulierungen zum Tod wird über vorgestellte Empfindungen der Verstorbenen gesprochen und auch von ihrem Weiterleben. Diese Redewendungen lassen den Eindruck entstehen, als wechselten die Toten nur den Ort, wären aber weiterhin sichtbar vorhanden. Anbei eine kleine Auswahl von alltäglichen Redewendungen:

„Leb wohl … ein letzter Gruß … ein Wiedersehen im Paradies … nun hat er seinen Frieden gefunden … seine letzte Ruhe finden … er ist ruhig eingeschlafen … wir kaufen Rosen für den Großvater, weil er die besonders gern hat … wenn ich tot bin, wünsche ich mir bei Gott zu sein … ich möchte zu Gottes rechter Seite sitzen … red nicht so laut auf dem Friedhof."

Hinweise aus der Kinder- und Jugendliteratur

Meist machen die Kinder die ersten Erfahrungen mit dem Tod im Märchen. In dieser Erzählform erleben die Kinder den Tod als Strafe für böses Verhalten, aber sie erleben ihn auch als widerrufbar. Einige bekannte Beispiele mögen dies verdeutlichen. Schneewittchen erstickt an einem Apfel. Sie fällt in einen ewigen Schlaf, wird aber von einem Prinzen wieder wach geküsst. Sie lebt weiter, als wäre sie nicht gestorben. Da sie in der Zwischenzeit schläft, entsteht der Eindruck, Sterben meint „schlafen und dann wieder aufwachen." Bei Hänsel und Gretel wird die böse Hexe zur Strafe in den Backofen gestoßen und muss dort elendig verbrennen. Wenn tatsächlich eine Gestalt aus dem Märchen nicht wieder aufersteht, dann ergibt sich aus dem Inhalt der Tod als gerechte Strafe für das Böse. Der letzte Satz der bekannten Märchen hebt die Grenze des Todes auf und verspricht selige immerwährende Unsterblichkeit. „Und wenn sie nicht gestorben sind, dann leben sie heute noch."

In dem bebilderten Kinderbuch *Mama Luftballon* wünscht sich der hinterbliebene Junge, seine Mutter käme zurück wie Schneewittchen: „Ich dachte, gleich klopft Mama und sagt: ‚Ich habe das Apfelstückchen ausgespuckt', und kann nun wieder aufstehen, so wie es auch bei Schneewittchen war – aber Mama klopfte nicht."

Die Sehnsucht nach Unsterblichkeit ist auch das Thema in der *Ballade vom Tod* von *Piet Grobler*. Ein König schafft es, den Tod fangen zu lassen. In dieser Bilderbuchgeschichte gibt es zwischenzeitlich keinen Tod mehr und also keinen Grund, bei Krieg, Waghalsigkeiten oder Vergiftungen Angst um sein Leben zu haben. Im Laufe der Jahrhunderte werden immer mehr Kinder geboren. Und weil den Unsterblichen bald der Platz zum Leben fehlt, holen sie den Tod zurück, der schließlich wieder zum Leben gehört.

Für den 15-jährigen gehbehinderten Thomas ist es unfassbar, dass sein jüngerer Bruder sich das Leben genommen hat. Er spricht in Gedanken mit ihm: „Was mir am meisten Schwierigkeiten macht, Frieder, das ist die Endgültigkeit deines Todes. Nie habe ich das erlebt: Es ist nicht mehr zu ändern. Man kann nichts mehr machen. Vorbei. Passiert. ... Aber daß du nicht mehr da bist, daß ich dich nie mehr sehen werde ...! Ich kann es einfach nicht glauben, dieses ENDGÜLTIG." (*Stolperschritte* von *Mirjam Pressler*)

Der 10-jährige Oskar hat Leukämie und weiß, dass er nur noch kurze Zeit leben wird. Seine Eltern meiden das Thema. Nur eine ältere Frau – Oma Rosa, eine ehemalige Catcherin – redet offen und aufrichtig mit ihm. Die beiden reden über das Sterben und darüber, dass man auch im Krankenhaus, wo man doch eigentlich gesund werden sollte, sterben kann. In einem Wortwechsel lässt *Eric-Emmanuel Schmitt* die ältere Frau sagen: „Wir vergessen, dass das Leben zerbrechlich ist, verletzlich und vergänglich, und tun so, als wären wir unsterblich." (*Oskar und die Dame in Rosa*)

Georgs Vater ist gestorben, als er erst vier Jahre alt war. Diese frühe Erfahrung hat seine Todesvorstellung und seinen Umgang mit dem Lebensende geprägt. In dem Jugendroman *Das Orangenmädchen* von *Jostein Gaarder* berichtet Georg von einem Brief, den der Vater vor seinem Tod geschrieben hatte. In einer märchenhaften Geschichte werden philosophische Grundfragen des Lebens behandelt, zu denen auch die Endlichkeit gehört. Im Text heißt es: „Ich habe von meinem Vater eine tiefe Trauer geerbt, eine Trauer darüber, dass ich diese Welt irgendwann verlassen muss. Ich habe gelernt, an ‚Abende wie diesen' zu denken, ‚die ich nicht mehr leben darf.' ... Ich werde wütend, wenn ich daran denke, dass ich eines Tages verschwinden werde und dann wegbleiben werde, nicht für eine Woche oder zwei, nicht für vier und nicht für vierhundert Jahre, sondern in alle Ewigkeit."

Kapitel 2
Entwicklung der Todesvorstellungen und Trauerverhalten von Kindern und Jugendlichen

Grundlage der folgenden Überlegungen zur Entwicklung der Todesvorstellungen ist eine eigene Befragung von 130 Kindern und Jugendlichen zwischen 3 und 18 Jahren, die im Zeitraum von 2000 bis 2011 durchgeführt wurde. Unabhängig von dieser gezielten Befragung wurden im gleichen Zeitraum Gespräche mit Kindern und Jugendlichen im Alter zwischen 5 und 20 Jahren über Sterben, den Tod und das Danach geführt, die hier einbezogen werden. Zusätzlich zu den erhobenen Befunden – zu denen gemalte Bilder vom Sterben und dem Danach gehören – werden Hinweise aus der Literatur verarbeitet.

Die Befragung fand im Rahmen einer psychologischen Diagnostik statt. Den Kindern und Jugendlichen wurde, unabhängig vom Alter, in einer möglichst vergleichbaren Testsituation die Frage gestellt: „Sterben? Was meint Sterben? ... Und was ist dann?" Diese standardisierte Frage wurde während der Überprüfung von sprachlichen Fähigkeiten jeweils in einem Untertest zum Wortschatztest aus dem HAWIK III oder dem HAWIVA[2] gestellt. In den meisten Fällen reagierten die Kinder nach der ersten Ansprache. Ansonsten wurde die Frage nach einer Weile in ruhigem Tonfall wiederholt. Zeigten die Befragten weiterhin keine Reaktion, wurde das Thema gewechselt. Die einzige Ergänzung zu der standardisierten Frage waren kleine Ermunterungen, wie: „Hm ... Ja ... Gut ... Sehr gut, was du sagst ... Vielleicht fällt dir noch mehr ein? ... Es gibt keine richtige und keine falsche Antwort ... Keiner kann von seinem Sterben berichten ... Keiner weiß, wie Sterben geht ... Alles, was du sagst, ist wichtig ... Ich möchte gerne hören, was du meinst." Vor den Kindern lagen Papier und Stifte auf dem Tisch. Es stand den Befragten frei, ob sie sich malend ausdrücken möchten.

Probleme bei der Nennung von Altersangaben

Die Vorstellungen vom Tod bei Kindern sind sehr vielschichtig. Jedes Kind hat auf Grund seiner Beobachtungen und Erfahrungen seine eigene Vorstellung, die sich zudem im Laufe der Entwicklung ändert.

Zwar durchlaufen alle gesunden Kinder gewisse Stufen der Entwicklung in derselben Reihenfolge. Dabei ist die Folge immer dieselbe, aber die Verweildauer, mit der

---

[2] HAWIVA: Hannover-Wechsler-Intelligenztest für das Vorschulalter; HAWIK Hamburg-Wechsler-Intelligenztest für Kinder

ein Kind in einer Entwicklungsstufe bleibt, ist unterschiedlich lang. In den verschiedenen Phasen können sich Überlappungen ergeben. Es sind auch regressive Wiederholungen möglich. Zudem können die Übergänge von einer Entwicklungsphase zur nächsten fließend und auch abrupt sein. Möglicherweise treffen nur einige Verhaltensweisen bestimmter Phasen auf ein beobachtetes Kind zu.

> Bei den Beobachtungen zum kindlichen Todeskonzept fällt auf: Bestimmend für die Art der Wahrnehmung des Kindes vom Tod ist neben dem Alter und der geistigen Reife die Frage, ob das Kind bereits einen Todesfall in seinem Umfeld miterlebt hat oder ob möglicherweise eine eigene Erkrankung vorliegt (siehe hierzu auch: *Niethammer* 2008).

Wenn Kinder durch Ereignisse in ihrer Umgebung mit Sterben und Tod in Berührung kommen, so scheinen sie die enge Verbindung vom Sterben mit dem Leben zu spüren und eine Ahnung von der Gewaltigkeit des Todes zu empfinden. Sicher ist es für das Kind etwas anderes, nur vom Verschwinden eines unbekannten Menschen gehört zu haben, als an der Abwesenheit eines nahe stehenden Menschen zu leiden. Nach dem Erleben eines Todesfalles in der nächsten Umgebung verwenden sogar kleine Kinder die Wörter „Sterben" und „Tod" im richtigen Zusammenhang, auch wenn sie deren inhaltliche Bedeutung noch gar nicht verstehen. So zeigt in dem folgenden Literaturbeispiel ein 4-jähriges Kind ein Todesverständnis, das nicht seinem Alter entspricht. Das kleine Mädchen findet Worte, die einem Erwachsenen zugeordnet werden können. Fraglich bleibt bei dem folgenden Zitat, ob das Kind diese „reifen Worte" auch wirklich so meint.

Wendys Mutter starb, als ihre kleine Tochter 3 Jahre alt war. Ein Jahr später starb ein Onkel. Der Vater beabsichtigte, seine kleine Tochter nach dem erneuten Todesfall in der Familie zu beruhigen, indem er sagte, dass der tote Onkel unter der Erde in dem Sarg ganz bequem und geschützt liege, worauf die Vierjährige ihm antwortete: „Aber wenn er wirklich tot ist, braucht er ja nicht mehr bequem zu liegen." (*Barnes, zitiert in Furman* 1977)

Dieses Beispiel zeigt die Schwierigkeit, eindeutige Altersangaben bei den Todesvorstellungen zu machen.

Eine besondere Situation ist auch bei hochbegabten Kindern gegeben, wie die folgende Aussage der 3-jährigen Sophie zeigt. Als ein Verwandter gestorben war, fragte das Mädchen: „Wo geht Onkel Joachim denn jetzt hin? Was passiert mit seinem Körper? Müssen wir alle sterben? Warum müssen wir sterben? Stirbt der liebe Gott auch irgendwann? Kann der Onkel noch was fühlen, wenn er tot ist?" (*Brackmann* 2005) Es ist für diese Kinder typisch, dass sie neugierig und treffend philosophische Grundfragen des Seins hinterfragen.

Die folgenden Alterszuordnungen beziehen sich auf gesunde Kinder.

1. Todesvorstellungen bis 6 Jahre (Schulreife)

Das Wissen vom Tod ist nicht angeboren. Kleine Kinder bis 5 und 6 Jahre begreifen meistens nicht, was Sterben meint. Meist glauben sie, der Gestorbene sei nur vorübergehend fort, komme aber irgendwann wieder. Im Allgemeinen halten sie sich selbst für unsterblich und meinen, sterben können nur die anderen. Die ersten Gedanken eines Kindes um das Sterben betreffen normalerweise sehr alte Leute.

Vorstellungen, Gefühle und Besonderheiten

Kein Zeitverständnis. Vorschulkinder wissen nicht, was die Begriffe „für immer, endgültig, ewig" meinen. Sie gebrauchen möglicherweise die Zeitbezeichnungen, ohne sie mit Vorstellungen zu verbinden. So erlebte Sonja (4 Jahre; 11 Monate) die Nacht als kurz. Sie sagte zu ihrer Schwester Ruth (5; 4): „Ich habe die Nacht so lange geschlafen, eine ganze Stunde." Ruth fragte: „Dauerte die Nacht eine Stunde?" (*Rasmussen* 1925) Umgekehrt kann ein Kind eine deutliche Vorstellung von einem Zeitabschnitt haben, ohne den dafür üblichen Namen zu kennen.

Ein Ende seines Daseins ist für das kleine Kind zunächst nicht denkbar. Es lebt in der Gegenwart. Es kann sich nicht ausmalen, früher nicht gewesen zu sein oder auch später nicht mehr zu sein. Es fehlt ihm also auch die Zeitvorstellung, um einen endgültigen Abschied verstehen zu können.

„Sterben" meint vorübergehendes Fortsein. Kleine Kinder verstehen „Tod" vielfach nur als kurze Abwesenheit. Thomas (3; 9) steht am Grab seines Bruders, als die Mutter die Blumen gießt. Thomas sagt zur Mutter: „Peterchen hat Durst, das will jetzt trinken." Die Mutter erklärt: „Peterchen hat keinen Durst mehr, er braucht nicht mehr zu trinken, die Blumen haben Durst." Thomas: „Wann kommt das Peterchen wieder aus der Erde?" Mutter: „Wenn Gott ihn ruft." Thomas: „Oh, dann ruft der liebe Gott das Peterchen ganz bald, dann kommt es bald wieder heraus, und ich kann mit ihm spielen." (*Leist* 2004)

Aus der Befragung: Die 4-jährige Viviane erzählt vom Tod eines Nachbarhundes: „Justus ist tot. Dann kommt er in den Himmel. Und nächstes Jahr kommt er wieder."

In der Geschichte *Eines Morgens war alles ganz anders* von *Barbara Davids* ist der Vater des Kindergartenkindes Anna gestorben. Einen Tag später hat das Mädchen im Kindergarten „unter dem Tisch gesessen und überlegt, ob Teddys auch sterben können und dann nie mehr wieder kommen. Ihr Teddy war weg, sie hatte schon überall nach ihm gesucht, er war weg."

Wünsche werden Wirklichkeit. Viele kleine Kinder haben die Vorstellung, dass ihre Wünsche Wirklichkeit werden, wenn sie nur ganz fest daran glauben. Aus diesem magischen Denken lässt sich die Überzeugung der Jüngsten verstehen, dem Tod mit List und Stärke entweichen zu können. In dem Gedanken-Bilder-Buch *Gewitternacht* geht ein Mädchen abends wie gewohnt zu Bett und kann nicht einschlafen. Sie stellt sich viele Fragen über das Leben, die Unendlichkeit, den Zufall und den Tod. Dabei versteckt sie sich unter dem Bett und hofft, so dem Tod zu entfliehen (Abb. 1). Der Text zum Bild heißt: „Wenn der Tod mich holen will, verstecke ich mich so gut, dass er mich nicht finden kann!"

Die comicartigen Bilder mit den kurzen Sätzen ermuntern genauer hinzuschauen und zu überlegen, wie man selbst denkt und fühlt.

Abb. 1:   *Gewitternacht*

Aus der Praxiserfahrung: Mia, 4 Jahre, leidet an einer Stoffwechselerkrankung. Als sich ihr Zustand zusehends verschlechterte, sprachen die Eltern mit ihrem 12-jährigen Bruder aufrichtig über das bevorstehende Sterben der kleinen Schwester. In dem Gespräch sagte der Junge zu seinem Vater: „Ich wünsche mir so sehr, dass Mia nicht stirbt. Ich zimmere jetzt für Mia eine Spielkiste und male die bunt an. Ich gebe mir viel Mühe. Wenn ich mich so anstrenge, dann wird mein Wunsch sicher in Erfüllung gehen."

Der Tod kommt von außen und betrifft andere, zunächst alte Menschen. Die Vorstellung vom Tod ist bei den Vorschulkindern überwiegend sehr unbestimmt. Manche

Reaktionen zeigen, dass in den Vorstellungen der Kinder der Tod von außen kommt und wieder verschwindet. So lautet eine typische Frage von 4-Jährigen: „Wer hat den Fisch totgemacht?"

Kleine Kinder sehen hohes Alter als Ursache für das Sterben an und verstehen nicht, dass der Körper an sich sterblich ist. Die 5-jährige Franziska meint: „Ich möchte niemals eine Großmutter werden, denn dann bin ich alt und muss sterben. Ich möchte immer so bleiben wie ich bin."

Gegenstände sind lebendig. Der Erlebnisbezug des kleinen Kindes ist bestimmt durch die eigenen Bedürfnisse. Es unterscheidet noch nicht zwischen der vorgestellten und der wirklichen Welt. Das Kind belebt in seiner Vorstellung die Dinge. Es glaubt, dass Puppen, Spielfiguren, Plüschtiere genauso hungrig und müde sind, wie es selbst. Infolgedessen unterscheidet das kleine Kind auch nicht zwischen tot und lebendig. In seiner Vorstellung haben die leblosen Gegenstände Leben in sich. Die 6-jährige Clara sagt von ihrer Puppe: „Sie lebt nicht, aber wenn du mit ihr spielst und redest, dann sagt sie, was sie will."

Doris Jaehner zitiert in ihrem Beitrag „Zur Einstellung des Kleinkindes zum Tod" (1933) ebenfalls Fragen und Antworten von Kindern zu diesem Phänomen:

„Was heißt hier ‚nicht lebendig' – Ich puste, daß wieder lebendig wird!" (4;8)

„Wie ist das, wenn man merkt, daß man wieder lebendig werden will, und die Erde ist darauf?" (6;4)

„Wenn die Leute lange an die Luft kommen, dann werden sie wieder lebendig – ?" (5;4)

Die Toten bleiben in der Vorstellung lebendig. Ist ein Mensch in der Umgebung gestorben, so spürt das Kind ein intensives Bedürfnis nach Nähe zu dem vermissten Wesen, und dieses Gefühl ist beherrschend für sein Empfinden.

Aus der Befragung: Nils, 4 Jahre, fragt: „Meine Schwester ist tot. Sie bleibt weg für immer. Sie kommt nie wieder. Aber kannst du mir sagen, wie alt sie ist?" Nils wiederholt damit die Worte der Mutter, die ihm immer wieder sagt, dass seine Schwester nie wieder kommen wird. Der Vierjährige plappert die gehörten Worte nach, ohne sie zu verstehen.

Der Psychoanalytiker *Bowlby* (2009) erzählt von einem 4-jährigen Mädchen, dem nach dem Tod des Vaters gesagt wurde, sein Vater wäre nun im Himmel. Ein paar Monate nach dem Tod des Vaters hatte das Mädchen Geburtstag. An dem Tag war es zornig und weinte bitterlich, weil der Vater nicht zu seinem Geburtstag gekommen war.

Aus der Befragung: Der 6-jährige Sebastian erzählt von der Beerdigung seiner Großmutter, die er miterlebt hat. Dann äußert er: „Aber ich frage mich: Kann sie im Himmel immer noch ‚Mikado' spielen?"

Wunsch, der andere möge sterben. Der Wunsch des Kindes, eine andere Person möge sterben, gehört üblicherweise zur Entwicklung des Todesverstehens. In seinem Ärger gegen eine Person wünscht das Kind diese weg. Statt: „Du sollst verschwinden", sagt es: „Du sollst tot sein." Es meint mit „Totsein" eine vorübergehende Abwesenheit. Eine hilfreiche Reaktion könnte hier sein: „Du bist sehr ärgerlich auf mich. Du möchtest, dass ich fortgehe."

Unbekümmerte Haltung. Kleine Kinder erstaunen teilweise durch ihre unbekümmerte Haltung angesichts des Todes. Sie gebrauchen Formulierungen, die einen Erwachsenen schockieren können, wie: „Wenn du tot bist, krieg ich deine Kette." „Ich habe dich so lieb: wenn du einmal stirbst, lass ich dich ausstopfen und stell dich hier im Zimmer auf!" (*Freud* 2000) „Jetzt stinkt der Herr Förster aber sicher schon und Peterchen auch." (*Leist* 2004) Die Kinder verwenden in solchen Fällen die Begriffe Sterben und Tod, ohne sie in ihrer Bedeutung zu verstehen.

Fragen der kleinen Kinder (bis 6 Jahre)

- Wie geht Sterben?
- Tut Sterben weh?
- Du bist schon sehr alt. Stirbst du bald?
- Wenn man weg ist, ist man dann tot?
- Wie ist es, tot zu sein?
- Tot? Was ist dann?
- Tot? Was ist tot?
- Wenn man tot ist, wächst man dann weiter?
- Weiß der Opa, dass der Sarg zugemacht wird?
- Ist Tante Else tot, weil ich böse war?
- Was ist mit der Fliege? Die bewegt sich nicht mehr!
- Wer hat die Biene tot gemacht?
- Wenn ich tot bin, bleibt mein Kopf dann draußen über der Erde?

(Siehe hierzu im Anhang 3: Fragen der Kinder)

Bildhafte Vorstellungen. Das 3–4jährige Kind malt symbolisch. Es gibt seinem Gekritzel einen Namen, wobei das Gemalte dem Beschriebenen nicht ähneln muss. Das Bild des kleinen Kindes ist nicht vorgeplant. Es entwickelt sich im Erleben und wird durch neue Ideen während des Malens abgewandelt. Trotzdem sind diese Kinderbilder sehr aufschlussreich.

Kinderbilder, die während der Befragung zu Sterben und Tod gemalt wurden:

Bild 1. Der 4-jährige Nils malt ein Kreuz. Er sagt: „Dann sind da Schilder (Grabsteine) ... Da kommen Buchstaben drauf. Da muss man in der Erde bleiben und die sind dann tot ... Die sind dann immer tot ... Die müssen immer in der Erde bleiben ... Dann muss es dunkel sein." Nun beginnt er viele schwarze Striche zu malen. Während seiner heftigen Bewegungen beim Malen kommt ihm eine neue Idee: „Da ist ein Windsturm. Der Windsturm kommt bis in die Toten. Da gibt es zwei Windstürme. Dann sind die zweimal tot."

Nils hat die Gewaltigkeit des Todes erlebt. Seine Schwester ist vor einem Jahr gestorben. In seinen Worten wiederholen sich Aussagen der Eltern über das Immerwährende des Todes. Nils war bei der Beerdigung dabei und er weiß, dass die Schwester in einem Grab liegt. Er fragt häufig, warum die Schwester unter der Erde bleiben muss, wo es dunkel ist. Seine Fragen zielen auf das Verstehen der Wirklichkeit und die macht ihm Angst.

Bild 1   Nils, 4 Jahre

Bild 2. Der 5-jährige Linus malt als Erstes eine Figur und sagt: „Das ist Gott ... Gott ist im Weltall ... Der bleibt da einfach ... Der muss aufpassen im Weltall, dass da nichts passiert." Nun malt er einen Kreis, übermalt ihn mit vielen weiteren Kreisen und malt Striche kreuz und quer. Nach einer Weile fügt er zwei weitere Figuren und einen Schlitten hinzu: „Das ist ein Engel, der ist immer an der Seite von Gott ... Und das ist

Bild 2 Linus, 5 Jahre

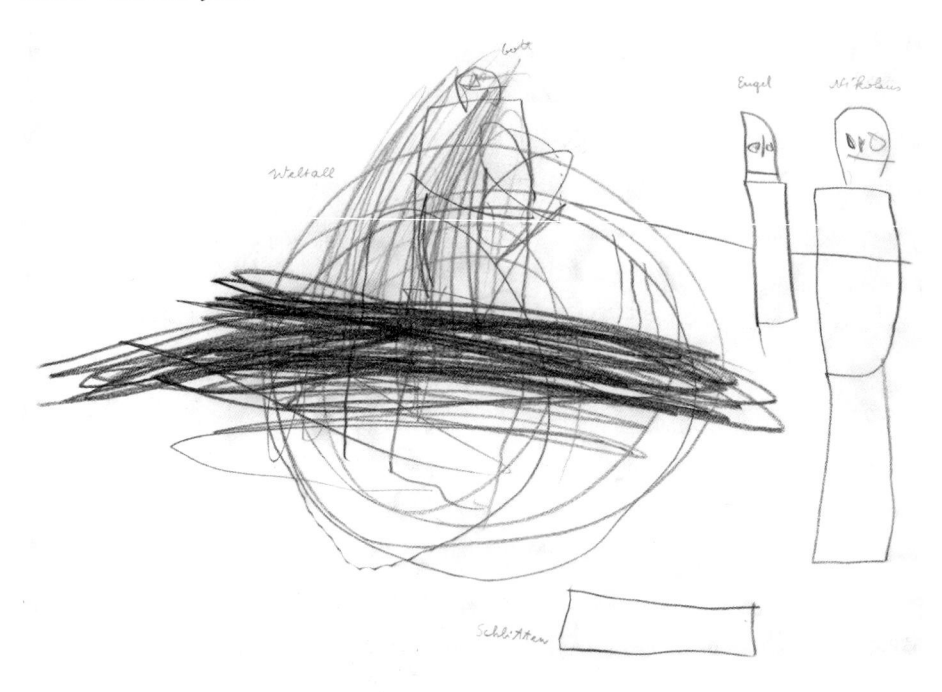

der Nikolaus ... Der Engel muss den Schlitten herunterfliegen, weil der Schlitten nicht allein fliegen kann." Ich frage ihn: „Warum steht der Engel nicht neben dem Schlitten?" Daraufhin sagt er: „Es ist doch kein Nikolaus ... Nur dann fliegt er mit dem Schlitten zur Erde ... Jetzt ist kein Nikolaus, da sitzen sie nicht auf dem Schlitten ... Der Nikolaus kann sich die Geschenke im Himmel noch suchen ... bis zum nächsten Jahr." Zum Zeitpunkt des Gesprächs war Sommer.

Für den 5-Jährigen hat der Tod noch keine durch eigenes Erleben bestimmte Bedeutung. Er reagiert spontan und stimmungsmäßig ruhig und furchtlos auf die Frage nach dem Sterben und dem Danach.

Bild 3. Die 5-jährige Anna malt mit schnellen Strichen eine Figur, eine Sonne und eine Wolke. Sie betrachtet die Figur und setzt ohne weitere Worte ein Kreuz auf deren Brust. Anna erzählt: „Dann ist man tot und dann im Himmel." „Was ist im Himmel?" „Im Himmel sterben die." „Und dann? Was ist dann?" „Dann warten die, bis die wieder auf den Boden kommen." Sie schaut auf ihr Bild und malt drei bunte Herzen hinzu: „Im Himmel ist die Liebe." Bei Annas Erzählung zu ihrem Bild klingt der Gedanke eines Kreislaufs vom Sterben und Neuwerden an. Sie redet furchtlos vom Sterben und dem Danach.

Bild 3   Anna, 5 Jahre

Bild 4. Der 5-jährige Paul malt ein Gebilde von Strichen und Formen, das er Wolken nennt, und sagt: „Wenn man tot ist, dann sind die Augen zu und man legt sich. Die Augen können nicht wieder aufgehen … Dann ist man im Himmel … Vielleicht leben sie wieder im Himmel … Dann können sie runtergucken." Zusätzlich malt er ein Kind, das traurig guckt. Auf Nachfragen erklärt Paul: „Das Kind vermisst seine Mutter, weil die tot ist." Er betrachtet sein Bild und malt an den unteren Rand des Bildes viele kleine Häuser. „Da unten ist die Erde. Die Toten gucken dahin."

Paul beschreibt ansatzweise wirklichkeitsgetreu, was sich beim Sterben verändert. Gleichzeitig spricht er von einem Weiterleben an einem anderen Ort, von wo aus die Toten die Lebenden beobachten können. In seiner Vorstellung gibt es eine Trennung und die macht ihn traurig. Pauls Großvater ist vor einem Jahr gestorben. Seine Großmutter geht mit ihm manchmal zum Friedhof.

Bild 5. Der 6-jährige Kevin malt und dabei erzählt er zu seinem Bild: „Im Himmel ist das Paradies. Da ist es warm. Hier ist ein Kind, das schwimmt da in einem großen Meer. Da ist es wie im Urlaub. Wir waren auch am Meer."

Bild 4 Paul, 5 Jahre

Bild 6. Der 6-jährige Marvin zeigt mit seinem Bild und den Erzählungen ein Wissen, das mitunter ältere Kinder genauso ausdrücken. Er sagt: „Dass ein Mensch stirbt, dass sein Tod kommt. Dann lebt er nicht mehr. Dann ist der im Sarg. Dann wird der begraben. Ist er vergraben, hat er seine Ruhe."

Die Gegenüberstellung der beiden Bilder (5 und 6) verdeutlicht, wie verschieden gleichaltrige Kinder in ihrer Entwicklung sein können. Bei den beiden Kindern zeigen sich bemerkenswerte Unterschiede in der feinmotorischen Geschicklichkeit, in der Fähigkeit Gedachtes visuell umzusetzen und auch im Todesverständnis. Marvin und Kevin sind 6 Jahre alt und haben die Bilder kurz nach der Einschulung gemalt. Marvin hat einen älteren Bruder und ist ein Kind, das sehr gefördert wurde. Er hat Sterben bereits in seinem Umfeld erlebt, denn sein geliebter Großvater ist 2 Jahre zuvor gestorben. Marvin war bei der Beerdigung dabei und geht mit der Großmutter häufig auf

Bild 5 Kevin, 6 Jahre

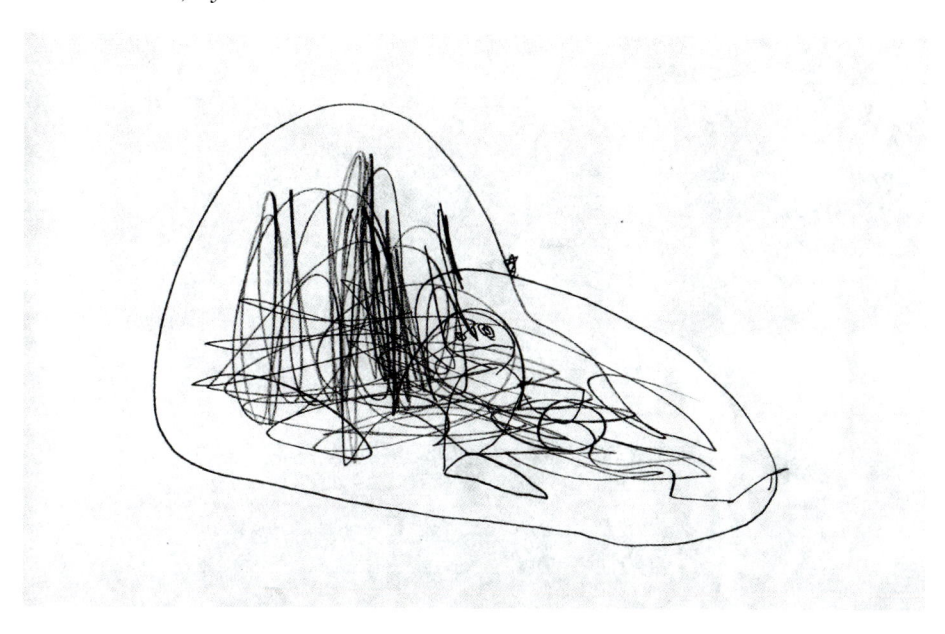

Bild 6 Marvin, 6 Jahre

den Friedhof. Es wird deutlich, dass dieses Erleben Marvins Todesvorstellung entscheidend geprägt hat.

Was zu beachten ist

Erste Begegnungen mit Abschied. Es gibt im Alltag eines jeden kleinen Kindes Momente, in denen etwas wegbleibt, sich nicht mehr bewegt oder tot ist. Beispiele:
Die Mutter geht aus dem Raum und kommt nach kurzer Zeit wieder.
Das Kind geht in die Spielgruppe und trennt sich dort für eine Weile von der Mutter, die es dann wieder abholen wird.
Ein alter Nachbar, der zunächst jeden Tag das Kind freundlich begrüßt hat, ist plötzlich nicht mehr da. Er ist tot.
Kleine Kinder bemerken das Verschwinden oder die Abwesenheit eines anderen, ohne unterscheiden zu können, ob eine Person nach kurzer oder langer Zeit wiederkommt oder für immer fort ist.

> Für das kleine Kind ist es wichtig, Verlässlichkeit und gleich bleibende Struktur zu erleben. Es wird dem Kind in seiner Entwicklung helfen, wenn es das Gefühl von Gewissheit bei versprochenem Wiedersehen nach einem Abschied in sich trägt.

Hilfreiche Anregungen zur Bewältigung eines Abschieds gibt die Eule Heureka einem traurigen kleinen Elefanten: „Drei Dinge kannst du tun. Erstens, wenn du traurig bist, dann weine, egal was die anderen dazu sagen. Mit dem Weinen ist es nämlich wie bei einer dunklen dicken Regenwolke. Wenn sie sich ausgeregnet hat, ist sie wieder leicht und weiß. Zweitens: erzähle jemanden, den du lieb hast, von deinem großen Kummer. Und drittens, gib deinem Freund einen Platz in deinem Herzen, so wird er in deiner Erinnerung immer bei dir sein." (*Wie der kleine rosa Elefant einmal sehr traurig war und wie es ihm wieder gut ging*)

Erkundigungen zu „tot" und „lebendig". Angenommen ein Junge findet eine leblose Fliege. Er fasst sie an, zupft an den Flügeln, zieht einen ab und versucht, ihn wieder zu befestigen. Er wundert sich, warum die Fliege nicht mehr herumkrabbelt und wegfliegt. Noch weiß der Junge nichts vom Tod. Darum wird er neugierige Fragen stellen: „Was ist mit der Fliege?" Ist eine verständnisvolle Bezugsperson bei ihm, so wird sie ruhig seine Fragen beantworten. Sie wird ihm den Unterschied von „tot" und „lebendig" erklären: „Alles, was lebt, stirbt irgendwann." Ganz anders wirkt sich das Erleben auf das Kind aus, wenn die Bezugsperson erschrocken ungewohnte Laute, wie „bahhh ihhh", von sich gibt und das Kind energisch wegzieht. Sie wird dem Kind mit ihren entsetzten Ausrufen und der abwehrenden Körperhaltung vermitteln, dass Totsein mit unangenehmen Gefühlen verbunden ist. Diese Begleitperson beachtet nicht, wo das Kind entwicklungsmäßig steht. Seine Absicht ist, neugierig herausfinden, was Totsein meint.

> Das Kind sollte behutsam bei seinen ersten Begegnungen mit einem toten Insekt begleitet werden.

Erleben vom Tod im Umfeld. Kinder, die in einer Familie mit einem Tier aufwachsen, erfahren irgendwann, dass das geliebte Haustier stirbt. Diese Kinder hören nicht nur vom Tod, sondern sie erleben ihn. Das Miterleben von Geburt und Tod bei einem Vogel, einer Katze oder einem Hund ist bereichernd für ein Kind. In einigen Bilderbüchern werden die Kinder durch das Sterben eines Haustieres auf den Tod eines geliebten Menschen vorbereitet (*Ein Himmel für Oma. Justus ist traurig. Großvater und ich*).

Begründungen für das Sterben. Es hilft kleinen Kindern in der Wahrnehmung des Todes, eine Erklärung für das Sterben zu bekommen. Angenommen ein Kind erfährt von dem Tod einer Nachbarin, dann sollte auch ein Grund für das Sterben erwähnt werden. „Frau M. ist gestorben, w e i l sie so alt war."

Wenn das kleine Kind fragt: „Wer hat die Biene totgemacht?" könnte eine Antwort heißen: „Du fragst dich, woran die Biene wohl gestorben ist? Was meinst du? ... Vielleicht war sie schon sehr alt."

Kann das kleine Kind überhaupt begreifen, was „Sterben" meint?

Für das Alter bis etwa 6 Jahre gilt in der Regel, dass noch jegliche Voraussetzungen fehlen, um einen endgültigen Abschied begreifen zu können.

Aus der Befragung: Manche jüngeren Kinder reagieren so wie Pascal während der Befragung. Der 4-Jährige verändert bei der Frage „Was meint Sterben?" seine Mimik nicht. Er gibt vor, nichts gehört zu haben und baut weiter mit seinen Klötzen. Das Wort „tot" gehört zwar zu seinem Wortschatz. Er verwendet es beim Spielen häufig im Sinne von totschießen. Trotzdem kann Pascal nicht erklären, was „Totsein" bedeutet.

> Im Kindergartenalter kann ein Kind auf Befragung meist zunächst nicht die Worte finden, um zu erklären, was „Totsein" meint – sieht es allerdings einen toten Vogel, wird es den Zustand verständlich beschreiben können.

2. Von 6 Jahre (Schulreife) bis 10 Jahre (Wechsel weiterführende Schule)

Mit der Schulreife zeigen sich Fortschritte in der kognitiven Entwicklung, die im Allgemeinen zu einer veränderten Todesvorstellung führen. Kinder dieser Altersstufe beginnen, die Bedeutung des Todes realistischer zu begreifen. Sie reden vom Ausfall einiger Körperfunktionen wie auch vom Vergrabenwerden. Gleichzeitig überraschen diese Kinder mit einzigartigen Ideen von einem Weiterleben in verschiedenen Formen und an verschiedenen Orten. Auffällig ist die Fähigkeit zu bildhaften Vorstellungen, die in diesem Alter besonders ausgeprägt ist. Sichtweisen von verschiedenen Reifungsschritten vermischen sich miteinander. So sind die Aussagen und Bilder nur schwer einem Entwicklungsstand zuzuordnen. Es überwiegen die Gedanken vom Weiterleben nach dem Tod. Kinder dieser Altersstufe schwanken zwischen den Vorstellungen von vorübergehender und endgültiger Abwesenheit.

Vorstellungen, Gefühle und Besonderheiten

Mehrere Ursachen. Beginnend mit der Schulreife können Kinder normalerweise Bilder in einen sinnvollen Zusammenhang, in eine Reihenfolge bringen. Diese Denkleistung setzt voraus, dass sie dargestellte Handlungen erkennen und beschreiben können. Die Kinder interessieren sich zunehmend für Ursachen und Folgen. Meist lernen sie etwa im Alter von 6 bis 7 Jahren, mehrere Ursachen für ein Geschehen als möglich anzusehen. So erkennen sie in diesem Alter oft, dass der Tod nicht nur durch Alter, sondern auch durch Krankheit und Gewalteinwirkung herbeigeführt werden kann.

Aus der Befragung: Philip, 6 Jahre: „Sterben ist, wenn man mit einer Pistole auf einen Menschen schießt ... oder wenn man ganz alt wird ... dann muss man den begraben ... dann schwebt was raus ... Heiliger Geist oder so, der bringt der Mutter ein anderes Kind in den Bauch."

Unterscheidung zwischen leichter und schwerer Erkrankung. Kleinere Kinder unterscheiden noch nicht zwischen schwerer und leichter Erkrankung. Sie benötigen ausreichende Erklärungen vor allem dann, wenn eine Erkrankung zum Tode führt. Erst mit der Schulreife beginnen die Kinder bei entsprechender Unterstützung zu verstehen, dass nicht jede Erkrankung lebensbedrohend ist.

Angst vor dem Tod der Mutter. Irgendwann, im Allgemeinen mit etwa 6 Jahren, fragen Kinder die Mutter: „Stirbst du auch?" Diese Frage an die nächste Bezugsperson ist eine typische Reaktion auf die neu erworbene Vorstellung des Kindes, dass alle Menschen sterben werden. Das Kind hört vom Sterben eines Menschen in seinem Umfeld und erlebt dessen Verschwinden als eine Bedrohung für sich selbst. Es fürchtet, die Mutter könne verschwinden und es bliebe allein. Diese Vorstellung weckt tiefe Angst vor dem Verlassenwerden. Das Kind sucht bei der Mutter die Bestätigung dafür, dass sie immer bei ihm bleibt.

Angst vor dem eigenen Tod. Etwa mit 8 Jahren erkennt das Kind, dass es selbst sterben kann. Viele Fragen beschäftigen das Kind in diesem Zusammenhang. „Was ist, wenn ich nicht richtig tot bin und bin schon unter der Erde? Was ist nach dem Tod? Kann ich beim Schlafen sterben?"

Aus der Befragung: Maria, 10 Jahre: „Sterben? Wenn man nicht mehr lebt, dann wird man in ein Grab gelegt ... dann kommt man in den Himmel ... in dem Himmel, da ist Gott und schon viele andere ... dass man da spielen kann oder malen ... Abends wenn ich an den Tod denke, dann denke ich ... ich werde selbst sterben. Dann habe ich Angst."

Schuld- und Schamgefühl. Häufig haben Kinder das Gefühl, ihre bösen Wünsche könnten den Tod eines anderen herbeiführen. Sie fürchten, der Tod einer Person, auf die sie ärgerlich waren, komme durch ihre Gedanken. Noch fehlt ihnen die Möglichkeit, statt der eigenen Phantasievorstellungen die objektive Realität wahrzunehmen.

Häufig schämen die Kinder sich nach einem Todeserleben für ihre Lebensfreude. So heißt es in der Bildergeschichte *Weihnachten bei Großvater*: „Die Mutter hatte inzwischen den Tisch gedeckt, und Thomas machte sich heißhungrig über das Essen her. Und gleich schämte er sich über seinen Appetit, wo doch Vater nicht mehr lebte! Und seine Mutter trauerte ... Er hörte auf zu essen." (Siehe auch S. 81–82)

Der eigene Tod als Strafe für die Eltern. Die Kinder malen sich aus, wie traurig die Eltern wären, wenn sie am Sarg ihres toten Kindes stehen würden. Mit diesem Wunsch drücken sie in manchen Fällen ihren Ärger über das Verhalten der Eltern aus und wollen sie am liebsten bestrafen.

Personifikation. Der Tod wird personifiziert. Die Kinder sprechen vom Teufelchen, dem Sensenmann, dem Höllenfürsten, dem Gerippe und auch dem Engel.

Aus der Befragung: Sascha, 9 Jahre, redet vom „Todesmagier": „Er bringt Unsterblichkeit. Er macht, dass alle von der Familie weiter leben." (*Bild 7*)

Wunschphantasien zur Unsterblichkeit. Der Gedanke, dass der Leib zerfällt, ist für ein kleines Kind schwer vorstellbar und unerträglich. Aus diesem Grund entwickeln die meisten Kinder, sobald sie eine gewisse Furcht vor dem Tod spüren, Allmachts-

Bild 7 Sascha, 9 Jahre

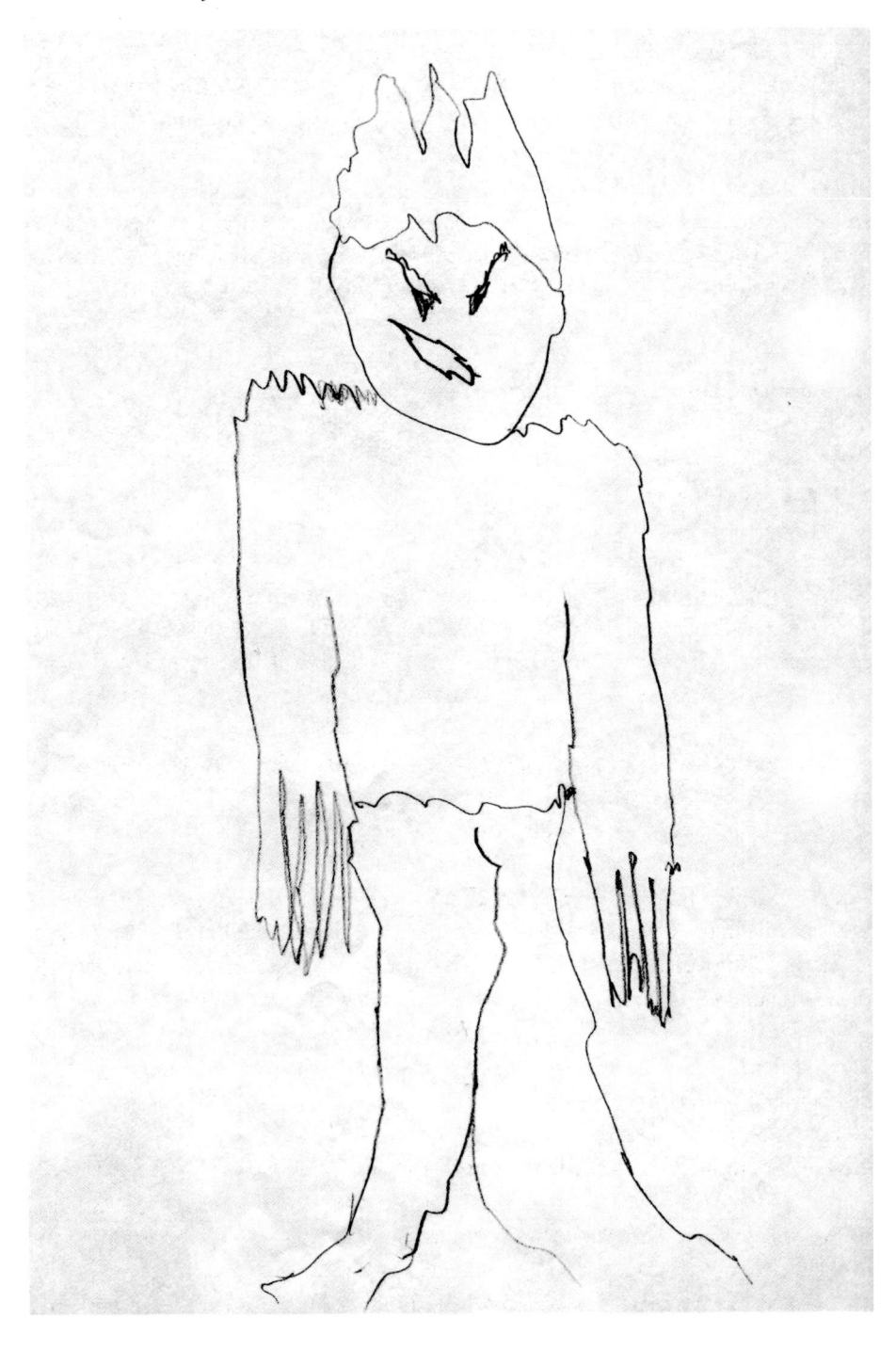

oder Wunschphantasien, in denen sie unsterblich und allmächtig sind. In der Vorstellung ist es ihnen möglich, Tote wieder lebendig zu machen, den bösen Teufel zu besiegen, immer jung zu bleiben und auch nie zu sterben.

Aus der Befragung: Max, 10 Jahre: „Da schließt man seine Augen. Da wird man begrabstätt oder verbrannt … Das ist hygienischer … Die Seele kommt in den Himmel oder in die Hölle. In der Hölle wird man aufgespießt und gegessen von den Teufelbabys … In dem Himmel, da wird man verwöhnt. Wenn du Fernsehen willst," hier schnippt er mit den Fingern, „dann fällt der (Fernseher) von oben runter … Man weiß nicht, wo man hinkommt. Wenn ich in die Hölle komme, dann schlage ich die Teufelchen. Dann mache ich alles schön, dann mache ich die Hölle zum Paradies."

Verringerung der Lebensfunktionen. In der Vorstellung des kleinen Kindes ist der Tod zunächst nicht absolut. Die 9-jährige Julia glaubt, dass ihr toter Vater für immer weg ist, aber doch noch sehen kann: „Papa ist im Himmel. Er ist tot. Er kommt nie wieder. Aber er kann mich noch sehen. Das finde ich gemein. Denn ich kann ihn nicht sehen."

Für Kinder dieser Altersstufe ist „Totsein" oft gleichbedeutend mit einer Minimierung von Lebensfunktionen. Für sie gibt es in der Vorstellung eine graduelle Abstufung beim „Totsein" von „ein bisschen tot" oder „beinahe tot" bis „ganz tot", wobei dieser Zustand auch wieder rückgängig gemacht werden kann.

Interesse für Sterbevorgänge. Es entwickelt sich bei den Kindern ein Interesse für Sterbevorgänge, für Leichen, Totenwagen, Friedhöfe, auch für Kriege, Katastrophen, gefährliche Operationen. Die Kinder zeigen mit ihren Fragen ein besonderes Interesse an technischen Fragen: „Wird der Sarg abgeschlossen?" „Ist der Sarg aus Holz?" „Wie tief ist das Grab?" „Wie kommt der Sarg in das Loch?" Häufig kommen auch Fragen wie: „Was geschieht mit dem Toten nach dem Sterben?"

Hierzu die Gedanken von zwei Kindern aus der Befragung:

Alexander, 9 Jahre: „Im Wilden Westen essen die Geier die Toten auf. Sonst kommen die in ein Grab, wenn die da lange liegen, gibt es nur noch Knochen."

Philip, 9 Jahre: „Da wird man in den Sarg gelegt, auf dem Friedhof eingegraben, da liegt man als Leiche im Sarg, die Knochen verschimmeln." Je nach Situation und Entwicklungsstand könnte hier eine kleine Frage anregen, weiter miteinander zu sprechen: „Gibt es denn auch etwas was bleibt, wenn jemand nicht bei dir ist? Bin ich nur bei dir, wenn ich vor dir stehe?"

Gedanken zur Verbrennung. Der 10-jährige Yves erzählt auf die Frage nach seinen Vorstellungen vom Danach: „Ich habe eine Tante, die ist gestorben. Dann ist die verbrannt worden und die Asche ist in eine kleine Kiste gekommen. Jetzt steht die Kiste bei uns im Wohnzimmer. Ich möchte das auch so bei mir haben. Denn dann bin ich tot und doch bei meiner Familie. Dann bin ich nicht alleine."

Fragen der Kinder im Grundschulalter (bis 10 Jahre)

- Warum hört das Leben auf?
- Stirbst du auch?
- Fürchtest du dich vor dem Sterben?
- Kann man an Krebs sterben?
- Muss man denn immer sterben, wenn man ins Krankenhaus kommt?
- Sterben Kinder auch?
- Werde ich auch sterben?
- Wann muss ich sterben?
- Kann ich sterben, wenn ich schlafe?
- Was ist, wenn ich nicht richtig tot bin und bin schon unter der Erde?
- Ist die Seele jetzt im Himmel?
- Wo kommen die Toten hin?
- Was ist nach dem Tod?
- Warum wird Opa verbrannt?
- Passt die Oma in den kleinen Kasten?
- Wie ist es im Himmel?
- Bist du jetzt ein Engel?

(Siehe hierzu im Anhang 3: Fragen der Kinder)

Bildhafte Vorstellungen. Das Schulkind überlegt, was es malen möchte und versucht, seine Vorstellung der Wirklichkeit anzupassen. Mit zunehmendem Alter werden die Zeichnungen wie auch die Sprache differenzierter. Die Darstellungsähnlichkeit nimmt zu.

Grundschulkinder erzählen und malen häufig Bilder, auf denen der unversehrte Körper nach dem Tod zum Himmel fliegt, in den Wolken spaziert, sich dort oben wie unten auf der Erde bewegt. Die Aussagen und bildhaften Darstellungen zu dem, was nach dem Tod sein wird, lassen vermuten, dass die Kinder sich nach dem Tod ein „räumlich versetztes Weiterleben" im Himmel vorstellen.

Kinderbilder, die während der Befragung zu Sterben und Tod gemalt wurden:

Bild 8. Der 6-jährige Nils erzählt spontan: „Da liegt man so und hat die Augen geschlossen. Man bewegt sich nicht mehr und spricht nicht. Die Toten werden zu Stein. Dann kommt man in den Himmel, aber die Knochen bleiben da. Nur die Seele kommt zu Gott. Die Seele ist das Herz. Die Toten werden zerrissen, sonst könnte die Seele nicht raus gehen, denn die Knochen bleiben ja in dem Grab. Die Seele geht dann in den Himmel und die Knochen sind dann als Steine auf dem Marktplatz. Das habe ich mal gesehen. Das ist das Kopfsteinpflaster."

Bild 8   Nils, 6 Jahre

Nils nimmt einen Stift, malt und redet weiter: „Da ist ein Motorradfahrer mit einem Motorradhelm, der lebte. Dann hatte er einen Unfall. Er wird zerrissen. Die Knochen bleiben und die Seele geht hoch in den Himmel. Die sind dann ganz weit oben. Die sind bei Gott. Wir sehen die nicht mehr. Gott hat eine Krone und wohnt in den Wolken. Gott hat auch ein Schwert. Gott hat auch eine Schale und ein Dreizack. Wenn der Tote höher ist, kann er heruntersehen. Augen, Nase und Mund und der Kopf, das hat er nicht mehr. Da kommt der Helm drauf. Da kommt der Motorradhelm drauf und … das alles wird zu Stein mit den Knochen. Das kommt in den Kasten und dann in das Loch. Da kommt ein Stein drauf. Das ist das Kopfsteinpflaster."

Bild 9. Der 6-jährige Tobias malt einen Sarg im Erdboden. Oberhalb des Sarges malt er einen Grabstein mit Blumen. Mit wenigen Strichen deutet er den Himmel an. In den Himmel malt er ein kleines Männchen. Er erzählt: „Das ist der Tote, der aus dem Grab in den Himmel hochfliegt. Neben dem Grab steht ein Esel, der macht ‚i-a, i-a.' Wenn man tot ist, ist man unter der Erde. Dann ist man begraben. Dann bist du im Himmel. Dann liegst du da 100 Jahre."

Bild 10. Ulli, 7 Jahre, malt mit wenigen Strichen einen liegenden Menschen am unteren Rand des Bildes und sagt. „Der ist tot!" Er malt ein weiteres Strichmännchen an den oberen Rand des Blattes zwischen zwei Wolken und erzählt: „Wenn er tot ist, fliegt er

Bild 9 Tobias, 6 Jahre

hoch in den Himmel. Da ist Gott." Dann malt er ein freundlich guckendes Gesicht als Gott und fährt fort: „Wenn der (Mensch) lieb war, schickt Gott ihn in das Paradies (blaue Wolke mit Blume) – sonst kommt er in die Hölle (lila Wolke mit Feuer und gehörntem Teufel mit Zacken in der Hand). Der Tote war lieb und darum kommt er in das Paradies." Mit einem Pfeil zeigt er den Weg des Toten. Bei dem 7-Jährigen zeigen sich religiöse Einflüsse.

Bild 11. Der 8-jährige Alexander verwendet wie die meisten, wenn sie von ihren Vorstellungen vom Sterben und dem Danach reden, eine neutrale Form wie „man" oder „die". Er sagt: „Wenn man stirbt, dann lebt man nicht mehr. Dann kann man nicht mehr atmen. Dann ist das Leben vorbei. Man bewegt sich nicht mehr. Dann ist man oben im Himmel. Da leben die weiter. Als Engel." Er malt einen Engel.

Bild 12. Für die 8-jährige Hanna kommen die Toten in veränderter Gestalt wieder und leben weiter. „Ich komme erst zu Gott. Da bleibe ich 30 Jahre, dann komme ich als kleiner Hase wieder und bleibe 6 Jahre, dann bin ich eine Kuh und bleibe 30 Jahre, dann ein Einhorn für 100 Jahre und als letztes bin ich ein Dackel für 16 Jahre."

Bild 10 Ulli, 7 Jahre

Bild 11 Alexander, 8 Jahre

Bild 12 Hanna, 8 Jahre

50

Bild 13. Für Sara, 7 Jahre, verbinden sich diffuse Vorstellungen mit „Sterben". Während der Befragung zum Sterben und dem Danach sagte die 7-Jährige: „Wenn die Menschen tot sind, sind die halb. Dann werden sie zu Asche gemacht. Im Feuer werden sie halbiert." Beim Malen und Erzählen geben Mimik und Tonfall der 7-Jährigen Hinweise darauf, dass für sie „Sterben" Angst erregend ist. Sie malt einen Kasten mit roter Asche und daneben die Großmutter in blauer Farbe und fragt: „Passt die Oma in den kleinen Kasten? Nein, das geht nicht." Nun malt sie die Großmutter noch einmal in roter Farbe und zieht ungefähr in der Mitte quer durch den Körper eine Linie, als wolle sie die Figur teilen. In einem folgenden Gespräch mit der Mutter erzählt diese, dass Saras Großmutter gestorben sei. „Sie ist verbrannt worden, aber darüber wollte ich nicht mit dem Kind reden. Das versteht sie sowieso nicht. Sie war bei der Trauerfeier in der Kapelle dabei." Auf Nachfragen erinnert sie: „Ich war sehr traurig und konnte mich nicht um das Kind kümmern." Die 7-Jährige wurde mit ihren Fragen nicht beachtet und so löste sie das Problem, das sich ihr beim Anblick der kleinen Urne stellte. Sie stellte sich vor, dass die Großmutter halbiert wird, um dann in die Urne gelegt zu werden.

Bild 13 Sara, 7 Jahre

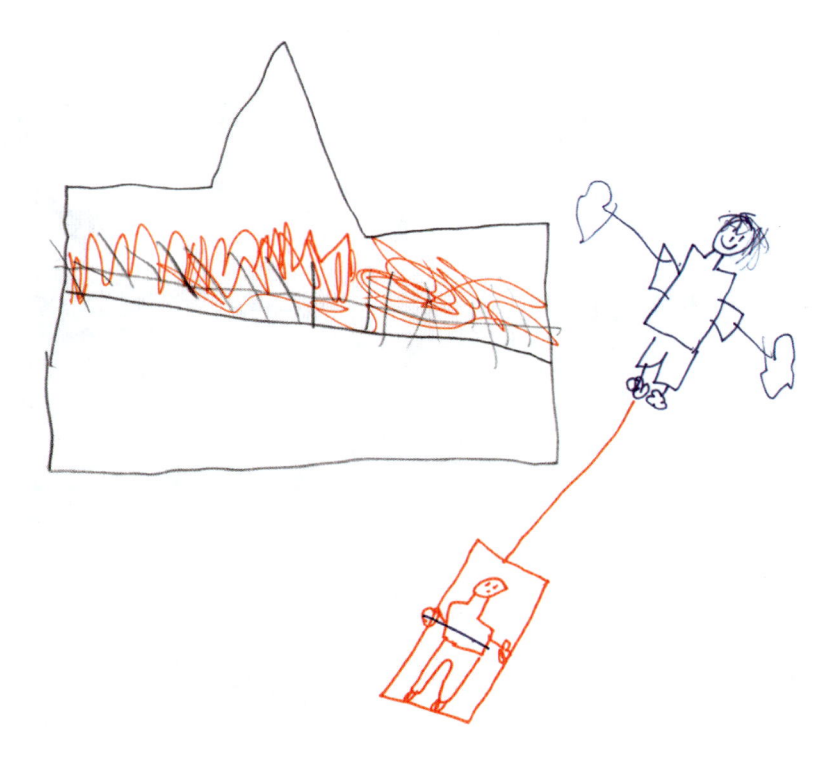

Bild 14. Manche Kinder bleiben – wie die 10-jährige Laura – bei einer Beschreibung des sichtbaren Geschehens. Zu ihrem Bild sagt sie: „Wenn man nichts mehr kann ... nichts mehr sagen kann ... dann ist man kalt ... man kann nicht existieren ... da liegt man steif ... da kann man nichts mehr tun ... dann kann man nicht mehr lesen ... da ist man tot. Davor hat man schlimme Schmerzen." „Wieso?" „Das hat meine Mutter gesagt und mein Vater, die sind Ärzte und die wissen das."

Was zu beachten ist

Für Klarheit sorgen. Im Gespräch mit Kindern im Grundschulalter sollten die Worte „Sterben" und „Tod" ausgesprochen werden. Eine klare Aussage hilft Kindern, sich zu orientieren. Es ist besser zu sagen: „Tante Clara ist tot" als „Tante Clara ist auf eine große Reise gegangen." Auch ist es hilfreich, die Toten beim Namen zu nennen.

Verschweigen, verschönern, verheimlichen, verleugnen und vertrösten erleichtert zwar die Situation für einen Moment, aber ein solches Verhalten des Erwachsenen schadet dem Kind. Kleine Fragen: „Was meinst du? Wieso? Wie stellst du dir das vor?" helfen zu erkennen, ob das Kind Ängste hat und mehr sachliche Informationen benötigt.

> Die Kinder sollen in deutlicher Sprache dem Entwicklungsstand entsprechend erfahren, was geschehen ist.

Aus der Praxiserfahrung: Der 6-jährige David wird von den Eltern wegen seines veränderten Verhaltens vorgestellt. Die Eltern berichten, dass ihr Sohn sich zunehmend von spielenden Kindern fernhält und sich zurückzieht. Beim Erstkontakt zeigt der 6-Jährige eine auffallende Ängstlichkeit beim Treppengehen. Er hält sich an der Wand fest, setzt vorsichtig einen Fuß auf die nächste Stufe, stellt den anderen Fuß behutsam auf dieselbe Stufe und hält auf jeder Stufe erneut inne. Im Verlauf der nächsten Stunden gibt der 6-Jährige eine Erklärung für sein Verhalten. Bei der Befragung zu seinen Vorstellungen von Sterben und Tod sagt er: „Ich habe Angst zu sterben ... Wenn man hinfällt ist man tot ... Dann kann man nie mehr wiederkommen ... Dann ist man im Grab ... Der bleibt unter der Erde ... Da hat man eine Krankheit und stirbt." In einem Gespräch mit den Eltern gibt es den Hinweis auf einen Unfall der Großmutter mit Todesfolge. Die Großmutter des 6-jährigen David stürzte in seinem Beisein auf der Treppe und starb kurz darauf an den Folgen des Sturzes. Für den 6-jährigen Enkel ist das Hinfallen die Todesursache. Seit dem Tod der Großmutter hat er Angst hinzufallen. Die Eltern erzählen, sie hätten ihren Sohn nach dem Tod der Großmutter nicht belasten wollen und hätten deshalb das Thema bewusst vermieden. Spielen, malen

Bild 14 Laura, 10 Jahre

und miteinander reden helfen dem Jungen, seine Angst vor dem Hinfallen zu überwinden.

Aus der Befragung: Die 7-jährige Paula reagiert spontan auf die Frage, was Sterben meint. Sie erzählt von toten Fischen. „Bei meinen Fischen hört das Herz auf zu schlagen. Die verlieren dann ihr Alter. Wir schmeißen die dann in das Klo und ... dann sind die im Himmel. Die Menschen verlieren auch ihr Alter."

Bei Lara, 10 Jahre, vermischen sich Erfahrungen, die sie bei der Beerdigung eines Klassenkameraden gemacht hat, mit einzelnen Aussagen aus der Bibel. Sie sagt: „Der Junge, der welcher gestorben ist, liegt im Sarg. Es gibt die Messe ... es kommen zwei ... und die gehen neben dem Sarg ... und die gehen voraus und die legen ihn ... ins Grab ... dann geht es in den Himmel ... da ist Gott ... der holt den Jungen ... die Toten werden verheizt."

Lisa war 5 Jahre alt, als ihr Großvater starb. Als 7-Jährige antwortet sie auf die Frage nach ihren Vorstellungen vom Sterben und dem Danach: „Ich kann es nicht erklären. Dann leben die Menschen nicht mehr. Dann kann man nicht mehr miteinander reden. Ich weiß das, weil mein Opa tot ist. Er wurde mit einem Schießgewehr geschossen, als er unter der Erde war. Als die Beerdigung war, da haben die dreimal in die Erde geschossen. Erst laut, dann mittel und dann nicht mehr so laut." Auf meine erstaunte Frage: „Wieso?" versichert sie, dass Männer mit einem großen Gewehr in das Grab des Großvaters geschossen hatten. In einem anschließenden Gespräch mit der Mutter erzählte diese, dass ihr Vater, als ein ehemaliger bedeutender General, ein feierliches Staatsbegräbnis in Amerika bekommen habe.

Der 10-jährige Julian erzählt: „Meine Tante ist gestorben. Und die ist verbrannt worden. Die Asche ist in eine kleine Kiste gekommen. Jetzt steht die in unserem Wohnzimmer." Wie findest du das? „Ich möchte das auch wie es bei meiner Tante ist." „Wieso?" „Denn dann bin ich tot und doch bei den Kindern. Meine Mutter sagt das auch so."

Die vielseitigen Prägungen. *Aus der Praxiserfahrung*: Die Mutter der 9-jährigen Vanessa sucht psychologische Hilfe. Sie erzählt: „Vanessa kommt von dem Gedanken an den Tod nicht los. Immer wieder redet sie vom Tod." Aus dem Erstgespräch mit der 9-Jährigen: „Sterben, das macht mir Angst. Wenn ich im Bett liege und an den Tod denke, dann habe ich Angst auch zu sterben. ... Meine Oma ist gestorben. Wenn wir zum Opa fahren, gehen wir mehrmals zum Friedhof ... Erst, um ‚Hallo' zu sagen und vor der Abfahrt, um ‚Tschüss' zu sagen." Im Verlauf der begleitenden Elterngespräche spricht die Mutter über ihren Schock nach dem plötzlichen Tod ihres Vaters, des anderen Großvaters von Vanessa. Sie sagt, sie versuche ihre Kinder vor einem solchen schrecklichen Erleben zu bewahren. Darum bereite sie ihre Kinder immer wieder auf den möglichen Tod der noch lebenden Großeltern vor und sage ihnen vor jedem Besuch: „Vielleicht ist es der letzte. Benehmt euch gut. Verabschiedet euch freundlich. Macht es genauso mit der toten Oma."

> Das Verhalten der Bezugsperson hat einen entscheidenden Einfluss auf die Entwicklung der Todesvorstellungen des Kindes.

Religiöse Einflüsse. Bei manchen Kindern finden sich religiöse Einflüsse.

Aus der Befragung: Nicolas, 8 Jahre: „Wenn man tot ist, lebt man nicht mehr. Im Himmel ist neues Leben. Wenn sie lieb sind, kommen sie in den Himmel, sonst zu dem Teufel. Ich kann es mir nicht vorstellen. Dann sind die bei Gott im Himmel. Und der hütet uns."

Clara, 10 Jahre: „Wenn sie lieb sind, kommen sie in den Himmel, sonst in die Hölle. In der Hölle wird man vom Teufel gegessen. Im Himmel von den Engeln verwöhnt."

Johannes, 11 Jahre. „Wenn ich sterbe, dann bleibt mein Körper hier. Die Seele geht zu Gott und da ist Friede und Ruhe, denn Gott will Friede. Das tröstet auch wenn einer stirbt, denn es geht der Seele bei Gott gut. Gott ist das Licht."

Fragen ehrlich beantworten. Alle Fragen der Kinder, seien sie nach dem Tod der Mutter oder dem eigenen, sind ernst zu nehmen. Die Kinder benötigen eine wahrhaftige Antwort. Sie können in der Schule oder im Freundeskreis erfahren, dass eine Mutter oder dass sogar Kinder sterben. Hinzu kommt, dass die Kinder mit zunehmender Reife den Tod als eine Tatsache anerkennen. Diese neu erworbenen Vorstellungen machen häufig Angst. Es hilft dem Kind in seiner Unsicherheit zu hören, dass die eigene Mutter sicher noch lange leben wird, weil sie gesund ist. Die Kinder bitten zwar um eine Auskunft, wichtiger ist es aber für sie, eine Gewissheit zu spüren. Die mitschwingende Sicherheit, die sie aus dem Klang der Stimme heraushören, kann beruhigend wirken. In einer solchen Situation kann es dem Kind helfen, wenn die Mutter Vorkehrungen zu seiner Sicherheit getroffen hat. Die Frage nach dem möglichen Tod der engsten Bezugsperson hat eine besondere Bedeutung bei Kindern von allein erziehenden Müttern oder Vätern.

Eine mögliche Antwort auf die Frage: „Stirbst du auch?" könnte heißen: „Alles was lebt, stirbt. Ich werde auch sterben. Aber ich werde noch lange leben." Je nach Situation kann ergänzt werden: „Wenn mir etwas passieren sollte, ich habe alles aufgeschrieben. Deine Patentante wird sich um dich kümmern, wenn es erforderlich ist. Sie hat es mir zugesagt." Bei beharrlichen Fragen ermöglicht vielleicht ein Gespräch, den Grund für diese Sorge zu hinterfragen wie: „Was ist passiert? Ist jemand gestorben? Was macht dir Angst?"

> Alle Fragen der Kinder sind ruhig anzuhören und dem Entwicklungsstand entsprechend aufrichtig zu beantworten.

Kann das Kind im Grundschulalter begreifen, was „Sterben" meint?

In den Jahren der Grundschulzeit kommt es zu vielfältigen neuen Erkenntnissen, die sich auf die Todeswahrnehmung auswirken. Die Kinder haben in der Schule Religionsunterricht, manche besuchen den Kindergottesdienst, andere gehen zum Kommunionsunterricht. Diese Altersspanne ist eine Phase des Übergangs in der Vorstellung von vorübergehender zu endgültiger Abwesenheit.

Das junge Grundschulkind versucht, dem Tod durch List und Stärke zu entkommen, obwohl es womöglich schon von dem Ausfall von Lebensfunktionen weiß. Das heranwachsende Kind erkennt zunehmend, dass das Leben nicht ewig dauert.

3. Todesvorstellungen ab 10 Jahre

Die Frage nach dem Danach wird oft dringlich. Es kommt zu Auseinandersetzung mit dem Wohin? Wofür? Warum? Wieso? Wann? Was geschieht, wenn ich tot bin? Von den über 9- bzw. 10-Jährigen wird der Tod meist bei unterstützender Entwicklung als allgemeingültig und unabwendbar akzeptiert. Die Kinder beginnen sich zunehmend für die biologischen Vorgänge zu interessieren. Es entwickeln sich Vorstellungen von dem, was nach dem Tod sein wird. Hier zeigen sich häufig religiöse Einflüsse. Die Vorstellungen sind – wie bei den Erwachsenen – sehr vielfältig.

Auch wenn das intellektuelle Wissen vom Tod bei heranwachsenden Kindern und Jugendlichen bereits einem reifen Todeskonzept entspricht, können die Vorstellungen, losgelöst von den erlernten, noch ganz andere sein und immer wieder auch denen jüngerer Kinder ähneln. Gespräche mit Menschen aller Altersstufen zeigen, dass der Kampf um die Hinnahme der Realität des Todes bis ins hohe Alter andauert.

Vorstellungen, Gefühle, Besonderheiten. Die Fragen nach dem Sterben und dem Danach sind in der Altersgruppe der 10- bis 18-Jährigen nicht grundlegend anders als in den Altersstufen davor oder danach. Unterschiede zeigen sich aber in den Antworten auf diese Fragen. Während die Jüngeren an dem Wissen um das wirkliche Geschehen interessiert sind, steht mit zunehmendem Alter die Sinnfrage immer mehr im Vordergrund. Je älter die Kinder werden, umso mehr entsprechen ihre Fragen den Vorstellungen der Jugendlichen und Erwachsenen.

Weiterleben. *Aus der Befragung:* Den Gedanken, dass die Seelen sich zu neuen Körpern finden, drückte der 9-jährige Hanno aus: „Sterben? Wenn das Herz stehen bleibt ... dass man nicht mehr aufstehen kann ... nicht mehr lebendig ist ... der äußere Teil stirbt und der innere, die Seele, geht nach oben in den Himmel. Woher ich das weiß? Das weiß ich von mir. Komisch, dass die Seelen einem neuen Körper zugeteilt werden. Die stellen sich hintereinander an bei Gott. Sind sie dann bei Gott, werden sie immer anderen Menschen zugeteilt ... der lebt dann bis die auch wieder nach oben gehen."

Jana, 9 Jahre: „Sterben. Dann kommen wir in den Himmel, wie Jesus. Dann ist da die Seele, die lebt weiter in einem Insekt, in einem Jungen, in einem anderen Menschen."

Sophie, 13 Jahre: „Wenn ein Mensch stirbt, geht die Seele hoch in den Himmel. Da bleibt sie. Sie schwebt herum. Sie ist unsichtbar. Das bleibt für immer. Beim lebenden Menschen ist sie drin. Wenn der Körper verwest, fliegt die Seele weit weg ... Die Seele ist in mir."

Florian, 14 Jahre: „Man will aus dem Grab kommen. Dann gibt es neues Leben. Dann wird man ein anderer Mensch. Es macht Angst und auch nicht. Vielleicht werde ich ein Ritter. Vielleicht werde ich ein Vogel. Vielleicht spiele ich wieder Fußball."

Diffuse Ängste. Der Gedanke, begraben zu werden, ohne tot zu sein, macht manchen Kindern Angst.

Aus der Befragung: Christian, 10 Jahre, hat Angst vor dem Alleinsein beim Sterben. „Wenn die (meine Mutter und meine Oma) sterben, dann ist es schlimm. Dann bin ich allein und muss allein sterben. Darum will ich eine Frau und Kinder. Damit die Kinder zu mir kommen, wenn ich sterbe."

Der 14-jährige Paul spricht über seine Gefühle: „Oft gehe ich über den Friedhof. Dann gucke ich, wann die gestorben sind, wie alt die geworden sind. Ich habe Angst, im Grab zu liegen und nicht tot zu sein, dann nicht mehr raus zu können. Eingesperrt zu sein in dem Sarg und doch noch zu leben. Ich will raus und kann es nicht ... Im Sarg, unter der Erde, sterbe ich dann."

Maria, 15 Jahre: „Ich habe Angst tot zu sein. Ich habe oft einen Traum. Dann ist es mir so, dass ich fliege. Ich fliege in der Unendlichkeit – bis an das Ende der Welt. Da gibt es einen Zaun. Ich fliege über den Zaun und stürze dann in das Nichts."

Die tiefgründigen Gedanken der Kinder. Aussagen von Kindern während der Befragung zeigten manchmal eine erstaunliche Übereinstimmung mit weisen Erkenntnissen von Philosophen oder aus der Heiligen Schrift. Andere Antworten lassen an Vorstellungen denken, die in der Literatur und auch in Kinderbüchern bearbeitet werden.

Emma, die Viertklässlerin, formuliert in einfachen Worten einen häufig anzutreffenden Gedanken über das Lebensende: „Das ist nicht vorstellbar, dass ich nicht da wäre." Diesen Gedanken formulierte *Goethe* in einem *Brief an Eckermann* (15. 2. 1830): „Der Tod ist doch etwas so Seltsames, daß man ihn, unerachtet aller Erfahrung, bei einem uns teuern Gegenstande nicht für möglich hält und er immer als etwas Unglaubliches und Unerwartetes eintritt. Er ist gewissermaßen eine Unmöglichkeit, die plötzlich zur Wirklichkeit wird."

Luca, 11 Jahre: „Ich bin neugierig auf das Sterben ... Fast freue ich mich ein bisschen, nicht richtig. ... Aber ich möchte wissen, was dann ist ... Dann fliege ich durch die

Wände ... Dann bin ich überall ... Alle verstehen sich ... Ich sehe die Menschen dann nicht richtig und doch sind alle zusammen." In dieser spontanen Formulierung klingt ein Gedanke an, den *Max Frisch* in seiner Totenrede für *Ernst Bloch* formulierte: „Als er 90 Jahre war, sagte Ernst Bloch ... , er sei nur noch neugierig auf das Sterben – er war damals nicht krank – Sterben als die Erfahrung, die er noch nicht gemacht habe und nicht aus Büchern zu beziehen sei ..." (*Max Frisch*). Der Gedanke, nach dem Tod die Mauern durchfliegen zu können, ist in der Literatur bekannt. Die Sterbeforscherin *Elisabeth Kübler-Ross* spricht in ihren Büchern von ähnlichen Vorstellungen, „gedankenschnell" überall hinfliegen zu können. Sie schreibt vom Danach als einem „Land des Friedens ... der Liebe, ... wo es keine Tränen gibt und keinen Schmerz." (*Die unsichtbaren Freunde*) Auch die Kinderbuchautorin *Astrid Lindgren* lässt einen kleinen Jungen *Im Land der Dämmerung* durch geschlossene Fenster fliegen.

Aus der Befragung: Tim, 13 Jahre, malt zu dem Begriff „Seele" die Umrandung eines menschlichen Körpers liniengetreu mit vielen kleinen Punkten *(Bild 15)*. Dieses Bild ähnelt einer Zeichnung von *Johann Amos Comenius* aus dem 17. Jahrhundert. Der Pädagoge schrieb zu dem Bild: „Seele ist des Leibes Leben." Vierhundert Jahre später stellte der 13-jährige Hauptschüler Tim, der nie von *Comenius* gehört hat, seine Vorstellung über die Seele in ganz ähnlicher Weise bildhaft dar.-

Bild 15 Tim, 13 Jahre   Comenius

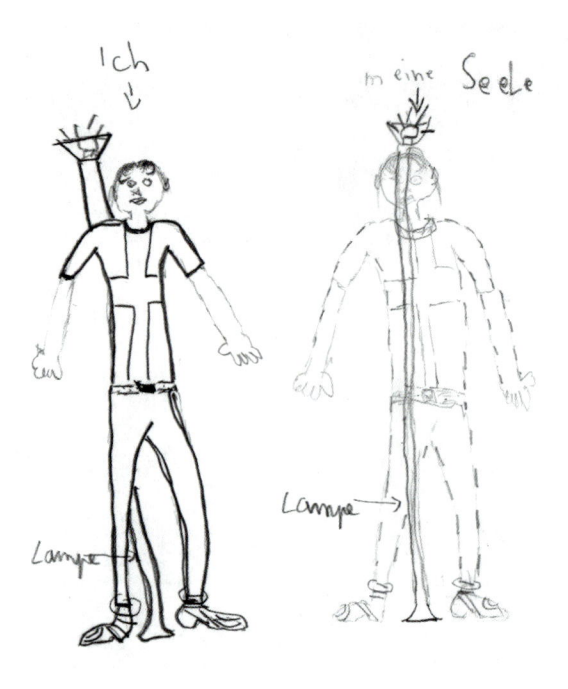

Biologische Beobachtungen. *Aus der Befragung*: Lisa, 9 Jahre, formuliert nach einigem Überlegen: „Wenn man tot ist, lebt man nicht mehr." ... Und später: „Dann merkt man nichts mehr. Das Herz schlägt nicht mehr. Man kann nicht mehr atmen."

Jan, 12 Jahre: „Sterben, das ist, wenn jemand nicht mehr ist. Von einem das Leben ... er ist nicht mehr da, ... sterben ... dann wird er tot, ... macht er nichts ... tot ... gar nichts ... der Körper? ... der wird beerdigt und verfault."

Außergewöhnliche Aussagen. Manchmal finden Kinder und Jugendliche klare verständnisvolle Worte, die zum Nachdenken anregen.

Aus der Befragung: Fritz, 10 Jahre: „Sterben ist wie der Sonnenuntergang, je nachdem, wie man es denkt. Wenn einer stirbt, dann ist es der Untergang. Wenn jemand geboren wird, der Aufgang."

Andreas, 12 Jahre: „Sterben? Dann geht es ums Leben. Dann kann man überleben oder nicht mehr leben. Dann nennt man es ‚Sterben', dann wird man begraben und dann ist man tot. In der Religion heißt es: Da wird man ein Engel. Ich habe die Vorstellung: Wenn man stirbt, ist nichts. Mehr passiert nicht. Es wird geglaubt, dass der Geist noch lebt im Himmel. Da ist Friede bei Gott. Sterben ist natürlich. Wenn keiner sterben würde ... ich weiß nicht wie das gehen sollte."

Johanna, 12 Jahre: „Manche sagen, dann kommt man ins Paradies. Manche sagen, dann kommt man in die Hölle. Dann ist man leblos. Ich denke, dann hat man es gut. Ich stelle mir ein schönes Land vor, mit viel Süßem. Ich sehe vor mir warme Farben. Meine Lieblingsfarben." Sie malt ein Bild mit leuchtend roten und gelben Farben, die kreisförmig angeordnet sind *(Bild 16)*. Für die Mitte nimmt sie gelb, weiter außen verschiedene rote Farben. Kleine Strichmännchen bewegen sich in dem Gelb.

Bild 16 Johanna, 12 Jahre

Sabrina, 13 Jahre: „Wir kommen aus dem Wasser und wir lösen uns auf und werden ein Bestandteil des Wassers."

Babette, 16 Jahre: „Ich fände es toll, wenn ich mich einfrieren könnte und in 1000 Jahren aufwache und dann sehe, was sich verändert hat, ob man noch deutsch spricht, was man über das Universum weiß, was man von der heutigen Zeit falsch interpretiert. Ich habe keine Angst vor dem Sterben, weil es entweder ganz schnell ist oder wenn ich alt bin und das Leben langsam zu Ende geht. Nur ich möchte nicht vor meiner Mutter sterben. Ich habe Angst, dass sie daran zerbricht. Und ich will eigentlich immer, dass es ihr gut geht ... Ich denke man existiert weiter, nur in einer anderen Form. Ich frage mich: Stirbt die Seele oder zieht sie zu den Wolken? Manchmal denke ich, wir könnten doch mit dem Geist fliegen. Und wenn wir schon im Lebendigen mit unserem Geist in die Ferne schweifen, dann muss das ja nach dem Tod noch besser gehen, da der Geist dann nicht mehr an den Körper gebunden ist."

Alexandra, 18 Jahre: „Ich sehe vor mir ein Bild, auf dem sich alles wie von selbst ordnet. Da sind Dreiecke und Vierecke, auch Rechtecke und Kreise. Es ist wie eine geographische Landkarte. Es sind helle warme Farben, überwiegend gelbe Farben."

Fragen der Kinder (ab 10 Jahre) und der Jugendlichen

Die Fragen sind vielfältig und entsprechen vielfach denen von Erwachsenen, gleichzeitig erinnern sie an die Fragen der Jüngsten. Unterschiede zeigen sich in den Antworten.
- Was ist der Tod?
- Tod – was dann?
- Wo werde ich dann sein?
- Was ist die Ewigkeit?
- Warum ist sie gestorben? Warum gerade meine Schwester?
- Gibt es ein Ende der Welt?
- Warum gibt es den Tod?
- Warum hat er sich das Leben genommen?
- Warum war ich nicht für ihn da?

(Siehe hierzu im Anhang 3: Fragen der Kinder)

Bildhafte Vorstellungen. Manche Kinder malen mit zunehmenden Alter differenzierter, wozu mehr feinmotorische Geschicklichkeit und Ausdauer gehören.

Bilder, die während der Befragung zu „Sterben und Tod" gemalt wurden:

Bild 17. Felix, der 13-jährige Hauptschüler, reagiert aufgeschlossen und redewillig auf die Frage: „Sterben, was heißt das?" Seine Augen leuchten und er erzählt: „Sterben ...

Bild 17 Felix, 13 Jahre

sein Leben verlieren ... nicht mehr am Leben sein ... keinen Spaß mehr haben ... nicht mehr fröhlich sein ... dann kann man nichts mehr machen ... dann im Himmel ... war man lieb, dann zu den Engeln ... böse, dann in die Hölle. Da wird man durchgeschmort. Ich habe keine Angst vor dem Sterben. Dann kann ich nichts mehr machen." Der 13-Jährige redet mit selbstbewusster Stimme und wirkt trotz der erzählten Grausamkeiten so, als beträfen sie ihn nicht selbst. Er nimmt unaufgefordert einen Stift und malt einen Menschen, der aus einem Grab zum Himmel auffährt. Bei Felix zeigen sich religiöse Einflüsse. Der Gedanke, dass die Taten der Menschen die Voraussetzung dafür sind, ob sie in den Himmel oder in die Hölle kommen, stammt aus der Bibel. So heißt es in *Matthäus (25.46)*: „Was ihr nicht getan habt einem unter diesen Geringsten, das habt ihr mir auch nicht getan. Und sie werden in die ewige Pein gehen, aber die Gerechten in das ewige Leben."

Bild 18. Der 12-jährige Dennis malt die aufsteigende Seele in den Himmel: „Dann ist man sofort tot ... halt nichts mehr tun ... das Herz hört auf zu klopfen ... nicht mehr aufstehen, nicht mehr bewegen ... die Seele fliegt in den Himmel, dann wird er begraben."

Bild 19. Der 12-jährige Leon malt einen Baum und schreibt hinzu: Wie ist es dort oben?

Bild 20. Alexander, 12 Jahre, entwickelt mit viel Phantasie seine eigenen Vorstellungen: „Ich weiß nicht, was dann ist, ich war ja noch nicht tot. Sterben ... wenn jemand nicht

Bild 18 Dennis, 12 Jahre

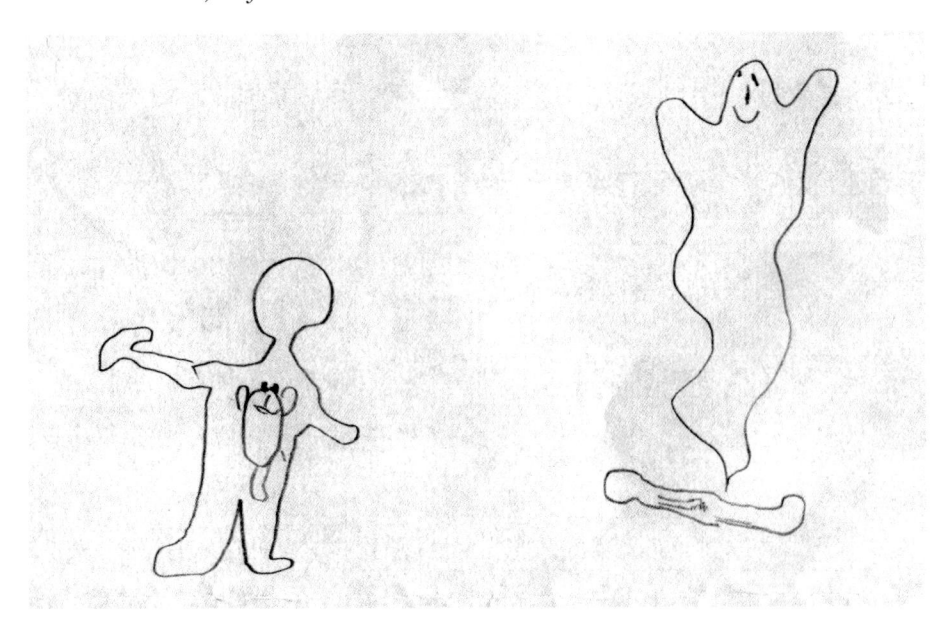

Bild 19 Leon, 12 Jahre

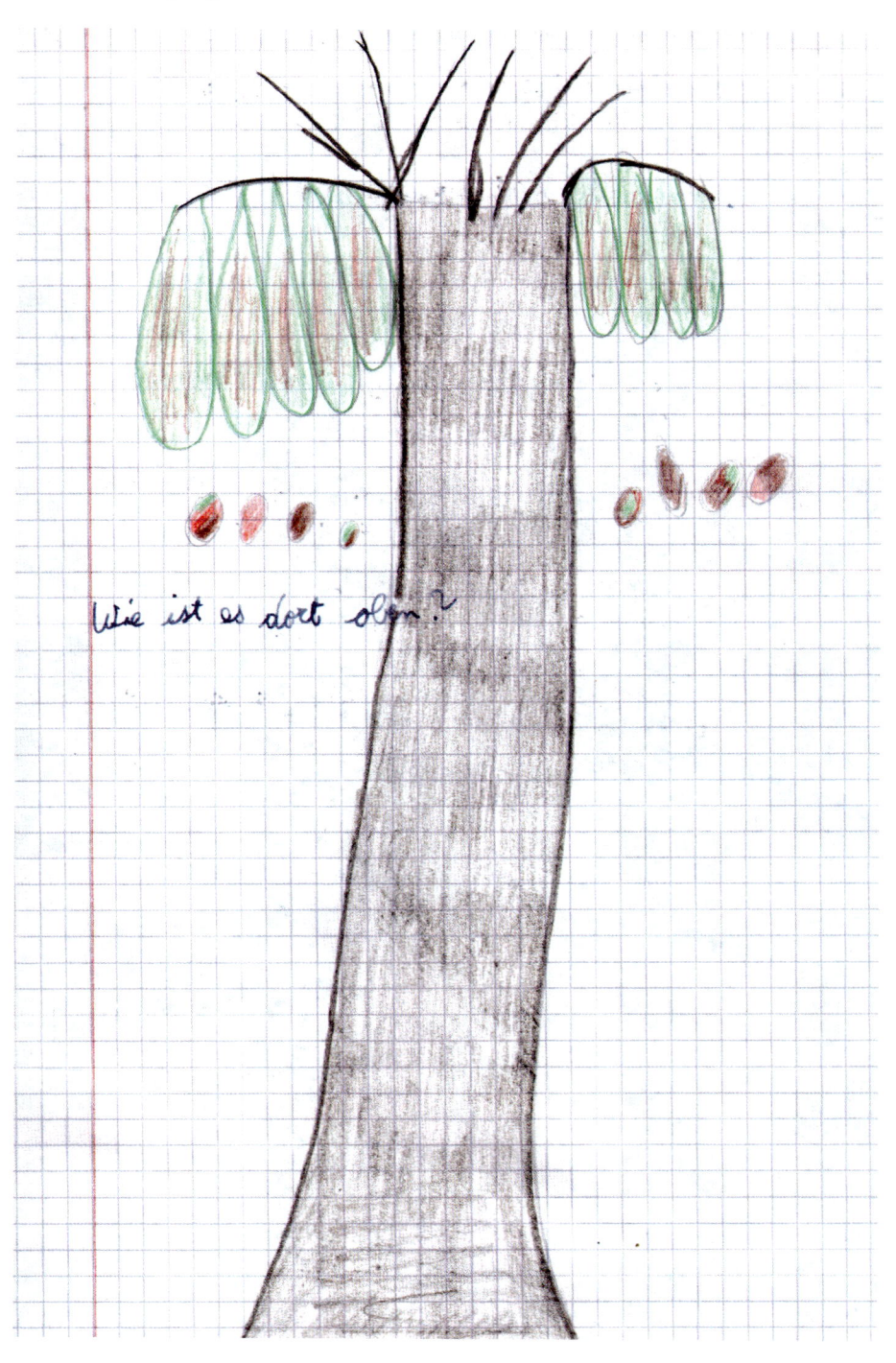

Bild 20   Alexander, 12 Jahre

mehr da ist. Dann ist er tot. Dann fühlt man seinen Körper nicht mehr. Dann denkt man nur noch. Im ersten Moment ... ich war noch nicht tot ... Große Verzweiflung ... Oh Schreck, oh Schreck, ich bin weg. Der Körper fühlt nicht mehr, der wird begraben in der Erde. Trotzdem kann er sich bewegen. Es geht durch die Gedanken. Die Gedanken können den Körper sich bewegen lassen. In den Gedanken lebt der Körper weiter. Es ist dann anders. Weiterleben in den Gedanken ... nichts mehr essen, nichts mehr trinken, nicht mehr gucken. Ein neuer Körper ist über der Erde in den Wolken. Da regnet es nicht, denn es ist ja über den Wolken. Jeder hat ein Haus und jede Familie hat seine Wolke. Wenn einer stirbt und es kommt ein neuer, dann vergrößert sich die Wolke um ein Zimmer. Die Wolke wächst entsprechend. Sie leben wahrscheinlich wie auf der Erde. Sie beschützen Menschen auf der Erde. Im Himmel schweben alle auf einer Wolke. Sie bewegen sich über die Gedanken. Im Himmel kann man mit dem ‚Gedankenkörper' weiterleben. Die Menschen haben Superfüße und so springen sie von Wolke zu Wolke. Die Tiere haben Flügel und können von Wolke zu Wolke fliegen."

Bild 21. Jana, 14 Jahre: „Mein Großvater fehlt mir sehr. Er ist vor 3 Jahren gestorben. Ich glaube, dass wir uns alle im Himmel wiedersehen und diese Vorstellung hilft mir. Die Familie gehört zusammen und irgendwann wird es wieder so sein."

Bild 22. Constantin, 16 Jahre: „Für mich ordnen sich im Jenseits die Elemente. Ich sehe vor mir viele Formen. Es sind Dreiecke, Rechtecke, Kreise. Sie erinnern mich an eine

Bild 21   Jana, 14 Jahre

Bild 22   Constantin, 16 Jahre

geographische Landkarte. Es sind überwiegend helle Farben. Im äußeren Bereich sieht es chaotisch aus. Die Elemente strömen wie in ein Zentrum und finden dann ihren Platz und es gibt Ruhe."

Bild 23. Die 18-jährige Martina hatte vor einem Jahr versucht, sich das Leben zu nehmen. Dieses Bild hatte sie kurz nach der verzweifelten Tat gemalt. Im Gespräch über dieses Bild öffnet sich die 18-Jährige. Sie erzählt: „Ich habe Alkohol getrunken und Tabletten genommen. In dem Bild steckt meine Verzweiflung und das Chaos, das ich in dem Moment empfunden habe."

Was zu beachten ist

Eigene Selbstbesinnung. Wie bei den jüngeren geht es auch bei den älteren Kindern und den Jugendlichen um Wahrhaftigkeit und die Bereitschaft, sich für sie Zeit zu nehmen. Die Gespräche erfordern Klarheit und eigene Meinungen.

Grundsätzlich sollen nur solche Antworten gegeben werden, die der eigenen inneren Überzeugung entsprechen. Vor einem Gespräch sollte Zeit für eine eigene Auseinandersetzung mit den grundlegenden Fragen eingeplant werden. Aufrichtigkeit bleibt eine grundlegende Voraussetzung für ein gelungenes Gespräch.

Die eigene Unwissenheit zugeben. Die Gleichheit aller Menschen vor dem Tod, egal ob jung oder alt, reich oder arm, gesund oder krank, verbindet den Erwachsenen mit dem jungen Menschen. Es schadet nicht dem Ansehen eines Erwachsenen, ehrlich sein Nichtwissen zuzugeben und auch von seinen Zweifeln zu reden. Bei den Gesprächen um die Sinnfrage des Lebens kann gegenseitig Hilfe gegeben werden, vorausgesetzt der Erwachsene hat keine belehrende Haltung. Bei der wiederkehrenden Frage: „Was ist der Tod? Tot – was dann?" könnte die Antwort heißen: „Keiner hat eine endgültige Antwort. Menschen haben ganz unterschiedliche Vorstellungen vom Tod. Was meinst du dazu?"

Wissen um die besondere Situation von Jugendlichen. Im Jugendalter kommt es zu körperlichen Veränderungen. Auffällige eigenwillige Entscheidungen führen häufig zu Auseinandersetzungen mit Eltern und Lehrern. In dieser Phase entwickelt sich im Allgemeinen im Laufe der Zeit eine Loslösung von der Familie. Immer wieder klagen Eltern, dass dann unter großem Protest das Familiensystem bricht. Es ist eine große Herausforderung, mit dem Jugendlichen in ein Gespräch zu kommen. Wenn dies gelingt, kann es wie ein Geschenk sein.

Die innere Haltung. Jugendliche spüren, ob der Erwachsene bereit ist, ohne Vorurteile zunächst nur zuzuhören. Der Erwachsene sollte offen sein für das, was kommen wird

Bild 23 Martina, 18 Jahre

und auch bereit sein, sich schockieren zu lassen. Mathias, 16 Jahre: „Meine Mutter fragte mich nach meiner Musik. Ich habe ihr ein paar Lieder vorgespielt. Ich habe bemerkt, dass sie richtig geschockt war, vom Inhalt und von der Lautstärke, mit der ich meine Musik höre. Aber sie blieb einfach da sitzen und hörte zu. Das fand ich echt gut."

4. Hinweise zur Erfassung der kindlichen Todesvorstellung

Was weiß das Kind vom Sterben?

Der 5-jährige Joel redet vom Tod als einem „Wegsein für immer." In seinem Verhalten zeigt er jedoch, dass er die selbst gesprochenen Worte nicht verstanden hat.

Joels Großvater ist gestorben. Die Mutter möchte ihn an der Beerdigung teilnehmen lassen. Zunächst bemüht sie sich, ihm verständlich zu machen, was Totsein meint. Sie kauft ein Bilderbuch über das Sterben eines Großvaters, das in bunten Bildern aus der Sicht eines kleinen Jungen vom Sterben und den Ritualen danach erzählt. Ruhig betrachtet sie mit ihm das Buch und versucht, seine Fragen zu beantworten. Sie geht mit ihm auf den Friedhof. Sie schauen sich gemeinsam das ausgehobene Grab an. Während der Beerdigung sieht Joel, wie der Sarg langsam in dem ausgehobenen Erdloch verschwindet. Dann wirft er – so wie er es bei den Trauergästen sieht – Blumen auf den Sarg. Er schaut anschließend zu, wie das Loch mit Erde aufgefüllt wird.

Einen Tag nach der Beerdigung weckt Joel frühmorgens seine Mutter. Er steht mit einer Schaufel in der Hand an ihrem Bett und sagt: „Jetzt steh aber schnell auf. Wir müssen Opa ausgraben. Der kriegt keine Luft mehr."

Die folgenden Fragen können Überlegungen anregen, die zu einem besseren Verstehen des Kindes beitragen.

Kasten 1: *Fragen zum Entwicklungsstand der Todesvorstellung*

> - Welche Vorerfahrungen mit Sterben und Tod hat das Kind in seinem Umfeld?
> - Falls es einen Todesfall im Umfeld erlebt hat: Wer ist gestorben?
> - In welcher Beziehung stand das Kind zu dem Verstorbenen?
> - Welchen Einfluss haben Fernsehen, Computerspiele, Märchen auf das Kind?
> - Welches Wissen hat es durch Familienmitglieder, Freunde, Erzieher, Lehrer, Nachbarn?

> - Welche Stimmungen, Gefühle bei den Bezugspersonen waren mit diesen frühen Erfahrungen verbunden?
> - Welche Vorstellungen von Sterben und Tod trägt das Kind in sich?
> - Wie ist der gesellschaftliche, religiöse, kulturelle Einfluss?
> - Glaubt das Kind, nur die andern könnten sterben?
> - Hat es Angst, die nächsten Bezugspersonen, Mutter oder Vater könnten sterben?
> - Ist es noch verhaftet in einem magischen Denken?
> - Unterscheidet es zwischen belebt und unbelebt?
> - Wie ist die Zeitvorstellung?
> - Hat das Kind ein Bild vom Tod und wenn ja, welches? Sieht es den Tod in einer Gestalt aus Film, Buch, Computerspiel vor sich?
> - Findet es selber Sprache oder fehlen ihm die Worte für eigene innere Empfindungen?

Die folgenden Hinweise sollen helfen, im Miteinandersein mit dem Kind einen Einblick in seine Todesvorstellung zu gewinnen. Voraussetzung für eine annähernd zutreffende Einschätzung ist es, selbst möglichst gelassen zu bleiben.

Verhaltensbeobachtung. Kinder, die in ihrem Umkreis mit Sterben und Tod konfrontiert sind, sollten auf jeden Fall gut beobachtet werden. Manche Kinder sind nicht in der Lage, ihre Empfindungen und Fragen sprachlich zu formulieren. Vielleicht zeigen sie mit ihrem Benehmen, dem Gesichtsausdruck, dem Tonfall, der Wahl des Spiels, was in ihnen vorgeht. Häufig erzählen vor allem jüngere Kinder im Rollenspiel von ihren Gefühlen und Phantasien. Im Spiel mit Puppen, Schmusetieren oder Actionfiguren verarbeiten die Kinder gefühlsmäßig, was sie bewegt; häufig tun sie, was sie bei älteren Kindern oder Erwachsenen abgeschaut haben. Mal setzen die Kinder Phantasieerlebnisse ins Spiel, mal sind es Ereignisse, die sie wirklich erlebt haben. Manchmal greifen sie Erinnerungen aus der Vergangenheit auf und durchleben sie noch einmal.

Die Psychoanalytikerin *Erna Furman* (1977) berichtet von einem 3-jährigen Kind, das sich über mehrere Monate hinweg im Kindergarten immer wieder auf den Boden legte und dort bewegungslos liegen blieb. Seine Mutter war durch einen Autounfall ums Leben gekommen. Nach den Überlegungen der Psychoanalytikerin suchte das kleine Mädchen auf diese Weise die Nähe zu seiner Mutter.

Die folgende Beschreibung zeigt, wie Kinder auf der Handlungsebene über ihre Vorstellungen vom Sterben erzählen.

Daniel (7; 0) sitzt ruhig am Tisch und spielt mit bei einem Brettspiel. Er ist an der Reihe zu würfeln. Er würfelt und sieht voll Schreck, dass sein Held von einem Räuber besiegt ist und das Spielfeld verlassen muss. Heulend springt er auf, ergreift den Räuber, schmeißt ihn hoch in die Luft und versucht ihm mit seinem Fuß einen Tritt zu geben. Der Räuber fliegt durch den Raum. Nun spielt er, den Räuber tot zu schießen. Er streckt seine rechte Hand von sich, Zeigefinger und Ringfinger abgespreizt – als hätte er eine Pistole in der Hand. Er macht knallende Geräusche und ruft: „Peng. Peng." Dann schmeißt er sich erschöpft auf den Boden, erstarrt und gibt vor, tot zu sein. Nach einigen Augenblicken springt er wieder auf, setzt sich an den Tisch und spielt ruhig weiter.

Über dieses aggressive Spiel zeigt Daniel seinen Ärger. Gleichzeitig erzählt er von seiner Todesvorstellung. Das Töten erscheint ihm in der jetzigen Entwicklungsstufe als ein Strafmittel und gleichzeitig als ein Racheakt von kurzer Dauer, ohne jegliche Endgültigkeit.

Zeichnen, Malen. Bilder können eine Fundgrube für Hinweise auf innere Empfindungen und Vorstellungen sein. Farben, Strichführungen und die begleitenden Erzählungen der Kinder beim Malen sind aufmerksam zu beachten.

Der 7-jährige Fritz erhält die Aufforderung: Male, was im Himmel geschieht (*Bild 24*). Er überlegt und malt zunächst Wolken (1). Während des weiteren Malens erzählt er: „Im Himmel gibt es Engel (2) mit großen Flügeln und den lieben Gott (3)." Ihn malt er als ein Strichmännchen und fügt hinzu: „Gott hat zwei große Tücher, die er auch als Schutz für den Pimmel nimmt. Es gibt dort auch Fliegen (4), Luft (5) ... und den Weihnachtsmann." Als Zeichen für den Weihnachtsmann malt er eine Zipfelmütze (6). Fritz schaut vor sich hin. Er schreibt das Wort „Tote" und fügt gleich erklärend hinzu: „Die Seelen kommen aus den Menschen und fliegen in den Himmel." Ich nicke zustimmend und frage: „Wie stellst du dir das vor?" Er malt einen liegenden Menschen, aus dem ein lang gezogenes Wesen herausgleitet und sagt: „Der Mensch liegt hier (8). Wenn er tot ist, fliegt die Seele hoch in den Himmel." Er nimmt einen Stift und malt einen roten Strich als Hauch, der aus dem Mund des Toten steigt. Nach seinen Erklärungen ist der Hauch das Zeichen für die Seele.

Träume. Meist antworten die Kinder auf die Frage nach ihren Träumen, dass sie sich nicht erinnern. Anders ist es bei dem 10-jährigen Philip. Seine Traumbilder geben einen Anlass, über seine Gedanken vom Tod zu reden. Bei Philip brach im ersten Lebensjahr eine Krebserkrankung aus. Operationen haben tiefe Narben auf dem Oberkörper und dem Bauch zurückgelassen. Vor wenigen Wochen wurde zum wiederholten Male der Verdacht auf eine Neuerkrankung ausgesprochen.

Philip erzählt: „Ich hatte einen Traum. Ich war auf einer Rutsche. Neben mir auf einem Ast war eine Schlange. Sie hat mich gebissen. Sie hat einen sehr langen Schwanz. Den hat sie um mich fest gedrückt. Sie hat Gift in meine Augen gespritzt. Das Gift hat mir die Augen zugedrückt. Ich will meine Augen aber öffnen. Ich kann es nicht. Ich sehe schwarz. Alles ist schwarz. Ich kann mich nicht bewegen. Da werde ich wach. Ich habe Angst."

Ein weiterer Traum eine Woche später: „Ich stehe hoch oben auf einem Fels und springe in das Meer. Ich sterbe bei dem Aufprall. Ich sehe in dem Moment, wo ich

Bild 24   Fritz, 7 Jahre

sterbe, etwas das aussieht wie ein Blitz und ... Es sind Bilder wie im Fernsehen wenn es eine Störung gibt. Es sind da alles bunte Streifen."

In der Zwischenzeit finden Untersuchungen bei dem 10-Jährigen statt. Der Verdacht einer erneuten Krebserkrankung kann ausgeschlossen werden. Kurz nachdem Philip die gute Nachricht erhalten hat, träumt er folgenden Traum: „Ich bin in einem Flugzeug. Es ist Krieg. Ich schieße aus dem Flugzeug mit anderen. Da sind auch andere. Ich bin der Pilot. Die anderen fliegen mit. Dann gibt es einen Sturzflug. Das Flugzeug rast steil nach unten. Die anderen springen aus dem Flugzeug. Ich auch. Sie sterben. Ich schieße um mich, lade, es gibt einen Kampf. Ich schieße weiter. Da sind andere, die schießen auf mich. Da sind auch Sanitäter, die helfen mir. Dann sind alle tot. Ich überlebe. Ich bin der einzige, der überlebt. Das war der 3. Weltkrieg."

Mit der Traumfolge verarbeitete Philip seine Befürchtungen um einen erneuten Ausbruch der Krebserkrankung und die Erleichterung nach dem beruhigenden Untersuchungsergebnis.

Hinhören bei Fragen und Selbstgesprächen der Kinder. Genaues Hin- und Zuhören hilft, das Kind da abzuholen, wo es gedanklich steht. Einen weiteren Einblick in die

Vorstellungswelt der jüngeren Kinder geben ihre spontanen „Warum-Fragen". „Warum kommen die Toten in die Erde?" „Warum kommt Oma nicht wieder?" „Warum müssen wir sterben?"

Das folgende Literaturbeispiel verdeutlicht, wie Kinder beim Spielen ihre Vorstellungen ungefragt äußern. In dem Kinderbuch für das Erstlesealter *Yashas Vater* gibt es ein Selbstgespräch von dem Kindergartenkind Yasha. Dieses Selbstgespräch zeigt, wie uneinheitlich seine Vorstellungen vom Totsein sind.

Yashas Vater ist gestorben. Manchmal glaubt er, sein toter Vater lebe noch weiter – im nächsten Augenblick verwirft er den Gedanken. Gemeinsam steht er mit seiner Freundin Miriam auf dem Friedhof am Grab seines Vaters. Yasha hat drei Bonbons, von denen er selbst eins isst. Die zwei anderen Bonbons sind für seinen Vater. Yasha gräbt zwei kleine Löcher. In jedes Loch legt er ein Bonbon. Dann macht er sie wieder zu und klopft die Erde fest. „Oh, jetzt habe ich sie am Fußende begraben. Dann kann Wieger (sein Vater) mit den Händen gar nicht dran." Yasha denkt darüber nach. „Ach", sagt er später, „das ist auch egal, wenn man tot ist."

Themen zum Miteinanderreden. Hinweise zum Todesverstehen eines Kindes kann man aus einem Gespräch über Menschen, die schon tot sind, gewinnen. Anlässe für ein solches Gespräch können sich ergeben durch:

Todesgedenktage in der Familie, eine Fotografie oder ein Album des Verstorbenen, ein geerbter Gegenstand, ein Kunstwerk, ein Musikstück, Bilder in der Zeitung, Radiomeldungen, Fernsehberichte, der Name eines Kindergartens oder einer Schule, ein Denkmal, der Name eines Gebäudes. Es soll dem Kind überlassen bleiben, ob es vom Sterben oder dem Tod reden oder hierzu etwas fragen möchte.

Miteinander etwas tun. Beim Spazieren gehen oder auch bei der gemeinsamen Gartenarbeit ergeben sich leicht Fragen oder Erzählungen über das Kommen und Gehen in der Natur. Ebenso gibt es bei einem Friedhofsbesuch viele Anregungen, über die Vergänglichkeit zu reden.

Geschichten, Märchen erzählen. Im Märchen erfährt das Kind von den grundlegenden menschlichen Nöten. In vielen Märchen erscheint der Tod und kann in dem Zusammenhang leicht thematisiert werden. Eine Frage könnte heißen: „Was meinst du, geschieht nach dem Sterben?"

Spielkarten, Fantasyspiele, Videospiele. Die japanischen Jogiyo Karten sind schon Schulanfängern vertraut. Die Kinder sammeln und tauschen die Karten. Vielleicht kennen sie schon den Wert oder die Bedeutung der einzelnen Karten und können hierzu etwas erzählen? Eine Anregung zum Erzählen können zum Beispiel Karten geben, mit denen die Toten wieder zum Leben erweckt werden können.

Bei den gemeinsamen Computerspielen entwickeln sich leicht Gespräche über Vorstellungen von Sterben und Tod.

Zauberfragen. In der psychologischen Arbeit mit Kindern hat sich die Zauberfrage bewährt. Sie bringt häufig ungeahnte Wünsche oder auch Ängste der Kinder hervor. Je nach Alter und Vorliebe der Kinder werden Geschichten erzählt, die sie in eine geheimnisvolle Welt führen wie:

Stell dir vor, du hast einen wunderbaren Traum. In der Nacht kommt eine Zauberfee zu dir. Sie sagt: „Ich habe dich schon lange beobachtet und ich möchte dir eine kleine Freude machen. Ich habe meinen Zauberstab mitgebracht. Gleich werde ich ihn dir geben. Wenn du ihn in deiner Hand hältst, dann hast du drei Wünsche frei. Du darfst dir etwas wünschen, was dein Leben verändert, aber es darf nichts kosten. Überlege dir deine Wünsche gut!"

Einige Wünsche der Kinder wiederholen sich und ermöglichen weitere Gespräche über Sterben und Tod: „Immer jung bleiben." „Nicht alt werden." „Die Eltern und meine Familie sollen nie sterben." „Mein Hund soll wieder leben."

Kasten 2: *Hinweise zur Erfassung der kindlichen Todesvorstellung*

Vorwiegend bei Kindern im Kindergarten und 1./2. Grundschuljahr
- Verhaltensbeobachtung
- Hinhören bei Fragen und Selbstgesprächen
- Miteinander etwas tun
- Geschichten, Märchen erzählen

Für Kinder jeden Alters
- Zeichnen, Malen
- Träume
- Spielkarten, Fantasyspiele, Videospiele
- Zauberfrage

---

5. Kinder und Jugendliche mit einer lebensverkürzenden Erkrankung

Besonderheiten bei Kindern mit einer lebensverkürzenden Erkrankung. Kinder, die sich aufgrund einer lebensverkürzenden Erkrankung dem Tod nahe fühlen, zeigen in der Regel kein altersentsprechendes Todeskonzept. Sie wirken häufig weise, viel reifer als Gleichaltrige. Aussagen dieser Kinder lassen vermuten, dass sie auf Grund ihrer Erkrankung Reifungsschritte schneller durchlaufen. Immer wieder ist zu beobachten, dass diese Kinder die wichtigen Dinge des Lebens klar erkennen. So sagt der 8-jährige an Krebs erkrankte Tim: „Das Beste im Leben kostet nichts. Das ist, wenn sich die Menschen nicht streiten, wenn sich die Menschen einfach nur verstehen." Oder die 13-jährige Sonja äußert: „Das Leben kann schön sein, aber wenn man es mir nimmt, werde ich es gar nicht merken. Warum sollte ich also Angst haben?"

Bild 25. Der 13-jährige Linus weiß um seine schwere Tumorerkrankung. Seine Eltern reden mit ihm aufrichtig über seinen Gesundheitszustand. Er sucht ein Gespräch über das Sterben und sagt: „Ich habe keine Angst vor dem Tod, aber ich will wissen, wie es dann wirklich sein wird. Keiner weiß es genau. Ich denke, die Seele fliegt in den Himmel. Ich will beim Sterben nicht alleine sein."

Bild 25 Linus, 13 Jahre

Bis zum Ende des vorigen Jahrhunderts hatte man angenommen, dass Kinder mit einer lebensverkürzenden Erkrankung im Allgemeinen nicht wissen, dass sie dem Tod nahe stehen. Hinweise aus der Literatur (*Wittkowski* 1990, *Haupt* 2008) und aus der eigenen Erfahrung in der Arbeit mit betroffenen Kindern bestätigen jedoch, dass diese Kinder ahnen, in welchem Zustand sie sich befinden. Diese Beobachtung trifft auch zu, wenn mit den Kindern keine offenen Gespräche stattgefunden haben. Ein Grund könnte sein, dass Kinder ihre Bezugspersonen stets sehr genau beobachten und gegebenenfalls auch deren verändertes, besorgtes Verhalten sofort wahrnehmen. Mehrere weitere Aspekte können hier bedeutsam sein: Wiederholte Arztbesuche, ungewöhnliche Untersuchungen, Krankenhausaufenthalte oder eine deutliche Verschlechterung des Gesundheitszustandes.

Wenige Tage vor ihrem Tod hat die 7-jährige Paula ein Bild gemalt und es der Krankenschwester Frau M. geschenkt (*Bild 26*). Paula erzählte zu dem Bild: „Da ist meine Beerdigung. Zuerst werde ich im Wagen zum Friedhof gefahren und alle gehen hinter dem Sarg. Sie gehen an den Platz, wo ich dann begraben werde. Ich bin dann alleine."

Bild 26   Paula, 7 Jahre

Fühlen sich die Kinder vertrauensvoll angenommen, so stellen sie den Bezugspersonen Fragen, die eine Auseinandersetzung mit ihrer Lebenssituation vermuten lassen: „Muß ich bald sterben?" „Tut das Sterben weh?" „Wirst du mich vermissen?" „Was ist, wenn ich nicht wirklich tot bin und du glaubst das nur?" „Wie ist es im Himmel?"

Hinweise aus Gesprächen mit betroffenen Kindern, deren Eltern und Geschwistern machen deutlich, dass sich schwer kranke Kinder vor möglichen Schmerzen ängstigen und auch davor, alleine gelassen zu werden. Sie erleben häufig die Krankheit als Strafe und versuchen, mit magischen Kräften die Krankheit zu beeinflussen. So sagte Sarah, 11 Jahre: „Wenn ich jetzt alles immer esse, dann werde ich bestimmt wieder gesund."

Besonderheiten bei Jugendlichen mit einer lebensverkürzenden Erkrankung. Betroffene Jugendliche äußern vereinzelt Angst, das Leben, das gerade erst begonnen hat, wieder zu verlieren. Anders als die jüngeren Kinder zeigen manche Jugendliche konkrete Todesängste. Sie reagieren dann mit Wut, Auflehnung, Rückzug und Traurigkeit. Unabhängig von der Erkrankung befinden sie sich wie alle Jugendlichen in einer Phase der Loslösung vom Elternhaus und der Suche nach neuen Bindungen. Die Proteste gegen die bestehenden Normen können zu einer Isolierung führen, die zur Selbstfindung gehört, aber im Zusammenhang mit der lebensverkürzenden Erkrankung die Betroffenen in besonderer Weise einsam macht.

Was diese Kinder und Jugendlichen benötigen. Lebensverkürzend erkrankte Kinder und Jugendliche brauchen einen Menschen, der verlässlich, geduldig und aufrichtig für sie da ist. Diese Kinder sehnen sich nach Geborgenheit und Stärke bei der Bezugs- oder Begleitperson.

Aus der Praxiserfahrung: In der dreijährigen Begleitung eines Kindes als ehrenamtliche Mitarbeiterin des ambulanten Kinderhospizdienstes war es mir besonders wichtig, dem Kind Gewissheit zu vermitteln: Gewissheit, dass ich verlässlich wiederkomme, dass die bestmögliche Unterstützung bei der Erkrankung weiterhin gesucht und gegeben wird. Auch wenn das von mir begleitete Kind nach Angabe des Ohrenarztes nur eine äußerst eingeschränkte Hörfähigkeit besaß, habe ich dies dem Mädchen mit fester Stimme auch immer wieder gesagt und mich an das Versprechen, es beständig in den vereinbarten Zeitabständen zu besuchen, gehalten. Ich bin davon überzeugt, dass die Siebenjährige gespürt hat, was ich ihr mitteilen wollte. Manchmal, wenn ich zu ihr gesprochen habe – sie selbst konnte nicht mehr sprechen – hat sie leicht den Mundwinkel bewegt. Es war mir so, als wollte sie lächeln. Diese minimalistische Reaktion hat mir viel Kraft gegeben und mich in meinem Tun bestätigt.

Grundlage einer guten Begleitung ist es, mit dem Kind aufrichtig entsprechend seinem Entwicklungsstand zu reden (*Niethammer, Leyendecker* 2008).

> Für lebensverkürzend erkrankte Kinder und Jugendliche ist es wichtig, möglichst so behandelt zu werden wie ihre Altersgenossen.

Rechte der Kinder und Jugendlichen. In den Richtlinien der Bundesärztekammer zur ärztlichen Sterbebegleitung vom Januar 2011 wird von einem frühen Reifungsprozess gesprochen, den schwerstkranke und sterbende Kinder durchmachen. Nach den dort geäußerten Grundsätzen sind schwerstkranke Kinder wahrheitsgemäß und altersgemäß zu informieren. Es wird ihnen auf Grund ihrer Erfahrungen ein hohes Maß an Entscheidungskompetenz zugesprochen. Sie sollen bei der Entscheidungsfindung berücksichtigt werden (*Bundesärztekammer und Kassenärztliche Bundesvereinigung* 2011).

> Wie kann ich einem Sterbenden helfen?
> - Da sein,
> - bereit sein, den Prozess einfühlsam zu begleiten,
> - Geduld und Ruhe vermitteln.

6. Trauerverhalten von Kindern und Jugendlichen

Kinder trauern anders. Alle Kinder, die einen Todesfall in ihrem Umfeld erlebt haben, trauern in irgendeiner Weise, meist jedoch anders als Erwachsene. Erst in der zweiten Hälfte des vorigen Jahrhunderts entwickelte sich mit den Arbeiten des Psychoanalytikers *Bowlby* eine Sichtweise der kindlichen Gefühlswelt, in der auch das trauernde Verhalten von Kindern Berücksichtigung fand. Bis dahin herrschte die Meinung vor, dass Kinder gar nicht trauern. Typisch erscheint folgendes Verhalten: Haben die Kinder eben noch geweint, so springen sie im nächsten Augenblick herum und lenken sich mit Spielen ab.

Es gibt verschiedene Erklärungen für dieses unbekümmert wirkende Trauerverhalten. Das ganz kleine Kind hat zunächst noch keine Vorstellung von der Endgültigkeit des Todes. Also ist es verständlich, dass es nicht so sehr traurig ist, denn es glaubt ja oder hält es für wahr, dass der Tote nur vorübergehend fort sei und bald wiederkomme.

Auch folgender Gedanke liefert eine Erklärung für das unbekümmerte Verhalten: Wenn ein Kind glaubt, dass der Mensch sich nach dem Tod an einem schönen Ort aufhält, dann ist einsehbar, dass für das Kind die Trauer nicht so groß sein wird.

Aus der Praxiserfahrung: Die Mutter des 6-jährigen Paul ist im Krankenhaus nach langer Krankheit gestorben. Der Vater wusste um den bevorstehenden Tod und hatte während der letzten Wochen psychologische Hilfe gesucht, um seinen Sohn beim Abschied von der Mutter zu unterstützen. Wenige Tage nach dem Tod der Mutter kam der Vater erneut zu einem Gespräch. Der Vater erzählte, er habe – so wie wir es miteinander besprochen hatten – seinem Jungen gesagt: „Deine Mama ist tot. Sie kommt nie wieder. Sie kann nicht mehr essen, nicht mehr atmen, nicht mehr laufen. Sie ist weg für immer. Sie war sehr schwer krank. Nun hat sie keine Schmerzen mehr." Daraufhin habe ihn sein Sohn erstaunt angeschaut. Dann sei der Sechsjährige weggegangen und habe weitergespielt. Später sei der Junge noch einmal zu ihm gekommen und habe nach seiner Mutter gefragt. Daraufhin habe er ihm dasselbe noch einmal gesagt. Dann habe Paul ein wenig geweint und gesagt: „Jetzt ist Mama im Himmel. Von da guckt sie runter und sieht mich und ganz bald kommt sie wieder."

Wenn kleine Kinder dennoch traurig erscheinen, nachdem sie mit dem Sterben in ihrem Umfeld konfrontiert wurden, könnte das nicht eine Art von Nachahmung sein? Kleine Kinder übernehmen leicht die Gefühle und die Haltung ihrer Bezugspersonen. Die Kinder sehen den Erwachsenen weinen oder bemerken auf andere Weise dessen Trauer und sie orientieren sich an seiner Haltung. Sie fühlen dann ebenso wie ihre Bezugsperson. Auch erscheint es verständlich, dass Kinder die Angst oder überwältigende Trauer einer Bezugsperson spüren und diese innere Haltung übernehmen.

Bild 27. Der Vater der 8-jährigen Sarah ist nach einem Verkehrsunfall gestorben. Das Mädchen sagt zu ihrem Bild: „Papa ist mein Schutzengel und er wird es immer bleiben."

Die Erfahrung bestätigt: Emotionen brechen bei Kindern oft erst Wochen oder Monate später auf.

Aus der Praxiserfahrung: Nach dem Tod des Vaters zeigte die 9-jährigen Lea nach Aussage ihrer Mutter und der Klassenlehrerin keine Besonderheiten in ihrem Verhalten. Sie tröstete sogar ihre Mutter, die viel weinte. Ungefähr nach fünf Monaten fielen dann Verhaltensänderungen in der Schule auf. Die Lehrerin klagte über fehlende Mitarbeit und schlechte Leistungen. In der Pause spielte Lea nicht mehr mit ihren Freundinnen. Sie stand meist abseits und schaute nur vor sich hin. Die Mutter bemerkte, dass Lea nun vermehrt nach ihrem Papa fragte und ohne Grund schnell anfing zu weinen. In dieser Zeit schrieb Lea einen Brief an den Vater: „Lieber Papa, ich habe große Sehnsucht nach dir. Warum bist du weggegangen. Ich vermisse dich. Du fehlst mir. Ohne dich ist es nicht mehr schön. Mama weint immer und nichts ist mehr wie es war. Ich will, dass du wiederkommst."

Egal ob jung oder alt, fürchten Menschen, die einen Todesfall erlebt haben, es könne noch eine weitere Person im Umfeld sterben. Direkte Fragen dazu stellen vor allem die jüngsten Kinder. Aber auch ältere Kinder und Jugendliche werden von solchen Vorstellungen gequält. Für den Trauerprozess kann es deshalb hilfreich sein, wenn Kinder über diese Angst sprechen können (siehe auch Anhang 3: Die Fragen der Kinder).

Bild 27   Sarah, 8 Jahre

Kasten 3: *Kinder trauern anders*

- In der kindlichen Todesvorstellung leben die Toten weiter.
- Kinder wirken oft unbekümmert nach dem Erleben eines Todesgeschehens.
- Kinder fürchten, auch die Bezugspersonen könnten sterben.
- Kinder fühlen sich häufig schuldig.
- Kinder schämen sich manchmal bei wieder aufkommender Lebensfreude.
- Emotionen brechen meist erst nach Wochen oder Monaten auf.

Kinder sind in ihrer Art zu trauern zu respektieren. Wie die Erwachsenen in ihrem Trauerprozess können auch sie immer wieder traurig sein und leiden. Sie werden begreifen müssen, dass das Sterben zum Leben eines jeden Menschen dazugehört.

Hier ist das Bild eines trauernden Kindes. Der 11-jährige Ralf trauert um seine kleine Schwester (*Bild 28*).

Bild 28 Ralf, 11 Jahre

Kasten 4: *Zur Begleitung eines trauernden Kindes*

- Keine Erwartung an ein bestimmtes Trauerverhalten stellen,
- Verständnis für Gefühlsausbrüche und Verhaltensänderungen zeigen,
- nicht das Leiden wegreden, sondern Anteil nehmen,
- Schuldgefühle behutsam ansprechen,
- auch von negativen Gefühlen reden lassen.

Trauerverhalten von Jugendlichen. In meiner Arbeit mit trauernden Jugendlichen wurden Hinweise aus der Literatur bestätigt, die besagen, dass Jugendliche sich nach einem Todeserleben in der Familie häufig unterstützend, helfend verhalten.

Aus der Praxiserfahrung: Julia, 17 Jahre, verhielt sich nach dem Tod der Mutter unauffällig. Sie weinte nicht, besuchte weiter regelmäßig die Schule und schrieb gute Noten. Ungefragt übernahm sie Pflichten im Haushalt, um die es zu Lebzeiten der Mutter unendliche Diskussionen gegeben hatte. Sie kochte, kümmerte sich um die jüngere Schwester und sorgte im Haus für Ordnung.

Teils fallen die Jugendlichen durch besonders „cooles" Verhalten auf. Teils zeigen sie aber auch starke Gefühlsschwankungen, was grundsätzlich der Entwicklung in diesem Alter entspricht. Weiterhin ist erwähnenswert, dass Jugendliche es häufig den Erwachsenen übel nehmen, wenn diese nach einem Todeserleben nach ihrer Auffassung zu schnell zur Normalität im Leben zurückkehren.

Nela, 18 Jahre: „Als Mama gestorben war, da waren Papa, mein Bruder Linus und ich erst eine richtig gute Familie. Wir haben wunderbar zusammengehalten. Wir waren ganz fest zusammen. Dann lernte Papa eine Frau kennen und befreundete sich mit ihr. Das war ungefähr ein Jahr nach Mamas Tod. Jetzt ist alles anders. Wir sind nicht mehr so eng zusammen. Ich verstehe nicht, wie Papa das machen konnte."

Schuld- und Schamgefühle. Weitere Gefühle, die in Gesprächen mit Menschen aller Altersgruppen nach einem Todeserleben auftauchen, sind Schuld- und Schamgefühle.

Wie Erwachsene glauben Kinder häufig, dass sie den Tod des geliebten Menschen hätten verhindern können. Hierzu einige Aussagen:

Jens, 11 Jahre: „Meine kleine Schwester ist von einem Auto überfahren worden. Sie war sofort tot. Die Kinder aus der Straße hatten sich oft lustig über sie gemacht. Darüber war sie manchmal traurig und hat geweint. Warum habe ich sie nicht besser beschützt?"

Maria, 13 Jahre: „In der Nacht, als meine Mutter gestorben ist, habe ich bei einer Freundin geschlafen. Wenn ich diese Nacht zu Hause geblieben wäre, wäre sie bestimmt nicht gestorben."

Julia, 16 Jahre: „Nachdem mein Bruder gestorben war, dachte ich gleich: Warum habe ich ihn nicht öfter mitspielen lassen? Es hätte ihm Spaß gemacht. Ich hätte mit ihm mehr reden müssen. Wenn ich mehr für ihn da gewesen wäre, wäre er bestimmt noch am Leben!"

Es ist für die weitere Entwicklung eines Kindes hilfreich, wenn es möglichst früh über die Schuldgefühle sprechen kann. Ansonsten besteht die Gefahr, dass die unausgesprochenen Gedanken ein Leben lang bleiben. In Therapien mit älteren Menschen habe ich wiederholt die Erfahrung gemacht, dass früh erfahrene und nicht bearbeitete Erlebnisse dauerhaft zu einer seelische Belastung werden können.

Dies gilt auch für das häufig zu beobachtende Schamgefühl. Verschiedene Hinweise lassen vermuten, dass dieses Gefühl durch eine Bewertung des eigenen Verhaltens aufkommt. Auslöser ist meist ein wenn auch nur kurzfristiges Aufleben von Lebensfreude. Fällt dem Trauernden dann ein, was geschehen ist, nämlich dass der geliebte Mensch nicht mehr da ist, dann schämt sich der Betroffene über seine Freude.

Dem 13-jährigen Mathias war es unangenehm, dass er auch nach dem Tod der Mutter wieder mit Freunden feiern wollte: „Darf ich mit meinen Freunden Spaß haben, auch wenn Mama tot ist?" In einem späteren Gespräch erzählte er, dass es ihm sehr peinlich gewesen sei, diese Frage zu stellen.

Stefanie, 17 Jahre, erschrak, als sie sich wie früher mit ihrer Mutter gemeinsam, nun alleine dieselbe Eissorte gekauft hatte. Sie schämte sich, gab das Eis einer Freundin und erzählte abends weinend dem Vater: „Mama ist tot. Ich darf doch jetzt nicht ohne Mama Eis essen wie früher und so tun, als wäre nichts geschehen."

In folgenden Bilderbüchern werden diese Gefühle thematisiert: *Sarahs Mama. Die Reise nach Ugri-La-Brek. Pelle und die Geschichte mit Mia. Papa hat Krebs* (Schuldgefühle). *Weihnachten bei Großvater. Justus ist traurig.* (Schamgefühle).

7. Geschwistertrauer

Die Trauer um ein Geschwisterkind ist eine besondere, die in jedem Fall beachtet werden sollte. Eine Besonderheit ergibt sich bereits daraus, dass die Beziehungen unter den Geschwistern natürlicherweise länger dauern und vielfach auch intensiver sind als die zu Freunden oder anderen Verwandten. Hinweise aus Gesprächen mit Geschwisterkindern bestätigen, dass die zurückbleibenden Kinder sich oft zu wenig beachtet fühlen.

Max, 10 Jahre: „Neulich habe ich den Eltern gesagt: Kümmert Euch doch mal um mich, dann haben sie gesagt: Deine Schwester ist tot! Wie kannst du jetzt dich so in den Vordergrund spielen."

Lene, 11 Jahre: „Alle fragen meine Mutter, wie es ihr geht. Mich beachtet keiner."

Fritz, 13 Jahre: „Keiner erklärt mir, was geschehen ist. Ich bin denen egal. Nichts ist mehr wie es war."

Mathias, 18 Jahre: „Bei uns ist nichts mehr wie es war. Nach dem Tod meiner Schwester existiert die Familie nicht mehr. Erst sind wir aus dem Haus ausgezogen, dann haben sich meine Eltern getrennt."

In der Bilderbuchgeschichte *Die Blumen der Engel* kommt es Sonja (der zurückbleibenden Schwester) vor, als wäre sie in einem Glaskasten eingeschlossen, aus dem sie nicht mehr herauskommt.

Es ist auch immer wieder zu beobachten, dass Eltern nach dem Tod eines Kindes sich vor weiterem Verlust fürchten und deshalb die Geschwisterkinder übermäßig beschützen wollen. Hierzu Catharina, 9 Jahre: „Mein Bruder starb, als ich 8 Jahre war. Mit dem Tag wurde alles anders. Ich fühlte mich wie an einer Leine. Meine Mutter brachte mich wieder in die Schule und holte mich jeden Tag ab. Ich durfte nicht mehr alleine zu meiner Freundin gehen, was früher selbstverständlich war."

Besonders häufig fühlen sich Geschwisterkinder verantwortlich oder schuldig für das Sterben ihres Bruders oder ihrer Schwester. In der Konfrontation mit einer solchen Situationen sage ich beispielsweise zu dem Kind: Ich kenne ein Mädchen, ungefähr so alt wie du. Das Mädchen hatte auch eine Schwester und die ist gestorben. Nun fühlt sich das zurückgebliebene Kind schuldig am Tod der Schwester, weil sie während der Krankheit gedacht hat: „Ich wäre froh, ich hätte keine Schwester! Immer muss ich leise sein. Keiner kümmert sich um mich." Meist antwortet das vor mir sitzende Kind dann: „Das ist wie bei mir. Ich denke auch, dass ich Schuld habe." So ergibt sich ein guter Gesprächseinstieg.

Beispiele dazu in Bilderbüchern: *Ich und du, du und ich. Eva im Land der verlorenen Schwestern. Justus ist traurig. Die Blumen der Engel. Pelle und die Geschichte mit Mia.*

Schaubild 1: *Geschwistertrauer*

```
        Besonderheit der
        Geschwisterbeziehung
               |
Sehnsucht, in der Familie        Bedürfnis nach
auch beachtet, nicht             aufrichtigem Gespräch
ausgeschlossen zu werden
         ↘     ↓     ↙
         Geschwistertrauer
         ↗     ↑     ↖
Wunsch, nicht übermäßig    Schuldgefühle    Recht, selbst auch zu
beschützt zu werden                         trauern
```

Im Dougy Center, im Staat Oregon, wurden 1984 hilfreiche Regeln aufgestellt, die für jedes trauernde Kind und für jeden trauernden Jugendlichen unabhängig von seiner Religion gelten sollen.

Kasten 5: *Rechte von trauernden Kindern und Jugendlichen*

Kinder und Jugendliche haben das Recht,
- die Wahrheit über den Tod, die verstorbene Person und die Todesumstände zu erfahren,
- Fragen ehrlich beantwortet zu bekommen,
- mit Respekt behandelt und ernst genommen zu werden,
- ihre Gefühle und Gedanken für sich zu behalten, wenn sie es möchten,
- eigene Vorstellungen und Erklärungen für den Tod zu haben,
- die Person, die gestorben ist, und den Ort, an dem sie gestorben ist, noch einmal zu sehen,
- überall dann und dort zu trauern, wann und wo sie es möchten,
- wütend über den Tod, auf den Verstorbenen, auf Gott, sich selbst oder andere zu sein,
- eigene religiöse oder philosophische Vorstellungen über den Tod zu haben,
- in Entscheidungen über Rituale im Zusammenhang mit dem Verstorbenen und mit dem Tod einbezogen zu werden,
- Schuldgefühle darüber zu empfinden, dass man den Tod durch etwas hätte verhindern können – selbst, wenn diese unbegründet und irrational sind.

Quelle: Zentrum für trauernde Kinder, Bremen (leicht abgeändert)

Kapitel 3
Grundlegende Gedanken für ein hilfreiches Gespräch

Schon das kleine Kind sollte den Tod als zum Leben gehörend erfahren. Wer mit diesem Wissen aufwächst, wird als Erwachsener den Tod nicht verdrängen und diese erworbene Haltung wiederum an seine Kinder weitergeben können.

Die erwachsene Bezugsperson soll sich bemühen, das Kind zu verstehen, und ihm das Gefühl geben, sich jederzeit vertrauensvoll mit allen Fragen an ihn wenden zu dürfen. Sie soll behutsam seine Gedanken erfragen und es zu wirklichkeitsgemäßen Vorstellungen anregen.

Entscheidend für ein gelungenes Gespräch ist nicht, dass alle Kinderfragen vollständig beantwortet werden, sondern dass sie ausgesprochen und gehört werden.

> Die Fragen des Kindes sind wichtiger als die Antworten des Erwachsenen.

Es ist sinnvoll, bei Fragen, auf die es im Moment oder grundsätzlich keine Antwort gibt, aufrichtig die eigene Unwissenheit zuzugeben und das Kind zum weiteren Reden zu ermuntern. Wenn angstvolle Vorstellungen zu Sterben, Tod und dem Danach vorhanden sind, sollten sie in hoffnungsvolle Vorstellungsbilder umgewandelt werden.

> Mit Kindern soll abhängig vom Alter und Entwicklungsstand aufrichtig und behutsam über ihre Fragen und Vorstellungen geredet werden.

Solche Gespräche sind für die Begleitperson eine große Herausforderung. Die Fragen um Sterben und Tod sind Fragen eines jeden Menschen, denn sie betreffen Jung und Alt. Ist das gegenübersitzende Kind gefühlsmäßig betroffen, so benötigt es eine besondere Anteilnahme und gleichzeitig eine möglichst gelassene Haltung. Es braucht Verständnis und emotionale Nähe. Zudem muss die Bezugsperson auf einen angemessenen Abstand achten. Ist der Abstand zu groß, könnte sich das Kind alleine gelassen fühlen. Ist der Abstand zu nah oder ist möglicherweise die Begleitperson selbst zu sehr von dem Leid erfüllt, so fühlt sich das Kind vielleicht auch bedrängt oder überfordert (siehe hierzu im Anhang 3: Fragen der Begleiter).

> Folgende Fehler sollten im Gespräch vermieden werden:
> - Kinder nicht mit eigenen Ängsten belasten,

- nicht die Trauer „wegtrösten",
- nicht unkontrolliert persönliche Standpunkte weitergeben.

1. Selbstbesinnung

Eigene Auseinandersetzung. Die entscheidende Voraussetzung für eine behutsame Annäherung des Kindes an das Thema liegt in der gefassten Haltung des begleitenden Erwachsenen, in dessen Gewissheit, Hoffnung und Ruhe. Vor allem jüngere Kinder, die noch nichts vom Tod wissen, übernehmen leicht die gefühlsmäßige Haltung der Bezugsperson, also gegebenenfalls auch ihre Panik und ihr Verdrängungsverhalten. Kinder benötigen bei einem Gespräch über Sterben und Tod einen Menschen, der ihnen Trost geben kann, der möglichst offen und gelassen mit dem eigenen Lebensende umgeht.

Es empfiehlt sich deshalb vor dem Gespräch mit einem Kind, mit Zeit und Ruhe über wesentliche Fragen nachzudenken. Der Erwachsene sollte seine eigenen Erlebnisse, seine Vorstellungen und Gefühle im Zusammenhang mit Sterben und Tod überdenken, ordnen und bearbeiten. Vielleicht ergibt sich bei dieser Bearbeitung auch eine neue Sichtweise von einem vergangenen Geschehen.

Schmerzliche Erinnerungen und Empfindungen sollen zugelassen, benannt und betrachtet werden. Hierbei muss jeder seinen eigenen Weg suchen und gehen. Aussagen, die man gehört oder gelesen hat, helfen in diesem Prozess nicht weiter, wenn man sie sich nicht selbst innerlich angeeignet hat. Die eigene Auseinandersetzung mit dem Thema ist ein höchst individueller Prozess.

Aus der Praxiserfahrung: Der 39-jährige Herr C. arbeitete als Arzt im Krankenhaus. Seine Angst vor dem Tod, ausgelöst durch den Tod seines Kindes vor fünf Jahren, belastete ihn in seiner beruflichen Tätigkeit und darum suchte er therapeutische Hilfe. Im Erstgespräch sagte er: „Ich kann meinen Beruf nicht mehr gut ausüben. Sobald ich Todesnähe spüre, denke ich an meinen Sohn und ich spüre Tränen. Ich möchte wieder bei mir sein und die Patienten mitfühlend begleiten können." Im therapeutischen Prozess durchlebte Herr C. erneut den Tag, als er über den Unfalltod informiert wurde, wie auch die Zeit bis zur Beerdigung. Rückwirkend sagte er: „Mit dem Tod meines Kindes brach für mich die Welt auseinander. Nichts stimmte mehr. Ich war wie gelähmt und habe nur noch funktioniert und nichts gefühlt." Im geschützten Rahmen der Therapiegespräche konnte Herr C. seine Gefühle zulassen und trauern. Zum Abschluss der Therapie sagte er: „Heute gehört auch der Tod meines Sohnes zu meinem Leben. Ich muss sein Sterben nicht mehr verdrängen. Ich kann meinen Beruf als Arzt wieder ausüben."

> Auseinandersetzung und Selbstbesinnung meint, die eigenen Erfahrungen, Vorstellungen, Gefühle zu Sterben und Tod zu überdenken, zu ordnen und zu bearbeiten.

Nach meiner Erfahrung macht die Beschäftigung mit dem Tod das Leben intensiver. Zwei Aspekte sollten in der eigenen Auseinandersetzung berücksichtigt werden: auf der einen Seite die Selbstfürsorge (innere Ruhe, Lebensbewältigung) und auf der anderen Seite der Schutz des Gegenübers (nötiger Abstand, angemessene Unterstützung).

Wiederaufleben eigener Erfahrungen und Empfindungen. Das Leid eines anderen kann den Begleiter belasten. Diese Erfahrung bestätigt sich für mich immer wieder sowohl in Gesprächen mit Angehörigen und Helfenden (Pädagogen, Therapeuten, Ärzten, Schwestern, Pflegenden) als auch in der eigenen Erfahrung als Psychotherapeutin, als Ehrenamtliche im ambulanten Kinderhospizdienst und in der Notfallseelsorge.

Aus der Praxiserfahrung: Die 32-jährige Frau A. erzählt: „Ich habe jahrelang mit Freude als Krankenschwester gearbeitet – und es ist noch immer mein Traumberuf. Aber jetzt kann ich nicht mehr arbeiten. Neulich ist ein 3-jähriges Mädchen auf unserer Station ganz unerwartet gestorben. Ich hatte Dienst und bemerkte bei einem nächtlichen Rundgang, dass sie nicht mehr atmete. Als ich am Bett des toten Kindes stand, sah ich plötzlich meine kleine Schwester vor mir. Auch sie ist in diesem Alter gestorben. Sie war von einem Auto überfahren worden. Sie lebte noch wenige Stunden. Als ich nach dem Unfall zu ihr ins Krankenhaus kam, war sie schon tot. Während ich am Bett der kleinen Patientin in der Klinik stand, war mir auf einmal so, als läge meine Schwester in dem Bett vor mir. Ich spürte einen tiefen durchdringenden Schmerz. Ich begann zu weinen. Die ganzen Jahre habe ich nicht um meine Schwester geweint. Jetzt, auf einmal fühlte ich eine tiefe Traurigkeit und ich war wie gelähmt."

Die Krankenschwester wurde beim Anblick des toten Kindes von verdrängten Gefühlen aus ihrer Kindheit überwältigt. Alte Erinnerungen rutschten in die Gegenwart und machten sie handlungsunfähig. Frau A. bemühte sich um eine Therapie. Im Erstgespräch gab sie an, dass sie und die Geschwister nicht an der Beerdigung teilnehmen durften. In der Familie sei nie über den Tod der Schwester gesprochen worden. Das Leben sei in der Familie weitergegangen, als wäre nichts geschehen. Zum Abschluss der Therapie sagte Frau A. einige Monate später: „Der Tod meiner Schwester hat nun seinen Platz in mir gefunden." Frau A. konnte ihre Arbeit wieder aufnehmen.

Eigene Hilflosigkeit. Menschen, die mit Kindern arbeiten, erzählen häufig von einer Hilflosigkeit, die aufkommt, wenn sie nach dem Sterben gefragt werden. Dies betrifft besonders Gespräche mit lebensverkürzend erkrankten Kindern.

Das folgende Schaubild zeigt Aspekte, die das Gespräch über Sterben und Tod mit einem Kind erschweren.

Schaubild 2: *Die eigene Hilflosigkeit im Gespräch mit einem Kind*

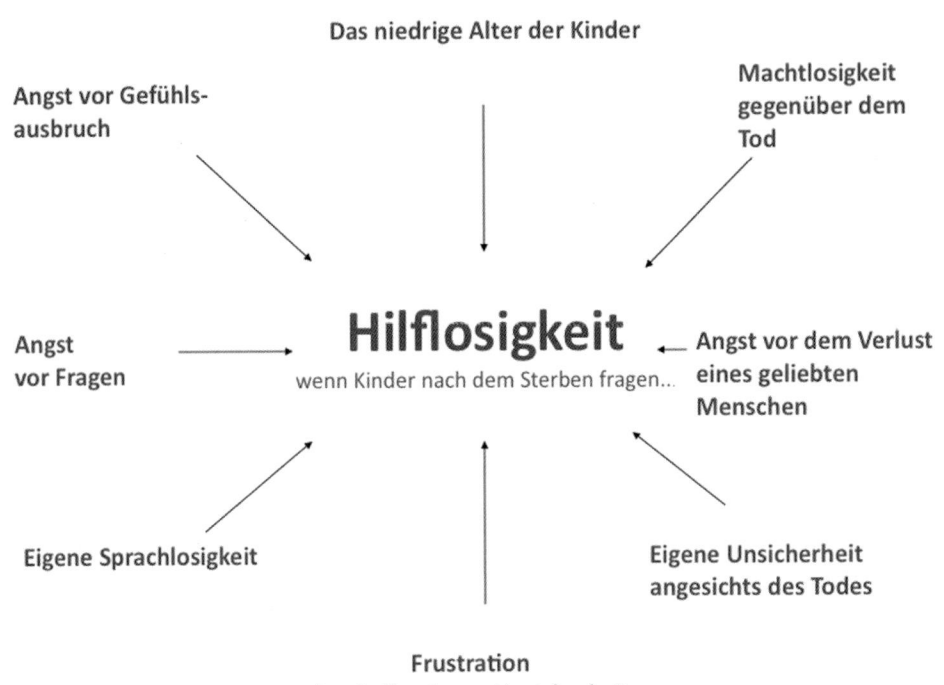

```
            Das niedrige Alter der Kinder
Angst vor Gefühls-                          Machtlosigkeit
ausbruch                                    gegenüber dem
              ↘         ↓         ↙         Tod

Angst    →        Hilflosigkeit        ←  Angst vor dem Verlust
vor Fragen      wenn Kinder nach dem Sterben fragen...  eines geliebten
                                                         Menschen
              ↗         ↑         ↖
Eigene Sprachlosigkeit                      Eigene Unsicherheit
                                            angesichts des Todes

                    Frustration
              durch die eigene Unsicherheit
```

Hilflosigkeit und plötzliche Sprachlosigkeit können jeden in der Nähe des Todes betreffen. Diese Empfindung, die sich anfühlt wie ein Ausgeliefertsein, sollte zugelassen werden. Das Gefühl hat etwas mit „aufrichtig sein" und „mit-fühlen" zu tun und die Mitteilung dieses Gefühls kann dem von Leid Getroffenen Trost geben.

In Seminaren über den Umgang mit der eigenen Hilflosigkeit formuliere ich als eine wichtige Botschaft: Bewahren Sie etwas von Ihrer Hilflosigkeit, denn dann bleiben Sie sensibel!

Es hilft dem Kind in seiner Auseinandersetzung mit Sterben und Tod, wenn sein Gegenüber die Tränen, seine Fragen und sein Schweigen mit ihm gemeinsam aushält. Die folgenden Überlegungen können dazu anregen, über die Ursache der Hilflosigkeit nachzudenken.

Kasten 6: *Selbsteinschätzung. Gedanken, Vorstellungen, Ängste vor dem Gespräch mit einem Kind über das Sterben*

Geben Sie bitte an, ob und wenn ja wie stark Sie die folgenden Gedanken, Vorstellungen, Ängste als zutreffend für sich vor einem Gespräch mit einem Kind über das Sterben einschätzen.

1 sehr gering
10 sehr stark ausgeprägt

Diffuse Angst vor Sterben und Tod	1 2 3 4 5 6 7 8 9 10
Angst vor dem Sterben eines nahe stehenden Menschen	1 2 3 4 5 6 7 8 9 10
Angst vor dem eigenen Sterben	1 2 3 4 5 6 7 8 9 10
Angst vor dem Danach	1 2 3 4 5 6 7 8 9 10
Erinnerung an das Sterben eines Menschen	1 2 3 4 5 6 7 8 9 10
Angst vor unkontrolliertem Gefühlsausbruch (selbst weinen)	1 2 3 4 5 6 7 8 9 10
Angst vor unkontrolliertem Gefühlsausbruch (des Kindes)	1 2 3 4 5 6 7 8 9 10
Angst, meine Unsicherheit zu übertragen	1 2 3 4 5 6 7 8 9 10
Eigene Sprachlosigkeit	1 2 3 4 5 6 7 8 9 10
Unsicherheit bei möglichen Fragen	1 2 3 4 5 6 7 8 9 10
....	1 2 3 4 5 6 7 8 9 10
....	1 2 3 4 5 6 7 8 9 10
....	1 2 3 4 5 6 7 8 9 10

Ruhe in sich finden. Ein möglichst gelassener Umgang mit dem Tod hilft zu leben. Wer in Angst und Unsicherheit vor einem möglichen Leid lebt, wird sich nur schwer auf den augenblicklichen Moment einlassen können. Jederzeit kann ein unvorhersehbares Geschehen das Leben verändern. Mancher kennt es, wenn durch Ereignisse – auch Geräusche – verursacht, plötzlich aufkommende Begriffe und Gedanken vergangene schmerzliche Erinnerungen oder Gefühle aufleben lassen und die Gegenwart schwer ertragbar machen.

Aus der Praxiserfahrung: Frau P., 41 Jahre, bricht bei der Frage nach dem Gesundheitszustand der Eltern in Tränen aus. Unter Schluchzen sagt sie: „Ich will und kann mir nicht vorstellen, dass meine Eltern sterben. Der Gedanke macht mir Angst. Ich weiß, dass es irgendwann sein wird, aber ich weiß nicht, wie das gehen soll, wie ich ohne sie weiterleben kann. Immer gibt es einen Grund, Angst um sie zu haben."

Die Vorstellung von einem Leben ohne ihre Eltern stellt für Frau P. eine extreme Bedrohung dar. In der Zeit, die sie noch ruhig mit den Eltern verbringen könnte, quält sie sich mit Fragen nach einer ungewissen Zukunft.

Frau I., 19 Jahre, erzählt: „Ich will nicht an den Tod denken. Ich habe Angst zu sterben. Ich weiß nicht, was dann sein wird? Und wenn ich dann alleine bin? Wie soll das gehen?"

Keiner weiß, wie sein eigenes Sterben sein wird. Ziel einer gelungenen Auseinandersetzung könnte es sein, jetzt in diesem Moment ohne Angst vor dem Tod zu leben. Frau M. hat dazu eine positive Überzeugung gewonnen: „Da wir nicht wissen, wie der Übergang sein wird, warum dann Angst haben?"

Kraftquellen entdecken. Es ist für das seelische Wohlbefinden als Begleiter notwendig, eigene Kraftquellen für belastende Zeiten zu finden.

Während eines Seminars zum Thema „Mit Kindern über Sterben und Tod reden" wurden die Teilnehmerinnen über ihre Kraftquellen befragt. Folgende Vorschläge wurden gesammelt:
- Menschen ansprechen, die mir helfen könnten,
- mit einem (imaginären) Partner reden,
- Sport machen (laufen, joggen),
- eigene Rituale durchführen (in der Badewanne entspannen, im Garten arbeiten),
- schreiben,
- Musik hören,
- lesen,
- nach dem Gespräch symbolhaft einen Schutz-Mantel abstreifen.

Einen Zugang zu den eigenen Kraftquellen kann sich über folgende Fragen ergeben: Was hat mir in schwierigen Momenten geholfen? Was macht mir Freude? Wo liegen meine Ressourcen? Jeder sollte seine eigenen Kraftquellen erspüren. Hierzu Herr K., 50 Jahre: „Ich finde Ruhe beim Lesen und Auswendiglernen von ausgewählten Gedichten oder Versen. Das laute Sprechen hilft mir in schwierigen Momenten, die Zeit zu füllen, und verinnerlicht den Zustand, der in den Aussagen beschrieben wird. Für mich ist beispielsweise dieses Kirchenlied wichtig: Von guten Mächten wunderbar geborgen, erwarten wir getrost was kommen mag ..." Frau A., 20 Jahre, beschäftigt sich mit Landschaftsbildern und versucht die Ruhe, die diese Bilder für sie ausstrahlen, zu eigenen inneren Bildern werden zu lassen. Die 17-jährige Sabine sammelt „Schönes" und legt es in ein Schatzkästchen, mit dem sie sich immer wieder beschäftigt. In ihrem Kästchen hat sie u. a. Briefe, Bilder, Postkarten, Muscheln gesammelt. Die 70-jährige Frau K. sammelt unterstützende Sätze, die sie in schweren Situationen sich selbst sagt wie: „Wenn ich Menschen helfe und sie in schweren Stunden begleite, erfahre ich Glück." Musik wird häufig als heilsame Medizin genannt. In dem Zusammenhang kommen Aussagen wie: Seele entspannen, Schmerzen lindern, kreatives eigenes Tun anregen, Selbstbewusstsein stärken.

Es ist wichtig, sich seiner Kraftquellen bewusst zu sein, damit sie bei Bedarf gezielt eingesetzt werden können. In Seminaren erarbeite ich mit den Teilnehmerinnen, wie und wann sie Zeit und Raum finden können, um sich immer wieder in diesen kräftigenden Momenten zu üben. Hierzu sagte Frau Y., 40 Jahre: „Ich finde Kraft im Glauben. Für mich ist Glaube eine ständige Beschäftigung mit der Bibel. Es kommt mir vor, als lerne ich eine fremde Sprache, die ich üben muss, um mit ihr vertraut zu werden und zu bleiben."

> Kraftquellen müssen genährt werden.

In der psychologischen Forschung gibt es Untersuchungen zu der Frage, was Menschen in schwierigen Situationen hilft zu überleben. *Claudia Fuchs* und *Rich R. Schmidt* (2008) sprechen in ihrem Buch *Kraftquellen* von einem Set von Werkzeugen, die helfen, schwierige Lebenssituationen zu bewältigen. Hierzu gehören:
- mit anderen Menschen über das Erlebte reden,
- Sinn im Leben erfahren,
- Dankbarkeit entwickeln,
- alle Sinne gebrauchen und bewusst spüren,
- Kohärenzgefühl entwickeln (Sinnzusammenhang herstellen),
- Spiritualität oder Naturerfahrung.

Was führt zur eigenen Auseinandersetzung?

Der Zugang zu den eigenen Vorstellungen ergibt sich besonders gut durch eine Beschäftigung mit den Kindheitserinnerungen. Die folgenden Fragen können als Anregung dienen, sich seiner Gefühle und Gedanken zum Tod bewusst zu werden.

Kasten 7: *Anregungen zur Selbstbesinnung*

> 1. Erinnern Sie, wann Sie in Ihrer Kindheit zum ersten Mal vom Sterben und vom Tod gehört haben?

> Gab es einen Menschen, den Sie hierzu fragen konnten?
> Erinnern Sie Ihre eigenen Vorstellungen?
> Wenn Sie einen Todesfall in der frühen Kindheit erlebt haben: Wie reagierten die anderen um Sie herum?
> Haben Sie von dem Todesgeschehen geträumt bzw. träumen Sie heute noch davon?
> Was, wie, wann das letzte Mal?
> Denken Sie heute noch manchmal an dieses Erleben?
> Was oder wer hat Ihnen damals geholfen?
>
> 2. Fällt Ihnen zum Thema Sterben und Tod ein Bilderbuch bzw. Kinderbuch aus Ihrer Kindheit ein? Welches?
> Erinnern Sie sich an die Vorlesesituation?
>
> 3. Ist in Ihrer Familie über Sterben und Tod gesprochen worden?
>
> 4. Möchten Sie, dass sich Ihre frühen Erfahrungen mit Sterben und Tod wiederholen?
>
> 5. Wenn Sie an den Tod denken, meinen Sie dann Ihren eigenen oder den eines anderen?
>
> 6. Haben Sie Angst vor dem Sterben? Was macht Angst? Wie möchten Sie sterben?
>
> 7. Haben Sie bildhafte Vorstellungen oder Sprache für das, was nach dem Tod sein wird?
>
> 8. Haben Sie eine Trostquelle für die Auseinandersetzung mit dem Tod gefunden?

Aus der Praxiserfahrung: Die 47-jährige Frau N. erzählt: „Meine Mutter hatte einen Schlaganfall. Es bestand für einige Tage Lebensgefahr. Plötzlich merkten wir, wie nahe der Tod auch für uns ist. In der Zeit haben mein Mann und ich angefangen, auch über unsere Patientenverfügung und das Testament zu reden. Am Anfang der Gespräche musste ich immer weinen, wenn vom Sterben die Rede war. Inzwischen kann ich die Worte ohne Tränen und Erregung aussprechen. Ich kann auch über das mögliche Sterben meiner alten Mutter reden. Das Sprechen über den Tod hat mir geholfen."

Die 83-jährige Frau O. redete nach einer schweren Erkrankung plötzlich von ihrer Angst zu sterben. Sie erzählte: „Ich wusste schon immer, dass jeder mal sterben muss.

Aber es war doch irgendwie fern für mich. Auf einmal, es war nach der letzten Krankheit, merkte ich, dass ich bald sterben werde." Nach einigen Gesprächen über das Thema Sterben und Tod sagte sie: „Ich empfinde dieselben Gedanken jetzt anders. Die Beschäftigung mit dem Tod hat bewirkt, dass ich ihn als zum Leben zugehörig sehe. Ich fühle mich leichter."

Was tun, wenn kein Partner zum Miteinanderreden da ist? In der therapeutischen Arbeit erfahre ich immer wieder, dass auch das Reden mit einer imaginären Person weiterhelfen kann. Hierzu empfehle ich, zum Beispiel laut bei einem Spaziergang mit einer vorgestellten Person zu reden. Es geht hier zunächst um das Aussprechen der Begriffe „Sterben" und „Tod". Das wiederholte Aussprechen lässt die Wörter vertrauter werden. Beim lauten Reden, beim Ausformulieren von zunächst unklaren Gedanken in kurzen verständlichen Sätzen kann Diffuses sich mit der Zeit zu nachvollziehbaren Gedanken entwickeln.

Hierzu sagte Frau K.: „Bei den wiederholten Gesprächen über Sterben und Tod kam im Laufe der Zeit das Gefühl auf, als entstehe eine innere Ordnung."

Aus der Praxiserfahrung: Zu Beginn der eigenen Befragung mit Kindern über ihre Vorstellungen von Sterben und Tod spürte ich eine Unsicherheit: Wie werden die Kinder reagieren? Was tun, wenn sie plötzlich weinen? Wie beantworte ich ihre Fragen? Ich hörte, wie meine Stimme bei den Fragen an die Kinder zitterte. Ich formulierte die Fragen und Antworten mehrfach laut an ein imaginäres Kind und gewann im Laufe der Zeit Sicherheit.

Hilfreich kann es auch sein, die Gefühle, Erfahrungen, Vorstellungen aufzuschreiben. So erzählt die 15-jährige Anna: „Nach dem Tod meiner Schwester habe ich angefangen, ihr Briefe zu schreiben. Ich schreibe von meiner Traurigkeit, dass sie mir fehlt. Es tut mir weh, ich weine meist beim Schreiben ganz viel. Aber dann merke ich, wie ich freier werde."

Kasten 8: *Was führt zu einer eigenen Auseinandersetzung?*

- Bearbeiten der eigenen Kindheitserinnerungen,
- miteinander reden,
- laut mit sich selbst oder einer imaginären Person reden,
- Fragebogen als Anregung,
- kreatives Tun (schreiben, malen, musizieren).

Einstiegsmöglichkeit gibt es über die Literatur, über Philosophie, Religion, Kunst, Musik oder auch durch das Erleben der Natur (siehe die Hinweise in Kapitel 1).

Kasten 9: *Gründe für eine eigene Auseinandersetzung*

Eine eigene Auseinandersetzung empfiehlt sich, um
- dem Gegenüber nicht eigene Ängste weiterzugeben,
- von den eigenen Erfahrungen nicht überwältigt zu werden,
- das Leid des anderen aushalten zu können,
- im Wissen um den Tod leben zu können,
- eigene Kraftquellen zu entdecken.

Weitere praktische Anregungen

Es werden im Folgenden verschiedene Anregungen zur Auseinandersetzung mit eigenen Erfahrungen, Empfindungen, sprachlichen und bildhaften Vorstellungen im Zusammenhang mit Sterben und Tod gegeben. Es empfiehlt sich, die Übungen im Gespräch mit einem Gegenüber durchzuführen. Ebenso sind die Übungen für Gruppen mit anschließendem Gespräch geeignet.

Angst vor Sterben und Tod

Grundgedanke: In der Übung sollen Ängste, Fragen, Vorstellungen zu Sterben und Tod ausgesprochen und betrachtet werden. Es wird angeregt, die einzelnen Aspekte anzuschauen und sie nach Ausprägung zu ordnen (beispielsweise in Bezug auf Angst oder Unabänderlichkeit).

Material: Blatt 30 x 40 cm, kleine Blätter 9 x 4,5 cm, Stifte, Kleber

Anweisung: Welche Gedanken kommen mir spontan in den Sinn, wenn vom Tod die Rede ist? (beispielsweise: Traurigkeit, Angst, Erlösung, Nichts, Unendlichkeit) Was beschäftigt mich, wenn ich an den Tod denke? (beispielsweise: Angst oder Sehnsucht)

Bitte schreiben Sie je einen Aspekt oder eine kurze Frage auf die kleinen Blätter. Legen Sie diese Blätter wie eine Mauer auf das größere Blatt. Ordnen Sie die aufgeschriebenen Aspekte nach Themen oder Schwierigkeitsgrad. Stellen Sie sich vor, diese Blätter wären die Steine einer Mauer.

Dann passen die Steine mit den Aussagen, die am meisten belasten und nicht zu ändern sind, in die untere Reihe. Die Gedanken, die zu verändern oder zu beseitigen sind, bilden die oberen Reihen der Mauer. Vielleicht können einige Steine bearbeitet und zur Seite gelegt werden?

Der Tod als Person

Grundgedanke: Der Tod als Person ist ein hypothetisches Konstrukt. Er symbolisiert unsere Vergänglichkeit. In der therapeutischen Arbeit habe ich oft erlebt, dass die selbst gewählte Darstellung des Todes als Person als hilfreicher Gesprächseinstieg dienen kann. Im Gespräch können Gefühle dem anderen zielgerichtet gesagt werden. Es kann ein Dialog mit einer imaginären Person beginnen.

Material: Blatt Papier, Buntstifte

Anweisung: Wenn der Tod eine Person, ein Wesen, eine Figur wäre, wie könnte der Tod aussehen? Versuchen Sie ihn zu malen. Vielleicht finden Sie ein Wesen, ein Symbol oder Formen, die Ihren Vorstellungen entsprechen.

Wer nicht malen möchte, könnte den Tod beschreiben.

Auseinandersetzung mit dem Tod

Grundgedanke: Sprache finden für Gedanken, Vorstellungen, Gefühle angesichts des Todes.

Material: Blatt Papier, Stift

Anweisung: Schreiben Sie einen Brief an den Tod. Möglicherweise sehen Sie schnell beängstigende Bilder vor sich. Dann versuchen Sie, sich diesen Bildern zu stellen, indem Sie z. B. Fragen an Ihren Tod stellen und ihm Ihre Ängste mitteilen. Lernen Sie ihn kennen.

Sie können sich auf diese Weise sehr konstruktiv mit dem Tod auseinandersetzen und er verliert möglicherweise von seinem Schrecken.

Zur Todeserfahrung

Grundgedanke: Besonders die frühen Todeserfahrungen können einen prägenden Einfluss auf den Umgang mit dem Lebensende im späteren Leben haben. Hierbei ist gedacht an Aspekte wie das Erleben eines unerwarteten plötzlichen Todes (Unfall, Krankheit) von einem jungen Menschen (ungelebtes Leben), aber auch das Verhalten der Umwelt (Übermittlung der Todesnachricht, aufrichtige Gespräche oder abweisendes Verhalten der Bezugspersonen).

Material: Papier 30 x 40 cm, Stifte

Anweisung: Versuchen Sie an frühe Todeserlebnisse in Ihrem näheren Umfeld zu denken. Wie alt waren Sie zu dem Zeitpunkt? Wer ist gestorben? Waren die Erfahrungen für Sie vorhersehbar? Wie haben Sie die Nachricht erhalten? Versuchen Sie sich den Moment zu vergegenwärtigen, als Sie die Todesnachricht bekommen haben.

War es eine behutsame Mitteilung durch einen verständnisvollen Menschen in einer geborgenen Atmosphäre? Konnten Sie Fragen stellen? Miteinander reden? Oder war die Mitteilung eher schroff und unpersönlich?

Legen Sie das Blatt im Querformat vor sich. Malen Sie vier Spalten auf das Blatt. Schreiben Sie in die Spalten:

Mein Alter	Wer ist in welchem Alter gestorben?	Warum?	Verhalten der Umwelt

Eigene Trostquellen

Grundgedanke: Bei der Übung geht es um die Suche nach Kraftquellen.
Material: DIN A 4-Blatt, Buntstifte
Anweisung: Malen Sie mittig auf das Blatt eine durchgehende Linie für Ihre Lebensjahre. Schreiben Sie auf die linke Seite zu Beginn der Linie „Geburt". Unterteilen Sie die Linie in Fünf-Jahres-Abschnitte bis zum heutigen Lebensalter. In welchem Alter sind Sie mit Abschied, Sterben und Tod konfrontiert worden? Kennzeichnen Sie den Zeitpunkt von einem solchen Ereignis mit einem Kreuz auf der Lebenslinie. Schreiben Sie oberhalb der Linie, wer woran gestorben ist und unterhalb der Lebenslinie, was Ihnen in der Situation geholfen hat.

Jenseitsvorstellung

Grundgedanke: Kreatives Tun hilft, sich selbst zu entdecken, eigene Kraftquellen zu finden und zu vertiefen.
Material: DIN A 4-Blatt, Buntstifte, Wachskreide, Wasser-Ölfarben
Anweisung: Malen Sie Ihre Jenseitsvorstellung. Vielleicht nehmen Sie Farben, um die Stimmung(en) auszudrücken, die Sie in Verbindung mit dem Begriff empfinden. Vielleicht zeichnen Sie Formen, malen ein konkretes Bild oder arbeiten mit Schriftzügen.

Erinnerungen

Grundgedanke: Erzählen und dabei ein Ritual durchführen (anzünden eines Teelichts und es ins Wasser setzen) kann gut tun und Ruhe vermitteln.
Material: Gläserne durchsichtige Schale mit einem Durchmesser von ca. 30 cm, 10 Teelichter, Streichhölzer, ein buntes Tuch (DIN A 4-Blatt, Stifte)

Vorbereitung: Stellen Sie die mit Wasser gefüllte Schale auf das locker verteilte Tuch. Legen Sie die Teelichter um die Schale.

Anweisung: Erzählen Sie von einer schönen Erinnerung. Zünden Sie ein Teelicht an und setzen Sie es behutsam in das Wasser. Erzählen Sie weiter von einer guten Erinnerung. Mögliche Ergänzung: Malen Sie ein Symbol für die Erinnerung auf das Blatt oder schreiben Sie einen kurzen Satz.

Alternativ können auch andere Aufforderungen gegeben werden: Was möchten Sie der/dem Verstorbenen gerne noch sagen? Was hätten Sie … gerne gewünscht? Erzählen Sie …, was Sie belastet. Was hätte … Ihnen dazu gesagt?

Ein behutsamer Gesprächseinstieg

Grundgedanke: Gegenstände und Bildmaterial können den Einstieg zu einem Gespräch erleichtern. Ausgewählte Musik kann einen unterstützenden Beitrag leisten.

Material: CD-Player, Musik, z. B. Wolfgang Amadeus Mozart: Requiem, daraus: Introitus. Johann Sebastian Bach: Kantate BWV 147, Choral „Jesus bleibet meine Freude". Eric Clapton: „Tears in heaven". Pur: „Drachen sollen fliegen".

Es folgt eine Auswahl an Gegenständen als Symbole zu verschiedenen Themenbereichen:
- für Zeit: Sand- oder Stoppuhr, Wecker
- für Krankheit: Mini-Arztkoffer, Arztpuppe, Bleistiftzigarette, Zigarettenpackung, Rauchverbotsschild, Spritze, Fieberthermometer
- zur Religion: ein Holzkreuz, ein Rosenkranz, Heiligenbilder, Altes Testament, Gesangbuch
- zur Literatur: ausgewählte Reclamhefte, Engelbüchlein
- zur Natur: Tütchen mit Vergißmeinnichtsamen, Raupe (die in einen Schmetterling zu verwandeln ist[3])
- Postkarten mit ausgewählten Themen, beispielsweise zu Landschaft, Abschied, Altern, Zeit, Krieg, Transportmittel (Flugzeug, Zug).

Vorbereitung: Auf einem Tisch werden Gegenstände, auf dem anderen Postkarten verteilt.

Anweisung: Gleich werden Sie eine kurzes Musikstück hören. Bitte gehen Sie beim Hören dieser Musik langsam um die Tische und betrachten die Gegenstände und die Postkarten. Wählen Sie zuerst einen Gegenstand, der Ihnen einen Einstieg gibt über Sterben und Tod zu reden. Suchen Sie sich auch eine Karte aus. Erzählen Sie, warum Sie Ihre Wahl getroffen haben.

---

[3] zu beziehen über: www.donnavita.de

2. Das Gespräch mit dem Kind

Zum Gesprächsablauf in der Einzelsituation. Wünschenswert ist es, in ruhiger Verfassung jeweils nur einzeln mit einem Kind über Sterben und Tod zu reden. Auslöser für ein solches Gespräch könnten neugierige Fragen des Kindes sein. In diesem Fall kann das Miteinanderreden in Ruhe vorbereitet werden; ein Bilderbuch bietet sich als Einstieg an. Ganz anders ist die Situation, wenn ein plötzlich eingetretenes Ereignis ein Gespräch herausfordert. Bei eigener Betroffenheit wird es nur schwer oder überhaupt nicht möglich sein, ruhig und gelassen zu bleiben. Wenn Tränen und Erregtheit bei der Bezugsperson aufkommen, sollen sie nicht versteckt werden. Tränen sind Ausdruck von Gefühlen und die gehören zum Leben. Es sollte dem Kind dann eine Erklärung für das Weinen gegeben werden: „Ich weine, weil ich traurig bin. Ich denke an den Opa und er fehlt mir." (Siehe auch Anhang 3: Fragen der Begleiter)

> Kinder ertragen Tränen, aber keine Täuschung. Der Erwachsene sollte seine Gefühle nicht unterdrücken und verstecken.

Ruhe und Zeit. Bei einem Gespräch über Sterben und Tod ist es immer gut, „inne zu halten" und nicht mitten in der Hektik des Alltags zu stehen. In Ruhe und mit dem Gefühl, Zeit zu haben, ist es leichter, über grundlegende Fragen des Lebens nachzudenken und zu reden. Gegebenenfalls sollte eine Stunde am Tag abgewartet werden, in der nicht fortwährend jemand in den Raum stürzt. Das Telefon könnte vorübergehend abgestellt werden.

> Grundsätzlich ist es gut, Ruhe und Zeit bei einem Gespräch zu haben:
> - zum Zuhören, was das Kind fragt und sagt,
> - zum geduldigem Schweigen,
> - zum behutsamen Erfragen der Vorstellungen.

Zum Gesprächsablauf in der Gruppe. In einer Kindergarten- oder Schulgruppe, oder wenn mehrere Kinder einer Familie am Gespräch teilnehmen, ist es erheblich schwieriger, auf die Kinder gleichzeitig einzugehen und jedem seine geforderte Zuwendung schenken zu können. Kinder fragen so viel, wie sie ertragen können. Nur ist das Fragebedürfnis in einer Gruppe unterschiedlich entwickelt und so kann es sein, dass über Fragen und Vorstellungen gesprochen wird, die nicht alle Beteiligten gleich gut verarbeiten können. Nicht das Alter allein ist für die Vorstellungen vom Lebensende von Bedeutung, sondern die Erfahrungen, die das Kind gemacht hat.

In der Schule. Was ist der Grund für ein Gespräch in der Schule über Sterben und Tod? Gehört das Thema in den Lehrplan? Gibt es einen Schüler, der an einer lebensbedrohlichen Erkrankung leidet oder einen anderen, der den Tod eines nahestehenden Menschen verarbeiten muss? Ist ein Lehrer oder ein Schüler verstorben? Oder geht es um einen fernen Tod? (Siehe auch Anhang 3: Fragen der Begleiter)

Kurze Anmerkungen zu verschiedenen Gesprächsanlässen

Das Thema gehört zum Lernplan	Einstiegsmöglichkeiten finden sich in: Natur, Literatur, Kunst, Musik ...
Ein Kind ist sterbenskrank	Nach Rückfrage bei den betroffenen Eltern sollten die Klassenkameraden und ihre Eltern informiert werden. Mit den Schülern reden. Gemeinsam (mit Kollegen und Schülern) über eine unterstützende Begleitung (auch der Geschwisterkinder) nachdenken, sie anbieten und durchführen.
Ein Kind ist verstorben Ein Lehrer ist verstorben	Mit den Schülern reden, für sie da sein. Gemeinsam Rituale durchführen, Teilnahme an der Trauerfeier unterstützen, Todesanzeige mit Unterschriften der Klasse aufsetzen.
Ein naher Angehöriger ist verstorben	Für das Kind da sein. Keine Erwartung an ein bestimmtes Trauerverhalten haben. In Abwesenheit des Kindes mit der Klasse reden. Teilnahme von Freunden an der Beerdigung unterstützen.
Der ferne Tod	Mit den Schülern reden, Informationen sammeln, Spendenaktionen unterstützen.

> Ideale Formen einer unterrichtlichen Thematisierung von Sterben, Tod und Trauer in akuten Situationen gibt es nicht.

Im Kindergarten. Wenn der Tod plötzlich gegenwärtig ist, wenn im Kindergarten ein Kind, ein Elternteil, ein naher Angehöriger oder eine Erzieherin stirbt, dann muss mit den Kindern möglichst sofort und aufrichtig, ihrem Entwicklungsstand entsprechend geredet werden. Vielleicht haben die Kinder schon Teilinformationen von älteren Geschwistern oder Freunden erhalten oder sie spüren eine angespannte Stimmung. Wünschenswert wäre es, als Erstes die Eltern über die Geschehnisse zu informieren. Es würde einem Kind helfen, wenn die Eltern sich auf das Gespräch mit ihm vorbereiten könnten. Eventuell kann eine Telefonkette unter den Eltern aktiviert werden. Es wäre empfehlenswert, kurzfristig einen Elternabend einzuberufen, um die Haltung in der besonderen Situation, wie auch das Vorgehen und Fragen zum Umgang mit Sterben und Tod zu besprechen.

Zu dem Gruppengespräch sollten sich die Kinder in einen Stuhlkreis setzen. Einleitende Worte könnten sein: „Ich muss euch etwas Trauriges sagen ..." Wenn die Kinder die notwendigen Informationen behutsam und altersgemäß bekommen haben (siehe auch S. 112–114 Krisensituation), dürfen sie erzählen, was sie bewegt. Ein Kind erhält einen Erzählstein. Reden darf immer, wer den Stein in seiner Hand hält. Nach wenigen Minuten wird der Stein weitergegeben. Es könnten gegebenenfalls ein Foto, ein Spielzeug als Erinnerungsstück und eine Kerze auf den Tisch gestellt werden. (In vergleichbaren Gruppengesprächen können Kinder auch bei anderen Gelegenheiten, beispielsweise von Krankheiten und Todesfällen in der weiteren Familie, von Beerdigungen oder Friedhofsbesuchen erzählen.)

Als Gesprächseinstieg und auch für die spätere Trauerarbeit in der Gruppe bieten sich Bilderbücher an. Ausgehend von den Bilderbuchgeschichten können bestimmte Fragestellungen erarbeitet werden: Welche Erinnerungen habt ihr an ...? Was habt ihr gerne zusammen gemacht? Malt ein Bild für ...

Als Bilderbücher kommen in Frage: *Leb wohl, lieber Dachs. Abschied von Opa Elefant. «Was ist das?» fragt der Frosch.* Weitere Bilderbücher zu dem Thema könnten auf einem Büchertisch am Elternabend bereit liegen.

Für das Gruppengespräch kann es hilfreich sein, anschauliche Beispiele über die Wandlungen in der Natur griffbereit zu haben wie Pflanzen, Bilder oder Stofftiere. Als Beispiele können dienen: aus einer Larve wird eine Libelle, aus einer Raupe ein Schmetterling, aus einer Kaulquappe ein Frosch, aus einem Löwenzahn eine Pusteblume, aus einem Engerling ein Maikäfer ...

Mit den Eltern kann überlegt werden, ob die Gruppe ihre gemalten Bilder zum Friedhof bringen und vielleicht Luftballons aufsteigen lassen möchte. Falls Eltern wünschen, dass ihr Kind nicht an der Beerdigung teilnimmt, könnte die Erzieherin das entsprechende Bild mit zur Beerdigung nehmen oder das Kind könnte es selbst später zum Friedhof bringen.

> Grundsätzlich gilt: Eine angemessene Teilnahme am Geschehen hilft, den Verlust zu bewältigen.

Das richtige Alter. Noch heute gibt es die unausgesprochene Annahme, kleine Kinder bräuchten einen Schutzraum. So heißt es oft: „Kleine Kinder sind zu jung und weit weg vom Tod. Sie haben das Leben noch vor sich und können das Ende sowieso nicht verstehen. Hören sie vom Tod, so entwickeln sie nur unbegründete Ängste, wollen nicht einschlafen, nicht mehr alleine sein, fürchten das Weggehen der Eltern." Es ist nicht möglich, Kinder in einer heilen Welt, ohne Trennung und Verlust, zu bewahren. Früher oder später trifft jedes Kind auf dem Spielplatz oder im Kindergarten auf andere Kinder, die vom Tod erzählen. Irgendwann macht jedes Kind eigene Beobachtungen von verwelkenden Pflanzen oder leblosen Insekten, hört Märchen oder sieht Fernseh- und Computerfilme, in denen Menschen sterben oder getötet werden.

Empfiehlt es sich, mit Kindern über den Tod zu reden, auch wenn ihnen noch jegliche Voraussetzungen zum Verstehen der Begriffe fehlen? Nach meiner Erfahrung ist die Frage eindeutig zu bejahen. Wenn die Kinder zu sprechen beginnen, haben sie schon viele Erfahrungen in sich. Sie haben entsprechend ihrem Entwicklungsstand ein eigenes Weltbild. Zudem kann es in besonderen Situationen hilfreich sein, Sprache für unfassbares Geschehen zu haben. Eines Tages werden Kinder die erlernten Worte verstehen. Die Kenntnis der Worte könnte sich wie eine indirekte Vorbereitung auf das spätere Verstehen auswirken.

> Es ist gut, möglichst frühzeitig die Worte „Trennung, Abschied, Sterben und Tod" in das Sprechen mit dem Kind aufzunehmen.

Der richtige Zeitpunkt. Irgendwann stellen alle Kinder Fragen zum Tod, jedoch meist in einem ungünstigen Augenblick. Angenommen die Mutter bereitet in der Küche ein Essen für die Familie vor. Sie ist in Eile, weil es schon spät ist und die Kinder sitzen hungrig und ungeduldig am Tisch. Während die Mutter das Essen für die Familie auftischt, fragt der 6-jährige Sohn unerwartet: „Kannst du auch sterben?" Die Geschwister gucken erstaunt die Mutter an. Mit dem heißen Topf in der Hand ist für sie im Moment nicht der Zeitpunkt, über das eigene Sterben zu sprechen. Die Mutter stutzt. Sie möchte spontan reagieren und nichts Falsches sagen. Sie sucht nach Worten und sagt: „Alles, was lebt, muss sterben. Ich bin noch jung und ich werde jetzt nicht sterben. Ich habe vor, noch lange zu leben. Heute Abend ist Ruhe und Zeit, lass uns dann noch einmal in Ruhe reden!" Sie sollte dann – wie angekündigt – sich am Abend zu dem Kind setzen und behutsam beginnen: „Hast du heute etwas Trauriges gehört? Machst du dir Sorgen, dass einer sterben könnte?" Eine andere Mutter könnte bei der Frage genervt reagieren und sagen: „Du kommst wieder genau zum falschen Moment mit so einer Frage. Wie kommst du denn darauf? Hilf mir mal lieber!" In dem Fall würde sich das Kind wahrscheinlich zurückgewiesen fühlen.

Es empfiehlt sich, die ersten Gespräche über Sterben und Tod möglichst in einer Zeit anzugehen, in der es kein direktes Erleben vom Tod gibt. Ohne direkte Betroffenheit ist es leichter, über dieses Thema zu reden.

> Ein guter Zeitpunkt für ein Gespräch über Sterben und Tod sind Gelegenheiten, bei denen sich Vergänglichkeit zeigt: fallende Blätter, welkende Blumen, der zertretene Regenwurm, die überfahrene Kröte, der Friedhof an der Autostraße. Es sollte nicht gewartet werden, bis ein Todesfall tatsächlich eintritt.

Die Bedeutung einer vertrauensvollen Beziehung. Je jünger ein Kind ist, desto stärker übernimmt es die Stimmung und Sichtweise seiner Bezugsperson. Eine vertraute Bezugsperson wird leichter den Zugang zu einem Gespräch finden.

Es gibt unzählige Beispiele dafür, dass Eltern entweder durch ihr Verhalten und ihre Haltung ihren verunsicherten, erschreckten oder ängstlichen Kindern helfen oder dass sie die Kinder weiter verängstigen. Fällt ein kleines Kind hin, guckt es zuerst die Mutter an. In ihrem Gesicht sucht es nach Reaktionen. Guckt die Mutter verängstigt und sorgenvoll, wird das Kind weinen. Verhält sie sich ruhig und unbeirrt, wird das Kind im Schreck ihr Verhalten annehmen. Indem sich das Kind eine „soziale Vergewisserung" *(Stern)* bei der Mutter holt, kann diese das Erleben ihres Kindes gezielt beeinflussen. Kinder suchen Halt und Orientierung bei den Bindungsfiguren. Diese können zu einem bestimmten Maße beeinflussen, wie ein Ereignis wirkt, wie das Kind es erlebt und was es für das Kind bedeutet.

Der Schriftsteller *Elias Canetti* beschreibt, wie er als 7-Jähriger den Tod seines Vaters erlebte. Seine Erinnerungen an die erste Begegnung mit dem Tod zeigen, wie viele Komponenten bei der frühkindlichen Prägung der Todesvorstellung bedeutsam sind, ineinander greifen und sich gegenseitig bedingen. Vor allem wird hier der Einfluss der Haltung der Bezugsperson deutlich.

Canettis Vater war 30 Jahre alt, als er starb. Der 7-Jährige sah, wie die laut schreiende Mutter den Vater auf dem Boden liegend fand. „Ich stand bei der Tür, die Mutter griff sich mit den Händen an den Kopf, riß sich Haare aus und schrie immer weiter, ich machte zaghaft einen Schritt ins Zimmer, auf meinen Vater zu, ich begriff es nicht, ich wollte ihn fragen, da hörte ich jemanden sagen: ‚Das Kind muss weg.'" Ein Nachbarsjunge führte ihn weg und versuchte ihn mit Fragen abzulenken. Sie gingen in den

Garten, wo der ältere Junge ihn ermunterte, auf einen Baum zu klettern. „‚Aber auf den kannst du nicht klettern,‘ sagte er, ‚auf den bestimmt nicht. Er ist zu schwer für dich. Das traust du dich nicht.‘ Ich nahm die Herausforderung an, sah mir den Baum an, zweifelte ein wenig, zeigte es aber nicht und sagte: ‚Doch. Doch. Ich kann es!‘ Ich trat zum Baum, griff seine Rinde an, umfaßte ihn und wollte mich hinaufschwingen, als sich ein Fenster von unserem Speisezimmer öffnete. Die Mutter streckte sich mit ihrem Oberkörper weit hinaus, sah mich mit Alan beim Baum stehen und schrie gellend: ‚Mein Sohn, du spielst, und dein Vater ist tot! Du spielst, du spielst, und dein Vater ist tot! Dein Vater ist tot! Dein Vater ist tot! Du spielst, dein Vater ist tot!‘"

> Wichtig ist die Art und Weise, wie mit einem Kind gesprochen wird (Tonfall, Stimmung, Ruhe, Zeit).

Der Gesprächseinstieg bei kleinen Kindern. Jüngere Kinder beachten manchmal eine an sie gestellte Frage überhaupt nicht. Häufig vermitteln sie dann wortlos mit ihrem Verhalten, dass sie im Augenblick nicht über das angesprochene Thema reden möchten.

Überhaupt wäre es merkwürdig, ein Kind ohne Anlass zu fragen: „Möchtest du mit mir über Sterben und Tod sprechen?" … „Was ich dir schon immer sagen wollte." … „Nun bist du groß genug. Ich habe dir etwas zu sagen." … „Lass uns mal miteinander sprechen."

> Nach meiner Erfahrung eignen sich Bilderbücher besonders gut bei kleinen Kindern für einen Gesprächseinstieg.

Vor dem Betrachten eines Buches könnten bei den Kleinen alternativ die Worte stehen: „Ich möchte mit dir dieses Bilderbuch anschauen. Vielleicht finden wir Bilder, bei denen es viel zu gucken gibt." … „Vielleicht finden wir Bilder, um das Leben besser zu verstehen." … „Vielleicht finden wir gemeinsam Bilder, um deine Traurigkeit besser zu verstehen." (Zum Gesprächseinstieg mit älteren Kindern und Jugendlichen siehe auch Seite 142)

Das Kind wird mit seinem Verhalten zu verstehen geben, ob es körperliche Nähe sucht, ob es die Hand halten oder nahe bei dem Erwachsenen sitzen möchte. Wichtig ist, was das Kind wünscht – denn nicht alle Kinder mögen es, in den Arm genommen zu werden. Körperliche Nähe kann beruhigend wirken, vorausgesetzt diese Nähe entspricht der Beziehung und der Situation.

Aufrichtige Aussagen. Es ist für eine vertrauensvolle Beziehung wichtig, im Gespräch bei der Wahrheit zu bleiben und nicht zu einem späteren Zeitpunkt das Gesagte wieder zu verändern. Eine unwahre oder verschwiegene Antwort hinterlässt Unsicherheit und Angst vor weiteren Unklarheiten. Fühlt sich das Kind durch das Nichtgesagte belogen, wird es bei der nächsten Gelegenheit misstrauisch sein. Es fürchtet, wieder nicht die Wahrheit zu erfahren. Ausweichende, nichts sagende Erklärungen werden das Kind nicht beruhigen, sondern regen seine Phantasie an. Es entstehen diffuse Vorstellungen. Bei den jungen Kindern verstärken „Halbwahrheiten" ihr magisches Denken. Verschleiernde Worte erschweren und verlangsamen den Prozess, den Unterschied zwischen Realität und Wunsch erkennen zu können.

Der Psychoanalytiker *Tobias Brocher* (1985) erinnert aus seiner frühen Kindheit, dass nach dem Tod seines älteren Bruders ihn keiner beachtete und ihm keiner sagte, was „Totsein" meint. Er war damals 5 Jahre alt. Er erinnert, wie stark ihn die Trauer der Eltern verunsicherte. Als er nach Wochen zum ersten Mal zum Grab des Bruders gehen durfte, steckte er seinen Finger in die Erde des Grabes. Den Hinweis, der Bruder sei nun im Himmel, konnte er nicht verstehen. Er glaubte, der Bruder sei in der Erde. Später hörte er von einem Arzt, dass „Tote im Grabe mit der Zeit verfallen und in der Gestalt, in der sie gelebt hatten, nur in unserer Erinnerung existieren. Es war kein Schrecken, wie viele Erwachsene meinen, sondern Verstehen, daß Tod Vergehen des Leibes ist, so wie Blumen welken, sterben und dennoch im Frühling zu neuem Leben erwachen."

> Besonders nachteilig sind die falschen Hoffnungen, die bei verschleiernden Aussagen über den Tod aufkommen. Die Wahrheit ist immer leichter zu ertragen als die Ungewissheit.

Das Verhalten der Kinder. Kinder verhalten sich oft sprunghaft. Sie überraschen immer wieder, wenn sie plötzlich bei einem Gespräch oder Spiel unerwartet wegspringen oder das Thema wechseln. Das Herumlaufen meint nicht unbedingt, dass das Kind der Situation entfliehen will, sondern kann als Hinweis auf den Wunsch nach einer Unterbrechung des Gesprächs verstanden werden. Möglicherweise spürt das Kind, dass es im Augenblick das Reden nicht länger ertragen kann, und versucht, sich so zu schützen.

> Der Bewegungsdrang des Kindes sollte beachtet und als Hinweis für eine Ruhepause oder Beendigung des Gesprächs genommen werden.

Fragen und Reden der Kinder. Kinder fragen manchmal, ohne eine Antwort zu erwarten. Besonders die Jüngeren führen häufig Selbstgespräche und sprechen dabei laut aus, was ihnen in den Sinn kommt. Für manches kleine Kind ist als Reaktion auf seine Fragen der Klang der vertrauten Stimme wichtiger als der gesprochene Inhalt. Es macht den Anschein, als wolle das Kind sich nur vergewissern, mit seinen Fragen nicht allein zu sein.

Aus der Praxiserfahrung: Die 5-jährige Johanna fragt: „Wenn man tot ist, wächst man dann weiter?" Die Antwort soll kurz und sachlich und nicht ausschweifend sein: „Wenn der Mensch tot ist, dann lebt er nicht mehr. Der Körper bewegt sich nicht mehr. Der Mensch wächst dann nicht mehr. Er ist friedlich und ruhig. Er kommt nicht wieder."

Es empfiehlt sich, immer wieder Redepausen zu machen. Jederzeit soll es dem Kind möglich sein, Fragen zu stellen oder das Gesagte mit seinen Worten wiederholen zu können. Manchmal ist es gut, eine kleine Frage zum letzten Wortwechsel zu stellen. So kann geklärt werden, ob das Kind zugehört und verstanden hat. Reagiert es nicht auf die Zwischenfrage und erzählt stattdessen von etwas anderem, dann gilt es innezuhalten. Möglicherweise möchte es vermitteln: „Bitte höre mit den Fragen auf! Ich will nichts mehr davon hören." Manche Fragen werden von den Kindern nicht spontan gestellt, sondern sie ergeben sich durch weiteres Nachfragen und Miteinanderreden.

Werden die Fragen nicht beachtet, bleiben die Kinder mit ihren Unsicherheiten allein und werden diese möglicherweise ihr Leben lang mit sich herumtragen. Es ist nicht auszuschließen, dass sie die schweigende abweisende Haltung der Erwachsenen zu Sterben und Tod selbst annehmen und später an ihre eigenen Kinder weitergeben.

> Alle Fragen und Äußerungen sind ruhig anzuhören. Es soll nur das erklärt werden, wonach die Kinder fragen. Sie sollen zum weiteren Reden ermuntert werden.

Zum kindlichen Sprachverstehen

Der Erwachsene sollte immer warten, bis das Kind selbst etwas fragt und nur diese Fragen beantworten, anstatt es mit einem Redeschwall zu bestürmen.

Kurze verständliche Aussagen. Die Sätze sollen kurz, verständlich und eindeutig sein. Auf die Frage: „Warum liegt der Vogel da und bewegt sich nicht?", könnte die Antwort heißen: „Er lebt nicht mehr. Er ist tot." Es wäre falsch, zu sagen: „Er ist entschlafen oder heimgegangen." Je nach dem Alter und der Situation kann auf eine Frage auch mit einer Gegenfrage reagiert werden: „Kommt Opa in den Himmel?" „Was glaubst du?"

> Die Aussagen sollen eindeutig und kurz sein.

Sprachverwirrung. Die Jüngsten fühlen sich bei bildhaften Umschreibungen wie: „sich die Radieschen von unten angucken, seinen letzten Seufzer tun, den Löffel abgeben, die Augen für immer schließen, ins Gras beißen," verwirrt, weil sie die übertragene Bedeutung nicht verstehen. So versteht das Vorschulkind Garman in der Bilderbuchgeschichte *Garmans Sommer* nicht, was die Frage „Hast du Schmetterlinge im Bauch?" bedeutet. (Abb. 2)

Abb. 2: *Garmans Sommer*

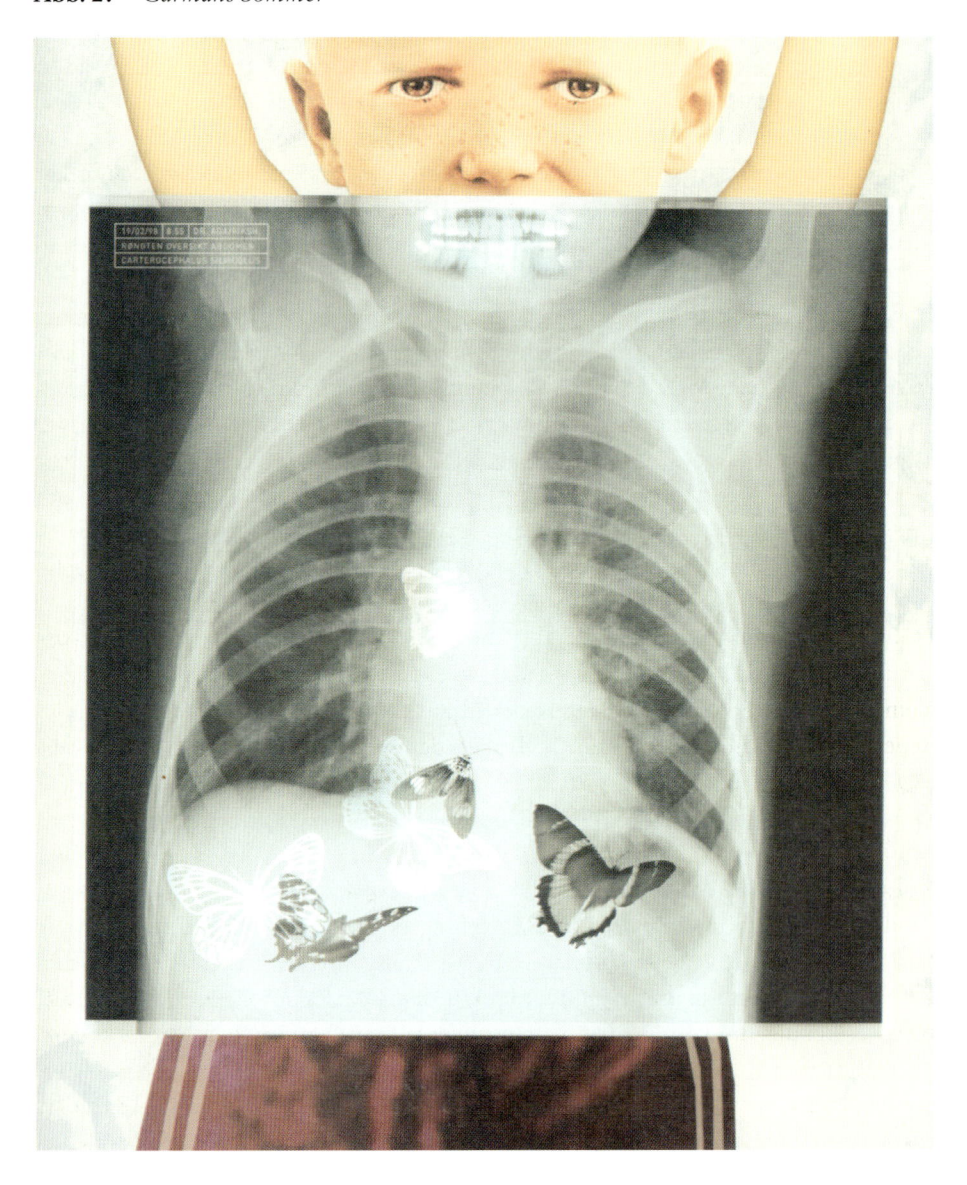

Im Folgenden sind einige ausgefallene Formulierungen für das „Sterben" aus Bilderbüchern zusammengestellt: „Ich komme mit den Vögeln zurück"; „... sie ist dahin gegangen, wohin ich ihr nicht folgen kann"; „... sie ist von uns gegangen, auf eine lange Reise ... nur die Raben kennen den Weg"; „... auf die große Reise gehen"; „... zum Himmel aufsteigen"; „... wer stirbt, darf mit dem Großen Wagen über den Himmel fahren"; „... zu den Ahnen geholt werden"; „... dass die Zeit gekommen sei, von der Welt zu gehen".

> Kleine Kinder denken konkret und nicht abstrakt. Sie verstehen Begriffe nicht, die im übertragenen Sinn verwendet werden.

Oft sind sich die Erwachsenen nicht bewusst, welchen Irrglauben sie mit manchen Begriffen oder Redewendungen über den Tod bei Kindern auslösen. Sie verwenden Metaphern, mit denen sie die kindliche Vorstellung von einem fortdauernden Weiterleben nach dem Tod verstärken. *Earl A. Grollman* (2004) gibt hierzu ein Beispiel: „Nachdem eine Kollegin gestorben war, sagt eine Lehrerin zu ihrer Klasse: ‚Ich muss euch etwas Trauriges mitteilen: Wir haben Frau Thompson verloren', worauf ein Schüler erwiderte: ‚Machen Sie sich keine Sorge, wir werden sie schon finden.'"

Bei Unsicherheiten über das Verstehen von einem Sprachbild wie „über den Fluss gehen" empfiehlt es sich, durch Nachfragen zu klären, was das Kind verstanden hat. Glaubt es, bestimmte Aussagen seien Tatsachen oder erkennt es die übertragene Bedeutung? Auf die Frage des Kindes: „Warum redest du so, wenn du etwas ganz anderes sagen willst?", könnte die Antwort heißen: „Es gibt Dinge, für die es keine Sprache gibt. Manchmal hilft ein Bild, etwas auszudrücken, wofür die Sprache fehlt."

In der Fachliteratur schwanken die Angaben zum Verstehen von Metaphern bei Kindern. Es heißt, dass Kinder bis zum 3. Lebensjahr das, was sie sagen, wörtlich meinen. Bei *Piaget* (1972) findet sich der Hinweis auf ein 9-jähriges Kind, das die Redewendung „zum Teufel gehen" als Beweis dafür nahm, dass der Teufel nicht weit weg wohne.

Auf die Reise gehen. „Oma hat sich auf die letzte Reise begeben" ist eine solche Formulierung, die ein Vorschulkind anders versteht, als sie gemeint ist. Für das kleine Kind meint diese Formulierung, dass die Großmutter nur vorübergehend weg ist. Nach einer Reise gibt es eine Wiederkehr, mit der die Endgültigkeit des Todes wieder aufgehoben ist. Die Aussage beruhigt das Kind im Moment, aber sie ist fern der Wahrheit. Bleibt es bei der Aussage, wächst die Hoffnung auf ein Wiedersehen. Hinzu kommt die Enttäuschung, dass die Großmutter sich nicht verabschiedet hat. Mit dem Begriff „Reisen" werden sich in Zukunft bei dem Kind diffuse Empfindungen verbinden. Diese Formulierung sollte deshalb bei einem kleinen Kind nicht verwendet werden.

Es muss ihm glaubwürdig verdeutlicht werden, dass es sich hier nicht um eine normale Reise handelt.

> Vom Tod in Verbindung mit Reisen zu sprechen, kann zu Missverständnissen führen. Besser ist die klare Aussage: „Der Mensch ist tot. Er kommt nie wieder."

Himmel. Der Psychoanalytiker *Bowlby* (2009) erzählt von einem 4-jährigen Kind, dem nach dem Tod des Vaters gesagt wurde, sein Vater wäre nun im Himmel. Ein paar Monate nach dem Tod des Vaters hat das kleine Mädchen Geburtstag. Es ist zornig und weint bitterlich, weil der Vater nicht zu seinem Geburtstag kommt. Das 4-jährige Kind hat das Gehörte wörtlich genommen. Es versteht nicht den übertragenen Sinn. Es kommt zu einer Sprachverwirrung.

Aus der Praxiserfahrung: Catharinas Großvater ist gestorben. Die 8-Jährige liebte ihren Großvater, der viel Zeit mit ihr verbracht hat. Sie zieht sich nach seinem Tod von ihren Freundinnen zurück. Es fällt den Eltern auf, dass sie in den Monaten nach dem Tod des Großvaters häufig leise vor sich hin zählt, vor allem abends im Bett. Die Eltern suchen wegen des veränderten Verhaltens eine psychologische Beratung auf. Während der Untersuchung wird die 8-Jährige aufgefordert, ein Bild zu malen. Catharina malt eine Leiter, die von einer Wiese zu einer Wolke und von da in den Himmel führt. Während des Malens erzählt sie: „Ich male oft die lange Leiter und zähle immer wieder, wie lange ich aufsteigen muss ... bis in den Himmel. Und wenn ich im Himmel bin, dann bin ich bei Opa."

In der Bilderbuchgeschichte *An Großvaters Hand* erzählt Chen Jianghong, mit welchen Worten seine Großmutter ihm gesagt habe, dass sein geliebter Großvater tot sei: „Dein Großvater ist zum Himmel hinaufgestiegen. Dort oben hat er zu essen und zu trinken." Der Bilderbuchautor erinnert, dass er damals auf das Dach des Hauses geklettert ist. (Abb. 3)

In *Schmetterlingspost* wird auch von der Leiter gesprochen, über die die Toten im Himmel aufgesucht werden können. Ergänzende Gespräche sind hier eventuell erforderlich.

Ein weiteres Beispiel aus der Literatur: „So konnte ein Fünfjähriger monatelang nicht mehr ruhig schlafen, weil ihm die Mutter nach dem Tod des geliebten Großvaters erzählt hatte, der Opa sei nun im Himmel bei all den anderen Toten und dort gut aufgehoben. Der kleine Enkel dachte unentwegt an die vielen Toten und vor allen Dingen daran, dass sein Großvater ein beleibter Mann gewesen war. Wie sollte der Himmel da halten? Er würde ganz gewiss durchbrechen, und all die Toten würden, angeführt vom Großvater, herabstürzen und ihn, den kleinen Enkel, lebendig unter sich begraben." (*Plieth* 2009)

Der Kinderpsychologe *Jean Piaget* (1978) hat sich mit den Vorstellungen der Kinder vom Himmel befasst. Er stellte fest: Kinder bis zum Alter von 7 Jahren geben Erklä-

Abb. 3: *An Großvaters Hand*

rungen zum Himmel ab, wonach er aus Stein, aus Erde oder aus Backstein sei. Für ältere Kinder mit einem Durchschnittsalter von 8 1/2 Jahren ist der Himmel eine Wolke. Kinder um die 10 Jahre äußern Erklärungen, die sich auf die Luft beziehen.

Die Missverständnisse im Zusammenhang mit dem Begriff Himmel entstehen in der deutschen Sprache, weil es nur ein Wort sowohl für das naturwissenschaftlich beschriebene Firmament wie auch den metaphysischen Vorstellungsbereich gibt. Anders ist es in der englischen Sprache mit der Unterscheidung von sky (a blue sky; Himmel, der zu sehen ist) und heaven (to be in heaven, heaven on earth; Himmel, göttlich, Paradies).

> Himmel gilt in unserer Kultur als der Ort, wo sich die Toten aufhalten. Bei Unsicherheiten oder Fragen des Kindes zum Himmel sollte auf Bilder als Hilfsmittel für schwer Sagbares hingewiesen werden.

Schlafen. Sterben wird in der Alltagssprache und in der Literatur häufig umschrieben mit „schlafen". In dem griechischen Epos *Ilias* nennt *Homer* zum Beispiel den Schlaf „Geschwister des Todes." Tote erinnern in ihrer Bewegungslosigkeit mit den geschlossenen Augen an Schlafende. Die Verbindung von Tod und Schlaf ist jedem schon von frühester Kindheit an durch die Märchen bekannt. Verstärkend für die Gleichsetzung vom Tod mit Schlaf wirkt das verbreitete Ritual, sich bei Toten leise zu unterhalten, als könnten sie, wie Schlafende, in ihrer Ruhe gestört werden.

Die Vorstellung, die sich mit Schlafen verbindet, hat zunächst etwas Beruhigendes. Angst entsteht bei Kindern nur, wenn bei dem Gespräch über Sterben und Tod als nonverbale Botschaften Schreck, Entsetzen und Unsicherheit vermittelt werden. Ein kleines Kind unterscheidet nicht zwischen gesundem Schlaf und Todesschlaf und darum muss dem Kind immer wieder gesagt werden: „Wenn ein Mensch tot ist, atmet er nicht mehr. Sein Körper ist reglos. Er kann nicht aufwachen. Er kommt nie wieder."

Aus der Praxiserfahrung: Einem 6-jährigen Mädchen wurde nach dem Tod ihrer Großmutter erzählt, diese sei sehr müde geworden und „eingeschlafen." Wochenlang wurde seine Einschlafenszeit ein unglückliches Erlebnis, bis das Kind während eines Spiels mit Puppen erzählte, dass diese abends nicht einschlafen wollen, „denn dann kann passieren, dass die auch nicht mehr aufwachen, so wie Oma."

> Der Begriff „Schlafen" sollte nicht in Verbindung mit Sterben und Totsein verwendet werden. Es bestätigt die Kinder in ihrer Vorstellung, Sterben sei nur ein vorübergehendes Wegsein.

Wortverbindungen mit tot. Zusätzliche Verunsicherungen können Formulierungen verursachen, die Wortverwandtschaften zu Tod, Hölle, dem Grab enthalten und in der Umgangssprache in einem anderen Zusammenhang verwendet werden. Beispiele für Wortverbindungen mit „tot" sind: ein totes Gleis, ein toter Briefkasten, das Tote Meer, sich totarbeiten, todblass, todernst, todmüde, todunglücklich. So reagiert ein kleiner Junge ängstlich verstört nach dem Todesfall seines Vaters auf das Wort „todschick". Er fragt: „Geht man davon tot?"

Kasten 10: *Zusammenfassende Überlegungen zum Gespräch*

- Ruhe und Zeit geben,
- Entwicklungsstand berücksichtigen,
- offen für die Fragen des Kindes sein,
- eigene Gefühle und Gefühle des Kindes zulassen,
- aufrichtige verständliche Aussagen machen,
- in kurzen Sätzen mit Pausen sprechen,
- nicht ausweichen,
- aushalten (Tränen, Schweigen, Fragen),
- Schuldgefühle abbauen,
- ein weiteres Gespräch anbieten.

Zum Abschluss des Gesprächs

Bis zum Ende des Gesprächs sollte genügend Zeit und Ruhe für Fragen da sein, die plötzlich noch aufkommen können. Nach einem solchen Gespräch sollte dann noch etwas Gemeinsames gemacht werden, was gut tut. Wenn das Kind es wünscht, könnte noch gespielt oder ein Bild gemalt werden. Vielleicht möchte das Kind bei gutem Wetter draußen klettern oder mit einem Ball spielen.

Kinder brauchen Sicherheit und Ordnung für eine gute psychische Entwicklung. Mit der Befürchtung oder Ahnung, dass ein Mensch plötzlich und unerwartet für immer verschwindet und nie mehr wiederkommt, verändert sich das Weltbild. Die Vorstellung, alleine gelassen zu werden, kann existentielle Angst verursachen. Es ist wichtig, mit dem Kind weiterhin im Gespräch zu bleiben. Je nach Alter des Kindes sollte die Mutter oder der Vater von dem, der das Gespräch geführt hat, informiert werden.

Die Auseinandersetzung mit dem Tod ist als etwas Fortlaufendes anzusehen, das von der Kindheit bis ins hohe Alter andauert. Kinder befinden sich, ebenso wie Erwachsene, während des ganzen Lebens in einem sich verändernden Prozess der Todeswahrnehmung. Fragen zum Tod können nicht einmalig beantwortet werden, sondern sind ständig neu zu überdenken.

> Am Ende des Gesprächs sollte immer die Frage stehen, ob noch weitere Erklärungen notwendig sind. „Wenn dir noch weitere Fragen einfallen oder wenn du weiter sprechen möchtest, dann sage es bitte!"

3. In einer Krisensituation

Es gibt Situationen, in denen der Tod unerwartet in das Leben eines Kindes oder Jugendlichen einbricht. Dies kann eine lebensbedrohende Erkrankung sein, ein bevorstehendes Sterben – oder der endgültige Abschied nach einem bereits eingetretenen Tod. In diesem Fall muss oft kurzfristig mit dem Kind ein Gespräch geführt werden.

Rechte der Kinder und Jugendlichen, wenn Krankheit und Tod plötzlich einbrechen

> Kinder und Jugendliche habe das Recht,
> - dem Entwicklungsstand entsprechend informiert zu werden,
> - die Wahrheit zu erfahren,
> - alle Fragen aussprechen zu dürfen,
> - weiterhin Lebensfreude zu empfinden,
> - trotz allem beachtet zu werden.

Einige grundsätzliche Gedanken für das Gespräch mit dem betroffenen Kind: Als Einleitung könnten die Worte helfen: „Ich habe dir etwas Trauriges zu sagen." Es wäre nicht förderlich von einem „grauenvollen, schrecklichen" Erlebnis zu sprechen, um nicht mit dem Tod grundsätzlich Angst und Schrecken zu verbinden. Stattdessen soll vermittelt werden, dass der Tod zum Leben gehört. Es wird dem Kind bei seiner späteren Verarbeitung helfen, den Tod nicht als Angst erregendes Geschehen anzusehen, das es zu verdrängen gilt.

In einem solchen Moment ist es besonders wichtig, wahrhaftig zu bleiben. Ehrlichkeit schafft Vertrauen und hilft weiterzuleben. Wahr ist, was das Kind in seinem augenblicklichen Entwicklungsstand verstehen und ertragen kann. Die Nachricht muss dem Kind behutsam und dem Alter angemessen gesagt werden.

Kasten 11: *In einer Krisensituation*

> - Einzelheiten über die Todesart braucht ein jüngeres Kind nicht zu erfahren.

- Es darf nichts gesagt werden, was zu einem späteren Zeitpunkt wieder zurückgenommen werden muss. Wenn das Kind sich einmal getäuscht fühlt, verliert es das Vertrauen in den anderen. Bei dem Kind könnte sich die Angst festsetzen, dass es bei anderer Gelegenheit wieder nicht die Wahrheit erfährt.
- Es sollte möglichst eine Person mit dem Kind reden, zu der es eine vertrauensvolle Beziehung hat. Andernfalls sollte ein professioneller Helfer hinzugezogen werden. Ansprechpartner für einen Helfer in der Krisensituation könnten sein: der Kinderschutzbund, die Hospizbewegung, eine Psychologische Beratungsstelle, der Kinderarzt, der Pfarrer.
- In der Krisensituation muss der Überbringer der Nachricht schnell reagieren.
- Kennt er das Kind nicht, so kann er versuchen, beispielsweise von einem Nachbarn Näheres über das Kind zu erfahren: Ist das Kind normal entwickelt? Ist es gläubig? Zu wem hat das Kind eine gute Bindung?
- Im Gespräch soll das Kind da „abgeholt werden, wo es steht." Fragen nach dem Verbleib der Toten können mit behutsamen Gegenfragen beantwortet werden.

Die sprachlichen Formulierungen sollten entsprechend dem Entwicklungsstand des Kindes gewählt werden. Bei einem kleinen Kind könnte man folgende Umschreibung wählen: „Wenn man tot ist, lebt man nicht mehr. Man kann nicht mehr sprechen, nicht mehr riechen, nicht mehr hören, nicht mehr schmecken, nicht mehr sehen, nicht mehr gehen. Man kann nicht mehr atmen. Der Tote wird nie wieder lebendig. Wer tot ist, kommt nicht mehr zu den Lebenden zurück." Wiederkehrende Fragen, ob der Tote nicht doch wieder kommt, sollen gleich bleibend bestimmt und eindeutig beantwortet werden. „Er ist weg für immer." In der einschneidenden Lebenssituation gilt es, dem Kind das Gefühl zu vermitteln: „Du bist nicht alleine." Häufig fühlen sich Kinder für den Tod eines anderen Menschen aus verschiedenen Gründen mitverantwortlich, und so sollten sie gleich von dem belastenden Schuldgefühl befreit werden. „Du hast keine Schuld." Das Kind ist nach diesem Geschehen gut zu beobachten. Es gilt, den Schmerz mit ihm auszuhalten und mit ihm auch schweigen zu können.

Eine außergewöhnliche Situation ist auch gegeben, wenn ein Kind krank ist, sich selbst dem Tod nahe fühlt und das Bedürfnis hat, zu sprechen. Ein sterbendes Kind spürt, ob der andere die Wahrheit des Augenblicks erträgt, über die es reden möchte. Dieses Kind braucht vor allem die Gewissheit, nicht allein gelassen zu werden.

Die Psychoanalytikerin *Ginette Raimbault* (1996) ging der Frage nach, was sterbenden Kindern im Erleben der Todesnähe hilft: „Wir sind fest davon überzeugt, die einzige Hilfe, die man einem sterbenden Kind geben kann ist, ihm zu zeigen, dass man mit ihm bis zum Ende zusammenzubleiben wünscht. Wenn ein Kind wie Elizabeth fragt: ‚Großmutter, werde ich sterben?' und wenn es dann keine Antwort erhält, kann ein Kind wie Elizabeth nur schweigen und sich in sein Schweigen einhüllen. Bleibt der Erwachsene jedoch bei ihm, dann kann das Kind vor dem Sterben sagen: ‚Dreh mich zu dir, damit ich dich sehe.'" *Raimbault* beobachtete in ihrer Arbeit mit sterbenden Kindern, dass Eltern häufig bei den Fragen ihrer Kinder schweigen oder ihnen ausweichen. Aus der Sicht der Eltern wollen diese ihr Kind schützen, indem sie nicht reden. Sie geben vor, das Kind nicht weiterhin belasten zu wollen. Nach den Beobachtungen von *Raimbault* richten die Eltern aber in Wirklichkeit den Schutzwall zwischen sich selbst und dem Tod auf. Sie wollen sich selbst schützen und die Fragen weit wegschieben. Der Onkologe *Dietrich Niethammer* (2005) berichtet von einer schwedischen Befragung an 429 Eltern, deren Kinder an Krebs verstorben waren. Ungefähr ein Drittel dieser Eltern hatte mit ihren Kinder über den bevorstehenden Tod gesprochen. Übereinstimmend gaben diese Eltern an, dass sie die aufrichtigen Gespräche nicht bereuten.

4. Freitod

Fast täglich begeht ein Kind oder Jugendlicher in Deutschland Selbstmord. Das ist nach Unfällen die zweithäufigste Todesursache bei Heranwachsenden.

Bei drohendem Freitod. Wenn die Situation es erfordert, sollen Fragen im Zusammenhang mit dem Freitod ausgesprochen werden. Offene Fragen helfen, mit dem jungen Menschen ins Gespräch zu kommen. „Hast Du schon mal daran gedacht, dir das Leben zu nehmen? Warum? Wann?"

Aus der Praxiserfahrung: Der 15-jährige Tom zieht sich nach dem Tod seines Vaters mehr und mehr zurück. Er meidet seine Klassenkameraden, macht keine Hausaufgaben, schreibt Fünfen und Sechsen in den Klassenarbeiten. Wegen wiederholten Fehlens in der Schule sucht die Mutter psychologische Hilfe. Tom war bereits in der Grundschulzeit wegen Lernproblemen bei mir. Wir hatten eine gute Beziehung und so entwickelt sich bei dem erneuten Zusammentreffen schnell ein vertrauensvolles Gespräch. Auf meine Frage: „Was kann ich für dich tun?" erzählt Tom sofort von dem Tod seines Vaters, der vor einem Jahr beim Rudern im Rhein ertrunken war. Kleine Fragen wie „Was spürst du? Welches Bild hast du vor dir?" ermuntern Tom, weiter zu reden. Er redet von seiner Traurigkeit, seiner Einsamkeit und auch von der Wut auf die anderen Ruderer, die sich retten konnten: „Warum musste er gehen? Warum hat ihn keiner gerettet? Warum war ich nicht da? Ich hätte ihn gerettet." Er versteht nicht das Verhalten seiner Mutter. Tom sagt: „Sie redet überhaupt nicht von meinem Vater. Sie tut so, als käme er irgendwann von einer langen Geschäftsreise wieder. Ich vermisse ihn so und will über ihn reden!" Ich spüre seine Verzweiflung und frage ihn: „Hast du schon mal gedacht, dass du nicht mehr leben willst?" Tom guckt mich ernsthaft direkt an und antwortet: „Ja. Ich denke oft an Selbstmord. Noch gestern Abend. Ich will tot sein." Ich spüre seine Aufrichtigkeit und schweige eine Weile. Ich fühle mich erleichtert, dass Tom sich öffnet und sage: „Es ist gut, dass du es ausprichst. Du bist sehr traurig." Nach einiger Zeit frage ich ihn: „Was glaubst du: Was ist dann?" Tom reagiert heftig: „Das ist egal. Dann ist nichts. Es tut nicht weh. Ich habe es bei meinem Vater gesehen. Ich habe ihn im Sarg gesehen. Der hat ‚smiley' gemacht. Er hat gelächelt, als wolle er sagen: ‚Ich habe es geschafft.'" Tom zeigt in seinem Gesichtsausdruck und mit dem Klang seiner Stimme, wie dankbar er über den Verlauf des Gesprächs ist. Auf die Frage, ob er über das „Wie" nachgedacht habe, sagt er aufrichtig: „Ich will keine Schmerzen haben. Ich will eine Pistole haben …" Tom verspricht mir, in Not mich anzurufen und mich nicht vor eine Tatsache zu stellen. Es folgen Gespräche in kurzfristigem Abstand während eines halben Jahres.

Der 7-jährige Marcel leidet unter den Streitereien der Eltern. Er erzählt bereits im Erstgespräch: „Abends, wenn ich im Bett liege, dann höre ich die streiten. Das ist so schlimm! Einmal haben die Nachbarn die Polizei gerufen. Die ist auch gekommen. Ich habe Angst, dass meine Mutter in ein Frauenheim geht. Aber was ist dann mit mir? Ich will nicht zu einer anderen Mama. Ich will sterben. Ich weiß nur nicht, wie." Dem 7-Jährigen fließen während des Sprechens die Tränen aus den Augen. Auf einmal hält er inne und schaut mich verängstigt fragend an: „Ich frage mich nur, wenn ich dann tot bin und bin im Himmel … Was ist, wenn ich dann noch mal sterbe. Wo komme ich denn dann hin?" Ich bitte den 7-Jährigen mir seine Hand zu geben. Ich verspreche Marcel, ihm zu helfen und sage ihm, dass er mir nun immer erzählen soll, wenn sich die Eltern gestritten haben. Neben der Kindertherapie werden fortlaufende Elterngespräche geführt.

Bei drohendem Suizid ist es dringend erforderlich, dass der Gefährdete sich einem anderen mitteilen kann und dass er sich verstanden fühlt. In einem solchen Gespräch könnte die Formulierung helfen: „Weiterzuleben ist mutiger als das Leben zu beenden." Es könnte ein Ziel sein, den anderen von der Maxime zu überzeugen: „Etwas Besseres als den Tod findest du allemal."[4]

Nach eingetretenem Freitod. Anders ist die Situation, wenn ein Mensch sein Leben freiwillig beendet hat. Es hat mit Menschenwürde zu tun, wenn ich mich bemühe, die Haltung des Gestorbenen zu verstehen. Es geht nicht darum, die Entscheidung gutzuheißen, sondern sie zu respektieren. Dies gilt es auch dem Kind, mit dem ich über den Suizid sprechen möchte, zu vermitteln.

Die seelischen und körperlichen Schmerzen eines anderen Menschen kann keiner in vollem Umfang nach- oder mitempfinden. Deshalb kann auch niemand sich anmaßen, die Entscheidung zum Selbsttod des anderen zu bewerten.

---

[4] Zitat aus dem Märchen: *Die Bremer Stadtmusikanten*

Für den Umgang mit Kindern und Jugendlichen, die einen Freitod in ihrem Umfeld miterleben mussten, ist zu beachten:

Wichtig ist es, die zornigen, wütenden Gefühle gegenüber der Entscheidung des Suizidenten aussprechen zu lassen. Fragen hierzu können weiterhelfen: „Was geht in dir jetzt vor? Welche Gefühle hast du? Spürst du Wut? Ist es das Gefühl, dass du dich allein gelassen fühlst? Findest du die Entscheidung feige?"

Es entstehen Diskussionen um die Begriffe „Lebenspflicht, Verantwortung, Lebensrecht, Sterbehilfe". Die Lebenspflicht hat jeder für sich zu finden. Der Einzelne muss seine eigene Lebenspflicht selbst erkennen und in seinem Leben den besonderen Sinn finden. Diese erkannte Lebenspflicht, die auf eigenen inneren Werten basiert, kann niemandem aufgezwungen werden. Lebenslust dagegen ist ein Geschenk. Die Liebe zu einem Menschen hilft dem anderen, sich zu finden.

> In der Auseinandersetzung mit dem Freitod benötigt der junge Gesprächspartner einen Menschen, der seine Gedanken geordnet hat und Ruhe ausstrahlt, und nicht in eigenen chaotischen Gefühlen erstickt.

Jeder Mensch hat eigene Gefühle. Keiner weiß um die tiefe Verzweiflung, das Leid des Suizidenten. Keiner ist in der Lage, die Entscheidung zu bewerten, da jeder nur sein eigenes Empfinden hat. Hilfreich erscheint mir die Formulierung:

> Trotz allem weiterzuleben ist mutiger als aus dem Leben zu gehen.

(Siehe auch Seite 299–300, 311–312)

Kapitel 4
Bilderbücher als Einstieg für ein Gespräch über Sterben und Tod

Im herkömmlichen Sinne richten sich Bilderbücher an kleine Kinder, die noch nicht lesen können. Das Alter der Bilderbuch-Benutzer liegt üblicherweise zwischen 3 und 7 Jahren. In den letzten vier Jahrzehnten hat sich der Leserkreis von Bilderbüchern allerdings verändert. Hintergrund für die neu gewonnenen Betrachter, Leser und Sammler ist die Gruppe der problembewussten Bilderbücher zu Sterben und Tod. Diese Bücher sprechen mit aufrichtigen, klaren Worten und eindrucksvollen Illustrationen oft nicht nur junge Kinder an, sondern sie können ebenso geeignet sein für den Oberstufenunterricht in den Fächern Deutsch, Religion, Ethik und Philosophie, für Gesprächskreise der Hospizbewegung, für Trauernde, für Senioren oder für Sammler von kunstvollen Bilderbüchern.

Beginnend mit dem Kinderbuch *Die Brüder Löwenherz* von Astrid Lindgren (1973) und dem Bilderbuch *Leb wohl, lieber Dachs* (1984) gibt es eine veränderte Darstellung des Todes in der Kinderliteratur. Bis in die Sechziger Jahre des 20. Jahrhunderts wurde in den Bilderbüchern das Leben idealisiert, fast paradiesisch dargestellt. Der Tod wurde aus dieser Vorstellungswelt ausgeklammert. Mit den problembewussten Bilderbüchern kam es zu einem inhaltlichen Wandel: die Realität mit ihren lebenspraktischen Problemen rückte in den Vordergrund. Diese Bilderbuchgeschichten zu Sterben und Tod helfen auf behutsame Art, die Vorstellungen vom eigenen Tod und dem des anderen zu ertragen und auch anzunehmen.

In dem größten Teil der Bilderbuchgeschichten wird das Thema Sterben nicht neben anderen Themen, sondern zentral bearbeitet. In den Geschichten sterben Kinder, Jugendliche, Eltern, Großeltern, Haustiere und manchmal auch vermenschlichte Gegenstände. Verschiedene Todesarten, wie der plötzliche Herztod, der Unfalltod, das Sterben nach einer Krebserkrankung, an einer Vergiftung, im hohen Alter oder durch Freitod, werden bildhaft und sprachlich behandelt. In einigen Bilderbüchern werden die Begriffe Sterben und Tod nicht ausgesprochen. Hier ist das Lebensende nur zu erahnen. Häufig wird mit der Bearbeitung des Themas Sterben und Tod ein pädagogisches Anliegen verbunden. Die Bilderbuchgeschichten sollen helfen, mögliche Erlebnisse gedanklich durchzuspielen und in der Vorstellung Bewältigungsstrategien zu entwickeln. Über Reden, Hören und Sehen kann es zu einer Identifikation mit den Bilderbuchgestalten kommen. In der Rolle eines anderen – nämlich der Bilderbuchfigur – können neue Erfahrungen gemacht werden. Es werden Hilfen zur Realitätsbewältigung gegeben. Ein solches Bilderbuch kann zu einer echten Lebenshilfe werden.

> Eine wohltuende Wirksamkeit der trostreichen Bilder für ein Kind kann aber nur gegeben sein:
> - wenn der Begleiter sich selbst mit den Fragen um das Lebensende auseinandergesetzt hat,
> - wenn das Bilderbuch mit einem liebevollen Menschen in einer vertrauensvollen Beziehung gemeinsam betrachtet wird und zum Fragen und Reden anregt.

Verschiedene Richtungen der „death education", die Anfang des vorigen Jahrhunderts in Amerika entstand, haben das Ziel, den Tod als Bestandteil des Lebens dem Menschen näher zu bringen. Bilderbücher helfen, schon mit kleinen Kindern Sprache und trostreiche bildhafte Vorstellungen vom Sterben und dem Danach zu finden.

1. Versuch einer Typologie der Bilderbücher

Die große Zahl der Bilderbücher und die vielfältigen illustrativen Techniken machen es schwer, einen Überblick zu geben. Heutzutage ist die künstlerische Bandbreite der problembewussten Bilderbücher zu Sterben und Tod sehr groß. Die gesichteten etwa 364 Bilderbücher aus der Zeit seit 1970 können nicht einer bestimmten Kunstrichtung zugeordnet werden. Es finden sich in den Illustrationen Elemente aus dem Surrealismus, der Romantik, dem Expressionismus, der Popart, aber auch Reißtechniken, Collagen, Fotografien und Animationsbilder. Das Gemeinsame dieser Bilderbücher zu Sterben und Tod ist weniger in der Art der Illustration als vielmehr in ihren Inhalten zu suchen. In den Büchern wird meist die Erinnerung an gemeinsam Erlebtes zum Trost für die Hinterbliebenen.

Im Folgenden wird ein Überblick über die Erzählweisen gegeben (siehe hierzu im Anhang 4: Tabellarische Übersicht).

Bilderbuchgeschichten über Leben und Sterben von Tieren. Lebensnah erzählt *Helen Güdel* in *Apollo, das Maultier* von zwei Tieren, die auf einem Hof in den Bergen leben. Die erzählenden, großformatigen Bilder dieser Geschichte geben einen leichten Einstieg, mit jüngeren Kindern über Abschied und Neubeginn ins Gespräch zu kommen. Realitätsnah geht es um das Leben der Tiere, wozu auch der Tod gehört.

Beispiele: *Abschied von Rosetta. Die beste Katze der Welt. Der schwarze Vogel. Ein Himmel für Oma. Was kann Lukas trösten?*

Bilderbuchgeschichten mit vermenschlichten Tieren und lebendigen Gegenständen. In der frühen kindlichen Entwicklung vermenschlichen kleine Kinder Tiere und Sachen. In ihrer Vorstellung sprechen und fühlen diese wie sie selbst. Die vermenschlichten (oder personifizierten) Tiere und Gegenstände ermöglichen eine größere Distanz zwischen dem Kind und dem erzählten Problem.

Beispiele: *Abschied von Opa Elefant. Leb wohl, lieber Dachs. Jolante sucht Crisula. Der Bär und die Wildkatze. Die Ballade vom Tod. Danke, lieber Fuchs* (vermenschlichte Tiere). *Das O von Opa. Das Guten Tag Buch. Wie kommt der große Opa in die kleine Urne?* (vermenschlichte Gegenstände).

Bilderbuchgeschichten mit lebendigen Pflanzen. Geschichten aus der Natur vom Vergehen und erneuten Blühen der Pflanzen und Bäume geben einen guten Einstieg, vom fortwährenden Kreislauf des Lebens zu erzählen. Wie bei den personifizierten Tier- und Dinggeschichten gibt es auch Darstellungen, in denen die Pflanzen vermenschlicht werden. Diese Erzähltechnik rückt das Todesgeschehen für die Kinder in ähnlicher Weise zunächst weit weg, wodurch es leichter zu ertragen ist. Solche Geschichten sprechen eher die jüngeren Kinder an.

Beispiele: *Im Blumenhimmel. Aus dem Leben von Freddie, dem Blatt. Sei nicht traurig kleiner Bär.*

Wirklichkeitsnahe Bildergeschichten aus dem Leben der Kinder. Wirklichkeitsnahe Bildergeschichten erzählen von den alltäglichen Situationen, die jederzeit im Leben eines Kindes geschehen können. Diese Bücher helfen auch Erwachsenen, die Gefühlswelt der Kinder besser zu verstehen, sowie treffende sprachliche und bildhafte Vorstellungen zu finden.

Beispiele: *Eine Sonne für Oma. Ein Himmel für Oma. Opas Engel. Orangen für Opa. Lukas und Oma nehmen Abschied* (zum Sterben der Großeltern). *Lara's Schmetterlinge. Ich und du, du und ich. Justus ist traurig. Als Otto das Herz zum ersten Mal brach* (zum Sterben eines Kindes). *Papi, wir vergessen dich nicht. Das Mädchen unter dem Dohlenbaum. Papa, wo bist du?* (zum Sterben eines Vaters). *Sarahs Mama. Papas Arme sind ein Boot. Meine Mutter ist in Amerika und hat Buffalo Bill getroffen. Die Prinzessin vom Gemüsegarten* (zum Sterben einer Mutter). *Himbeermarmelade. Nie mehr Oma-Lina-Tag. Abschied von Anna* (zum Sterben von Bekannten). *Die beste Katze der Welt. Abschied von Rosetta. Ein Himmel für Oma. Abschied von Aika. Vier Pfoten am Himmel* (zum Sterben eines Haustieres).

Phantastische Bildergeschichten. Es entspricht dem kindlichen Bedürfnis, zu phantasieren und zu fabulieren. Starke Figuren helfen in der Phantasie, die eigene Angst zu bewältigen. Sie können als imaginäre Begleiter helfend zur Seite stehen. In manchen dieser Bildergeschichten kommt es zu einer Vermischung von Realität und Phantasie. Es ist im besonderen Fall immer zu überlegen, ob dieser oder ein anderer Erzähltrick dem Kind in seinem Entwicklungsstand bei der Bewältigung des komplexen Themas hilft oder es eher verwirrt.

Beispiele: *Erik und das Opa-Gespenst. Junger Adler. Garmans Sommer. Tante Lotti geht in den Himmel. Herr Wolke. Laura. Der Großvater im rostroten Ohrensessel.*

Religiöse Bildergeschichten. Als religiös sollen die Geschichten verstanden werden, in denen biblische Aussagen, die Sinnfrage des Lebens und die Frage nach dem Danach bearbeitet werden. Hierzu gehören Gedanken der Auferstehung und des Weiterlebens nach dem Tod mit trostreichen Hoffnungsbildern.

Beispiele: *Abschied von Tante Sofia. Pele und das neue Leben. Sei nicht traurig, kleiner Bär. Und wer baut dann den Hasenstall, wenn Opa stirbt? Himmelskind. Justus ist traurig. Opa ist überall. Pelle und die Geschichte mit Mia.*

Bildersachbuch. Erzählungen oder kurze Texte mit Abbildungen, Fotografien, Bildern, die Wissen und Vorstellungen vermitteln, werden hier als Bildersachbuch bezeichnet. Bei einem sachbuchähnlichen Bilderbuch werden Informationen in eine Geschichte eingebaut, zum Beispiel bei einer Krebserkrankung.

Beispiele: *Und was kommt dann? Ich will etwas vom Tod wissen* (allgemeine Fragen). *Lilly ist ein Sternenkind* (zum Tod eines Geschwisterkindes). *Wann kommst du wieder, Mama? Mein Name ist Jason Gaes. Julie ist wieder da. Eugen und der freche Wicht* (zu einer Krebserkrankung).

Aus anderer Religion und Kultur. Bilderbuchgeschichten dieser Art machen mit anderen Gewohnheiten und anderen Verarbeitungsweisen von Gefühlen und Erlebnissen vertraut. Sie können helfen, Abstand von dem eigenen Erleben zu gewinnen und neue Sichtweisen wahrzunehmen und zu erproben.

Beispiele: *Auf Wiedersehen, Oma. Zuckerguß für Isabel. An Großvaters Hand. Eine Kiste für Opa.*

Zum Krieg. Die meisten dieser Bücher sind im Rahmen der Friedensförderung erschienen, um mit jungen Menschen ins Gespräch über wahre Geschehnisse zu kommen. Sie erzählen, überwiegend losgelöst von einem benannten Krieg, über die Grausamkeit und Sinnlosigkeit des Tötens.

Beispiele: *Floris & Maja. Warum? An Großvaters Hand. Der rote Wolf. Die blaue Wolke. Han Gan und das Wunderpferd. Lena und Paul. Der Krieg und sein Bruder.*

Zum Thema Holocaust. Fast vierzig Jahre nach dem 2. Weltkrieg erschienen die ersten Bilderbücher, in denen Erinnerungen an die NS-Zeit sprachlich und bildhaft aufgearbeitet werden.

Beispiele: *Erikas Geschichte* (Abb. 4). *Als Eure Großeltern jung waren. Die große Angst unter den Sternen. Brundibär. Otto. Anne Frank. Liebe Mili. Papa Weidt. Rosa Weiss. Meines Bruders Hüter.*

Abb. 4: *Erikas Geschichte*

Gewalttaten. In Deutschland sterben jedes Jahr mehr Menschen durch Suizid als durch Verkehrsunfall. Der Schock und die Hilflosigkeit nach einem solchen unfassbaren Geschehen sind so gewaltig, dass es jedem – den Hinterbliebenen, den Freunden, den Nachbarn, den entfernten Bekannten – die Sprache verschlägt. Ein Buch kann helfen, die Gefühlswelt eines jungen Menschen zu verstehen und Sprache zu finden. Manchem Kind oder jugendlichem Leser tut das Gefühl beim Betrachten und Lesen dieser Bücher gut, mit dem Schmerz nicht alleine zu sein. Auch kann sich ein Gespräch über den Inhalt oder die Bilder eines Buches entwickeln und so ein Zugang zu dem erschreckenden Ereignis gefunden werden.

Beispiele: *Sonnenau* (Ahnung vom selbst gewählten Tod zweier Kinder). *Angelman. Der Geigenbauer von Venedig. Der Maler* (Ahnung eines Suizids). *Der rote Wolf* (Tod eines Tieres erinnert an selbst gewählten Tod). *Großvater im Bollerwagen* (Auseinandersetzung eines alten Großvaters mit Suizid). *Da spricht man nicht drüber. Komm zurück, Mutter* (zum Suizid eines Vaters). *Kevin Kanin oder als es dunkel wurde am Lohewald* (zum Mord an einem personifizierten Tierkind).

Zum Sterben auf der Palliativstation und im Hospiz. Wie sage ich einem Kind, dass ein geliebter Mensch in ein Hospiz gehen wird? Warum kann er nicht in einem Krankenhaus oder zu Hause gepflegt werden? Und was wird dann geschehen? Bücher können ein Hilfsmittel zum Gespräch werden.
  Beispiele: *Tschüss Oma* (zum Sterben auf der Palliativstation). *Und wer baut dann den Hasenstall wenn Opa stirbt?* (zum Sterben in einem Hospiz).

Zur Sterbebegleitung. Eine einfühlsame Bilderbuchgeschichte zum Thema Sterbebegleitung mit großformatigen Bildern bietet Möglichkeiten, behutsam mit einem sterbenden Kind ins Gespräch u kommen (*Die Königin & ich*).

Zum Thema Fehl-, Früh- und Totgeburt. Nach einem Sterben im Mutterleib, auf der Frühgeborenenstation oder nach einer Totgeburt können Bilderbücher Eltern und Großeltern helfen, mit den Geschwisterkindern ins Gespräch zu kommen.
  Beispiele: *Himmelskind* (Fehlgeburt). *Unsere Lisa ist ein Frühchen* (Frühgeburt). *Lilly ist ein Sternenkind. Sternenschwester. Brüderchen bei den Sternen. Meine Schwester ist ein Engel* (zu einer Totgeburt). *Leo – früh geboren* (zum Sterben auf der Frühgeborenenstation).

Zum Verwandlungsprozess. Beobachtungen in der Natur über Ver- oder Umwandlungen geben Mut, den Gedanken zu fassen, dass mit dem Tod das Leben möglicherweise nicht aufhört.
  Beispiele: Im Traum kann ich fliegen (Wachsen aus einer Blumenzwiebel, Umwandlung einer Raupe in einen Nachtfalter). *Die kleine Raupe Nimmersatt. Danke, lieber Fuchs. Raupengeschichte* (zur Umwandlung einer Raupe in einen Schmetterling, in einen Nachtfalter). *Auf welchem Stern lebt Sina?* (zur Umwandlung eines Engerlings in einen Maikäfer).

Äußere Gestaltungsmerkmale der Bilderbücher

Textmenge, Bildanteil. Im Allgemeinen überwiegen bei einem Bilderbuch die Bilder gegenüber dem Text. Vereinzelt gibt es auch textfreie Bilderbücher. Hierzu zählt das Bilderbuch *Warum?* des russischen Autors und Illustrators *Nikolai Popov*. Die großformatigen bunten Bilder erzählen von einer gewalttätigen Auseinandersetzung zwischen Mäusen und Fröschen. Die Bilder verdeutlichen, dass es im Krieg nie Gewinner geben kann, sondern nur Verlierer. *Popov* schafft es, dieses komplexe Thema bildhaft verständlich zu veranschaulichen.

Farben. Farben erzählen von Stimmungen und Gefühlen – manchmal wirkungsvoller als gewohnte Worte. In dem Bilderbuch *Auf der Suche nach Atlantis* von *Colin Thompson* erzählen Farben, wozu die Worte fehlen. In der Geschichte spricht ein Großvater am Ende seines Lebens zu seinem Enkel von den Geheimnissen des Lebens. Die Worte „Sterben" und „Tod" werden nicht ausgesprochen. Doch es ist zu erahnen, dass der Großvater wie auch sein Papagei sterben. Die Todesahnung wird durch einen abrupten Wechsel in der farblichen Gestaltung vermittelt. Auf mehrere leuchtend bunte Farbseiten folgt eine dunkle grauschwarze Seite. Im Text heißt es: „Wir standen im Dunkeln und fühlten beide den schrecklichen Verlust von jemandem, den wir geliebt hatten. Die Dunkelheit verwandelte sich in tiefe Finsternis. Augen auf – Augen zu – es war immer das gleiche."

Aus einer Bilderbuchbetrachtung: Die 9-jährige Tina liest laut diese Zeilen vor und zeigt sich tief beeindruckt. Sie verweilt eine Weile bei der aufgeschlagenen Seite. Sie schaut vor sich hin und schweigt. Es entsteht der Eindruck, als sei sie abwesend oder träume. Schließlich beginnt sie zu reden: „Die Farben sagen, dass hier der alte Großvater stirbt." Ich spüre ihre Bereitschaft, weiter über das Thema zu reden, und frage mit ruhiger Stimme: „Was glaubst du, geschieht nach dem Sterben. Tot – was ist dann?" Es vergeht eine Weile, und sie sagt: „Ich glaube, wer gemocht wird, der stirbt nicht. Er lebt in den Herzen der anderen weiter."

In dem oben erwähnten Bilderbuch von *Nicolai Popov: Warum?* spiegeln die Farbwerte von hellen zu dunklen Tönen, wie sich die Gewalt zwischen den Feinden zuspitzt. Zu Beginn der Geschichte sitzen die Tiere friedlich auf einer grünen Wiese. Mit den beginnenden Kämpfen, die zum Tod führen, verdüstern sich die Farben. Am Ende der Geschichte beherrschen dunkle graubraune Farben mit dunkelbraunen Farbspritzern das Schlachtfeld. Die Farben erzählen von dem Chaos und der Gewaltigkeit der Zerstörung.

Ein weiteres Beispiel, wie Farben von gefühlten Stimmungen erzählen können, findet sich in *Der Bär und die Wildkatze* von *Kazumi Yumoto*. Die dunklen, überwiegend schwarzen Farben zu Traurigkeit und tiefem Schmerz werden durch kleine rosa gemalte Verzierungen, wie zum Beispiel vereinzelte Blütenblätter oder kleine gebundene Schleifen, im Verlaufe des Trauerprozesses bei wieder aufkommender Lebensfreude aufgelockert.

2. Vorüberlegungen zum Umgang mit Bilderbüchern

Warum den Tod ins Bilderbuch bringen?

Die Bearbeitung von Sterben und Tod im Bilderbuch wirft zunächst Fragen auf: Wie kann der Tod, den wir alle nicht begreifen, in einem Bilderbuch verständlich dargestellt werden? Wie können wir mit den Jüngsten über das nicht sichtbare Lebensende, über das „Land Später" reden, ohne es selbst zu kennen?

Ein Einstieg zum Miteinanderreden. Das gemeinsame Betrachten von Bilderbüchern mit einem Kind kann zu einem ganz besonderen Erlebnis werden. Unter günstigen Bedingungen führt die Beschäftigung mit diesen Büchern zu einer intensiven Auseinandersetzung mit grundlegenden Fragen über das Leben und den Tod. Beim Betrachten der Bilder fühlen sich die Kinder meist ermuntert, von ihren Wahrnehmungen, Gedanken und Vorstellungen zu erzählen. Entsprechend ihrer Entwicklung und der augenblicklichen Stimmung nehmen die Kinder aus den dargestellten Inhalten das auf, was sie verstehen, und beginnen neugierig zu fragen und zu reden. Bilderbücher können so beim gemeinsamen Betrachten und Reden dazu beitragen, die Vorstellungswelt des Kindes besser kennen zu lernen und zu verstehen.

Kleine Kinder können Gedankeninhalte oft besonders gut aufnehmen, wenn sie die Worte hören und gleichzeitig ein Bild, das dazugehört, sehen. Denn Bilder ergänzen, wozu die Erfahrung und die Sprache fehlen. Bilderbücher können auch helfen, die Redehemmung zu überwinden, die oft aufkommt, wenn Kinder nach dem Tod fragen. Mit einem Bilderbuch gibt es etwas Verbindendes. Beide, das Kind und die begleitende Bezugsperson, gucken gemeinsam auf das vor ihnen liegende Buch. Beide stehen vor denselben Fragestellungen über den Tod, und so ist schon etwas Gemeinsames da.

Behutsame Herangehensweise. In den meisten Bilderbüchern wird der Tod nicht abstrakt, sondern realitätsnah im Nacherleben von alltäglichen Problemen verständlich gemacht. In diesen Bilderbüchern werden Ereignisse aus dem realen Leben der Kinder behandelt. Über die Bilderbuchgeschichten erfahren die Kinder nicht nur auf der kognitiven Ebene, was Sterben meint, sondern sie werden auch gefühlsmäßig angesprochen. Die betrachtenden Kinder können sich mit den Figuren der Geschichte identifizieren und fühlen mit ihnen. So können Bilderbücher als „Mittler" verstanden werden, um Sterben und Tod annäherungsweise in persönlicher Betroffenheit zu begreifen.

Umschreibung von Gefühlen in Sprache und Bild. In Bilderbuchgeschichten können schon junge Kinder mit den verschiedenen menschlichen Empfindungen vertraut gemacht werden. Wenn in einer Geschichte ein Tier oder ein Mensch stirbt, gibt es dazu beispielsweise Bilder mit weinenden Gesichtern in einer ästhetischen Form, die nicht verharmlost oder verniedlicht. Die künstlerischen Illustrationen und die dem Kind angemessene Wortwahl verdeutlichen die Gefühle. Schwer ertragbare Lebensumstände werden in Sprache und Bild vermittelt.

In der Bilderbuchgeschichte *Justus ist traurig* versteht der kleine Justus nicht, was geschehen ist. Das Bild erzählt von seinen Gefühlen. (Abb. 5)

Die Macht eines Bildes. Das Bilderbuch als Medium fordert zum Verweilen heraus. Im längeren Betrachten eines Bildes kann es zur Besinnung auf ein Thema kommen. Über das Hinschauen und Verbleiben bei dem einen Bild entwickeln sich weitere Vor-

Abb. 5: *Justus ist traurig*

stellungen. Jederzeit kann dieses eine Bild wieder gefunden und erneut angeschaut werden. In der heutigen Bilderflut ist ein bleibendes Bild etwas Besonderes. Schnelllebige, vorbeihuschende Bilder gibt es täglich im Fernsehen oder auf den Spielekonsolen. Ganz anders ist die Herausforderung eines Bilderbuches. Ein Bilderbuch, das eine Geschichte erzählt, lädt ein, sich in die Bilder hineinzuversetzen. In unserer Zeit des Lärms, der Unruhe, der fehlenden Zeit kann das Bilderbuch zu einem Ruhepunkt werden.

Erinnerung an die eigene Kindheit. Die Beschäftigung mit Sterben und Tod im Bilderbuch hat noch einen weiteren Vorteil für den begleitenden Erwachsenen. Unter günstigen Bedingungen erinnert er sich beim Betrachten der Bilder und beim Beobachten des Kindes an die Empfindungen aus der eigenen Kinderzeit. Jedes Kind stellt sich zu einem bestimmten Entwicklungstand die gleichen Fragen: „Warum gibt es den Tod?", „Wo bin ich nach dem Tod?" Wer sich an das frühere Kind in sich erinnert, findet eher einen Zugang zu dem heute vor ihm sitzenden Kind. Die Fragen des kleinen Kindes sind früher eigene Fragen gewesen. Diesen Gedanken formuliert der Bilderbuchillustrator *Leo Lionni*, wenn er sagt: „Ich mache Bücher für den Teil in uns, ... der sich nicht geändert hat, der noch kindlich ist."

Ab welchem Alter empfehlen sich Bilderbücher zu Sterben und Tod?

Bei der Frage, von welchem Alter an Kinder Bilderbuchgeschichten über das Sterben verstehen, müssen der Entwicklungstand des jeweiligen Kindes, seine Biographie und sein Umfeld beachtet werden. Ein Kind, das auf einem Bauernhof aufwächst, erlebt von früh an Geburt und Tod der Tiere, die ihm vertraut sind. Ganz anders ist die Situation bei einem Stadtkind, das möglicherweise bis zum Erwachsenwerden noch keinen Toten gesehen haben wird.

> Einfache kleine Bilderbuchgeschichten zu Sterben und Tod empfehlen sich im Allgemeinen für Kinder ab 3 bis 4 Jahre.

Beispiele: *«Was ist das?» fragt der Frosch. Ein Himmel für den kleinen Bären. Mein Opa und ich. Für immer und ewig. Sei nicht traurig, kleiner Bär. Jolante sucht Crisula. Ohne Oma. Mein Opa und ich. Großpapa.*

Einen guten Einstieg für ein Gespräch mit jüngeren Kindern geben auch Bilderbücher, in denen zu ausgewählten Themen jeweils nur ein Bild gezeigt wird. Sie geben einen Anreiz zum Erzählen und Fragen.

Beispiele: *Ist 7 viel? Die große Frage. Alle Zeit der Welt. Nichts und wieder nichts* (Gesprächsbilderbuch).

Bilderbücher zum Abschied – ohne Hinweis auf Sterben und Tod

Geschichten von Trennung und Abschied können eine erste Annäherung an das Thema geben.

In der personifizierten Tiergeschichte *Wie der kleine rosa Elefant einmal sehr traurig war und wie es ihm wieder gut ging* wird Sprache für die schmerzlichen Gefühle bei einer Trennung gefunden. Die „Bilderbuchhelden" zeigen modellartig, wie Trost gespendet werden kann. In dieser Geschichte werden zwei Freunde durch Umzug voneinander getrennt. Der verlassene Elefant zeigt seine traurigen Gefühle und findet Verständnis und liebevolle Unterstützung bei den anderen Elefanten. Er erfährt von drei Dingen, die er tun kann: die Gefühle zulassen und weinen, über die Traurigkeit reden und dem „gegangenen" Freund einen Platz im Herzen geben.

Beispiele: *Teddy auf großer Fahrt. Murkel ist wieder da. Lauras Stern. Das Licht in den Blättern.*

Bilderbücher zum Abschied – Sterben und Tod wird ausgesprochen

In manchen Bilderbuchgeschichten gibt es praktische Anregungen, wie mit Kindern behutsam ein Abschied vorbereitet werden kann. Einen Einstieg zum Gespräch geben Beobachtungen in der Natur. In *Vier Pfoten am Himmel* geht es um die ständig sich wiederholende Veränderung des Löwenzahns, auch Pusteblume genannt. Im Frühling verwandeln sich ihre sonnengelben Blüten in haarige, stachelige weiße Früchte oder Samen und werden vom Wind fortgeblasen. In der Geschichte spricht die Großmutter von einer „Reise mit dem Wind, um sich neu auszusäen". In *Abschied von Anna* bringen der kleine Protagonist und seine Eltern Luftballons zur Beerdigung von Anna, der „Leihoma" mit. Jeder von ihnen hängt ein kleines Briefchen an die Schnur von einem Luftballon. Die Luftballons lassen sie über dem Grab in den Himmel steigen.

Kinder, die mit Tieren aufwachsen und auch erleben, dass ein geliebtes Haustier stirbt, erfahren den Tod als Teil des Lebens. In *Ein Himmel für Oma* unterstützt die Großmutter ihre beiden Enkel liebevoll, als ihr Vogel stirbt, und bereitet sie mit kindgemäßen Erklärungen und Ritualen schon behutsam auf ihren eigenen Abschied vor. Die aufrichtigen Gespräche und bereits durchgeführten Handlungen helfen den Kindern später bei der Bewältigung des Todes der Großmutter.

Es hilft auch, die Kinder in den Prozess der Erkrankung einzubeziehen, sie beispielsweise bei einem Krankenhausbesuch mitzunehmen. So besuchen die Eltern mit dem Vorschulkind Justus die kranke Schwester im Krankenhaus. Justus beobachtet die weinende Mutter, weint selbst und ist sehr traurig. Der Besuch im Krankenhaus verringert nicht seinen Schmerz, hilft ihm aber, den Tod als Teil des Lebens besser zu begreifen (*Justus ist traurig*).

> Ein behutsam begleiteter Abschied hilft den Verlust zu bewältigen.

In dem Bilderbuch *Tschüss Oma* wird mit den Kindern aufrichtig über den bevorstehenden Abschied von der schwer kranken Großmutter gesprochen. Im Text heißt es, „wir beschließen, dass wir einfach jeden Tag genießen, der uns noch zusammen bleibt.

Und dass wir gut aufeinander aufpassen. Denn für immer ‚tschüss' zu sagen kann auch sehr anstrengend sein." In anderen Geschichten hilft es den Kindern, wenn sie sich an das Beerdigungsritual, beispielsweise von einem toten Vogel, erinnern (*Justus ist traurig. Garmans Sommer*).

In einem Bilderbuch für die Kleinsten geht es um die Frage: „Warum kann nicht immer alles bleiben, wie es ist – ganz ohne Sterben und Abschied?" (*Sei nicht traurig, kleiner Bär*)

Beispiele: *Abschied von Opa Elefant. Letzte Tage mit meinem Vater. Zwei Flügel für Annika. Leb wohl, Chaja! Großvater und ich und die traurige Geschichte mit dem kleinen Kätzchen.*

Ein nachgeholter Abschied im Traum hilft der Protagonistin in der Bilderbuchgeschichte *Herr Wolke*. Dorle war am Tag der Beerdigung der Großmutter auf Klassenfahrt. In einer phantastischen Geschichte erscheint Herr Wolke und gibt ihr Traumzaubersalz. Dorle reist im Traum zurück in die Zeit, als ihre Großmutter noch gelebt hat. Es kommt zu einem liebevollen Abschied, bei dem die Großmutter sagt: „Ich bin jetzt dein Schutzengel und passe immer auf dich auf!"

Soll ohne direkten Anlass ein Bilderbuch zu Sterben und Tod gewählt werden?

Kinder hören viel mehr, als die Erwachsenen für möglich halten. Ein Kind kann mit seinen Klötzen bauen und doch hören, was im Nachbarzimmer gesagt wird. Es ist nicht zu verhindern, dass die Kinder ins Zimmer kommen, wenn der Fernsehapparat läuft, oder dass sie an der Tür horchen, während die Nachrichten in Radio oder Fernsehen gesendet werden oder die Eltern sich unterhalten. Auch hören die Kinder von Sterben und Tod in den Märchen, in den Kindersendungen, beim Spielen mit anderen Kindern. Der Tod kann weder auf der sprachlichen, der visuellen noch auf der real erlebten Ebene von den Kindern ferngehalten werden. Wenn die nahen Bezugspersonen es dennoch versuchen, machen sich die Kinder ihre eigenen Gedanken über das Gehörte oder Beobachtete. Unter solchen Bedingungen entwickeln sie diffuse Vorstellungen, mit denen sie allein bleiben.

> Nach meiner Erfahrung ist es durchaus angemessen, ohne direkten Anlass mit einem Kind ein Bilderbuch zu Sterben und Tod anzuschauen.

Als erste Hinführung zum Miteinanderreden empfehlen sich je nach Alter und Situation Bilderbücher, in denen nur indirekt von Sterben und Tod gesprochen wird.

Beispiele: *Opas Engel. Frau Drosselmann. Über den großen Fluss. Jolante sucht Crisula. Frau Friedrich. Großpapa. Mein Opa und ich. Wolkenland. Atlantis. Fuchsträume.*

3. Zum Gesprächsanlass

Bei der Auswahl eines Bilderbuches ist neben dem Alter des Kindes der Gesprächsanlass zu beachten. Warum wird ein Bilderbuch zu Sterben und Tod gewählt?

In verschiedenen Bereichen sind die Bilderbücher hilfreich einzusetzen.

Offener Gesprächsverlauf. Bei einem offenen Gesprächsverlauf entscheidet das Kind selbst, unabhängig vom Gesprächsanlass, ob es über Sterben und Tod reden möchte. Der Erwachsene sollte von sich aus die entsprechenden Begriffe zunächst nicht verwenden.

In dem Bilderbuch *Großpapa* werden die Begriffe Sterben und Tod nicht ausgesprochen (Abb. 6). In dieser Bilderbuchgeschichte erlebt ein kleines Mädchen viele schöne Gemeinsamkeiten mit ihrem Großvater. Sie spielen am Strand, er liest ihr vor, sie pflanzen und wässern die Blumen. Wiederholt sitzt der Großvater in seinem gemütlichen Lehnstuhl mit dem kleinen Mädchen auf seinem Schoß. Dann heißt es in der Erzählung, dass Großvater krank geworden ist, und plötzlich sitzt das kleine Mädchen allein und traurig vor dem leeren Großvatersessel. Das Bild mit dem leeren Stuhl spricht hier seine eigene Sprache und erzählt mehr als Worte. Manches Kind

Abb. 6:   *Großpapa*

möchte zum gegebenen Zeitpunkt nicht über dieses Thema reden. Entweder geben die Kinder vor, die sprachlichen oder bildhaften Andeutungen nicht zu verstehen oder sie missachten bewusst Bilder und Textaussagen, die das Lebensende erahnen lassen. Die Entscheidung, nicht vom Sterben und Tod zu reden, ist dann zu respektieren.

Aus einer Bilderbuchbetrachtung: Mit dem 12-jährigen Jan wird das Buch *Opas Engel* betrachtet. In der Geschichte heißt es am Schluss: „Großvater wurde müde und schloss die Augen. Ich ging leise raus." Der 12-Jährige liest laut das Wort „Hospiz" vor, das auf dem Schild am Haus, in dem der Großvater liegt, zu sehen ist. Zu einem späteren Zeitpunkt kann er das Wort auch sinngemäß erklären. Doch macht er bei dem Gespräch über die Geschichte keine Andeutung über Sterben und Tod. Sein Verhalten kann als Hinweis verstanden werden, dass er im Moment nicht über dieses Thema sprechen möchte.

Ohne direkten Anlass bei der ersten Hinführung zu dem Thema, wenn das Kind neugierige, philosophische Fragen stellt.

Für allgemeine Fragen zu Leben und Tod empfehlen sich Bilderbücher, in denen das Lebensende als ein Thema neben vielen erwähnt wird. Ein Bilderbuch, das in Frankreich bereits vor 70 Jahren erschien, ist *Die Geschichte von Babar und seiner Familie* von *Jean de Brunhoff*. Die Bilderbuchgeschichte beginnt mit dem Tod der Elefantenmutter. Ein Jäger erschießt sie. Babar verlässt den Wald und zieht in die Stadt. Das eigentliche Geschehen in dem Buch handelt nicht vom Tod, sondern von vielen anderen Erlebnissen des Elefantenkindes Babar. Bei einer solchen Geschichte entscheidet das Kind mit seinen Fragen, ob es über das Sterben reden möchte (siehe hierzu im Anhang 1: Aufzeichnungen der Bilderbuchbetrachtung mit Luca).

Das Bilderbuch von *Antje Damm: Ist 7 viel?* ermöglicht schon mit kleinen Kindern ab 3 bis 4 Jahre, sich behutsam dem Thema Sterben und Tod zu nähern. In diesem Buch gibt es 44 einfach formulierte Fragen, z. B. über die Liebe, über das Leben der Fische, das Traurigsein – und auch über den Tod. Zu jeder Frage gehören zwei Bilder: mal sind es bunte Fotos, mal Collagen, Kinderzeichnungen oder Abbildungen aus alten Büchern, mal erzählen die zwei zusammengehörenden Bilder eine Geschichte, mal werden sie durch eine Frage miteinander verbunden. Die farbenfrohen Bilder sprechen die Sinne an, lassen so manches nicht sichtbare Geschehen in der Welt anschaulich werden. Zu der Frage: „Warum werden manche Menschen krank?" gehört das Bild von einer Mutter, die ihr kahlköpfiges krankes Kind liebevoll anschaut. Wer das Bedürfnis hat, über eine Krebserkrankung zu sprechen, findet hier einen leichten Einstieg. Das daneben stehende Bild von dem kleinen Hund mit der verbundenen Pfote ermöglicht auch eine andere Gesprächsrichtung. (Abb. 7 a und 7 b)

Zu der Frage: „Warum gibt es Krieg?" gehören die Bilder von Kreuzen auf einem Kriegsgräberfeld und von streitenden Kindern. Beim ruhigen gemeinsamen Betrach-

Abb. 7 a: *Ist 7 viel?* **Abb. 7 b:** *Ist 7 viel?*

ten dieser zwei Bilder beginnt manches Kind vom Friedhof, von einem Verstorbenen, von seiner Jenseitsvorstellung zu erzählen.

Begleitend helfend in der augenblicklichen Situation, wenn das Kind auf eine schwere Erkrankung, den bevorstehenden Tod eines anderen oder auf den eigenen Tod vorbereitet werden soll.

Bilderbücher können begleitend in schwierigen Situationen eingesetzt werden. Sie helfen, Sprache und auch bildhafte Vorstellungen zu finden. Sie erzählen von Ritualen und Trostquellen und geben dem Kind das Gefühl, mit seinem Schmerz nicht allein zu sein. Es ist in der jeweiligen Situation zu entscheiden, ob das Kind bei einem solch schmerzlichen Erleben nicht lieber eine Geschichte aus einem anderen Themenkreis hören sollte.

Viele Fragen über den Tod, so auch die, ob man an Krebs sterben kann, werden aufrichtig in dem Bilderbuch *Wann kommst du wieder, Mama?* beantwortet. Diese Bilderbuchgeschichte ist wegen der gut aufgearbeiteten Wissensvermittlung, der ästhetisch anmutenden Illustration und der phantasievollen Geschichte mit ihren trostreichen Hilfestellungen ein empfehlenswerter Begleiter für Kinder bei einer Krebserkrankung der Mutter und auch für betroffene Erwachsene. Abweichend von der Altersangabe des Verlages ab 5 Jahre lautet meine Empfehlung: ab 8 Jahre.

Zur nachträglichen Aufarbeitung des Todesgeschehens, wenn ein zurückliegendes Todesereignis mit dem Kind besprochen werden soll.

Es gibt Bilderbücher zu den verschiedensten Lebensumständen. Beispielsweise sei zu dem Unfalltod eines Geschwisterkindes das Bilderbuch *Die Blumen der Engel* genannt. Es wird empfohlen ab 6 Jahren, ist aber auch geeignet für Erwachsene, die etwas über die Gefühle eines betroffenen Geschwisterkindes erfahren möchten.

Für die nachträgliche Aufarbeitung eines Todesfalles sei auf das Bilderbuch *Der rote Faden* hingewiesen. In diesem Buch wird über einen Wollfaden, der spielende Kinder zunächst zu dem Grab eines Kindes führt, die weit zurückliegende Geschichte dieses Kindes erzählt, das vor vielen Jahren gestorben ist. So wird der Tod eines Kindes sprachlich gefasst, auch die Traurigkeit der Mutter beschrieben. Das Geschehen liegt jedoch so fern, dass es die Figuren der Geschichte kaum berührt. Hier kommt es also zu einer zeitlichen Verschiebung des Todes in die Vergangenheit, wodurch das Geschehen weiter weg rückt. Diese Erzähltechnik macht es einfacher, mit dem Kind vom Sterben zu reden, auch ist es auf diese Weise für das betrachtende Kind leichter, das Geschehen zu ertragen.

4. Zur Auswahl eines Buches

Es gibt kein Bilderbuch über den Tod, das für jedes Kind in jeder Lebenssituation empfehlenswert ist. Jedes Kind hat seine eigene Biographie mit seinen individuellen Erlebnissen und Prägungen. Es erscheint deshalb oft problematisch, das richtige Bilderbuch in der besonderen Situation für ein einzelnes Kind oder eine Gruppe zu finden. Bei der Suche nach einem geeigneten Buch wiederholen sich Fragen zum Inhalt, zur sprachlichen und bildhaften Darstellung vom Sterben und dem Danach, zur Altersempfehlung, zur Religionszugehörigkeit. Buchhändlerinnen berichten von interessierten Käufern, die nach Geschichten suchen, die sich mit dem Erleben eines bestimmten Kindes decken. Im konkreten Fall wird eine Bilderbuchgeschichte gesucht über die Krebserkrankung eines jungen Vaters, den Autounfall des Nachbarn oder den Tod des Meerschweinchens. Auch wenn es ungefähr 364 Bilderbücher zu Sterben und Tod gibt, in denen die verschiedensten Todesarten bei Tieren, bei jungen und alten Menschen behandelt werden, ist es nicht immer möglich, in der Bilderbuchgeschichte genau übereinstimmende Verhältnisse mit dem eigenen Erleben zu finden.

> Ein guter Anhaltspunkt für die Auswahl eines Bilderbuches kann es sein, dass es demjenigen, der es mit dem Kind anschauen möchte, gefällt oder ihn sogar innerlich berührt.

Der Erwachsene sollte sich angesprochen fühlen, sei es durch die Geschichte, die Sprachbilder oder die Illustration. Sprache und Bild sollten außerdem dem kognitiven und emotionalen Entwicklungsstand des betroffenen Kindes entsprechen und die

Gestaltung sollte sein ästhetisches Empfinden fördern. Die Abbildungen und die sprachlichen Formulierungen sollen genügend Spielraum für eigene Phantasie und Vorstellungen lassen. Wünschenswert ist es, dass eine Identifikation mit Figuren aus der Geschichte möglich ist.

Umfassend geeignet ist das Bilderbuch *«Was ist das?» fragt der Frosch*. Es empfiehlt sich für jüngere Kinder ab 3 bis 4 Jahre wegen der Wortwahl und der einfachen, klar strukturierten Gestaltung. Grundlegende Fragen um den Tod und das Leben werden in kindgemäßen Worten gestellt und für kleine Kinder angemessen beantwortet. In dieser Bildergeschichte wird auf die Gleichheit aller Lebewesen vor dem Tod hingewiesen. Der Gedanke einer kausalen Verbindung zwischen einem hohen Lebensalter und dem Tod entspricht der Vorstellung der jüngsten Kinder. Nach den Gebräuchen unserer Kultur wird in der Geschichte eine tote Amsel feierlich in der Erde begraben (Abb. 8). Dann spielen die Tiere vergnügt weiter. Auf der letzten Seite des Bilderbuchs ist ein anderer Vogel zu sehen. Im Text heißt es: „Über ihnen (den Tieren) sang auf einem Baum eine Amsel ihr schönes Abendlied."

Aus einer Bilderbuchbetrachtung: Ich schaue das Bilderbuch *«Was ist das?» fragt der Frosch* mit dem 5-jährigen Andreas an. Nach dem Umblättern zur letzten Seite freut sich Andreas: „Hier ist der tote Vogel wieder. Jetzt ist er wieder lebendig." Auf den Einwand: „Wieso? Er war doch tot und ist begraben worden!" sagt der 5-Jährige: „Ja, aber er hat ein Loch in das Grab mit seinem Schnabel gebohrt und jetzt ist er wieder draußen." Andreas hat mit seiner Phantasie den vergrabenen Vogel wieder zum Leben zurückgeholt. Mit dieser vorgestellten List ist sein Weltbild wieder in Ordnung: Totsein meint nur ein kurzes Verschwinden. (Abb. 8)

Als ein gutes Bilderbuch zur Hinführung oder Verarbeitung des Themas für Kinder ab 5 Jahre empfiehlt sich *Leb wohl, lieber Dachs*. Einprägsame Bilder und gelungene Wortwahl vermitteln beruhigende Vorstellungen, die tief berühren und nicht mehr vergessen werden. Die Bilder können ohne Text verstanden werden und bieten viele Möglichkeiten zum trostvollen Gespräch mit Anregungen zur praktischen Hilfestellung.

Probleme mit den Altersangaben

Grundsätzlich stellt sich bei jedem Bilderbuch die Frage nach der Altersempfehlung. Hier ergeben sich gleich mehrere Probleme. Die Angaben zum Beginn des empfohlenen Lesealters wie auch zur Altersspanne fehlen häufig oder treffen nicht zu. So heißt beispielsweise die Buchempfehlung des Verlages bei *Sadako*: ab 6 Jahre. In diesem Buch spricht die 12-jährige Sadako offen über ihre Angst vor dem Tod. Das schwerkranke Mädchen schafft es, ihr inneres Erleben in Sprache umzusetzen. Während Sadako immer schwächer wird, fragt sie sich: „Tut sterben weh? Oder ist es wie ein-

Abb. 8: »*Was ist das?« fragt der Frosch*

schlafen? Würde sie auf einem Himmelsberg oder einem Stern leben?" In der Bilderbuchgeschichte finden sich verständnisvolle Worte und trostreiche Bilder, die jedem Betroffenen weiterhelfen. Nach der Beobachtung an Kindern empfiehlt sich *Sadako* jedoch frühestens ab 10 Jahre oder auch für Erwachsene, die Ängste eines todkranken Kindes nachempfinden oder selbst Sprache für das unfassbare Geschehen bei schwerer Erkrankung finden wollen. Auch kann das Buch älteren Schulkindern im Geschichtsunterricht einen Einstieg zur Aufarbeitung des Atombombenabwurfs von Hiroshima ermöglichen.

Manches Bilderbuch zu Sterben und Tod spricht eher Erwachsene als Kinder an. Ein Beispiel soll dies verdeutlichen. Das Bilderbuch *Vater und Tochter* wird vom Verlag für Kinder ab 5 Jahre empfohlen. Wer mit Kindern arbeitet, wird beim Durchblättern sofort erkennen, dass kleine Kinder diese Geschichte nicht verstehen werden. Ein Vater verabschiedet sich von seiner Tochter und entschwindet langsam mit dem Boot über einen großen See. Die Tochter bleibt am Ufer zurück. Sie wartet auf den Vater, doch er kommt nicht zurück. Sie geht immer wieder zu dem Platz, wo sie den Vater verabschiedet hat. So geschieht es auch am Ende der Geschichte. Die Tochter, inzwischen selbst Mutter von Kindern, ist alt geworden und kehrt wieder an die Stelle am Wasser zurück, wo sie sich von ihrem Vater verabschiedet hat. Sie legt sich in ein Boot. „Plötzlich richtet sie sich auf. Sie fühlt, es hat sich etwas verwandelt." Bei dem nächsten Bild läuft sie als junges Mädchen. „Sie steht auf, läuft und rennt ... Und während sie rennt, geschieht das Wunderbare." Auf dem folgenden letzten Bild steht sie als junges Mädchen wieder vor dem Vater.

Aus einer Bilderbuchbetrachtung: Ich lese dieses Buch mit dem 14-jährigen Mattis. Er liest den Text laut und betrachtet ruhig jedes einzelne Bild. Abschließend sagt er: „Die Geschichte finde ich langweilig. Ich weiß nicht, wo der Vater überhaupt geblieben ist ... Er ist weggefahren ... Wohin? Wieso ist die Frau am Ende der Geschichte wieder jung? ... Sie hat wohl geträumt." Er schlägt das Buch zu und legt es weg. Mattis zeigt im Moment keine Bereitschaft, weiter zu reden. Das Verhalten von Mattis ist allerdings nicht zu verallgemeinern. Auf Grund der Erfahrung von wiederholtem Betrachten dieses Bilderbuchs mit Kindern und Jugendlichen wäre der Hinweis „empfehlenswert ab 12 Jahre und für Erwachsene" förderlich.

Das Bilderbuch *Gehört das so??!* wird vom Verlag ab 5 Jahre empfohlen. Die Bilderbuchgeschichte handelt von einem kleinen Mädchen in einem roten Kleid mit weißem Spitzenkragen und „knallroter Lackleder-Omahandtasche", die düster guckend, Hände auf dem Rücken, immer ihre Tasche hinter sich her schleppend durch einen Park läuft und laut ruft: „Gehört das so??" (Abb. 9) Mit diesem Verzweiflungsschrei, den sie immerzu wiederholt, drückt sie ihren Schmerz und ihre Hilflosigkeit über den Tod ihres Kanarienvogels aus. Sie findet Trost, als ihr Freunde helfen, das Tier feierlich zu beerdigen. Dieses Buch gewann den Deutschen Jugendliteraturpreis 2006 in der Kategorie Bilderbuch. In der Begründung der Jury heißt es: „Ein ungewöhnlich gelungenes Trauerbuch, das endlich einmal Wut als Gefühl zulässt und dem Betrachter viele Freiräume eröffnet." Leider verstehen nach meiner Erfahrung selbst 8-jährige Kinder einen wichtigen Wortwechsel in der Bilderbuchgeschichte nicht. Auf die Frage einer Parkbesucherin, was los sei, brüllt das kleine Mädchen: „Elvis ist tot." Auf der nächsten Seite ist der Hüfte schwingende Elvis Presley mit einem Mikrofon in der Hand, umkreist von Noten, abgebildet. Die weiteren Worte zeigen, dass die Fragende bei dem Namen Elvis an den Popstar denkt: „Ja, ja, der Arme ... Wo er so schön singen konnte ... und so schick mit den Hüften wackeln ... Tutti Frutti." Das kleine Mädchen meint aber ihren Vogel, der auch Elvis heißt. Im weiteren Verlauf der Geschichte stellen sich die Parkbesucher und das kleine Mädchen vor, dass der Vogel Elvis den Sänger Elvis trifft, beide mit Engelsflügeln und Heiligenschein bildhaft dargestellt. Nach meinen Erfahrungen kennen jüngere Bilderbuchbetrachter den Rock-'n'-Roll-Sänger nicht. Sie verstehen das Missverständnis um den Namen nicht. Die gelungene comicartige Darstellung des Popstars, hier dick wie in den letzten Jahren, mit Gitarre und Haartolle, erheitert nach meiner Beobachtung leider nur Erwachsene.

Abb. 9: *Gehört das so??!*

Das bereits erwähnte Buch von *Popov: Warum?* wird vom Verlag für Kinder ab 4 Jahre empfohlen. Nach meiner Beobachtung bestätigt sich generell diese Empfehlung in der Arbeit mit 4-jährigen Kindern nicht. Es gibt Kinder, die in dem Alter noch kein Interesse am Kriegsgeschehen haben. Aus dem Grund ist meine Empfehlung für dieses Bilderbuch: „wenn Kinder anfangen, sich für das Kriegsgeschehen zu interessieren."

Wie erklärt sich dieser bedauerliche Fehler der falschen, ungenauen oder fehlenden Altersangaben bei den Bilderbüchern zu Sterben und Tod? Möglicherweise gibt es hier mehrere Gründe. Ein Grund kann in der Absicht des Verlages liegen, ein möglichst breites Lesepublikum zu erreichen. Eine weitere Begründung könnte sein, dass Bilderbücher bis auf wenige Ausnahmen von Erwachsenen geschrieben und illustriert werden. Manchmal kommt der Verdacht auf, dass Texter und Illustrator ihre eigenen Vorstellungen von der Sichtweise eines Kindes bildhaft und sprachlich ausdrücken, ohne die Wirkung auf Kinder erprobt zu haben. Die größte Schwierigkeit ist wohl in der Tatsache begründet, dass Entwicklungen individuell verlaufen.

> Grundsätzlich empfiehlt es sich, Bilderbücher vor einem Kauf selbst in Ruhe anzuschauen.

5. Die Bezugsperson

Bilderbücher, in denen das Thema Sterben und Tod bearbeitet wird, sollten nicht einem Babysitter in die Hand gedrückt werden. Er wäre damit total überfordert. Ein solches Bilderbuch sollte immer mit einer Vertrauensperson im Rahmen einer guten Beziehung angeschaut werden. Besonders geeignet sind die Bezugspersonen, zu denen das Kind eine sichere Beziehung hat. Ein solches Buch sollte nicht nur Seite für Seite vorgelesen werden, sondern mit viel Ruhe als Anregung zum gegenseitigen Erzählen genutzt werden.

Die zwei folgenden Beispiele aus Bilderbuchbetrachtungen zeigen, welche Auswirkungen die Haltung der Bezugsperson auf ein kleines Kind haben können (siehe auch S. 102–103).

Aus einer Bilderbuchbetrachtung: Die 3-jährige Larissa erzählt von ihrem toten Hund: „Alex ist tot ... ist im Himmel. Er ist im Hundehimmel ... spielt da schön mit vielen Hunden ... und dann kommt er wieder. Ich habe auch ein Buch, da steht das drin." Wenige Wochen zuvor war ihr Hund gestorben. Die Großmutter hatte diese Nachricht ihrer Enkelin mitgeteilt. Sie hatte ihre kleine Enkelin sogleich auf den Schoß genommen und ihr ruhig erzählt, dass ihr geliebter Hund gestorben und nun im Hundehimmel sei. Dort sei er auch nicht allein, sondern spiele mit anderen Hunden. Die Großmutter schaute sich gemeinsam mit ihrer Enkelin das Bilderbuch von *Cynthia Rylant: Auch Hunde kommen in den Himmel* an (Abb. 10).

Bilder aus diesem Buch gaben den Einstieg zu weiteren Gesprächen. Larissa wollte sich immer wieder das Bilderbuch anschauen und von ihrem Hund erzählen. Die Großmutter konnte ihre Zuversicht auf das Kind übertragen. Sie vermittelte ihrer Enkelin die Gewissheit, dass es dem Hund weiterhin gut gehe und sie selbst nicht in Sorge um ihn sein müsse. Larissa vertraute ihrer Großmutter. Sie hörte ihr zu und gewann eine beruhigende Vorstellung über das Sterben ihres Hundes. Larissa übernahm die Haltung der Großmutter.

Eine ganz andere Reaktion zeigt die Mutter von Tom auf die Fragen ihres Sohnes.

Abb. 10: *Auch Hunde kommen in den Himmel*

Aus der Praxiserfahrung: Der 5-jährige Tom betrachtet mit seiner Mutter das Bilderbuch «Was ist das?» fragt der Frosch? Plötzlich fragt Tom seine Mutter: „Warum stirbt die Amsel?" Die Mutter nimmt das Buch, sucht die Seite, auf der zu dieser Frage eine

Erklärung gegeben wird. Sie sagt: „Die Amsel war schon sehr alt und darum ist sie gestorben." Tom schweigt und fragt: „Müssen alle sterben? Wann bist du alt? Musst du dann auch sterben?" Die Mutter erschrickt und fühlt sich hilflos. Sie antwortet schnell: „Was machst du dir denn für Gedanken? Darüber brauchen wir jetzt nicht zu reden." Der 5-Jährige bleibt beharrlich bei der Frage: „Stirbst du auch?" Nun gibt die Mutter vor, keine Zeit mehr zum Vorlesen zu haben. Hektisch steht sie auf, legt das Buch weg und verlässt das Zimmer. Tom bleibt mit seinen Fragen allein. Er fühlt sich unsicher.

Ruhe und Zeit

Eine Mutter oder ein Vater, die rasch ein Bilderbuch am Abend vorlesen und zwischendurch auf die Uhr schauen, werden ihr Kind nicht zum genauen Betrachten anregen. Sie werden ihm auch nicht das Gefühl von Geborgenheit und Ruhe geben können.

Anders ist die Situation einer Mutter, die in ruhiger Atmosphäre gemeinsam mit dem Kind die Bilder anschaut und den Text vorliest. Sie wird angemessene Pausen machen und gemeinsam mit dem Kind die entsprechenden Bildseiten ansehen. Vielleicht stellt sie Fragen, ermuntert das Kind, nach Details zu suchen. Versucht das Kind eine Figur mit dem Finger nachzufahren, so wird sie zuschauen und mit ihrer Ruhe das Kind in seinem Tun bekräftigen. Enthält das Bild versteckte oder offene symbolische Darstellungen, wird sie geduldig das Kind zum Suchen anregen. Sie wird das Kind – bei körperlichen Reaktionen auf ein Bild oder die Sprache – gewähren lassen.

> Ruhe und Zeit zum gemeinsamen Verweilen sollten als grundsätzliche Voraussetzung beim Betrachten eines Bilderbuches gegeben sein.

6. Hinweise zum Lesen und Betrachten

Zum Vorlesen

Eigene Vorbereitung. Vor dem gemeinsamen Betrachten sollte die Begleitperson das Buch allein in Ruhe lesen. Sie sollte mit den bildlichen und sprachlichen Vorstellungen im Buch übereinstimmen. Wenn die Bezugsperson selbst vom christlichen Glauben geprägt ist, wird sie wahrscheinlich Begriffe mit diesem Hintergrund dem Kind nahe bringen. Die Bezugsperson wird das Kind behutsam anregen, ihr von seinen Vorstellungen und Ängsten zu erzählen. Sie wird dem Kind das Gefühl geben, glauben zu können, was ihm gut tut.

Anregungen zur eigenen Auseinandersetzung. Die folgende Fragensammlung gibt Anregungen zur eigenen Auseinandersetzung mit dem Bilderbuch. Selbstverständlich sollen diese Fragen nicht der Reihe nach beantwortet werden, aber vielleicht findet sich in der Fülle ein Gedanke, der weiterhilft.

Kasten 12: *Anregungen zur eigenen Auseinandersetzung mit dem Bilderbuch*

- Aus wessen Sicht wird die Geschichte erzählt?
- Wer stirbt?
- Sind die Bilderbuchgestalten Menschen, (vermenschlichte) Tiere, Pflanzen oder Gegenstände?
- Wie verhalten sich die Erwachsenen bzw. die Kinder in der Begegnung mit dem Tod?
- Welche Gefühle zeigen sie?
- Welche Worte oder Bilder gibt es für Sterben, Tod und das Danach?
- Gibt es Erklärungen für Sterben und Tod? Geht es um die Sinnfrage? Wie wird sie beantwortet?
- Werden Sprachbilder gewählt?
- Sind die Darstellungen eher dokumentarisch oder gefühlsmäßig?
- Gibt es Aussagen, die Angst machen?
- Für welches Alter eignet sich das Bilderbuch? Warum?
- Spielt die Geschichte in der Wirklichkeit?
- Gibt es in der Geschichte einen Hinweis auf Trost oder was zu tun ist?
- Entsprechen die sprachlichen und bildhaften Aussagen in dem Buch den eigenen Gedanken und Vorstellungen?
- Wie könnten Sie das Kind zum Reden ermuntern?
- Über welches Bild möchten Sie mit einem Kind reden und warum?
- Ergibt sich eine Anregung zum Tun nach dem Lesen des Buches?
- Wie könnte das Gespräch beendet werden?

Zur Sitzposition in der Einzelsituation. Beim Nebeneinandersitzen kann auf einfache Weise die körperliche Nähe gegeben werden, die ein Kind braucht. Die Entscheidung, in welcher Sitzposition das Buch gelesen wird, hängt vom Alter des Kindes und auch von der Beziehung zur Bezugsperson ab.

Zur Sitzposition in der Gruppe. Wegen des schwierigen Themas sollten möglichst nur wenige Kinder, vier bis fünf, beisammen sein. Es wäre gut, wenn die Bezugsperson jedem Kind seine notwendige Zeit zum Betrachten der Bilder und zum Aussprechen seiner Empfindungen und Fragen geben könnte. Es sollte möglich sein, auf kleinste Regungen der Kinder reagieren zu können. Je nach der räumlichen Gegebenheit und der Anzahl der Kinder empfiehlt es sich, auf dem Sofa oder in einem Halbkreis auf Kissen oder Stühlen zu sitzen. Jedes Kind sollte die Möglichkeit haben, die Bilder ruhig und ungestört anschauen zu dürfen. Hilfreich könnte es sein, Kopien von einzelnen Bildern oder zwei oder mehr Bücher zur Verfügung zu haben. Es ist auch denkbar, die Bilder als Dias oder über Powerpoint zu zeigen. Bei dieser technischen Darbietung müsste der Raum verdunkelt werden. In dem Fall würde die Bilderbuchbetrachtung an die Fernsehsituation mit den vorbeihuschenden Bildern erinnern. Ich würde es bevorzugen, ein Kind zu bitten, herumzugehen und die einzelnen Bilderbuchseiten zu zeigen.

Die Reaktionen des Kindes. Für die Kleinen ist zunächst alles das wahr, was sie von einer Geschichte hören und auf Bildern sehen. Erst allmählich lernt das Kind, die Vorstellungsebene und die Wirklichkeit zu unterscheiden. Vor allem die jüngeren Kinder benötigen Hilfe, um die gehörte Geschichte von der eigenen Realität unterscheiden zu können.

Kasten 13: *Anregungen zur Stärkung des Realitätssinns beim Betrachten eines Bilderbuchs*

- Die betrachtete Seite des Buches gemeinsam mit dem Kind berühren,
- beim Erzählen auf die Abbildung fassen,
- wieder zurückblättern und von neuem erzählen,
- immer wieder auf die Trennung von Realität und erzählter bzw. bebilderter Geschichte hinweisen.

Unterstützende Maßnahmen beim Lesen. Beim Lesen helfen Betonung, Pausen, Mimik und Gesten einerseits, das Interesse am Zuhören zu wecken und über eine Weile aufrecht zu erhalten, andererseits auch, die Geschichte zu verstehen.

Erzählen statt vorlesen. Bei jüngeren Kindern empfiehlt es sich, längere Texteinheiten nicht wörtlich vorzulesen, sondern sie frei zu erzählen. So wirkt die Geschichte lebendiger und kann individuell durch Ereignisse aus dem Leben des Kindes oder Weglassen von Angst auslösendem Inhalt verändert werden. Manchmal ist der Text schwieriger zu verstehen als die dazugehörende bildliche Darstellung. In dem Fall kann es hilfreich sein, ausführlich von dem Bild zu erzählen und den Text auszulassen.

Einstieg bei jüngeren Bilderbuchbetrachtern (siehe hierzu auch Seite 103).

Einstieg bei älteren Bilderbuchbetrachtern. Kinder ab etwa 9 Jahre ergreifen nicht spontan ein Bilderbuch. Es bedarf einer besonderen Aufgabenstellung, um diese Kinder anzuregen. Einen Einstieg könnten die Worte geben: „Ich bin an deiner Meinung über dieses Bilderbuch interessiert. Bitte schaue es dir in Ruhe an. Möchtest du es laut lesen oder soll ich es vorlesen? Für welche Altersgruppe eignet sich nach deiner Einschätzung das Buch? Warum? Was sagst du zur bildhaften Darstellung von …? Würdest du es deinem Freund empfehlen?"

Bei einer Selbsthilfegruppe von Erwachsenen (Krebserkrankung, Trauernde) oder Senioren könnte man folgende einführende Worte wählen: „Es gibt heute Bilderbücher zu den Sinnfragen des Lebens, wozu der Tod gehört." (Siehe hierzu: Anhang 1. Anna)

Kasten 14: *Anregungen zum Vorlesen*

Unterstützende Verhaltensweisen beim Vorlesen
- In Ruhe die Geschichte in verschiedenen Lautstärken – *laut, leise, normal, flüsternd* – und mit wechselndem Tempo – *langsam, normal, schnell* – vorlesen.
- Immer wieder Pausen einsetzen für ruhiges Beschauen, Fragen und Kommentare.
- Verstärkt Mimik und Gestik gebrauchen.
- Kleine Geräusche oder Fragen des Kindes beachten.
- Fragen stellen, um die Verständlichkeit der Geschichte zu hinterfragen und das Kind zum Erzählen anzuregen.

Fragen zur Gefühlssituation des Kindes
- Was macht die Geschichte bei dir? Bist du eher traurig oder spürst du gar nichts? Wieso?
- Warst du schon mal so traurig wie …? Wann? Warum?
- Was hilft dir bei Traurigsein?
- Hat dich etwas überrascht an der Geschichte?

Textbezogene Fragen*
- Wie gefällt dir die Geschichte? Wieso?
- Hast du schon mal so etwas gehört? Wann? Was?

- Was würdest du anstelle von ... machen? Warum?
- Wie könnte die Geschichte wohl weitergehen?
- Welche Person gefällt dir am besten? Warum?
- Welche Worte, welche Bilder gibt es für Sterben, Tod, das Danach?
- Wer stirbt? Warum? Wer ist dabei?
- Was tröstet?

* Anmerkung zu den Fragen an das Kind: Nach meiner Erfahrung fühlen sich manche Kinder genervt, wenn sie wiederholt gefragt werden, ob sie die Geschichte verstanden hätten. Es kommen Äußerungen wie: „Das stört, wenn du immer wieder fragst. Dann vergesse ich, wo wir dran waren." In dem Fall könnte mit dem Kind vereinbart werden, dass es von sich aus fragt oder ein Zeichen gibt, wie die Hand heben, wenn es etwas sagen möchte.

Einstieg bei Jugendlichen. Jugendliche, die selbst von Sterben und Tod in ihrem Umfeld betroffen sind, reden gegebenenfalls von dem, was sie bewegt – so wie es die Jüngeren tun. Es ist eine Frage der vertrauensvollen Beziehung, ob und wann der Zeitpunkt für Fragen oder einen Gedankenaustausch zu dem Thema gegeben ist. Die Gesprächssituation mit Jugendlichen ist meist aber eine ganz andere als die mit Kindern. Nach meiner Erfahrung gibt es einen entscheidenden Unterschied in der Gesprächsführung bei den beiden Altersgruppen: Kinder, die von Sterben und Tod betroffen sind und nicht spontan reden, können überwiegend auf behutsame Weise, möglicherweise mit projektiven Geschichten, zu einem Gespräch geführt werden. Hierzu eignen sich beispielsweise die Bilderbücher, in denen nur indirekt vom Sterben gesprochen wird oder in denen Tiere die Protagonisten sind. In der praktischen Arbeit kommt mir manchmal das Bild, als nähme ich das vor mir sitzende Kind an die Hand. Dem Jugendlichen hingegen reiche ich nur die Hand und warte auf eine Reaktion. Bei einer guten Beziehung zu dem erwachsenen Gesprächspartner sprechen Jugendliche das Thema von sich aus an, wenn für sie der Zeitpunkt gekommen ist (siehe hierzu: Anhang 2. Jonas).

In der praktischen Arbeit mit Jugendlichen haben sich manche problembewussten Bilderbücher zur Vertiefung dieses Themas bewährt. Hierzu gehören u. a. Bücher, in denen Fragen zum Holocaust behandelt werden.

Beispiele: *Meines Bruders Hüter. Als eure Großeltern jung waren. Anne Frank. Erikas Geschichte. Rosa Weiss. Liebe Mili. Papa Weidt. Die große Angst unter den Sternen. Maus I: Die Geschichte eines Überlebenden. Mein Vater kotzt Geschichte aus. Maus II: Die Geschichte eines Überlebenden. Und hier begann mein Unglück. Otto. Opas Engel.*

Beispiele für Fragen im Deutschunterricht: *Das Hexen-Einmal-Eins. Die Ballade vom Tod. Neues ABC Buch. Das Märchen von der Welt.*

Beispiele für Fragen zum Suizid: *Der Geigenbauer von Venedig. Der Maler und die Schwäne. Komm zurück, Mutter.*

Beispiele für Fragen zu einer Krebserkrankung: *Mutter hat Krebs. Zwei Flügel des einen Vogels.*

Beispiele für Fragen zum Altern: *Gramp. Großvater geht. Die letzten Tage mit meinem Vater.*

Beispiel für Fragen zur Suchtproblematik: *Das Herz in der Flasche.*

Es ist in der jeweiligen Situation zu überlegen, ob sich für das Gespräch mit Jugendlichen ein Fotobilderbuch oder Comicbuch anbietet (siehe auch S. 270–272).

Zur Bildbetrachtung

Das Kind entscheidet selbst, ob es ein Bild kurz oder lange anguckt. Die Begleitperson kann versuchen, das Interesse des Kindes zu wecken oder zu verstärken – die Entscheidung darüber liegt aber letztlich beim Kind.

Kindern fehlen manchmal die Worte, um zu beschreiben, was sie empfinden. Sie verdeutlichen im Tonfall, in der Mimik, im grobmotorischen Verhalten, wozu ihnen die Sprache fehlt. Die eigene Erfahrung in der Arbeit mit Kindern bestätigt, dass diese mehr verstehen und fühlen, als sie sprachlich ausdrücken können.

Bei ungewohnten Farbgebungen sollte durch kurzes Nachfragen die Meinung des Kindes erfragt werden. Fragen zu Details regen an, bewusster hinzuschauen, und zeigen, ob das Kind tatsächlich auf das Bild schaut und was es wahrnimmt. Weitere Gesprächspunkte sind Fragen zu symbolartigen Darstellungen, zu den Größendarstellungen, zum Malstil.

Die folgende Sammlung ist als Anregung gedacht, um den einen oder anderen Hinweis anzuwenden.

Kasten 15: *Hilfreiche Unterstützungen beim Ansehen der Bilder*

- Dem Kind Ruhe und Zeit geben.
- Mit dem Zeigefinger auf Details hinweisen.
- Geräusche des Kindes beachten.
- Das Kind zu Fragen ermuntern.
- Fragen zum Bild stellen: Wo? Warum? Wieso? Weshalb? Woran?
- Über die Farben, den Zeichenstil sprechen.
- Sind die Farben wie in der Realität (wirklichkeitsgetreu)?
- Falls nein – was meint die andere Farbgebung?

- Drücken die Farben eine Stimmung aus? Welche?
- Gibt es auf dem Bild etwas, das in Wirklichkeit nicht da sein kann oder anders aussieht? (surreale, phantastische Anteile, Verzerrungen?)
- Gibt es kleine Bilder, die etwas erzählen wollen? (Symbole)
- Wähle dir eine Person. Betrachte ihr Gesicht auf allen Seiten des Buches. Verändert sich das Gesicht? Wie? Kannst du es beschreiben? Was ist anders?
- Welches Bild gefällt dir am besten? Warum?
- Welche Person gefällt dir am besten? Warum?
- Gibt es Bilder für Sterben, Tod und das Danach?
- Woran kannst du beispielsweise „Traurigkeit" erkennen?

7. Praktische Anregungen im Bilderbuch

Zur eigenen Auseinandersetzung. Die Möglichkeiten des Einsatzes der Bilderbücher sind in Bezug auf die Zielgruppe sehr weit gestreut. Einige Bücher geben sowohl dem jüngsten wie auch dem jugendlichen und dem erwachsenen Leser Anregungen, über Sterben und Tod nachzudenken. Für mich, als eine erwachsene Leserin, sind die klare einfache Sprache zu schwer Sagbarem wie auch die kunstvollen Bilder in diesen Büchern besonders wertvoll. Einige erzählende Bilder zum Danach haben dazu beigetragen, dass ich bei dem Gedanken an Sterben und Tod zum heutigen Zeitpunkt Ruhe in mir spüre.

Beispiele: *Vater und Tochter. Papas Arme sind ein Boot. Ente, Tod und Tulpe. Die Reise nach Ugri-La-Brek. Der Besuch vom kleinen Herrn Tod. Herr Pommerin verschenkt sich. Der Maler und die Schwäne. Der Geigenbauer aus Venedig.*

Was sage ich einem lebensverkürzend erkrankten Kind, das sich dem Tod nahe fühlt? Welche Worte, welche Bilder helfen, mit dem Kind in Beziehung zu treten und offen mit ihm zu sprechen? Die Bücher können der erwachsenen Begleitperson dazu dienen, sich auf ein Gespräch vorzubereiten und auch Sprache und hoffnungsvolle Bilder zu finden.

Versucht der Erwachsene Fragen nach dem Tod ganz allgemein zu beantworten, so besteht die Gefahr, dass sich recht abstrakte Gedankengänge ergeben, die für Kinder nur schwer fassbar sind. Über die Bilderbücher gibt es dagegen eine andere Herangehensweise an die Fragestellung, indem hier nämlich Leben und Tod nicht abstrakt, sondern realitätsnah bearbeitet werden (siehe auch S. 124).

Anregungen, selbst etwas zu tun. In den Bilderbüchern gibt es viele lebenspraktische Hinweise, was zu tun ist, um den Schmerz nach einem Todesgeschehen auszuhalten und zu verarbeiten. Über das Tun stellen die Hinterbliebenen eine Verbindung zu dem Gestorbenen her. Es hilft, zu reden und sich zu erinnern. Die gefühlte Nähe zu dem Toten verringert nicht den Schmerz. Sie füllt aber die Zeit aus und hilft, die Traurigkeit zu verarbeiten.

Man kann die Geschichten weitererzählen, weiterspielen, ein Theaterspiel daraus machen, man kann Anregungen aus dem Buch aufgreifen, zum Beispiel basteln, oder man kann weitere Geschichten mit den gleichen Figuren erfinden. Schwierige Situationen können eher überwunden werden, wenn man aus ihnen ein Spiel macht und selbst handelt – nicht nur passiv zuhört. Dann wird aus dem theoretischen Wissen eine eigene Erfahrung.

In der Geschichte von *Sadako* hilft es dem krebskranken Mädchen, Kraniche zu basteln. Nach einer alten Legende erfüllen die Götter dem Kranken seinen Wunsch und machen ihn wieder gesund, wenn er tausend Papierkraniche faltet. Sadako bastelt unentwegt Kraniche und bekommt Mut und Hoffnung bei der Krankheitsbewältigung.

Die Bilderbuchgeschichte *Eine Kiste für Opa* gibt Anregungen, ohne konkreten Anlass mit Kindern über das Sterben zu reden. So kann das Fragespiel zwischen dem Großvater und seinem Enkel über einen passenden Sarg fortgeführt werden. Mit der Frage: „Welches Bild passt zu dir?" kann eine lustige Kunstaktion beginnen, in der Papier, Pappe, Kartons geklebt und bemalt werden.

Hilfreich kann es vor allem für jüngere Kinder sein, etwas Greifbares in der Hand zu haben, das an den Verstorbenen erinnert. Bei *Lilly ist ein Sternenkind* ist es eine bemalte Sternenkugel oder eine Locke, die in eine Schatztruhe gelegt wird. Bei *Mama Luftballon* bekommt der verwaiste Junge nach dem Tod der Mutter ein Tagebuch und hierzu heißt es in der Geschichte: „Schnell habe ich das Buch an mich genommen und es fest an mich gedrückt, so als wäre es Mama ..." In der Bilderbuchgeschichte *Julia bei den Lebenslichtern* von Angela Sommer-Bodenburg wird die Vorstellung vom Weiterleben in der Erinnerung auf der Handlungsebene verarbeitet. Die bebilderte Geschichte ermuntert die betrachtenden Kinder zum eigenen Tun. Schwimmende Kerzen als Lebenslichter können mit den Kindern in eine Wasserschale gesetzt werden. Das Anfassen, Anzünden und Betrachten der Kerzen verdeutlicht über das Tun, dass von dem Toten etwas bleibt. Das gemeinsame Tun und die Gespräche bei den brennenden Kerzen können zu einem tröstenden Ritual werden. Das Ritual verdeutlicht auch das Weiterleben in der Erinnerung.

Überwiegend findet dieses Buch viel Zuspruch. Doch möchte ich drei Anmerkungen machen: Ein ängstliches Kind könnte bei der Geschichte von den Lebenslichtern annehmen, dass es den Verstorbenen ständig in Erinnerung behalten müsse, damit dessen Licht nicht untergehe. Dieses Kind braucht viel Zuspruch und die ausdrückliche Zusicherung, dass es nicht unentwegt an den Toten denken muss. Die zweite Anmerkung hat mit der praktischen Handhabung der brennenden Lichter zu tun. In einer mit Wasser gefüllten Schale werden die Kerzen aufrecht bleiben und brennen. Wenn sie aber in einen Teich gesetzt werden, besteht die Gefahr, dass die Kerzen durch einen leichten Windhauch oder die Bewegung des Wassers umfallen. Sofort wäre das Licht ausgelöscht. Dieses Erleben könnte bei einem Kind, das bei der Geschichte gut zugehört hat, verwirrende Gefühle auslösen. Es ist gut, vor dem gemeinsamen Tun mit dem Kind, allein auszuprobieren, ob das Anzünden der Kerzen auf dem Wasser gelingt. Die dritte Anmerkung bezieht sich auf einen Ausschnitt der Geschichte, als Julias Mutter zur Haustür herein gerannt kommt. Zuvor hatte Julia ihre Mutter angerufen, weil sie Angst um die Großmutter hatte, die bewegungslos auf dem Sofa lag. Auf einem Bild schiebt die Mutter Julia so heftig zur Seite, dass ihr der Teddy aus den Händen fällt. Im weiteren Geschehen der Geschichte wird Julia ausgeschlossen und bleibt allein. Sie darf nicht mit zur Beerdigung gehen. Allgemein wäre es wünschenswert, dass Bilderbuchfiguren sich nachahmenswert verhalten. Das Verhalten von Julias Mutter hat in diesem Buch zwar keinen nachahmenswerten Modellcharakter, doch ist es realistisch und zeigt, was häufig passiert, wenn der Tod in das Leben einbricht. Dieses Bild könnte zu einem Gespräch anregen: „Was glaubst du, fühlt Julia? Kennst du das Gefühl? Warum verhält sich die Mutter so? Möchte Julia gern bei der Beerdigung dabei sein? Wie ist (war) es bei dir? Was findest du gut? Möchtest du bei der Beerdigung dabei sein?"

Auch in *Opa, ich kann Hummeln zähmen!* wird dem Jungen in der Geschichte leider verboten, an der Beerdigung des geliebten Großvaters teilzunehmen.

Es bestärkt die Kraft zur Verarbeitung eines Geschehens, wenn ein Kind sich in angemessener Form beteiligen darf. In der Geschichte *Nie mehr Oma-Lina-Tag?* geht es um Jasper, der viele schöne Nachmittage mit seiner Nachbarin Oma Lina verbracht hat. Sie hat mit ihm Pfannkuchen gebacken. Als sie im Krankenhaus liegt, gibt sie ihm das Pfannkuchenheft und ermuntert ihn, sich vorzustellen, dass sie bei ihm sei und ihm Ratschläge gebe. Als die alte Frau stirbt, beantworten die Eltern alle Fragen Jaspers. Sie schließen ihn in die rituellen Abläufe mit ein und beachten seine Vorschläge. Gemeinsam gehen sie zu dem Beerdigungsinstitut, bestellen die Anzeigen für die Zeitung, die Karten zum Verschicken und wählen einen Sarg aus. Jaspers Idee, bei der Beerdigungsfeier Pfannkuchen nach dem Rezept der Oma Lina zu backen, wird aufgegriffen – und er darf beim Backen helfen.

In einigen Bilderbuchgeschichten hilft es den Kindern, im geschenkten Tagebuch zu lesen oder eines zu schreiben, bzw. ein Bild zu malen. In dem Bilderbuch *Opa kommt nicht wieder* schreibt Florian seinem verstorbenen Opa einen Brief. Sein Plan ist, den Brief in den Sarg zu legen. Bei Florian verwischen sich die Vorstellungen von Vergangenheit, Gegenwart, Realität und Phantasie. Noch kann sich der Junge unter dem Wort Sterben nichts vorstellen. In seiner Vorstellung leben die Toten weiter, wenn auch anders als die Lebenden. Der Junge glaubt, sein Opa hätte die gleichen Gefühle und Gedanken wie er. Nun will er seinem Opa erzählen, was geschehen ist, ihn gleichzeitig trösten und ihm Mut machen mit den Worten, die ihm gesagt worden sind: „Du bist gestorben … Du hast auf dem Sofa geschlafen. Und du bist nicht mehr wach geworden … Aber du brauchst keine Angst zu haben. Du spürst gar nichts davon."

In dem Bilderbuch *Marianne denkt an ihre Großmutter* ist die Großmutter von Marianne gestorben. Eines Tages malt die kleine Enkelin ein Bild von der Großmutter und denkt dabei an das Gesicht, das sie so gern hatte. „Da merkte ich, daß ich sie immer noch gern haben konnte, auch wenn sie nicht mehr hier war. Das machte mich wieder ein wenig froh."

Die Anregungen aus «*Was ist das?» fragt der Frosch* – beispielsweise einen Platz für den toten Vogel suchen, das Loch graben, das Grab gestalten – können mit Kindern im Kindergartenalter aufgegriffen werden.

In *Ein Himmel für den kleinen Bären* geht es um die Suche nach dem Ort, wo sich die Toten aufhalten. Der kleine Bär möchte auch in den Bärenhimmel. Er bittet die Tiere ihn zu fressen. Doch kein Tier hilft ihm, stattdessen bekommt er komische Antworten, die vorübergehend die traurige Situation vergessen lassen. Das Fragespiel unter den Tieren könnte als Rollenspiel fortgeführt werden.

Die Herstellung eines eigenen Bilderbuchs kann zu einer kreativen, länger andauernden Beschäftigung führen. Anregungen geben manche Bilderbücher, die von Kindern geschrieben und gemalt wurden (*Die Fahrt zum Pferdeparadies. Papi, wir vergessen dich nicht*).

Ein Mutmachbuch besonderer Art ist *Mein Name ist Jason Gaes*. Der 8-jährige krebskranke Jason schrieb den Text mit Bleistift auf gefaltete Papierbögen, seine Brüder malten die Bilder.

Etwas fortführen. Es wird angeregt, nach einem Todesfall die Tätigkeiten weiterzuführen, die früher gemeinsam gemacht wurden wie: Schlittschuhlaufen, Krawatte binden, kochen und backen oder im Garten arbeiten. Hierzu gehört auch, Geschichten weiterzuerzählen, wie es der kleine Protagonist in *Abschied von Anna* macht. Seine Geschichte heißt *Der Drachen mit dem Zauberkoffer*. Nach Annas Tod sagt er zu seinen Eltern: „Ich kenne diese Geschichte sehr gut. Anna hat sie mir oft erzählt. Und jetzt erzähle ich sie weiter."

In *Opa kommt nicht wieder* sagt der Vater zu seinem Sohn: „Weißt du was? Ich gebe dir etwas, das Opa gehört hat. Morgen frage ich Oma, ob du seine Fische haben darfst. Dann kannst du für sie sorgen. Und jedes Mal, wenn du die Fische siehst, denkst du an Opa."

In *Der Abschiedsbrief von Opa Maus* findet der kleine Enkel nach dem Tod des Großvaters Trost im gemeinsamen Tun mit seiner Familie. Der Großvater hat in einem Abschiedsbrief einen versteckten Hinweis gegeben, was bei großer Traurigkeit zu tun ist: etwas fortführen, was er getan hat. Gemeinsam baut der kleine Enkel mit seiner Familie ein Segelschiff, dem sie den Namen des Großvaters geben.

Wissen und Einüben von Ritualen. In dem Fotobilderbuch von *Antoinette Becker: Ich will etwas vom Tod wissen* gibt es kleine Geschichten, in denen aus der Sicht von Kindern Fragen und Geschehnisse nach einem Todesfall kindgemäß erklärt werden.

Einprägsame Fotografien und ausgewählte Formulierungen verhelfen zu beruhigenden Vorstellungen und bereiten eine gute Realitätsbewältigung vor. In einer Geschichte erleidet Roberts Großmutter einen Schlaganfall und verstirbt. Über das weitere Geschehen, was mit dem Leichnam passiert, hat niemand mit Robert gesprochen. Er beobachtet, wie Männer in dunkelgrauen Anzügen mit einem Sarg an ihm vorbeilaufen. Später wundert und ärgert er sich, warum die Großmutter heimlich fortgegangen ist. Seine Verwirrung ist zunächst groß, denn er hat noch keine Vorstellung vom Tod. Bilder einer Beerdigung helfen dem betrachtenden Kind, den Ablauf und das Ritual zu verstehen. Der Text ist verständlich und hilft, Zugang zu den Gefühlen eines Kindes beim Erleben des Beerdigungsrituals zu gewinnen.

In dem Buch *Opa kommt nicht wieder* sprechen die Eltern und die hinterbliebene Großmutter nach dem Tod des Großvaters ruhig mit dem kleinen Florian. Sie zeigen ihren Schmerz und beantworten ihm alle Fragen. Die Bilder zu den verschiedenen Ritualen – der geschlossene und geöffnete Sarg, Besuch des Leichenbestatters, Transport im Totenwagen – sind in bunten Farben gemalt und regen zum Fragen und Erzählen an.

In der Geschichte *Hat Opa einen Anzug an?* wird aus der Sicht eines kleinen Jungen über das Geschehen nach einem Todesfall erzählt (Abb. 11). Es geht um das Aufbahren des Toten, das Herablassen des Sarges in das Grab, das Zusammenkommen

Abb. 11: *Hat Opa einen Anzug an?*

der Trauergäste nach der Beerdigung. Die Verwirrung des Kindes über das Verhalten der Erwachsenen und ihre Erklärungen spiegelt sich in den Bildern.

Trost im Glauben. Eine ausführliche Beschreibung von christlichen Ritualen nach dem Sterben enthält das bebilderte Buch *Schaut Oma uns aus dem Himmel zu?* Die Geschwister Noemi und Benjamin, 5 und 7 Jahre alt, erleben das Sterben und den Tod ihrer Großmutter. Fragen, wie sie Kinder im Alter zwischen 5 und 10 Jahren stellen könnten, werden umfassend und sachgerecht beantwortet. Zusätzliche Hinweise sind in eine Geschichte eingebettet. Erklärungen im Anhang geben einen Überblick über Gebräuche und Riten der christlichen Kultur.

Die bebilderte Geschichte *Abschied von Tante Sofia* enthält kleine Gebete, Verse und Psalmen. Sie können als Anregung bei Gesprächen mit Kindern über Sterben und Tod aufgegriffen werden.

Wer mit einem Kind ein religiöses Bilderbuch betrachten und lesen möchte, sollte dieses auf jeden Fall zunächst alleine vorab in Ruhe anschauen. Die erwachsene Begleitperson sollte möglichst mit den Aussagen in dem Buch übereinstimmen. Kinder merken am Tonfall, an der Festigkeit der Stimme, an der Wortwahl ihres Gegenübers, ob der andere meint, was er sagt. Die Frage, warum Gott eine Fehlgeburt zulässt, könnte sich beispielsweise beim Lesen des Bilderbuchs *Himmelskind* ergeben. Hier heißt es im Text „Gott hat es (das Baby) gemacht. Deshalb will er auch nicht, dass es für immer tot ist. Er hat es zu sich genommen, und da geht es ihm gut."

Rollenspiel. Über das „Nachspielen" werden manche Gewohnheiten der Erwachsenen vertrauter; sie verlieren gegebenenfalls auch an Bedrohlichkeit. In dem Bilderbuch *Leb wohl Fritz Frosch* verkleiden sich die Kinder als Erwachsene und spielen Beerdigung, wie sie es bei den Großen gesehen haben. Im Rollenspiel ahmen sie das Verhalten der Erwachsenen nach. So heißt es im Text: „Die Kinder wandern langsam vom Haus in den Hof, vom Hof in den Garten, vom Garten durch die Wiese – und wieder zurück in den Garten, wo der Kirschbaum steht. Ein langer Trauerzug. Simon geht als erster. Dann kommt das Pferd Susi mit dem Wagen, dann kommen die Nachbarskinder und Michel und Annelore, und zuletzt kommt Lena. Das Glöckchen bimmelt, die Kinder singen:

> ‚Wir bringen dich zur letzten Ruh
> und singen dir ein Lied dazu.
> Fritz Frosch, du mußt nun von uns gehen,
> leb wohl, Fritz Frosch, auf Wiedersehn!'"

Eine Fülle von Anregungen zum Rollenspiel zum Thema Beerdigung finden Kinder in *Die besten Beerdigungen der Welt.* Dieses Buch gibt Erwachsenen einen Zugang zu der Vorstellungs- und Erlebniswelt der Kinder in der Auseinandersetzung mit Sterben und Tod.

Anregungen Musik zu hören, selbst zu singen oder zu spielen. Saras Freund Rune ist in einem See ertrunken. Bei der Beerdigungsfeier sitzt das Mädchen neben ihren Eltern auf der Kirchenbank. Während die Orgel spielt und die Erwachsenen ein Lied singen, kommt es über das Hören zu einem besonderen Erleben bei Sara: „Dann singen die Erwachsenen ein langsames Lied. Sara hört zu. Die Orgel spielt so schön und füllt den ganzen Raum mit Musik. Sie ist weich, genau wie die Hände der Großmutter, wenn sie Sara streicheln. Sara sitzt ganz still und macht die Augen zu. Sie stellt sich vor, sie könne fliegen, auf und ab in langen ruhigen Kreisen. Es ist ein schönes Gefühl. Um sie herum ist es hellblau." (*Abschied von Rune*)

In der Geschichte *Ein Wolkenlied für Omama* reden Großmutter und ihr Enkel Jan über das Sterben. Jan fürchtet, dass seine Großmutter sterben könne, wenn er mit den Eltern in den Ferien ist. Großmutter zeigt hoch zum Himmel zu einer Wolke. Sie erzählt, dass sie nach dem Sterben dort oben sei. Und weil sie von der Erde aus dort oben nicht zu sehen ist, vereinbart sie mit ihrem Enkel eine Verbindung über ein Lied. „Wenn du wiederkommst, Jan, und ich bin nicht mehr da, dann gehst du in den Garten und singst ganz laut unser Lied. Dann höre ich das auf der Wolke und schaue runter und sage tschüss!" Als der Junge aus den Ferien zurückkommt, ist die Großmutter gestorben. Er sucht Wolkenbilder am Himmel und singt das Lied, das er mit seiner Großmutter gemeinsam gesungen hat. Das Lied als verbindendes Element hilft ihm im Abschiedsschmerz. Als kritischen Einwand möchte ich anführen, dass es am Himmel nicht immer Wolken gibt. Bei der Weitergabe dieses Bildes an ein kleines Kind könnte die Frage kommen: „Wo ist die Oma, wenn es keine Wolken gibt?"

In der Bildergeschichte *Mach's gut, kleiner Frosch* bringt Musik gute Bilder der Erinnerung. Die Geschichte handelt von einer personifizierten Froschfamilie, die ein besonderes Ballett für ihren sterbenden Froschältesten aufführt. Nach seinem Tod findet der kleine Frosch Trost in der Erinnerung an den letzten Satz des Ältesten: „Das Schönste daran ist, dass es – niemals – wirklich – aufhört." In einem Traum hört der hinterbliebene Frosch die Musik zum Ballett und „er meinte den ältesten Frosch im Mondlicht tanzen zu sehen, anmutig, leicht und aufrecht. Tanzen für alle, für immer und ewig."

In *Mach's gut, kleiner Freund* spielt Verena nach dem Tod des Kanarienvogels auf der Flöte ihre „Ich-möchte-dich-trösten-Melodie". Dieses Lied spielt sie immer, wenn sie traurig ist. Im Text heißt es weiter: „Ole (der kleine Bruder) hat die Melodie gehört. Da muss er noch mehr weinen. Sie ist so schön und tut so weh." In dem Bilderbuch gibt es Noten und eine Hörspiel-CD mit verschiedenen Liedern.

Auch in dem Bilderbuch *Über den großen Fluss* hilft das Musizieren den Tieren in ihrem Schmerz. Der Hase verabschiedet sich vom Waschbären, „um auf eine Reise zu gehen." Die hinterbliebenen Tiere sind traurig. Während sie in ihrem Kummer umhergehen und an den Hasen denken, stolpert der Elefant über eine Blechdose. Eine Trompete fällt aus seiner Tasche. Der Elefant hebt sie auf. Er beginnt zu spielen und die anderen Tiere begleiten ihn jeder auf seine Weise.

In *Der Bär und die Wildkatze* helfen die Klänge der Geige, die langsam und weich tönen, der trauernden Wildkatze, alte gemeinsame Erinnerungen an den Vogel aufleben zu lassen und langsam wieder Lebensmut zu gewinnen.

Erinnerungsstücke. Eine weitere praktische Anregung in den Bilderbüchern ist es, einen Gegenstand als Verbindungsstück zu behalten. In allen Altersstufen – vom kleinen Kind bis ins hohe Alter – kann ein Erinnerungsstück an den Verstorbenen bei Einsamkeit und Traurigkeit helfen, die Situation zu ertragen. Schon kleine Kinder halten Verbindungsstücke wie einen Stofffetzen oder einen alten Teddybären fest, weil sie ihnen bedeutsam sind und Sicherheit geben. In *Paneelos Melodie* verzweifelt die Blumenelfe Luleila, als sie ihren leblosen Freund Paneelo findet. Als Andenken erhält sie seine Flöte. Dieser Gegenstand verhilft ihr zu einer Verbindung mit ihrem toten Freund und gibt ihr Kraft, ins Leben zurückzufinden. „Am Rande der Wiese stellte sie sich vor die Blumen und seufzte tief. Was sollte sie jetzt nur machen? Sie mochte nicht singen und nicht tanzen. Nein, das wollte sie nicht. Ihre Finger spielten an der Flöte. Sie könnte Paneelos Melodie spielen, dachte sie. Das würde die Blumen wecken. Sie setzte die Flöte an den Mund und blies hinein. Erst nur leise, dann jedoch immer lauter. Sie spielte seine Melodie ... und sie spielte es nur für ihn. Es war, als würde sie wieder Leben in ihre Welt einhauchen."

In der Bilderbuchgeschichte *Seinen Opa wird Jan nie vergessen* bekommt ein kleiner Junge ein rotes Taschentuch von seinem verstorbenen Großvater als Erinnerungsstück. Großvaters Gewohnheit, einen Knoten ins Taschentuch zu machen, übernimmt der Enkel als Erinnerungsstütze, um immer wieder an ihn zu denken. Früher machte Großvater einen Knoten in sein rotes Taschentuch, um seine Versprechungen an ihn einzuhalten.

In dem bebilderten Buch *Mama Luftballon* ist es auch ein Verbindungsstück, das dem zurückbleibenden Jungen bei seinem Schmerz über den Verlust seiner Mutter hilft. Es ist das Tagebuch der krebskranken Mutter. Sie hatte in den letzten Wochen viele schöne gemeinsame Erinnerungen für ihren Sohn aufgeschrieben. Zitat des Jungen: „Wie war ich da froh, von Mama etwas in der Hand zu halten: Und so bin ich mit dem Buch schlafen gegangen. Jeden Tag habe ich von Mama gelesen." Die Mutter hatte dem Jungen zu dem Tagebuch eine Kiste mit Luftballons zum Aufblasen gegeben. Aus dem Tagebuch der Mutter: „Wenn du dann traurig bist, so blase Luftballons auf, so viele wie du aufblasen kannst." Zu dem Buch *Mama Luftballon* gehören als Beilage das Tagebuch der Mutter und ein Luftballon.

In manchen Bilderbüchern stellen sich die Kinder ein Foto von dem Menschen auf, den sie vermissen. So heißt es in *Opa kommt nicht wieder*: „Florian seufzt sehr tief. Er legt sich auf die Seite. Jetzt kann er Opa ansehen. Er hat sein Foto auf den Schrank gestellt. Seine Leselampe gibt genug Licht. Jetzt kann er sehen, wie Opa ihn anlacht."

In dem Bilderbuch *Was kann Lukas trösten?* helfen Erinnerungsstücke bei der Traurigkeit nach dem Verlust eines Haustieres: „Als Lukas am nächsten Morgen ins Zimmer kommt, steht Paulines Korb nicht mehr an seinem Platz. ‚Ich habe ihn auf den Dachboden gestellt', erklärt Mama. Lukas schaut auf den leeren Platz im Zimmer. Wie still es ohne Pauline ist! Paulines Ball liegt noch unter dem Tisch. Lukas hebt ihn auf. ‚Darf ich ihn als Andenken behalten?', fragt er. Dann läuft Lukas in sein Zimmer. Er holt eine Kiste aus seinem Schrank. Darin liegen lauter schöne Dinge: Vogelfedern, Schlüssel, Muscheln … Lukas legt Paulines Ball dazu."

In *Ist Omi jetzt ein Engel?* hält Miriam ihre Puppe fest im Arm und sie hält mit ihr Zwiegespräche. Großmutter hatte ihr die Puppe, die sie bereits von ihrer Großmutter bekommen hatte, zum Abschied geschenkt. Die Puppe war das liebste, was Großmutter zu verschenken hatte. Sie erzählt ihrer Enkelin: „Immer wenn es mal dunkel um mich herum wurde, hat sie mich getröstet." Nach dem Tod der Großmutter wird die „Trostpuppe" für die kleine Enkelin ein wichtiger Begleiter (Abb. 12).

Abb. 12: *Ist Omi jetzt ein Engel?*

In der bebilderten Geschichte *Anja nimmt Abschied* gibt eine gemeinsam gestickte Decke dem hinterbliebenen Kind Trost. Anja stickt und näht mit ihrer sterbenskranken Tante an einer Patchworkdecke. Während vieler gemeinsamer Stunden, in denen sie an dieser Decke arbeiten, reden sie über schöne Erinnerungen. Das selbst gestaltete Muster der Decke wie auch die Tätigkeit beim Sticken lösen viele Gedanken aus, zu denen auch der bevorstehende Tod der Tante gehört. Es entwickeln sich Gespräche um die Sinnfrage und Gott. Die Tante stirbt. Die Decke, mit der die Erinnerung an viele Gespräche verbunden ist, bleibt für die zurückbleibende Anja ein Trostgegenstand.

Imaginärer Begleiter. Manchen kleinen Kindern sind Phantasiegefährten vertraut. Es sind ausgedachte oder abwesende Figuren, die jederzeit in Gedanken und Vorstellungen verfügbar sind. Sie helfen den Kindern, wenn sie allein sind. Die Erinnerung an einen lieben Menschen kann so intensiv sein, dass er oder sie wie ein unsichtbarer Begleiter in Gedanken weiterhin da ist.

Die bebilderte Geschichte *Lea und König Wuff* handelt von dem kleinen Mädchen Lea und ihrem imaginären Begleiter, dem Hund Wuff. Nur Lea kann ihren Hund sehen und hören. Er hilft ihr bei der Verarbeitung des Todes ihrer Großmutter.

In der Geschichte *Meine Schwester ist ein Engel* fällt ein kleiner Junge in der Schule durch Träumerei und merkwürdige Fragen auf. Er beschäftigt sich mit den Engeln und auch mit seiner toten Schwester, die er sich als einen unsichtbaren Engel vorstellt. In seiner Vorstellung ist die Schwester als ein durchsichtiger Engel bei ihm. Es geschehen wundersame Dinge, weil der Junge Wunsch und Wirklichkeit vermischt. Mit Hilfe der liebevollen Erwachsenen löst er sich allmählich von der Schwester als seiner imaginären Begleiterin.

In dem Bilderbuch *Das Mädchen unter dem Dohlenbaum* macht sich ein kleines Mädchen nach dem Tode des geliebten Vaters viele Gedanken um den Tod und auch um das Leben. Sie erzählt von ihren Gedanken wie: „Ich denke mir immer Spielkameraden aus, die mir zuhören und ich höre dafür ihnen zu." (Abb. 13)

In *Kevin Kanin oder Als es dunkel wurde am Lohewald* gehört das verschwundene Kaninchenkind weiter zu den Spielkameraden. In deren Vorstellung spielt der kleine Freund mit ihnen so, wie es immer war (Abb. 14).

In *Papa hat Krebs* ist der abwesende Vater für den Protagonisten „fast wie ein kleiner Fernseher in mir". Dieses Bild hilft dem Jungen, sich den Vater vorzustellen und mit ihm zu reden, auch wenn er nicht da ist.

Bildhaft besonders gut umgesetzt wird die Idee eines imaginären Begleiters in den beiden folgenden Bilderbüchern. In *Drache, kleiner Drache* hilft ein geheimnisvoller Drache dem kranken Matthis. Der geschwächte Junge zieht sich in großem Schmerz von den anderen Kindern des Krankenzimmers zurück. Während die anderen schlafen, sieht er plötzlich einen Drachen vor sich, wie er ihn aus einem Bilderbuch kennt. Er steigt auf seinen Rücken und fliegt mit ihm aus dem Krankenzimmer in die weite

Abb. 13: *Das Mädchen unter dem Dohlenbaum*

Welt. Sie überfliegen wunderschöne Landschaften. Matthis fühlt sich wohl mit seinem Drachen. Bei schmerzhaften medizinischen Behandlungen tröstet ihn der Drache und so hat Matthis keine Angst mehr. Eines Tages sagt der Drache, dass er nicht wiederkommen wird, weil ihn noch viele andere kranke Kinder brauchen. Er verrät dem

Abb. 14: *Kevin Kanin oder Als es dunkel wurde am Lohewald*

kranken Jungen ein Geheimnis über die innere Vorstellungskraft: „Du mußt ganz fest an mich denken, dann bin ich ganz innen drin bei dir ... Du denkst einfach an all das Schöne, das wir beide erlebt haben. Und dann ist es so wie gestern und vorgestern." Und er verspricht dem Jungen, immer wieder zu kommen, wenn er an ihn denkt.

In der personifizierten Tiergeschichte *Über den großen Fluss* verabschiedet sich der Hase und entschwindet über einen Fluss. Der zurückbleibende Waschbär zieht sich zurück. Er sitzt auf einem Stein und weint. Dann beginnt er mit dem Hasen ein Zwiegespräch. „Du bist stark wie ein Hase und ich bin stark wie ein Waschbär. Und das reicht." Weiße Kreidestriche lassen die Umrandung des Hasen erkennen. Die zarte Strichführung zeigt, dass der Hase nicht wirklich, sondern nur in Gedanken anwesend ist. Als die anderen Tiere von dem endgültigen Abschied des Hasen hören, gehen sie zusammen eine Runde. „Ganz still. Jeder für sich." Über den Tieren, die mit gesenkten Köpfen umherlaufen, sind strichartige Figuren als Gedankenbilder zu erkennen (Abb. 15).

Anregungen, einen Abschied vorzubereiten. Menschen, die sich dem Tod nahe fühlen und überdenken, wie sie dem zurückbleibenden Kind bei dem bevorstehenden Abschied helfen können, finden in Bilderbüchern Anregungen dafür. Beispiele für

Abb. 15: *Über den großen Fluss*

einen bewusst gestalteten Abschied gibt es in der Geschichte des krebskranken Vaters *Papi, wir vergessen dich nicht.* „Wir überlegen, was wir noch zusammen erleben und gegenseitig fragen und sagen wollen. Wir reden miteinander, oder wir sitzen auch nur zusammen und schweigen. Einmal haben wir alle ein richtig tolles Festessen gekocht und gemeinsam gefeiert, fast wie früher." Der Vater schenkt jedem Kind etwas von seinen Sachen.

Einen entlastenden, hilfreichen Wortwechsel gibt es in *Abschied von Tante Sofia*: „Fürchtest du dich vor dem Sterben?", fragt Fabian. „Vor dem Sterben?" Tante Sofia überlegt lange. Dann sagt sie leise wie zu sich selbst: „Vor dem Sterben fürchte ich mich nicht. Ich fürchte mich vor Schmerzen und davor, alleine zu sein. Wenn einer in der letzten Stunde meine Hand hielte, das wäre gut." ... „In der Nacht ist Tante Sofia gestorben", sagt die Mutter. „Man hat mich angerufen. Ich bin sofort hingefahren." „Hast du ihre Hand gehalten?", fragt Franziska. „Ja, bis zum letzten Augenblick." Franziska wird allmählich ruhiger. Sie hört auf zu weinen.

In dem Bilderbuch *Großvater und ich und die traurige Geschichte mit dem kleinen Kätzchen* gibt es ebenfalls Anregungen, den Abschied kindgemäß vorzubereiten und Hilfen zur Bewältigung im Voraus zu zeigen. Marie besucht ihren Großvater auf dem Land und verbringt mit ihm eine schöne Zeit. Er lässt sie am Leben auf dem Bauernhof teilhaben und erzählt ihr von den Geheimnissen des Lebens. Sie erleben Augenblicke mit großer Nähe. Als eine kleine Katze stirbt, erklärt der Großvater seiner Enkelin, was Sterben meint. Er beantwortet ihr alle Fragen und lässt sie an dem Geschehen nach dem Tod des Tieres teilhaben. Er zimmert für die tote Katze ein kleines Holzkästchen und vergräbt es mit der Enkelin in der Erde. Sie setzen ein Holzkreuz auf das Grab, verzieren es mit Steinen und pflanzen Blumen. Sie sprechen über grundlegende Fragen des Lebens und Sterbens. Im Verlauf der Geschichte erkrankt der Großvater. Er redet mit der Enkelin über sein bevorstehendes Sterben und bald darauf stirbt er. Marie erinnert, was der Großvater vom Sterben und dem Danach erzählt hat.

Aus meiner Sicht sollte die erwachsene Bezugsperson vor dem Lesen dieses Buches mit dem Kind überprüfen, ob sie mit der Beantwortung der Sinnfragen übereinstimmt. So fragt die Enkelin ihre Großmutter nach dem Tod des Großvaters: „Kann ich auch in den Himmel kommen?" Die Antwort heißt: „Oh, ja, Gott hat einen Platz bereit für dich und für mich, wenn wir nur auch einen Platz für ihn in unserm Herzen haben." Auf die Fragen nach dem „Warum" des Sterbens heißt es im Text: „Aber weil heute die Menschen von Gott getrennt sind durch all das Böse und Schlechte, das sie getan haben, müssen sie sterben." Nach meiner Erfahrung kann diese Aussage bei Kindern Ängste wecken.

Es gibt Bilderbuchgeschichten, in denen es vor dem letzten Abschied zu besonderen Erfahrungen kommt. In den beiden folgenden Geschichten wollen die Großmütter ihren Enkelkindern besonders schöne Erlebnisse in der Natur weitergeben. In *Eine Sonne für Oma* erzählt die Großmutter von ihrem inneren Erleben, wie die Sonne ihr zum Leben Kraft gibt. „Zieh die Vorhänge auf. Ich möchte dir etwas Schönes zeigen!' Draußen ist es noch ganz finster, doch über den Hügeln liegt ein heller Schimmer. ‚Siehst du Tim, da hinten geht bald die Sonne auf!' ... Von Minute zu Minute wächst das Lichtband über den Hügeln und färbt sich rötlich ... ‚Schau mal, Tim, es sieht so aus, als ob es hinter den Hügeln glänzt!' Nach und nach kann Tim in der Morgenröte Farben unterscheiden."

In der Geschichte *Das Licht in den Blättern* fühlt sich die Großmutter dem Ende nahe. Sie sagt: „Ich muss bereit sein." Sie ordnet ihr Leben und zeigt ihrem Enkelkind während eines Spaziergangs wie zum Abschied die Schönheit in der Natur. „‚Da!', sagte Großmutter: ‚Siehst du, wie das Licht in den Blättern glitzert?' ‚Da!', sagte Großmutter: ‚Siehst du, wie die Wolken am Himmel sich wie zu einem Plausch versammeln?' ‚Da!', sagte Großmutter: ‚Siehst du, wie der Pavillon sich im Wasser spiegelt? Hörst du die Vögel? Kannst du die warme Erde riechen? Probier, wie der Regen schmeckt!'" Zu diesem fast übertriebenen Mitteilungsbedürfnis der Großmutter möchte ich eine Anmerkung machen: Zweifellos ist der Gedanke, Kindern eigene berührende Erlebnisse weiterzugeben, gut. Jedoch wäre es wünschenswert, diese Hinweise nicht geballt am Ende des Lebens, sondern immer wieder beim gemeinsamen Spielen und bei ruhigen Spaziergängen zu geben. Ich möchte noch auf eine Stelle am Ende der Geschichte aufmerksam machen, um dadurch auf mögliche Fragen des Kindes vorzubereiten. Am Abend schläft das Kind mit der Großmutter in ihrem Bett ein. Im Text heißt es: „Dann kletterte sie (die Enkelin) in Großmutters Bett, umarmte sie und zum allerletzten Mal schliefen Großmutter und Enkeltochter fest umschlungen bis in den Morgen." Die Vorstellung, dass die Großmutter in der Nacht verstirbt und das Enkelkind am nächsten Morgen neben der toten Großmutter aufwacht, kann nach dem Anschauen des Bilderbuchs ein unangenehmes Gefühl hinterlassen.

Begriffe verdeutlichen. Bilderbücher helfen, Begriffe zu vermitteln. Konkrete farbige Bilder und einfache Sprachbilder machen das unbegreifliche Ende des Lebens vorstellbar. Verständliche Sprache erleichtert es dem Erwachsenen, dem fragenden Kind eine Antwort zu geben. In dem Bilderbuch *Abschied von Opa Elefant* heißt es: „Der Tod ist ein großes Geheimnis. Niemand weiß genau, was passiert, wenn man stirbt. Das muß jeder für sich alleine erleben, und das ist das Besondere daran." Sogar Begriffe wie Palliativstation oder Hospiz werden in einigen Bilderbüchern in kindgemäßer Sprache und mit geeigneten Bildern erklärt. So heißt es in *Tschüss Oma* zur Palliativstation: „In diese Station dürfen Menschen, die wegen ihrer Krankheit nicht mehr lange zu leben haben. Der komische Name kommt daher, weil ‚pallium' Mantel heißt. ... als hätte man einer normalen Krankenstation einen dicken Mantel drüber gezogen, um die Kälte draußen zu lassen."

Beispiele: *Das Mädchen unter dem Dohlenbaum. Du fehlst mir* (zum Begriff „vermissen"). *Tschüss Oma* (zu den Begriffen „Hospiz" und „Palliativstation"). *Und wer baut dann den Hasenstall wenn Opa stirbt?* (Abb.16) (zum Begriff „Hospiz")

Über eine Krebserkrankung reden. Wie rede ich mit einem krebskranken Kind über seine Erkrankung und was sage ich, wenn es nach dem Sterben fragt?

Abb. 16: *Tschüss Oma*

Hirntumorerkrankung oder Leukämie werden in einigen Alltagsgeschichten mit Kindern als Protagonisten sachlich und verständlich erklärt (z. B. *Julie ist wieder da. Eugen und der freche Wicht*). Die bebilderten Erklärungen der sachbuchähnlichen Bücher wenden sich an Kinder als Zielgruppe und helfen dem Erwachsenen, mit Kindern über dieses schwer ansprechbare Thema zu reden.

In der therapeutischen Arbeit mit Kindern, die in ihrem Umfeld eine Krebserkrankung erleben oder auch selbst erkrankt sind, sollten nach meiner Erfahrung nur Bücher für den Gesprächseinstieg gewählt werden, in denen der Protagonist nicht stirbt.

Beispiele: *Die Papierkette. Wann kommst du wieder, Mama? Aufgeben tut man einen Brief. Als der Mond vor die Sonne trat. Als der Mond die Nacht erhellte* (zur Krebserkrankung einer Mutter). *Ritter in meinem Blut. Mein Name ist Jason Gaes. Drache, kleiner Drache. Christian. Die Fleckenfieslinge. Mein wunderschöner Schutzengel. Jeden Tag leben* (zur Krebserkrankung eines Kindes*)*.

Anders ist die Situation, wenn ein zurückbleibendes Kind nach dem Tod eines geliebten Menschen, der an einer Krebserkrankung verstorben ist, trauert.

Beispiele: *Papi, wir vergessen dich nicht. Papa hat Krebs* (zur Krebserkrankung eines Vaters). *Mama Luftballon* (zur Krebserkrankung einer Mutter). *Wenn ich nicht mehr bei dir bin, bleibt dir unser Stern. Lara's Schmetterlinge* (zur Krebserkrankung eines Kindes). *Anja nimmt Abschied* (zur Krebserkrankung einer Tante).

Gefühle zulassen. In dem Bilderbuch *Aufgeben tut man einen Brief* reagiert die kleine Protagonistin zunächst sehr heftig, als sie plötzlich unerwartet ihre krebskranke Mutter ohne Haare sieht. Dieses Bild und der dazugehörende Text können ein betrachtendes Kind in einer ähnlichen Situation ermutigen, auch über eigene Gefühle zu sprechen (Abb. 17).

Beispiele: *Papa, wo bist du? Du bist immer noch bei mir. Justus ist traurig. An Großvaters Hand. Paneelos Melodie. Mein trauriges Buch. Für immer und ewig. Gehört das so??!*

Trauerverhalten (siehe auch S. 77–81). Kinder erleben beim Lesen und Betrachten der Bilderbuchgeschichten, dass sie mit ihrer Trauer nicht alleine sind. Themen wie das häufig auftretende Scham- oder auch das Schuldgefühl können über die Protagonisten einer Geschichte leichter angesprochen werden. Bilder und Text helfen dem erwachsenen Begleiter, Zugang zu dem Trauerverhalten eines Kindes und auch verständliche Sprache zu finden.

Beispiele: *Vier Pfoten am Himmel. Die Blumen der Engel. Wenn Oma nicht mehr da ist. Gehört das so? Mama Luftballon. Meine Mutter ist in Amerika und hat Buffalo Bill getroffen. Wenn Oma nicht mehr da ist. Papas Arme sind ein Boot* (zum Trauerverhalten von Kindern). *Leb wohl, lieber Dachs. Der Bär und die Wildkatze. Gehört das so? Für immer und ewig. Jolante sucht Crisula* (zum Trauerverhalten von personifizierten Tieren).

Abb. 17: *Aufgeben tut man einen Brief*

Kasten 16: *Einsatzmöglichkeiten der Bilderbücher*

Bilderbücher können helfen,
- Sprache und Bilder für die eigene Auseinandersetzung zu finden,
- miteinander ins Gespräch zu kommen,
- praktische Anregungen durchzuführen,
- etwas fortzuführen,
- Rituale kennenzulernen und einzuüben,
- Trost im Glauben zu finden,
- Rollenspiele zu machen,
- Musik als Kraftquelle zu nutzen,
- Erinnerungsstücke zu verwenden,
- imaginäre Begleiter zu haben,
- den Abschied vorzubereiten,
- Begriffe zu verdeutlichen,
- über eine Krebserkrankung zu reden,
- Gefühle zuzulassen,
- Trauerverhalten der Kinder zu verstehen.

8. Die positive Kraft der Bilderbücher

Welchen Einfluss haben Abbildungen auf die Entstehung von Vorstellungsbildern?

Mit Abbildungen können komplizierte Sachverhalte oder Gedanken, die mit Worten schwer oder nur langatmig erklärt werden könnten, einfach, übersichtlich und einprägsam dargestellt werden. Manche Abbildungen geben nicht die Realität wieder, sondern lassen eigene Vorstellungsbilder entstehen. Ob die Darstellungen Abbilder von Gesehenem oder Gebilde der Phantasie sind, hat für ihre Übernahme keine wesentliche Bedeutung. Abbildungen können den Aufbau von eigenen Vorstellungsbildern beeinflussen, sie wecken oder auch verhindern. Jeder Erwachsene weiß auf Grund eigener Erfahrung, wie außerordentlich Märchen, die nur über das Hören aufgenommen werden, die Phantasie anregen und Bilder hervorbringen, die ein Leben lang bleiben.

Kinder gleichen Alters reagieren bei denselben Abbildungen eines Bilderbuches höchst unterschiedlich. Manche fühlen sich angeregt zum Erzählen, manche stellen Fragen, andere beachten die Bilder nicht, wollen weiterblättern oder nehmen etwas wahr, was ein anderer nicht abgebildet sieht. Die Wirkung von Abbildungen auf die Entstehung von inneren Bildern hängt von einer Vielzahl von Faktoren ab. Alter, Reifegrad, Vorerfahrungen und Gefühlsstimmungen in der augenblicklichen Situation beeinflussen den weiteren Umgang mit dem gesehenen Bild. Besonders wirksam und einprägsam ist eine Abbildung, wenn sie gefühlsmäßig verankert ist. Eine Verankerung kann insbesondere dann gelingen, wenn die Erzählung den Zuhörenden oder Lesenden innerlich berührt.

Können Bilderbücher bei einer Annäherung an Sterben und Tod helfen?

Solange wir vom Sterben nur eine diffuse, allgemeine Vorstellung haben, die mit Schmerz und Angst besetzt ist, fühlen wir uns dem Unbekannten ausgeliefert. Die Vorstellung vom Nichts, der Leere – „ohne mich, ohne Raum, ohne Zeit" – die sich mit dem Sterben verbindet, macht Angst. Das Gefühl ist eigentlich ohne Gegenstand. Angenommen, das Nichts wäre mit einer formhaften Gestalt, mit Farben, Mustern gefüllt, dann gäbe es einen Anlass zum Hinschauen und Überlegen. Es gäbe eine Ursache zur Auseinandersetzung. Schlussfolgernd ist es also gut, dem Nichts ein Bild zu geben. Ein Bild fordert heraus, sich Gedanken zu machen. Im Bild realisieren sich Vorstellungen, die zunächst im Kopf herumschwirren und nicht greifbar sind. Bilder stellen etwas dar und in ihrer Darstellung lassen sie Unfassbares sichtbar erscheinen. Sowohl in den Motiven als auch in der Strichführung, im Zeichen- oder Malstil und in den Farben drücken sich Empfindungen aus.

Wie kann der Tod sprachlich oder bildhaft verständlich gemacht werden? Der Tod liegt außerhalb jeglicher Erfahrung. Er kann sinnlich nicht wahrgenommen werden, er ist gegenstandslos, abstrakt. Es ist ein Bedürfnis von Erwachsenen wie Kindern, Gegenstandsloses mit Hilfe von konkreten Bildern darzustellen und somit annähernd begreifen zu können.

Die Frage, ob Bilddarstellungen dem Kind speziell in der Auseinandersetzung mit dem Tod helfen können, ist nach meiner Erfahrung zu bejahen. Bilder füllen das Sprach- und Gestaltlose, das mit dem Lebensende verbunden ist. Bei allen Überlegungen zum Einsatz von Bilddarstellungen in der Annäherung an den Tod muss allerdings auf die nicht planbare und nicht vorhersagbare Wirkung der Bilder hingewiesen werden. Jeder Einzelne hat seine eigene Lebensgeschichte, zu der vielfältige Vorerfahrungen gehören. Hinzu kommen die realen Bedingungen des Lebens im gegebenen Augenblick, die Gesprächssituation und die emotionale Befindlichkeit.

> Bilddarstellungen zu Sterben und Tod aus den Bilderbüchern können helfen,
> - Abstand von gewohnten Vorstellungen zu ermöglichen,
> - verdrängte Empfindungen wieder zu entdecken,
> - gegenstandslose Begriffe begreifbar zu machen.

Die alltägliche Erfahrung bestätigt, was auch in wissenschaftlichen Untersuchungen belegt wird: Beruhigende Bilder helfen, gelassener mit ehemals Angst erregenden Gedanken umzugehen. Gute Bilder verhelfen zu innerer Ruhe. Gute innere Bilder vom Tod helfen also, gelassener mit dem Gedanken an das Lebensende umzugehen.

Einen schematischen Überblick über die vielfältigen Einwirkungen beim Betrachten eines Bilderbuchs liefert das Schaubild auf der folgenden Seite.

Was bewirkt ein solches Bilderbuch?

Erlebnisse in der frühen Kindheit haben einen prägenden Einfluss auf die weitere Entwicklung. Ein Kind, das im frühen Alter ein geborgenes Gefühl beim Betrachten von Bilderbüchern erlebt, wird dieses Empfinden später in sich tragen.

Was bleibt von einem solchen Gespräch, das sich beim gemeinsamen Betrachten eines Bilderbuches entwickelt hat? Bei der Suche nach einer Antwort, die in Bezug auf das vor einem sitzende Kind erst nach vielen Jahren gegeben werden könnte, hilft es, an die eigenen frühen Erfahrungen zu denken. Geht es nicht hauptsächlich um das Gefühl, mit allen Fragen ernst genommen zu werden und sich in einer geborgenen Beziehung sicher gehalten zu fühlen? Es wird einem Kind in der psychischen Entwicklung helfen, wenn es das Erleben in sich trägt, vertrauensvoll mit einem Menschen über alle Fragen und Ängste vor dem Tod und dem Sterben geredet zu haben. Vielleicht

Schaubild 3: *Einwirkungen beim Betrachten eines Bilderbuchs*

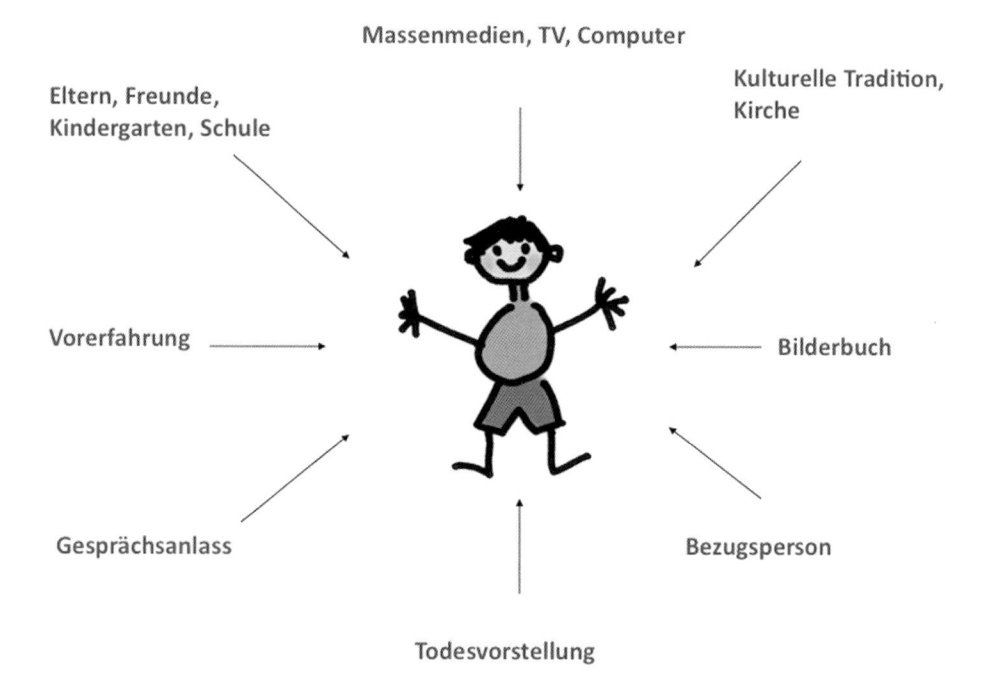

```
                    Massenmedien, TV, Computer
Eltern, Freunde,              │           Kulturelle Tradition,
Kindergarten, Schule          │           Kirche
              ↘               ↓              ↙
Vorerfahrung  →           [Kind]           ←  Bilderbuch
              ↗               ↑              ↖
Gesprächsanlass               │           Bezugsperson
                         Todesvorstellung
```

ist das Gefühl von Geborgenheit und Zuversicht bei einem solchen Gespräch wichtiger als einzelne Worte. Wenn ein Kind von früh an aufrichtige Gespräche über Sterben und Tod erlebt hat, wird es wahrscheinlich auch in späteren Jahren frei und offen über Fragen zu diesem Thema sprechen können.

Das geeignete Buch. Jedes Kind reagiert anders; es überrascht mit seinen ihm eigenen Vorlieben beispielsweise für Farben, Mal- bzw. Zeichenstil und auch die umschreibenden Worte.

Das Bilderbuch *Der kleine Bär und sein Opa* wird wegen seiner bildnerischen Darstellungen von Kritikern oft als kitschig bewertet. An Argumenten wird aufgeführt: „Das Stereotyp des Niedlichen, das dieser friedlich schlafende Bär versinnbildlicht, passt nicht zu dem realen schmerzlichen Sterbevorgang. Mit solchen Bildern wird Kindern eine heile Welt vorgespielt, die es nicht gibt."

Aus einer Bilderbuchbetrachtung: Der 8-jährige Ole sieht das Bilderbuch *Der kleine Bär und sein Opa*, und will es anschauen (Abb. 18). Dem 8-Jährigen gefällt besonders an dem Buch, „dass der Opa Bär so lieb aussieht, wie er da mit den gefalteten Händen im Bett liegt." Oles Großvater ist vor einem Jahr verstorben. Das Bild des friedlich entschlafenen Bären hilft Ole bei der Verarbeitung des Todes seines Großvaters. Aus

Abb. 18: *Der kleine Bär und sein Opa*

Oles Erzählungen wird deutlich, dass dieses Bild bei ihm die Vorstellung ausgelöst hat: „Sterben meint, Frieden finden."

Die bildhafte Umsetzung vom Sterben des Bärengroßvaters hinterlässt einen beruhigenden Eindruck. Sterben wird hier als „ruhig schlafen" dargestellt. Gefühlsmäßig vermittelt die Identifikationsfigur, hier der kleine Bär, in der Geborgenheit der Mutter beschützt zu sein. Warme Farbtöne und ein helles kleines Lampenlicht untermalen diese Stimmung. Dieses Bild vom Sterben kann bei Kindern auch eine Anregung geben, nicht nur die einzelnen Figuren wahrzunehmen, sondern sich gefühlsmäßig in die Situation hineinzuversetzen und eine Ahnung von Todesehrfurcht zu spüren.

Wie kommt es, dass manche Geschichten gut haften bleiben, andere sofort wieder vergessen werden? Nach lernpsychologischen Erkenntnissen bleiben vor allem solche Geschichten im Gedächtnis, die innerlich berühren.

Gefühle. In den Bilderbüchern, in denen von Sterben und Tod erzählt wird, zeigen Kinder und Erwachsene bei Traurigkeit ihre Gefühle; sie weinen. Kinder werden liebevoll getröstet und finden Verständnis bei ihrem Kummer. Es hilft den betrachtenden Kindern, wenn sie wahrnehmen, dass sie mit ihrer Traurigkeit nicht allein sind. So verhelfen Bilderbücher dazu, über Gefühle zu sprechen.

In dem Bilderbuch *Abschied von Rune* geht es um die gefühlsmäßige Verarbeitung bei einem kleinen Mädchen nach dem Tod ihres Freundes Rune. Die Farben der Bilder, die in zartem Aquarell gemalt sind, verschwimmen leicht miteinander. Es scheint, als läge ein Tränenschleier über ihnen. Die Traurigkeit und die chaotischen Gefühle werden ausgesprochen. Diese Gefühle sind ehrlich; sie dürfen zugelassen werden. Es gibt verständnisvolle Bezugspersonen, die im Schmerz weiterhelfen. Zitat: „In den Armen der Großmutter fängt Sara an zu weinen. Sie weint und weint. Das Weinen kommt tief aus ihrem Bauch heraus. Sie kann gar nicht aufhören. Und Großmutter streichelt Sara und wiegt sie, und versucht, sie zu trösten." (Abb. 19)

Abb. 19: *Abschied von Rune*

Abb. 20: *Mein trauriges Buch*

In der Geschichte *Mein trauriges Buch* wird bildhaft tiefe Traurigkeit gezeigt. Nur durch die dargestellte Körperhaltung oder die Gesichtsmimik kann man hier vermuten, dass Tränen fließen: Ein Vater sitzt mit gekrümmtem Rücken, den Kopf in die Hand gestützt traurig vor dem Bild seines verstorbenen Sohnes (Abb. 20). Ein solches Bild kann anregen darüber zu sprechen, dass es tiefe Traurigkeit auch ohne Tränen gibt.

Die erwähnten Bilder bieten Anknüpfungspunkte über die Gefühle der Figuren aus der Geschichte und auch über die eigenen zu reden.

Phantasie und Neugierde. Die Abbildungen in den Büchern sollen den Kindern genügend Spielraum für eigene Bilder und Vorstellungen vom Danach lassen. Ein bemerkenswertes Bilderbuch ist *Die Reise nach Ugri-La-Brek* von *Thomas und Anna-Clara Tidholm*. Die Geschichte beginnt nach dem Tod eines Großvaters. Die beiden Enkelkinder Max und Jule fühlen sich ratlos und allein gelassen. „Und Mama will nichts sagen. Und Papa weiß von nichts." Die Kinder begeben sich auf eine Reise, bei der sie von der Wirklichkeit in die Phantasie hinübergleiten. Sie gelangen zu „der anderen Seite der Welt" hinter einen großen dunklen Fluss, wo „schreckliche Vögel in der Dunkelheit schreien." Dort, auf „einem schmalen Streifen, wo Himmel und Erde sich treffen und miteinander flüstern" liegt ein Dorf. Das Dorf heißt Ugri-la-Brek und das bedeutet, das „Dorf-wo-der-Rauch-steil-aufsteigt". Die Kinder finden dort den Großvater, ruhig und zufrieden am warmen Kamin sitzend. Die Kinder spüren, dass es ihm gut geht. Erleichtert erfahren sie, dass sie keine Schuld an seinem Verschwinden haben. Die Kinder fragen den Großvater: „Ist es, weil wir die Treppe immer so rauf- und runtergetrampelt sind?" Er antwortet: „Nein, überhaupt nicht."

Aus zwei Bilderbuchbetrachtungen: Ich habe das Bilderbuch *Die Reise nach Ugri-La-Brek* mit zwei Kindern, 7 und 9 Jahre alt, angeschaut. Beide Kinder zeigen unterschiedliche Reaktionen. Der 9-jährige Arne zeigt nach dem Lesen keine Bereitschaft, über das Buch zu reden. „Das finde ich langweilig. Ich verstehe das nicht. Wie kommen die in das Dorf?"

Die 7-jährige Teresa reagiert ganz anders. Sie stellt Fragen zu der Geschichte und es ergibt sich ein Gespräch über das, was nach dem Sterben wohl geschieht. Auf die Frage, ob sie hierzu ein Bild malen möchte, nimmt sie sogleich einen Stift. Teresa guckt verschmitzt und ihre Augen beginnen zu strahlen, als wolle sie sagen: „Ich habe eine tolle Idee." Sie beginnt in schnellen Strichen die Umrisse einer Wolke zu malen *(Bild 29)*. Dabei erzählt sie:

„Das ist der Himmel. Engel sind auf den Wolken. Einer ist ein Dirigent. Er hat einen Taktstock in der Hand. Er steht allein auf dieser Wolke. Und hier ist noch eine Wolke, auf der steht ein ganzer Engelschor. Die Engel singen. Hier sind ein Schaf

Bild 29 Teresa, 7 Jahre

und noch ein anderes. Die sind verbunden miteinander. Sie sind auf einer anderen Wolke. Sie ziehen eine Kutsche, auf der ist Gott. Er thront hoch auf dem Wagen. Gott hat eine Peitsche in der Hand, er macht manchmal pitsch (hierbei macht sie ein zischendes Geräusch und holt mit dem Bleistift aus, als wolle sie einem Schaf einen kleinen Klaps geben). Wenn er das manchmal macht, dann will er die Schafe so antreiben. Auf der anderen Wolke sitzt auch einer. Der sitzt da alleine. Der war böse und er wartet jetzt auf Gott. Gott will zu ihm fahren und ihm was sagen." Teresa verwirklicht, was der Kinderbuchautor *Janosch* sich wünscht: Kinder mit Bilderbüchern zum Malen anregen.

Vermittlung von ästhetischer Qualität. Die ästhetische Wahrnehmung wird schon früh durch gute Bilder geprägt. Schon kleine Kinder erfreuen sich an Bildern und zeigen Interesse beim Betrachten. Bilder einer Geschichte können zu einer ungezwungenen Beschäftigung mit Form und Inhalt des Bilderbuches beitragen. So können gute Bilderbücher eine künstlerische Erstbegegnung ermöglichen und eine Empfindung für Schönes wecken und fördern. Besonders Kinder im Grundschulalter haben eine ausgeprägte Fähigkeit, in Bildern zu denken. Dies zeigt sich in ihrer Freude beim gemeinsamen Anschauen von Bildern wie auch beim Malen. Gute Bilderbücher regen bei Kindern vorhandene oder potentielle Fähigkeiten an.

Innere Bilder. Gute innere Bilder vom Tod und dem Danach helfen zu leben. Wer sich die Hölle vorstellt und in der Phantasie Höllenqualen nach dem Leben zu erleiden hat, verbindet ohne nachzudenken mit dem Tod angstvolle Vorstellungen. Wer aber beruhigende Bilder von dem Danach in sich trägt, der wird bei dem Gedanken an den Tod eher gelassen reagieren. In Bilderbüchern zu Sterben und Tod gibt es eine Fülle von hoffnungsvollen Bildern. Das gemeinsame aller Jenseitsbilder in den Bilderbüchern: es sind keine Schreckens-, sondern Hoffnungsbilder. Sie ersetzen die Angst vor dem Nichts durch positive innere Bilder. Konkrete farbige Bilder und einfache Sprachbilder machen das unbegreifliche Ende vorstellbar.

Ein Beispiel aus *Still, ich denke an das Huhn,* einem Buch ganz anderer Art: Das Huhn von Jan Erik ist gestorben. Er sehnt sich nach seinem verstorbenen Huhn. Er vergräbt das tote Huhn, und dabei helfen ihm ein Rabe und ein Hahn. Dann setzt sich Jan Erik auf eine Bank und träumt. Er sehnt sich vom „Hier und Jetzt" in das „Land Später," wo er sein totes Huhn vermutet. In seinem Traum geht er auf die Reise. Auf dem langen Weg dorthin klettert er auf einen Regenbogen, um in das „Land Später" zu schauen. In diesem Buch werden keine Verheißungen oder Versprechungen gegeben – und doch gibt es Hoffnung (Abb. 21). Dieses Bild mit dem Blick über den farbenfrohen Regenbogen hinaus in die unbestimmte Weite kann zu einem tragenden eigenen Bild werden, das in schwierigen Lebenssituationen vor dem inneren Auge erscheint und Ruhe hinterlässt.

Abb. 21: *Still, ich denke an das Huhn*

Kasten 17: *Mögliche Wirkungen auf das Kind beim Betrachten eines Bilderbuchs zu Sterben und Tod*

- Besondere Erlebnisse in der Vorlese- und Erzählsituation,
- Wecken von Lesebereitschaft,
- Einstieg zum Miteinanderreden,
- Vermittlung, Entwicklung von Begriffen, Vorstellungen, Werten,
- Wecken von Phantasie und Neugierde,
- Verarbeiten von Gefühlen,
- Berührung mit ästhetischer Qualität,
- Praktische Anregungen,
- Aufbau von Trostquellen,
- Gute innere Bilder.

9. Darstellungen zu „Sterben, Tod, Totsein und dem Danach" in Bilderbüchern

Vergleich mit der mittelalterlichen „ars moriendi"

Die problembewussten Bilderbücher zu „Sterben, Tod, Totsein und dem Danach" erinnern an die „ars moriendi" aus dem Mittelalter. Diese Sterbebüchlein „über das rechte Sterben" entstanden Anfang des 15. Jahrhunderts. Damals, in den Zeiten der Pest, suchten Schwerkranke Trost und Kraft in Bildern, auf denen Sterbende sich mit grundlegenden Fragen des Lebens, wie Hochmut, Geiz, Raffgier oder auch Liebe, beschäftigten. Diese Bilder sollten helfen, über das eigene Leben nachzudenken, sich zu ordnen und sich auf das Sterben und den Tod vorzubereiten.

Der Grund, warum die vorliegenden Bilderbücher an die „ars moriendi" erinnern, ist die suggestive Kraft, die von den darin enthaltenen Bildern ausgeht. Durch die Art ihrer Darstellung – mit ihren Farben, der Maltechnik und der dadurch vermittelten Stimmung – laden die Bilder sowohl Kinder als auch Erwachsene oder Senioren zum längeren Betrachten ein; sie können so zu einer Auseinandersetzung mit dem Lebensende anregen. Die eigene Erfahrung und die Beobachtung von Bilderbuchlesern jeden Alters zeigen, dass sich die Bilder gut einprägen und dass sie dadurch zu inneren Bildern werden können, die bei wiederholter Betrachtung zu einer veränderten Sichtweise und Einstellung führen. Ob und wie ein Bild auf den Betrachtenden wirkt, kann nicht vorausgesagt werden. Die Empfindungen, die ein Bild hervorruft, sind bei jedem Einzelnen einzigartig und hängen von seinem Alter, seinen Vorlieben, der augenblicklichen Situation und seiner Lebensgeschichte ab. Dementsprechend gibt es nicht nur ein empfehlenswertes Bild vom Sterben, dem Tod, Totsein und dem Danach, das für jeden gleichermaßen geeignet ist. Es geht auch weniger darum, solche Bilder im Moment des Sterbens oder angesichts des eigenen Todes bei sich zu haben, sondern sie als eine Hilfe für die Realitätsbewältigung im Jetzt und Hier zu nutzen.

Bilder zum „Sterben"

Beim Sterben hören die Lebensfunktionen, wie das Laufen, Sehen, Riechen, Schmecken und Fühlen auf. Das Außerkrafttreten der Sinnesfähigkeiten ähnelt dem Zustand beim Ruhen oder Schlafen. Aus diesem Grund zeigen viele Darstellungen vom Sterben im Bilderbuch entweder einen schlafenden Menschen oder ein schlafendes Tier. In den problembewussten Bilderbüchern gibt es neben den Darstellungen von einem sanften Sterben im hohen Alter auch Bilder, die von einem plötzlichen Herausgerissenwerden aus dem Leben erzählen.

Bei den bildhaften Darstellungen vom Sterben sind überwiegend umsorgende Bezugspersonen da, die sich im familiären Umfeld gegenseitig Nähe beim letzten

Abschied geben. Die gemalten und fotografierten Bilder spiegeln die Realität unserer Zeit insofern, als nur vereinzelt Hinweise auf den christlichen Glauben zu finden sind. Die zunehmende Häufigkeit des einsamen Sterbens im Krankenhaus oder im Altenheim wird in die Bilderbücher allerdings nicht aufgenommen.

Hervorzuheben sind einige realistische Bilder, die ohne Scham oder Furcht das Sterben abbilden. Diese ausgewählten Bilddarstellungen können bei Kindern zu einer wahrhaftigen Auseinandersetzung mit Leben und Tod führen.

Sterben im hohen Alter und durch Krankheit. Am häufigsten sterben im Bilderbuch alte Tiere oder hochbetagte Menschen. Bei einer Analyse der verschiedenen Bilderbuchgeschichten fällt ein liebevolles Miteineinander zwischen Jung und Alt auf. In manchen Bilderbuchgeschichten bewähren sich Rituale, die die Kinder von den Großeltern lernen und über deren Tod hinaus als wohltuend erleben.

Je weiter das Sterben gefühlsmäßig von der eigenen Person entfernt ist, um so weniger erscheint es bedrohlich. Für jüngere Kinder ist die Dauer bis zum Altwerden unendlich lang. So rücken die Bilder von sterbenden alten Menschen den Tod weit weg und erleichtern den Einstieg zum Miteinanderreden, ohne zu starke Betroffenheit hervorzurufen. Eine ähnliche Wirkung ist bei der Darstellung von sterbenden alten Tieren zu beobachten.

Eine besonders einprägsame bildhafte Darstellung vom Sterben eines alten Tieres gibt es in dem Buch *Leb wohl, lieber Dachs* von *Susan Varley* (Abb. 22).

Sterben wird hier im Zusammenhang mit Alter und Müdigkeit gesehen und auch verstanden als Befreiung von den Gebrechlichkeiten des Leibes. Die Beobachtung von jüngeren und älteren Menschen, die die Bilder betrachtet und den Text gelesen haben, bestätigt immer wieder: Die Darstellungsweise wie auch die umschreibenden Worte zum Sterben des alten Dachses vermitteln beruhigende Vorstellungsbilder. Mit Sterben ist hier nichts Beängstigendes verbunden. In einem Traum kommt dem Dachs ein schönes Bild über das Sterben. Er, der alte müde Dachs, kann wieder leicht und behende laufen. Seine Beine sind kräftig. Er läuft sicher und schnell in einen Tunnel hinein. Hier gibt es helles Licht, das ihm den Weg zeigt. Für den Dachs bedeutet Sterben, dass er seinen Körper zurücklässt und durch einen langen Tunnel geht. In dem Tunnel gibt es bei einem Seitenausgang einen wegweisenden Pfeil. So entsteht der Eindruck von einem abgesicherten Weg. Der Dachs benötigt bei seinem Lauf durch den Tunnel seinen Spazierstock nicht mehr. Er läuft leichtfüßig und schnell. „Er fühlte sich frei. Es war, als wäre er aus seinem Körper herausgefallen." Dieses Bild erzählt auch von inneren Empfindungen. Kleine symbolträchtige Details wie der weggeworfene Spazierstock oder der wegweisende Pfeil vermitteln Gefühle, die der Dachs beim Durchlaufen des Tunnels erlebt. Empfindungen der Erleichterung, verbunden mit einer Schwerelosigkeit des Körpers und dem Wahrnehmen von Licht, stimmen mit Erfahrungen von Menschen überein, die bereits als klinisch tot galten.

Abb. 22: *Leb wohl, lieber Dachs*

Der Gang durch einen Tunnel findet sich auch in Gedichten, in der Literatur für Erwachsene sowie in der Malerei als metaphorischer Vergleich mit dem Lebensende (vgl. *Dagmar Nick*: *Gezählte Tage. Hieronymus Bosch*, 1450–1516: *Der Aufstieg in das himmlische Paradies,* Gemälde im Dogenpalast in Venedig). Die vielen symbolhaltigen Darstellungen dieses Bilderbuches, die zum längeren Verweilen anregen, können zu einer intensiven Auseinandersetzung führen. Beobachtungen an Kindern lassen eine besondere Wirkung beim Anschauen des in der Ferne verschwindenden Dachses vermuten. Die Aussagen der Kinder enthalten nicht nur Beschreibungen, was geschieht, sondern weisen auch auf eine eigene innere Anteilnahme hin. Sterben wird als ein befreiendes Erleben verstanden.

Aus Bilderbuchbetrachtungen: Johanna, 5 Jahre: „Der Dachs freut sich. Er kann wieder sehen und laufen." „Ich kann mir das vorstellen, der kann auf einmal wieder rennen. Es ist wie ein Hinübergleiten." Markus, 9 Jahre: „Hier ist das Sterben nicht schlimm, fast aufregend."

In *Opas Engel* von *Jutta Bauer* ist das Sterben des Großvaters nur zu erahnen. Die Wörter „sterben" und „tot" werden nicht verwendet (Abb. 23). Das Sterben wird hier im Zusammenhang mit Alt- und auch Kranksein gesehen. Die Geschichte beginnt und endet mit dem Besuch des Enkels bei seinem Großvater am Krankenbett. Der alte Großvater erzählt aus seinem langen Leben und scheint ruhig und zufrieden Abschied

Abb. 23: *Opas Engel*

zu nehmen. Ein unsichtbarer Engel hat den Großvater durch das Leben begleitet, ihn liebevoll beschützt und vor Schaden bewahrt. Am Ende der Geschichte hält dieser Engel den gelöst lächelnden Großvater beschützend fest. Hierzu heißt es im Text: „Großvater war müde und schloss die Augen." Die zarten Farben und die leichte Strichführung unterstreichen die Vorstellung eines mühelosen Übergangs. Die Bilder sind mit nur wenigen Strichen comicartig gemalt und laden zum längeren Betrachten ein. Sie enthalten etwas Anrührendes, auch Komisches und gleichzeitig Trauriges.

Ähnlich wie der Großvater von einem Engel liebevoll im Leben und Sterben begleitet wird, beschützt in dem Buch *Junger Adler* von *Chen Jianghong* ein starker

Abb. 24: *Junger Adler*

mächtiger Adler einen alten chinesischen Weisen und begleitet ihn über den Tod hinaus (Abb. 24). Nach einem tödlich endenden Boxkampf zwischen dem Weisen und einem Herausforderer entschwindet der überproportional groß gemalte Vogel in der Weite des Himmels. Seinen aufrecht sitzenden Herrn trägt der Adler zwischen seinen großen Flügeln.

Sterben als sanftes Hinweggleiten auf den Wolken findet sich bei *Friedrich Hechelmann* in dem Bilderbuch *Ein Weihnachtstraum* (Abb. 25). Auf einem großformatigen Aquarellbild schwebt eine Großmutter in den Wolken. Sie sitzt gemütlich in ihrem Sessel und schaut liebevoll lächelnd durch ihre runden Brillengläser. Auf ihrem Schoß liegt ein geöffnetes Märchenbuch. Die verschwimmenden, ineinander laufenden Farben unterstreichen die märchenhafte Stimmung des Bildes, das allerdings von manchen Kritikern als kitschig bewertet worden ist.

In *Garmans Sommer* gibt es aufrichtige Gespräche über das Sterben zwischen dem Vorschulkind Garman und seinen drei alten Tanten. Tante Borghild bejaht die Frage: „Wirst du bald sterben?" Und sie erzählt: „Dann trage ich Lippenstift auf, ziehe mein

Abb. 25: *Ein Weihnachtstraum*

schönstes Kleid an und fahre mit dem Großen Wagen über den Himmel, bis ich zu einer großen Pforte komme. Durch die Pforte komme ich in einen großen Garten, der genauso schön ist wie dieser hier, nur viel größer." Dann kämmte sie sich ihre silbergrauen Haare mit einer Bürste (Abb. 26).

Beispielhaft für die realistische Darstellung vom Sterben sei hier das Bilderbuch *Oles Großvater stirbt* genannt (Abb. 27).

Das betrachtende Kind identifiziert sich mit Ole, der gemeinsam mit seinem Vater den sterbenden Großvater besucht. In der Nähe seines Vaters und in der Geborgenheit seiner Familie fühlt sich Ole nicht allein. Das betrachtende Kind übernimmt Oles verständnisvolle Anteilnahme.

Fotografien vermitteln Realitätsnähe. In verschiedenen Bilderbüchern erzählen Fotografien sachlich vom Sterben, ohne Entsetzen zu erzeugen oder falsche Vorstellungen zu wecken. Die Geschichte *Der Baum, der nicht sterben wollte* erzählt aus der

Abb. 26: *Garmans Sommer*

Abb. 27: *Oles Großvater stirbt*

Sicht eines Jungen vom Sterben einer alten Afrikanerin (Abb. 28). Auf dem Bild liegt die alte Frau in ihrem Bett mit geschlossenen Augen. Die Hände sind auf der Brust gefaltet. Neben der alten Frau liegt ein dickes Buch. Es erinnert an ein Gebetbuch und lässt den Gedanken aufkommen, dass die Frau kurz zuvor gebetet hat. In einer zweiten Erzählebene ist ein afrikanisches Märchen eingebaut. Wie in einem Gleichnis wird vom Leben als einem Teil der Natur, vom Weiterleben in der Erinnerung erzählt. Dieses Märchen hilft bei der Verarbeitung des letzten Abschieds.

Auf einem Bild aus *Warum lieber Tod ... ?* nehmen vier Enkelkinder betroffen von ihrer Großmutter Abschied. Die überwältigende Traurigkeit der Kinder drückt sich in ihrer leicht gebeugten Körperhaltung, der Mimik und den herablaufenden Tränen aus. Das Bild von den Kindern vermittelt das Gefühl, gemeinsam dieses Leid tragen zu können. So legt der große Bruder seine Hand auf die Schulter der kleinen Schwester, wie um sich festzuhalten und um sie zu trösten. Eines der Mädchen berührt zart die Hand der Großmutter, als wolle es diese liebevoll streicheln. Ein Bruder hat seine Hand behutsam auf den Kopf der Großmutter gelegt. Ein anderes Kind schaut mit

Abb. 28: *Der Baum, der nicht sterben wollte*

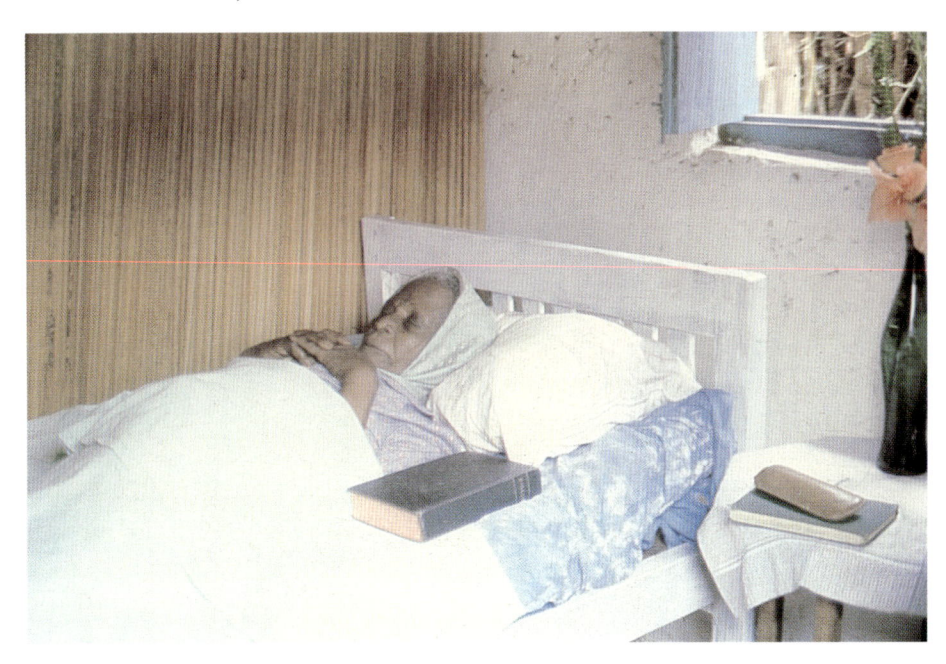

vor Schreck aufgerissenen Augen auf die sterbende oder soeben gestorbene Großmutter. Am Fußende des Bettes steht der Tod in der Gestalt eines Gevatters. Auf dem Nachtisch neben dem Bett steht eine Uhr ohne Zahlen und Zeiger. Dieses Motiv verdeutlicht: Im Moment des Todes steht die Zeit still. Beim Anschauen der weinenden Kinder ergreift den Betrachter ein trauriges Gefühl und er spürt gleichzeitig, dass alle Beteiligten das Schicksal annehmen.

In *Ein Himmel für Oma* nimmt die Familie gemeinsam liebevoll Abschied von der verstorbenen Großmutter. Der Vater nimmt die kleine Tochter in seine Arme und die Mutter steht beschützend hinter dem Sohn, während dieser behutsam eine Hand der Großmutter berührt. Leider sind die Augen der Eltern auf dem Bild so erschreckend aufgerissen gemalt, dass für mich auch etwas Beängstigendes von dem Bild ausgeht.

In einer anderen Bilderbuchgeschichte umarmt der Großvater liebevoll die verstorbene Großmutter, während das Enkelkind Rosen auf ihr Bett legt (*Als Oma ein Vogel wurde,* Abb. 29).

Beispiele: *Wenn Oma nicht mehr da ist. Großvater und ich und die traurige Geschichte mit dem kleinen Kätzchen. Ich will etwas vom Tod wissen. Leb wohl, Chaja! Von Sterben, Tod und Beerdigung den Kindern erzählt. Und was kommt nach 1000? Abschied von Anna. Lukas und Oma nehmen Abschied. Ein Himmel für Oma* (Bilder zum Sterben).

Abb. 29: *Als Oma ein Vogel wurde*

Sterben von Eltern. Sind Bilddarstellungen empfehlenswert, in denen ein Kind, Vater oder Mutter sterben? Die Frage sollte jeder für sich beantworten. Die Erfahrung zeigt, dass es für Kinder in der betroffenen Situation hilfreich sein kann, wenn sie ihr eigenes Schicksal im Buch wiederfinden. Grundsätzlich empfiehlt sich ein Gespräch über das Sterben eines Elternteils oder Geschwisterkindes nicht ohne realen Anlass.

Fern der idealisierten Welt, wie sie vor 50 Jahren im Bilderbuch dargestellt wurde, sterben in den Bilderbuchgeschichten aus den vergangenen Jahren auch der Vater oder die Mutter. Nur eines dieser Bilderbücher, *Papi, wir vergessen dich nicht,* enthält das Bild eines soeben verstorbenen Vaters. Es ist das Tagebuch der hinterbliebenen Tochter, in dem sie über das Erleben der tödlich endenden Krebserkrankung ihres Vaters und das weitere Leben nach seinem Tod berichtet (Abb. 30). Grund für die fehlenden Bilder von sterbenden Eltern in Bilderbüchern könnte sein, dass der Tod des Vaters oder der Mutter für Kinder zu existenzbedrohend ist.

Beispiel: *Zwei Flügel des einen Vogels* (Bild zum Sterben einer Mutter).

Abb. 30: *Papi, wir vergessen dich nicht*

Sterben von Kindern. Einfühlsam gelingt eine bildhafte Darstellung vom Sterben eines Mädchens in dem japanischen Bilderbuch *Sadako* (Abb. 31). Das krebskranke

Abb. 31: *Sadako*

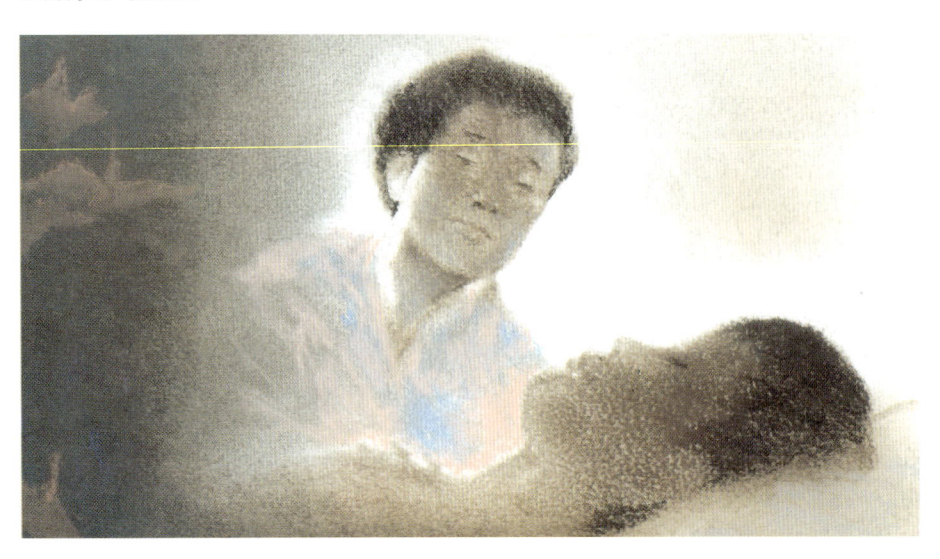

Kind liegt auf einem Bett und wird liebevoll von seiner Familie umsorgt. Selbst gebastelte Kraniche schweben über dem Mädchen. Das Bild ist in dunklen, weich wirkenden, leicht verschwimmenden Pastelltönen gehalten und vermittelt Ruhe und Frieden.

Im *Schwanenwinter* liegt ein kleines Schwanenkind umringt von seinen Geschwistern und den Eltern zusammengekauert am Rande eines Sees (Abb. 32). Die Familienmitglieder wenden sich dem sterbenden Kind zu. Die langen, leicht vorgebeugten

Abb. 32: *Schwanenwinter*

Schwanenhälse erzählen von liebevoller Fürsorge und dem Bemühen, das Kind zu beschützen. Die dunklen Farben der schwarzen Nacht mit dem warmen Licht des Mondes vermitteln Abschiedsstimmung. Im weiteren Verlauf der Geschichte beschließt der Vater, mit seiner Familie in den Norden zu fliegen. Die Familie bricht auf und lässt das kranke Schwanenkind allein zurück. Im Text heißt es: „Schreiend umflattert die Familie das kranke Junge. Es kann nicht fliegen. Es ruft nur mit trauriger Stimme." Dieses Bild könnte einen Einstieg zu einem Gespräch über mögliche Ängste eines kranken Kindes geben: „Was glaubst du, fühlt dieses Kind? Und was ist mit den Eltern und den Geschwistern? Wovor hat das Kind Angst? Wovor hast du Angst? Was glaubst du, möchte das Kind den Eltern sagen?" Es ist tröstlich, dass im weiteren Verlauf der Geschichte die Eltern zu dem kranken Kind zurückkehren.

In der märchenhaften Geschichte *Wolkenland* wird nicht von Sterben und Tod gesprochen (Abb. 33). Das Sterben des Jungen ist nur zu erahnen. Es bleibt offen, ob das Kind träumt, denn am Ende der Geschichte wacht es geborgen in seinem Bett auf. Der kleine Benjamin stürzt bei einer Bergwanderung in einen tiefen Abgrund. Seine Eltern bleiben traurig zurück. Wolkenkinder sehen ihn fallen, und mit Zaubersprüchen machen sie ihn schwebend leicht und fangen ihn behutsam auf einer Wolke auf. Sie helfen Benjamin, wieder Kraft zu finden, um mit ihnen gemeinsam im Wolkenland zu toben und zu spielen. Benjamin fühlt sich wohl und hat keine Angst. Durch den Knall und den Wind eines vorbei fliegenden Flugzeugs erschrickt Benjamin, und er droht von einer Wolke zu fallen. Der Junge fühlt sich einsam und sehnt sich nach seinen Eltern, zu denen er auf geheimnisvolle Art zurückfindet. Die großformatigen Abbildungen sind überwiegend Collagen von Wolkenbildern, in die comicartig gemalte Figuren wie eingeklebt erscheinen. Die Farben und Schattierungen der Wolkenlandschaften spiegeln Benjamins Gefühle. Die Bilder können ohne Text verstanden werden und regen an, über Erinnerungen, Wünsche, Vorstellungen, auch Hoffnungsbilder zu reden. Sie laden zum längeren Verweilen ein und erzählen von einem Leben voller Leichtigkeit.

Beispiele: *Edward und der letzte Baum. Justus ist traurig. Paneelos Melodie. Pelle und die Geschichte mit Mia* (Bild eines verstorbenen Kindes).

Sterben in der Natur. In verschiedenen Bilderbüchern wird der Begriff Sterben behutsam eingeführt, indem über den Kreislauf in der Natur erzählt wird: vom Wachsen und Verwelken, vom erneuten Sprießen und Vergehen der Pflanzen und Bäume. Irgendwann im Kindergartenalter wissen die Kinder, dass im Herbst die Blätter von den Bäumen fallen und dass es danach Winter gibt. Sie erleben, dass nach jedem Winter der Frühling kommt.

Beispiel: *Der Baum, der nicht sterben wollte. Im Traum kann ich fliegen. Schneeflocke.*

Das Bild aus dem Bilderbuch *Der Geigenbauer aus Venedig* erzählt von fallenden Blättern im Herbst (Abb. 34). Im Text heißt es: „Eines Tages aber starb der Baum. Er

Abb. 33: *Wolkenland*

185

Abb. 34: *Der Geigenbauer aus Venedig*

186

hatte das ihm zugemessene Alter erreicht." Das Wort Sterben bedeutet hier: zur Lebensordnung gehörend. Es entsteht der Eindruck, Sterben geschieht nicht unerwartet, sondern zu der von einer höheren Ordnung vorgesehenen Zeit. Fallende Blätter symbolisieren das Sterben.

Dieses Bild erinnert an das Gedicht *Herbst* von *Rainer Maria Rilke*.

Die Blätter fallen, fallen wie von weit
als welkten in den Himmeln ferne Gärten;
sie fallen mit verneinender Gebärde.

Und in den Nächten fällt die schwere Erde
aus allen Sternen in die Einsamkeit.

Wir alle fallen. Diese Hand da fällt.
Und sieh die andre an: es ist in allen.

Und doch ist Einer, welcher dieses Fallen
unendlich sanft in seinen Händen hält.

Gewaltsames Sterben von Menschen

Unfalltod. Vom Schreck und der Gewaltigkeit des Unfalltodes einer alten Frau im Schneesturm erzählen vor allem die Farben des Bildes in *Ophelias Schattentheater* (Abb. 35). Auf einem unscharf gemalten Bild mit verschwommener Farbgebung sind andeutungsweise ein Auto und eine stürzende Frau zu sehen, deren Hut wegfliegt.

In einer weiteren Bilderbuchgeschichte, *Luca und der Schmetterling,* geht es um den tödlichen Unfall eines kleinen Jungen, der von einer Eisenbahn überrollt wird. Zunächst sitzt ein kleiner Junge verträumt auf einer Eisenbahnschiene und betrachtet einen kleinen gelben Schmetterling, dem er nachgelaufen ist und der sich nun neben ihm niedergelassen hat. Ein Zug kommt. Als nächstes hält der kleine Junge vor Entsetzen mit beiden Händen seine Augen zu – direkt hinter ihm erscheint die gewaltige Eisenbahn. In der Vorstellung des Betrachters wird der kleine Junge von der Eisenbahn überfahren. Auf dem nächsten Bild fliegt der aufgescheuchte gelbe Schmetterling hoch in den Wolken in hellem Licht (Abb. 36). Auf der nächsten Seite sitzt ein Engel auf den Schienen bei dem kleinen Jungen.

Mord. Der gewaltsame Tod eines Kindes durch einen Erwachsenen außerhalb des Krieges wird in der personifizierten Tiergeschichte *Kevin Kanin oder Als es dunkel wurde am Lohewald* bearbeitet. Die Bilder erzählen von Schreck, Verzweiflung und

Abb. 35: *Ophelias Schattentheater*

Abb. 36: *Luca und der Schmetterling*

Angst nach dem Mord an einem personifizierten Kaninchenkind, sie erzählen aber auch von dem Halt, den die anderen Kaninchenkinder in der Liebe finden. Die Geschichte hat einen realen Hintergrund: Die Lehrerin eines ermordeten Kindes hat für die hinterbliebenen Klassenkameraden diese Geschichte aufgeschrieben, um ihnen bei der Verarbeitung des grausamen Ereignisses zu helfen.

Freitod. Unausgesprochen bleibt die Vermutung eines selbst gewählten Todes von zwei Geschwisterkindern in der Bilderbuchgeschichte *Sonnenau* von *Astrid Lindgren*. Das offene Ende regt zum Miteinanderreden an. Die beiden Kinder schließen eine Pforte, von der es heißt, dass sie nach dem Verschließen nie wieder zu öffnen sein wird. Diese Tür kann als Symbol für die Trennung der Realität eines armseligen Lebens in klirrender Kälte von der Phantasie eines unbeschwerten fröhlichen Lebens in der warmen Sonne angesehen werden. Auf einem weiteren Bild winken die beiden Kinder wie zum Abschied. Ihre Augen sind geschlossen, als seien sie fern dieser Welt (Abb. 37 a und b). In ihrer Verzweiflung und Traurigkeit über die grausame Realität des Lebens machen die Kinder diesen unumkehrbaren Schritt in das Paradies. Warme, bunte Farben vermitteln eine friedliche Stimmung und helfen dem betrachtenden Kind, die traurige Geschichte zu ertragen.

In der Geschichte *Angelmann* geht es um den letzten Abschied eines alternden Superhelden (Abb. 38). Getrieben durch die Sehnsucht, noch einmal wie in jungen Jahren fliegen zu können, arbeitet der frühere Superman an Düsenstiefeln, die ihm den nötigen Antrieb zum Fliegen geben sollen. Wie in alten Zeiten zieht er wieder sein

Abb. 37 a: *Sonnenau*   **Abb. 37 b:** *Sonnenau*

Abb. 38: *Angelman*

Kostüm mit den goldenen Flügelfedern an. Von einem hohen Haus schwingt er sich mit ausgebreiteten Armen in die Lüfte und entschwindet am Himmel. In der Geschichte bleiben ein Roboter und ein kleiner Junge zurück, die weiterhin gemeinsam Trost in einer fiktionalen Welt suchen. Das Bild des alten Mannes, der zufrieden lächelnd seinen letzten, gut vorbereiteten Sprung wagt, kann zu einem Gespräch über die Beweggründe eines Freitodes führen.

Die personifizierte Tiergeschichte *Der Rote Wolf* enthält drei Bilder, die ein Gespräch über den selbst gewählten Tod anregen. Tiere als Protagonisten erleichtern es, über dieses Thema zu sprechen. In der Geschichte entsteht eine große Nähe zwischen einem kleinen hilflosen Hund und einem Wolf. Der Wolf nimmt im Kriegsgewirr den zurückgelassenen Hund an und verhilft ihm zum Überleben. Die Bilder erzählen, wie der Wolf in ein Eisen tritt. Jäger verfolgen ihn, währenddessen der Hund den hilflosen Wolf hinter sich her zu einer Schlucht zieht. Mit schreckerfüllten Augen springt der Wolf vom Rand der Schlucht in die Tiefe. Zurück bleibt der kleine Hund, der ihm wehmütig nachschaut (Abb. 39). Ein weiteres Bild zeigt, wie der Wolf, gezogen von dem schweren Eisen an seiner Pfote, in die Tiefe hinabstürzt (Abb. 40). Der Sprung, der unausweichlich in den Tod führt, lässt an einen Freitod denken. Beim Betrachten des Bildes kom-

Abb. 39: *Der rote Wolf*

Abb. 40: *Der rote Wolf*   **Abb. 41:** *Der rote Wolf*

men Fragen auf, die den Einstieg zu einem Gespräch geben: „Was fühlt der hinunterstürzende Wolf? Warum ist er gesprungen? Welche Gedanken gehen dem zurückbleibenden Hund durch den Kopf? Hat er Verständnis für die Entscheidung des Wolfes?" Die Geschichte endet mit dem Bild des hinabstürzenden Hundes (Abb. 41). Es bleibt offen, ob er selbst den Entschluss zum Sterben gefasst hat. Anders als der Wolf fliegt der Hund mit dem Kopf nach unten. Aus seinem Blick spricht Zuversicht. Kleine Details auf dem Bild erleichtern den Einstieg zum Miteinanderreden.

Isoliert betrachtet lässt das Bild in *Der Geigenbauer aus Venedig* (Abb. 42) nicht den Verdacht von einem Freitod aufkommen. Doch die Bildfolge in Verbindung mit dem kurzen prägnanten Text lässt die Vermutung zu, dass der Geigenbauer sich das Leben genommen hat. Einen Hinweis für den Gedanken vom Freitod gibt der Hut, der auf dem Wasser schwimmt. In einem weiteren Buch von *Claude und Frédéric Clément: Der Maler und die wilden Schwäne* gibt es ebenfalls einen unausgesprochenen Hinweis auf den Freitod (Abb. 43 a, b, c, d). Ein Maler in einem japanischen Dorf sehnt sich danach, sein intensives Erleben von der überwältigenden Schönheit in der Natur zu malen. Es ist der Anblick eines vorüberfliegenden Zuges großer weißer Vögel, der in ihm den Wunsch weckt, diese Vögel zu finden, um sie dann zu malen.

Abb. 42: *Der Geigenbauer aus Venedig*

Sie verkörpern für ihn ein Geheimnis und er glaubt erst wieder seine Ruhe zu finden, wenn er sie sieht. Nach einer mühseligen Wanderung entdeckt er sie. In eine fiktionale Welt übergehend verschmilzt er mit ihnen in eisiger Kälte und verwandelt sich in einen Schwan. Die beiden Bücher von *Claude und Frédéric Clément* eignen sich eher für Jugendliche oder erwachsene Bilderbuchbetrachter als für Kinder.

Auch wenn kein Bild in dem Buch *Großvater im Bollerwagen* vom Freitod erzählt, so soll es doch erwähnt werden. In der bebilderten Geschichte für Kinder ab 8 Jahre beschließt ein alter Großvater sein Leben zu beenden. Der Großvater fühlt sich schwach und lebensmüde. Er befiehlt seinem kleinen Enkel, ihn im Bollerwagen auf einen hohen Berg zu schieben. Auf dem Weg treffen sie den Lehrer. In einem kurzen Gespräch erzählt dieser von dem Geheimnis des Lesens und Schreibens, das der Großvater noch nicht kennt. Auf dem Weg zum Berggipfel werden Großvater und Enkel siebenmal angehalten. Menschen erzählen dem Alten von ihren Problemen und bitten ihn um Rat. Der kleine Enkel greift den Vorschlag des Lehrers auf und malt mehrmals für den Großvater Buchstaben seines Namens in den Sand, um ihm das Schreiben beizubringen. Als sie oben auf dem Gipfel angekommen sind, erkennt der Großvater: „Es lohnt sich noch!" Das Buch endet mit seinem Jubelschrei: „Holladihooooooooooo!"

Abb. 43 a: *Der Maler und die wilden Schwäne*

Abb. 43 b: *Der Maler und die wilden Schwäne*

Abb. 43 c: *Der Maler und die wilden Schwäne*

Abb. 43 d: *Der Maler und die wilden Schwäne*

Abb. 44: *„Da spricht man nicht drüber"*

Das Bilderbuch *Da spricht man nicht drüber* erzählt von dem selbst gewählten Tod eines Vaters und dem anschließenden Erleben seiner Familie. Der Vater hatte sich mit einem Seil erhängt. Es war dasselbe Seil, das er zum Klettern mit dem Sohn verwendet hatte. Im Text heißt es zu einem Bild (Abb. 44): „Mich hat das Seil gehalten. Dich hat es jetzt umgebracht."

Sterben im Krieg. Viele Kinder, vor allem Jungen, spielen, dass sie Soldaten oder Krieger wären. Sie gehen mit ausgestrecktem Arm, mit Stöcken, mit Spielzeugpistolen anstelle von Waffen aufeinander zu, machen „peng peng", fallen auf den Boden und spielen, sie seien tot. Für die moralische Entwicklung der Kinder ist es wichtig, dass man auch über die Grausamkeiten im Krieg spricht.

Die Geschichte von *Floris & Maja*, zwei vermenschlichten kleinen Hasenkindern, verdeutlicht, wie schmerzlich Erlebnisse des Krieges sind. Familien und Freunde werden auseinandergerissen. Manche Väter ziehen in den Krieg und kommen schwer verwundet nach Hause zurück, andere sterben (Abb. 45). Kinder, die das Buch anschauen, identifizieren sich mit den Hasenkindern und teilen mit ihnen ihre Gefühle.

Aus einer Bilderbuchbetrachtung: Patricia, 10 Jahre: „Das Bild, wo die sterben, finde ich traurig. Der Schwarze auf dem Pferd, das ist der Böse. Der lässt die Hasen sterben und ihm ist es egal. Vielleicht ist einer ein Vater?"

In dem Bilderbuch *Fabian und der Krieg* zeigt eine Abbildung, wie sich ein Pferd aufbäumt, während sein Reiter von einem Speer getroffen sterbend vom Pferd stürzt (Abb. 46).

Holocaust. *Roberto Innocenti* entdeckte einen neuen künstlerischen Bilderbuchstil bei der Verarbeitung des Holocaust. Der italienische Illustrator schafft es, das Geschehen, das sprachlich in seinem Grauen nicht annähernd gefasst werden kann, sehr eindring-

Abb. 45: *Floris & Maja*

Abb. 46: *Fabian und der Krieg*

lich und prägnant bildhaft wiederzugeben. In *Rosa Weiss* erzählt er eine fiktionale Geschichte mit authentischem Hintergrund (Abb. 47). Dazu verwendet er wirklichkeitsgetreue Fotografien aus der früheren Zeit und ergänzt sie durch Fotomontage mit erdachten Handlungen. In dem ausgewählten Bild verarbeitet er eine bekannte Fotografie, die in Geschichtsbüchern zu finden ist. Ein ungefähr 8-jähriger Junge hebt verängstigt die Arme vor einem SS-Mann, der ihn mit einem Gewehr bedroht. Das Bild steht symbolhaft für die Konfrontation der Bosheit des einen mit der Schwäche des anderen.

Abb. 47: *Rosa Weiss*

Gewaltsames Sterben von Tieren. Bilder über das gewaltsame Sterben von Tieren durch Menschenhand entsprechen dem Fragebedürfnis mancher Kinder: „Warum darf ich keine Fliege töten, wenn doch der Jäger das Reh totschießt?" „Warum werden die Schweine, die Kühe, die Hühner getötet?"

Schlachten. In dem Buch *Komm, Emil wir gehn heim!* wird das Geschehen auf einem Schlachthof dargestellt (Abb. 48). Schweine werden von einem Mann mit einem Stock

Abb. 48: *Komm, Emil wir gehn heim!*

aus einem Transporter über einen abgeschirmten Aufgang in den Schlachthof hineingetrieben. Das gewaltsame Sterben der Tiere geschieht versteckt hinter den Wänden. Aus einer Tür tragen Männer die abgeschlachteten Schweine heraus. Die leblosen Körper werden in einem weiteren Wagen an Haken aufgehängt. Das Sterben eines Tieres geschieht hier nicht bildhaft, sondern in der Vorstellung des Betrachtenden. Emil, das personifizierte Schwein, und die alte Frau Magda stehen vor dem Schlachthof und beide sehen, was mit den Tieren geschieht. Magda ist arm und hungrig. Sie hat ihr Schwein Emil lange Zeit gut gefüttert, um „süßes Schweinefleisch, Schmalz und Würste" zu bekommen. Als Magda nun das Geschehen sieht, wird der alten Frau bewusst, was hier vor sich geht. Sie ändert ihre Absicht, das Schwein schlachten zu lassen. Stattdessen wendet sie sich liebevoll dem Schwein zu. Die Erzählung mit den realistischen Bildern über das Schlachten von Schweinen wird durch das gute Ende für Kinder erträglich gemacht. Die vereinfachte klare Strichführung der Figuren in der großflächig gemalten Landschaft mit den zarten Farben lädt zum Betrachten ein. Kleine Details auf dem Bild regen zum Erzählen und weiterem Ausschmücken der Gedanken an.

Angeln. In dem Bilderbuch *Sein erster Fisch* gibt es mehrere eigenwillig gemalte Bilder, die ohne Text von den Gefühlen eines kleinen Jungen beim Angeln und Töten eines Fisches erzählen (Abb. 49). Mit fast kindlich krakeligen Strichen von bunten Farben werden die Abläufe beim Angeln, das Abnehmen des Fisches von der Angel, die Vorbereitungen zum Kopfabtrennen bildhaft gezeigt. Die innere Auflehnung gegen das Töten eines hilflosen Tieres zeigt sich bildhaft in der Mimik und der Körperhaltung des Jungen. Wenige Striche vermitteln heftige Gefühlsbewegungen. Für den Jungen ist der begleitende Großvater äußerst wichtig. Er steht entweder hinter, neben oder vor dem Jungen, oder er legt ihm liebevoll beschützend seinen Arm um die Schulter. Die Bildfolge ermöglicht es, über das gewaltsame Sterben von Tieren durch Menschenhand mit Kindern zu sprechen.

Zerstören der Natur. Kinder erleben die Beschädigung in der Natur als etwas Bedrohliches. Bei Fragen nach „schlimmen Ereignissen" reden Kinder häufig von Veränderungen in der Familie wie: „Wenn einer stirbt, krank wird, wenn die Eltern sich trennen." Gleichwertig reden vor allem die Jüngeren von Beobachtungen in der Natur. Sie sprechen von einem Baum, der in der Nachbarschaft gefällt worden ist, oder von dem verfärbten Wasser des vorbeifließenden Baches. Für die Kinder sind die Zerstörungen der Natur in ihrem Umfeld erschreckend und sehr bedeutsam. Die vielen Katastrophen, die täglich im Fernsehen gezeigt werden, bleiben für sie abstrakt. Sie betreffen irgendwelche Menschen, die weit weg wohnen. Geschichten aus dem eigenen Umfeld entsprechen dagegen ihrem Erleben und sie fühlen sich deshalb berührt. Die Zerstörung der Umwelt sowohl durch Unwetter und Katastrophen wie durch Menschen

Abb. 49: *Sein erster Fisch*

wird in verschiedenen problembewussten Bilderbüchern sprachlich und bildhaft behandelt.

Beispiele: *Der schwarze Vogel* (Abb. 50, Ölpest). *Tim und sein Kastanienbaum* (Fällen eines Baums). *Fuchs* (Verglühen in der Hitze). *Hubert und der Apfelbaum* (Zerstörung durch Unwetter).

Abb. 50: *Der schwarze Vogel*

Bilder zu „Totsein, weg für immer"

Bei den Darstellungen zu dem Begriff „tot" handelt es sich um bildhafte Kennzeichnungen eines abstrakten Begriffs. Meist fehlt im Text eine Umschreibung und so ist es dem betrachtenden Kind freigestellt zu erzählen, was ihm in den Sinn kommt.

Ein leerer Käfig, ein leerer Stuhl. Auch wer noch nicht oder erst mühsam lesen kann, versteht Bilder, auf denen jemand fehlt, der vorher da war. Darstellungen für „Totsein, weg für immer" sind: ein leeres Bett, ein leerer Platz am Esstisch, ein leeres Bild in einer Bildfolge, ein leeres Hundekörbchen, eine leere Schaukel, ein leeres Zwergkaninchenhaus. In *Rote Wangen* sitzt das Kind am Ende der Geschichte allein vor dem leeren Schaukelstuhl, auf dem zuvor sein Großvater gesessen hat (Abb. 51). In der Phantasie sieht das Kind den Schatten des abwesenden Großvaters, so wie er immer auf dem Stuhl saß. Es bleibt offen, warum der Stuhl leer steht. So ist es dem Kind überlassen, ob es vom Tod reden möchte.

Abb. 51: *Rote Wangen*

Beispiele: *Als Oma ein Vogel wurde. Opa, ich kann Hummeln zähmen! Letzte Tage mit meinem Vater. Rote Wangen* (leerer Stuhl). *Was kann Lukas trösten?* (leeres Hundekörbchen). *Abschied von Rosetta* (leerer Käfig eines Meerschweinchens). *Ein Himmel für Oma* (leerer Vogelkäfig).

Kreuz. Für den Christen gilt das Kreuz auch ohne figürliche Darstellung des gekreuzigten Jesus als das Glaubenssymbol. An diesem Symbol, das schon Kindergartenkindern bekannt ist, zeigt sich, wie sehr unsere Wahrnehmung vom kulturellen und religiösen Hintergrund, unseren Vorerfahrungen und auch von der Zeit beeinflusst wird. Dennis, 5 Jahre, erzählt spontan zu den Kreuzen auf einem Soldatenfriedhof in dem Buch *Ist 7 viel?*: „Mit meiner Oma gehe ich oft auf den Friedhof. Da ist mein Opa, der ist schon lange tot." (Abb. 52)

Beispiel: *Da spricht man nicht drüber. Du bist immer noch bei mir. Garmans Sommer. Ein Himmel für Oma. Tschüss, kleiner Piepsi.*

Abb. 52: *Ist 7 viel?*

Abb. 53: *Fall um*

Hochgestellte Füße. Eine äußerst merkwürdige bildhafte Darstellung vom Totsein sind comicartig gemalte, hochgestellte Füße. In der Geschichte *Fall um* verdeutlicht die Bildfolge, dass die Füße zu den alten Großeltern gehören (Abb. 53). Die Großeltern erzählen aus ihrem Leben und auch, dass sie eines Tages tot umfallen. Kinder reagieren meist belustigt beim Anblick dieses Bildes. Möglicherweise ist es der comicartige Stil dieser Bilderbuchgeschichte, der die Kinder anspricht.

Abb. 54: *Ein Himmel für den kleinen Bären*

Tote Menschen und Tiere. Bilder von toten Menschen und Tieren stellen diese überwiegend schlafend dar. Der Illustrator *Wolf Erlbruch* malt einen toten alten Bären mit zittrigen Umrandungsstrichen und lässt so den Gedanken von etwas Vergänglichem aufkommen (*Ein Himmel für den kleinen Bären*, Abb. 54).

Bilder vom Tod

Todesgestalten als Vergänglichkeitsmotive finden sich in Europa seit der Antike in Literatur, bildender Kunst und Musik. Mit den problembewussten Bilderbüchern erscheinen neue symbolträchtige, überwiegend bunte Gestalten vom Tod. Die meisten Figuren stellen den Tod als Freund oder Gefährten dar, der am realen Leben teilnimmt.

Die Darstellungen in den Bilderbüchern weichen von den gewohnten Vorstellungen vom Tod ab. In Seminaren, in denen ich Bilder vom Tod als einer Person gezeigt habe, äußerten sich einige Teilnehmerinnen wie folgt: „Ich habe mir bei dem Begriff Tod gar nichts vorgestellt." „Ich habe bei dem Begriff nur Angst gespürt." „Sehe ich den Tod als eine Person, dann kann ich mich ganz anders mit ihm auseinandersetzen. Ich kann ihn ansprechen, sagen, was mir Angst macht." „Eigentlich wissen wir gar nicht, was der Tod ist. Vielleicht haben wir eine Vorstellung, die gar nicht zutrifft."

Der Tod als ein Kind. In der Bilderbuchgeschichte *Julia bei den Lebenslichtern* nimmt der Tod die Gestalt eines Kindes an: Zwei Kinder sitzen einander gegenüber in einem Boot auf einem See voll brennender Lichter (Abb. 55). Das eine Kind, ein Mädchen, hält einen Stoffhasen in ihrer Hand. Sie schaut versonnen auf die brennenden Lichter. Das andere Kind ist der Tod. Zu Beginn der Geschichte war das Mädchen Julia allein zum Grab der gestorbenen Großmutter gegangen und hatte dort das andere Kind getroffen, das sich als der Tod ausgab. Julia erfährt, dass der Tod in vielerlei Gestalt

Abb. 55: *Julia bei den Lebenslichtern*

zu den Menschen kommt. Der Tod führt Julia zu dem geheimnisvollen See der Lebenslichter. Julia erfährt: „Jedes Licht ist ein Menschenleben ... Wenn ein Mensch sterben muss, stirbt auch sein Licht. ... Wenn ein Mensch sehr krank wird oder wenn er sehr großen Kummer hat – dann zittert sein Lebenslicht ... Solange du sie liebst (die Großmutter), wird ihr Lebenslicht nicht untergehen."

Die Begegnung mit dem Tod hat hier nichts Angsterregendes. Die Stimmung auf dem Bild vermittelt, was Julia dem Tod sagt: „Vor dir brauche ich keine Angst zu haben." Manche Kinder, die das Bilderbuch anschauen, identifizieren sich beim Betrachten, beim Hören der Geschichte, mit Julia. Sie wirken nach der Begegnung mit dem Tod als einem Kind erleichtert. Behutsam ist jedes Kind bei der Verarbeitung dieses Bildes zu beobachten.

Der Tod als Clown. Befremdlich oder anregend, auf jeden Fall ganz und gar ungewohnt, wirkt die Personifikation des Todes als Clown in *Die große Frage* von *Wolf Erlbruch*. Der Clown mit dem lachenden Skelettkopf und einem Knochen als Hals, um den ein weiter Kragen liegt, trägt ein buntes Oberteil (Abb. 56). Er betrachtet mit einem träumerischen Gesichtsausdruck eine Wespe, die in die Ferne fliegt. In dieser Todesfigur ist ein verkleideter Clown mit einem freundlich dreinblickenden Totenschädel vereint.

Abb. 56: *Die große Frage*

Die gemalten kleinen Kreise als Augen und Nase erinnern an Aushöhlungen eines Skelettkopfes. Die kleinen Punkte für die Augen und der zittrige nach oben gebogene Strich für einen lächelnden Mund lassen die Figur gleichzeitig befremdlich und auch lustig erscheinen. So heißt der Text unter dem Clownsbild: „Sagt der Tod: Du bist auf der Welt, um das Leben zu lieben." Zum Verständnis des Bildes gehört der Gesamtzusammenhang, in dem es steht. In dem Buch geht es um die Frage nach dem Sinn des Lebens und des Todes. Einundzwanzig verschiedene Antworten werden von Menschen, Tieren, auch Sachen, auf „Die große Frage" an ein imaginäres Du gegeben. So sagt die Mutter: „Du bist da, weil ich dich lieb habe." Nur der Tod sagt etwas, was nicht ihn betrifft. Er sagt etwas Unerwartetes: „Du bist da, um das Leben zu lieben." Er spricht nicht von sich wie die anderen. Seine Antwort berührt besonders in dem Widerspruch zwischen dem Bild und der Aussage, die zu einem lustigen Clown, aber nicht zu ihm als verkleidetem Skelett passt. Sprachlich und bildhaft wendet er sich der herumfliegenden Wespe zu. Es macht den Anschein, als wolle er von sich ablenken und von der Liebe der Wespe zum Leben sprechen. Ab einer bestimmten Entwicklungsstufe lernen Kinder, dass Wespen gefährlich sind, und sie lernen, diese zu verscheuchen oder auch zu töten. Aber auch Wespen wollen leben. Die bildhafte Darstellung vom Tod als Clown kann anregen, über den Wert des Lebens zu sprechen. Das Bild ermöglicht schon mit kleinen Kindern über den Tod zu sprechen. So können die Begriffe Sterben und Tod ausgesprochen und umschrieben werden, ohne Bezug auf tatsächliche Todesfälle zu nehmen.

Der Tod als liebevoller Engel. Auf einem Bild zum Märchen *Das Mädchen mit den Schwefelhölzern* von *Hans Christian Andersen* kniet ein kleines Mädchen auf der Straße und zündet Streichhölzer an (Abb. 57). Während die kleinen Hölzchen kurz aufleuchten, glaubt sie ihre verstorbene Großmutter vor sich zu sehen. Sogleich bittet sie die geliebte Großmutter, sie mitzunehmen. Hastig streicht das Mädchen alle Schwefelhölzchen an. Nun erblickt sie die Großmutter in einem Lichtermeer von schwebenden Engeln. Die Großmutter, hier als liebevoller Engel, beugt sich mit geöffneten Armen zärtlich zu dem kleinen Mädchen hinab, als wolle sie dieses behutsam in den klaren Sternenhimmel hinaufheben. Diese bildhafte Darstellung des Todes entspricht dem zauberhaften Geheimnis eines Märchens.

Der Tod als Hase. In der *Ballade vom Tod* von *Piet Grobler* erscheint der Tod personifiziert als ein demütig schauender Hase mit langen nach hinten gelegten Ohren, in einem Arztkittel und mit einem Arztkoffer. Er wirkt weniger bedrohlich als freundlich helfend (Abb. 58).

Der Tod als Rechenmeister. In der Geschichte *Das Mädchen und der Tod* von *Jürg Schubiger* als Autor und *Rotraud Susanne Berner* als Illustratorin erscheint der Tod,

Abb. 57: *Das Mädchen mit den Schwefelhölzern*

dargestellt als eine knochige Figur, einem kleinen Mädchen beim Rechnen (Abb. 59). Pflichtbewusst möchte das Kind zuerst seine Aufgaben beenden und bittet den Tod,

Abb. 58: *Die Ballade vom Tod*

Abb. 59: *Das Mädchen und der Tod*

sich zu setzen und zu warten. Es ergibt sich, dass beide gemeinsam die Rechenaufgaben lösen und sich immer wieder für den nächsten Tag verabreden. Diese bildhafte Darstellung vom Tod wie auch die Geschichte vermitteln die Vorstellung vom Tod als einem müden, aber hilfreichen Begleiter. In der Geschichte geschieht etwas Unerwartetes: Im Zusammensein mit dem Kind vergisst der Tod die Zeit und seine Pflicht, er wird also von dem Kind besiegt.

Der Tod als Cowboy. Zu den besonders ungewöhnlichen Darstellungen des Todes gehört das Bild eines Cowboys. In *Das rothaarige Mädchen* reitet der Cowboy gemeinsam mit einem rothaarigen Mädchen auf einem Hengst mit langem Schweif über den Wolken (Abb. 60). Zwischen dem eigenwilligen wilden Mädchen und dem jungen Mann, den sie Mister Tod nennt, entwickeln sich heftige Gefühle. Hier kommt der Gedanke an die Nähe zwischen Tod und Eros auf. Das Bild erzählt von der Freude am Leben und den zärtlichen Gefühlen von zwei Verliebten. Das Bild eines Cowboys als Sinnbild für den Tod weckt keine Angst, sondern Neugier. Es erinnert an den hinduistischen Sensenmann. Er reitet auf einem männlichen Büffel, einem Tier, das sowohl sanft als auch böse sein kann.

Abb. 60: *Das rothaarige Mädchen*

Abb. 61: *Die schlaue Mama Sambona*

Der Tod als Handlungsreisender. Wie in der Rolle als Rechenmeister, als Cowboy und als Skelett in schwarzem Umhang vergisst der Tod als ein Handlungsreisender in *Die schlaue Mama Sambona* seine eigentliche Aufgabe. Durch die List der gewitzten Frau Sambona kommt er zweimal vergebens und trifft die Frau, die er holen möchte, nicht an. Beim dritten Mal kann sie ihm nicht entweichen. Aber er vergisst seine Aufgabe, denn die gute Frau versteht es, ihn mit Musik und erheiternden Tänzen abzulenken (Abb. 61).

Der Tod als Kaiser. In einem anderen Märchen von *Hans Christian Andersen* erscheint der Tod als eine weiß gekleidete Gestalt, aus dessen Kopf zwei oder drei helle, gebündelte Nebelschwaden hochsteigen. Mit einer Kaiserkrone auf dem Kopf sitzt der Tod auf der Brust eines sterbenden Kaisers. In den skelettartigen Händen hält die geheimnisvolle Gestalt triumphierend den Säbel und den Fahnenstab des Kaisers. Hier wird symbolisch ausgedrückt, dass der Tod dem Kaiser seine Macht nimmt. Im weiteren Verlauf des Märchens geschieht etwas Unerwartetes. Eine Nachtigall vertreibt den Tod mit ihrem Gesang (*Die Nachtigall*, Abb. 62).

Der Tod als Gevatter. In dem Bilderbuch *Warum lieber Tod ... ?* erscheint der Tod als ein hagerer alter Mann, der den Kindern erklärt, warum der Tod zum Leben gehört

Abb. 62: *Die Nachtigall*

(Abb. 63). Er trägt eine schwarze weite Kutte, aus der nur wenig von seinem weißen Gesicht und den dürren Händen herausschaut. Auf dem Bild sitzt ein kleines Mädchen neben ihm. Das Kind legt seine kleine rosafarbene Kinderhand vertrauensvoll auf die riesige, skelettartige weiße Hand und schaut dem Tod ins Gesicht. Die schwarze knochige Gestalt hat etwas Furchterregendes, gleichzeitig weckt sie Neugierde bei den betrachtenden Kindern. Der ganz in Schwarz gehüllte Tod mit der großen Kapuze wirkt durch die gebeugte Haltung und den traurigen Gesichtsausdruck selbst betrübt angesichts seiner Aufgabe. Diese bildhafte Darstellung einer Leid tragenden Person, zu der ein kleines Kind eine Beziehung sucht, kann zu einem inneren Bild werden. Die Stimmung des Bildes erinnert an das Gedicht von *Matthias Claudius*: *Der Tod und das Mädchen*.

Gib deine Hand, du schön und zart Gebild!
Bin Freund und komme nicht zu strafen!
Sei guten Muts! Ich bin nicht wild,
sollst sanft in meinen Armen schlafen!

Abb. 63: *Warum, lieber Tod ...?*

Abb. 64: *Der Tod als Freund*

Die Darstellung des Todes in dem Buch *Warum lieber Tod ... ?*, hier von *Charlotte Pardi,* erinnert auch an ein Bild des Düsseldorfer Malers *Alfred Rethel* aus dem 19. Jahrhundert (Abb. 64). Der alte Turmwächter ist neben der Glocke im Lehnstuhl sanft entschlafen. Ein letztes Mal läutet der Tod die Glocke für ihn.

Der Tod als Skelett. Insbesondere comicartig gemalte Skelettdarstellungen regen Kinder zum Fragen und Erzählen an. In *Gewitternacht* spielen ein skelettartig gemalter Mensch und sein Hund miteinander Ball (Abb. 65). Zu dem Bild heißt es: „Manch-

Abb. 65: *Gewitternacht*

mal frage ich mich auch, ob es uns nach dem Tod besser geht als im Leben. Aber was tut man dort den ganzen Tag?" Weitere „Skelettbilder" finden sich in *Und was kommt dann? Abschied von Opa Elefant. Ist 7 viel?*

Der Tod als grinsender Knochenmann. Wolf Erlbruch illustriert das Hexen-Einmal-Eins aus Goethes Faust (Abb. 66):

> Du musst verstehn!
> Aus Eins mach Zehn,
> Und Zwei laß gehn,
> Und Drei mach gleich,
> So bist du reich.
> Verlier die Vier!
> Aus Fünf und Sechs,
> So sagt die Hex',
> Mach Sieben und Acht,
> So ist's vollbracht:
> Und Neun ist Eins,
> Und Zehn ist keins.
> Das ist das Hexen-Einmal-Eins!

Abb. 66: *Das Hexen-Einmal-Eins*

Nur zwei Wörter des Hexenspruchs sind auf der Seite mit großen Anfangsbuchstaben geschrieben: „mach sieben". Stimmig zum Text hält der Tod eine Sense in den Händen, die an eine Sieben erinnert. Der Skelettkopf mit den großen Augenhöhlen, dem Loch, in dem die Nase fehlt, und dem vollständigen Gebiss ist aus vergilbtem altem Papier, auf dem noch Geschriebenes steht, ausgeschnitten und aufgeklebt. Bekleidet ist der Tod mit einem Umhang aus Papier, auf dem Kurven, Linien und vielleicht Berechnungen schwach zu erkennen sind.

Der Tod als Schatten. Den Schatten gab es als allegorische Darstellung des Todes schon in der griechischen Literatur. In der märchenhaften Geschichte *Ophelias Schattentheater* begegnet eine einsame alte Frau einem Schatten, der sich ihr im Verlauf der Geschichte als der Tod vorstellt. Die annehmenden Worte der früheren Souffleuse wie auch die leicht verschwimmenden Farben und das Zusammenspiel der Schatten mit den warmen, hellen Lichtstrahlen erzeugen eine beruhigende Stimmung (Abb. 67).

Der Tod als ein Fährmann. Ebenso bekannt wie der Schatten ist das klassische Sinnbild aus der griechisch-römischen Mythologie vom Fährmann, der die Toten gegen einen Obolus in seinem Boot über den Styx bringt. Mit dem Schiff für die letzte Reise wird in dem Bilderbuch *Abschied von Tante Sofia* ein altes Todesmotiv gewählt. In einem Märchen erfahren die Kinder Franziska und Fabian von einem Fischer, der sich

Abb. 67: *Ophelias Schattentheater*

auf die andere Seite des Wassers sehnt, wo er seine verstorbenen Lieben vermutet. Als seine Zeit gekommen ist, geht der Fischer furchtlos mit dem Tod, der ihm als ein Fährmann erscheint. Mit ihm fährt er über das Wasser. Das Bild von einem dahingleitenden Boot im ruhigen Wasser, das von einem Fährmann sicher gelenkt wird, prägt sich gut ein und kann zu einem inneren Bild werden, das Ruhe vermittelt (Abb. 68).

Abb. 68: *Abschied von Tante Sophia*

Der Tod als „freundliche Alte". Nachdenklich lächelnd, verschmitzt, erstaunt, besinnlich und auch traurig sieht der Tod aus in dem Bilderbuch *Ente, Tod und Tulpe* von *Wolf Erlbruch*. Als Illustrator wurde *Erlbruch* im Jahr 2006 für sein Gesamtwerk mit dem Hans Christian Andersen-Preis ausgezeichnet. Seine Darstellung vom Tod als Skelettgestalt mit Totenschädel und runden Löchern als Augen erinnert hier an eine „freundliche Alte" (Abb. 69). Wer in Ruhe die zweiundzwanzig Bilder vom Tod in diesem Buch betrachtet und den gelungenen Wortwechsel zwischen der Ente als Protagonistin und dem Tod liest, wird jedes einzelne Bild noch einmal betrachten wollen. Diese minimalistischen Bilder helfen, sich gelassen mit den Fragen des Todes auseinanderzusetzen, und entsprechen nach meiner Einschätzung einer zeitgemäßen „ars moriendi".

Abb. 69: *Ente, Tod und Tulpe*

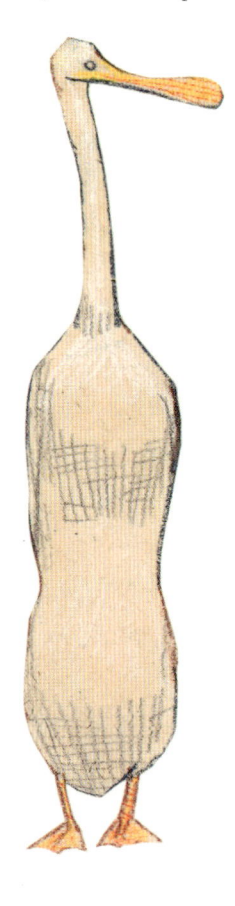

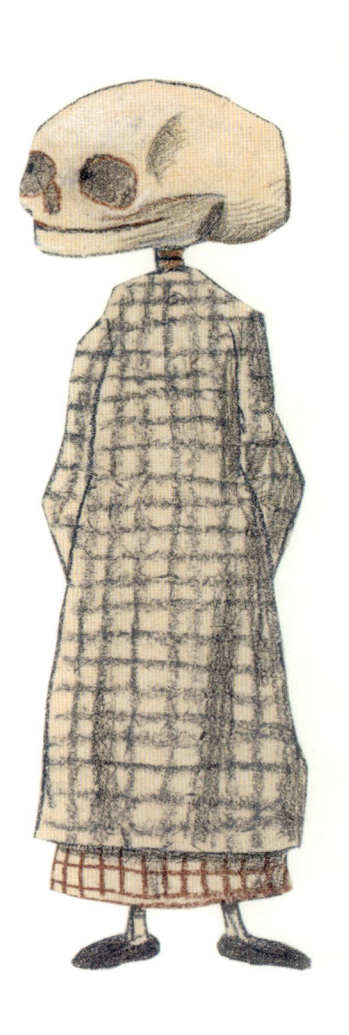

Der Tod als Krankenpfleger. Im 18. Jahrhundert veröffentlichte *Karl Philipp Moritz* ein *ABC-Buch*, in dem er Kindern in alphabetisch geordneten Bildern vermittelte, was den Menschen ausmacht. Diese alte Kinderfibel wurde im Jahr 2000 durch den Illustrator *Wolf Erlbruch* mit neu gestalteten Bildern wieder veröffentlicht. Zu dem schwarz ausgeschnittenen Buchstaben „T" findet sich der Hinweis auf den Tod, der den Kindern mit wenigen Worten als das Ende des Lebens erklärt wird: „Auf das Leben folgt der Tod." (Abb. 70) Angelehnt an den ursprünglichen Text liegt in der Neubearbeitung von *Wolf Erlbruch* ein Mensch „schlaff und ausgestreckt am Boden". Seine Augen sind geschlossen. Ein Hut liegt neben ihm, als sei er vom Kopf gefallen. Auf dem Bild nähern sich zwei „Krankenpfleger" in Skelettgestalt dem toten Mann. Sie tragen gemeinsam eine leere Bahre. Auffallend sind ihre Totenköpfe mit großen Augenhöhlen, die auf den Halswirbelknochen sitzen. In dem ursprünglichen Text werden die Krankenpfleger nicht erwähnt. Sie geben der eigenen Auseinandersetzung mit dem Tod eine neue Richtung. Zunächst erstaunt die Verbindung von einem helfenden Beruf, dem Krankenpfleger, mit dem Tod, denn sie stimmt nicht mit den Erwartungen überein: Krankenpfleger sollen vor dem Tod bewahren und nicht die Rolle des Todes übernehmen.

Abb. 70: *Neues ABC-Buch*

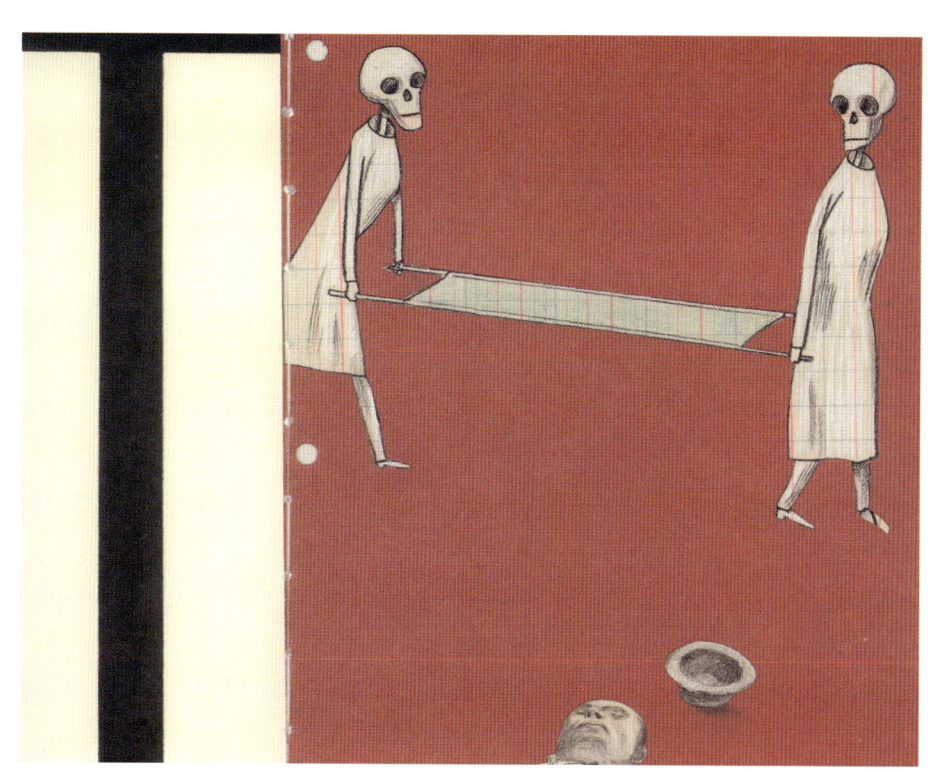

Der Tod als tollpatschiger Fremder. Barfuß, mit staubigen Füßen, in einer schwarzen zerlöcherten Hose und einem grünen Hemd kommt der Tod daher. Um seinen kantigem Kopf hat er ein mehrfach geknotetes, rotweiß gepunktetes Tuch gebunden. Eine rote Tasche hängt über einer Schulter. Beim schwerfälligen Gehen stützt er sich auf einen schwarzen Regenschirm. Er verhält sich tollpatschig und ist sich seiner Aufgabe als Tod nicht bewusst. Als ein Kind durch seine Unachtsamkeit stirbt, weint der Tod und ist traurig (*Als der Tod zu uns kam,* Abb. 71).

Abb. 71: *Als der Tod zu uns kam*

Der Tod als freundiche kleine Nonne. Hier erscheint der Tod als eine „reizende kleine Person", die in ihrem Erscheinungsbild an eine Nonne erinnert (*Der Besuch vom kleinen Tod,* Abb. 72). Bei der Begegnung mit einer sterbenden Frau, die ihn bereits erwartet, fühlt der Tod sich lebendig wie nie zuvor. In der phantastischen Bilderbuchgeschichte entwickelt sich ein liebevolles Miteinander zwischen der Sterbenden, die zu einem Engel wird, und dem kleinen Tod. Nun holen sie gemeinsam die Sterbenden ab. „Wenn die Menschen das sanfte Gesicht des Engels sehen, haben sie keine Angst mehr vor dem Sterben."

Abb. 72: *Der Besuch vom Kleinen Tod*

Der Tod als Sensenmann. Gesichtslos hält der mit einer braunen Mönchskutte bekleidete Sensenmann in *Nichtlustig 3* eine große Sense mit beiden Händen fest umklammert (Abb. 73). Im Verlauf der Geschichte liegt der Tod u. a. beim Psychoanalytiker auf der Couch.

Abb. 73: *Nichtlustig 3*

Der Tod als Sensenfrau. In einer phantasievollen Geschichte erscheint der Tod, hier fragmentartig dargstellt, als Vater einer lebenslustigen kleinen Tochter (Abb. 74). Die Bilderbuchgeschichte *Die kleine Sensenfrau* beginnt mit der Frage des kleinen Mädchen: „Vater, was genau ist der Tod? Ist er deine Sense?" Vater Tod gibt der kleinen Tochter seine große Sense und schickt sie in die Welt, „um etwas über das Leben und Sterben zu lernen."

Abb. 74: *Die kleine Sensenfrau*

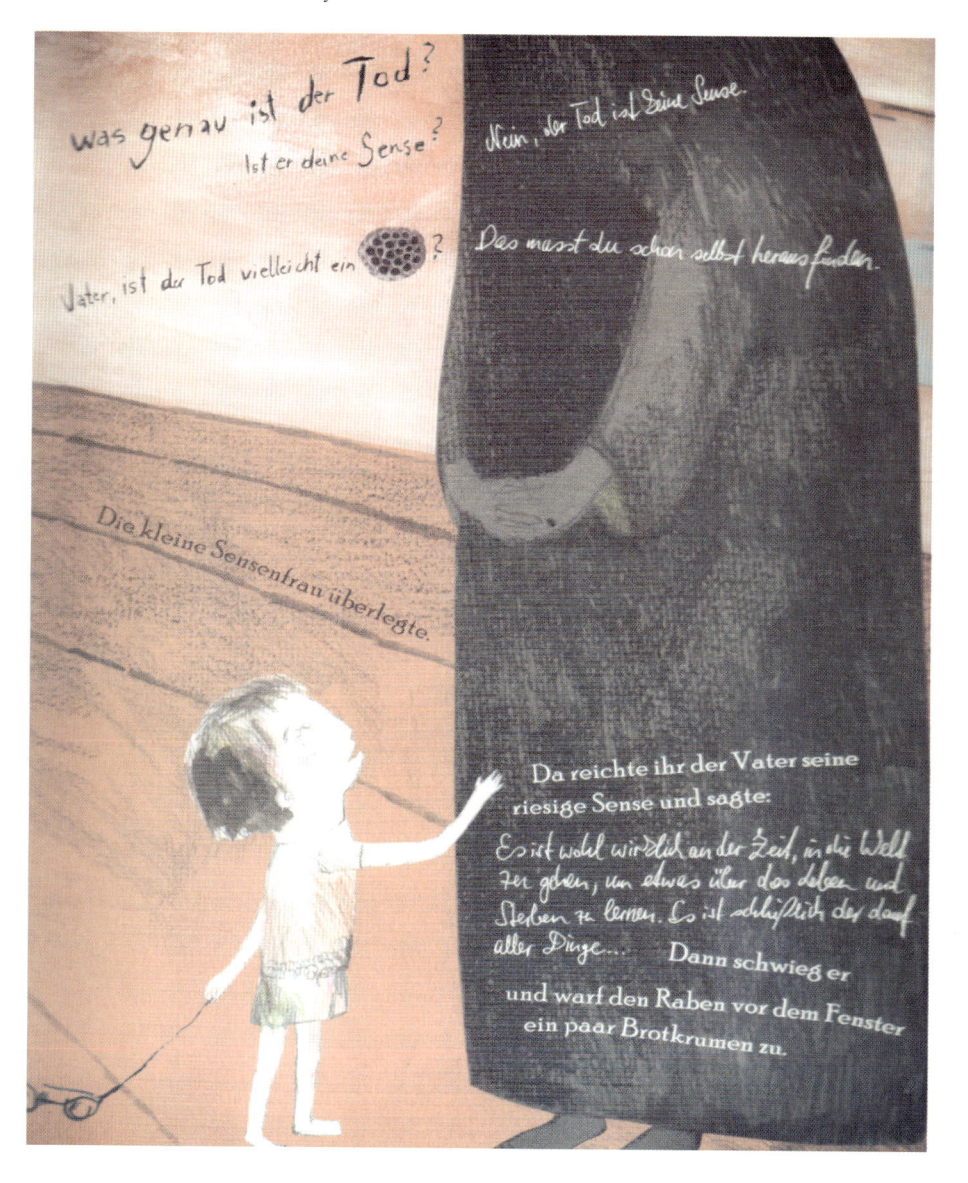

Der Tod als Knochenmann in schwarzem Umhang. Mit schnellen Bewegungen versucht der Tod eine davonspringende Frau zu fangen. Der Tod erscheint hier als unheimliche Figur mit einem skelettartigen Gesicht in einem schwarzen Mönchskittel. Über den Kopf hat er eine Kapuze gezogen. Aus der Geschichte ist zu entnehmen, dass die Frau von einer Krebserkrankung geheilt werden konnte. Im Text ruft der Mann seiner Frau zu: „Schließlich bist du dem Tod noch mal von der Schippe gesprungen." (*Alarm im Körperhaus,* Abb. 75)

Abb. 75: *Alarm im Körperhaus*

Engel des Todes. In dem Buch *Wie der Schatten eines fliegenden Vogels* wird der Tod „Engel des Bösen" genannt. Die Todesfigur in diesem Bilderbuch ist die einzige, die Gedanken von Höllenbildern wecken kann. Aus dem Grund sollte das Buch nur mit älteren Kindern ab 10 Jahren angeschaut werden. In einer jüdischen Legende aus Kurdistan über Leben und Tod ruft Gott Sammael den Neider, den Engel des Todes, um die Seele von Moses zu holen. Auf dem Bild fliegt der Engel des Todes in einer Feuerwolke, eingehüllt in einen „Mantel des Hasses, des Neides und des Zorns, bewaffnet mit einem Schwert" (Abb. 76). Im Verlauf der Geschichte bezwingt Moses mit seiner Liebe zu Gott das Böse und so auch den Engel des Todes. Sehr aussagestark sind die feurig roten, ineinander übergehenden Farben des Engels, dessen skelettartiger Körper, mit Flügeln und Hörnern auf dem Kopf, an ein Teufelsbild erinnert.

Abb. 76: *Wie der Schatten eines fliegenden Vogels*

Das „Danach"

Die bildlichen Darstellungen von dem Danach lassen sich ordnen in das sichtbare Geschehen nach dem Sterben und die Vorstellungen von einer Verwandlung, die vielfältige Formen haben können. Bei den Darstellungen vom Danach sind die Bilder vorzuziehen, die helfen, den Tod zu verstehen und ihn nicht verniedlichen. „Süßliche" Bilder, die ein heiteres harmonisches Leben im Jenseits vorgaukeln, könnten Todessehnsucht hervorrufen oder verstärken; sie regen nicht an, sich mit der Realität auseinanderzusetzen.

Das sichtbare Geschehen nach dem Tod

Sarg. Kleine Kinder finden Vorgänge, die mit dem Sterben zu tun haben, interessant. So haben sie keine Scheu, einen Sarg neugierig anzuschauen. Sie wollen wissen, wofür er da ist (*Nie mehr Oma-Lina-Tag?,* Abb. 77).

Abb. 77: *Nie mehr Oma-Lina-Tag?*

Urne. Nach Information des Kuratoriums Deutsche Bestattungskultur gibt es aktuell ca. 50% Erd- und 50% Feuerbestattungen. Bildhafte Darstellungen von Feuerbestattungen helfen, vertrauter mit diesem Ritual zu werden und sich auf Fragen, wie sie der 7-jährige Justin stellt, vorzubereiten: „Wo ist der Opa geblieben? Er passt nicht in die kleine Vase. Der Kopf geht doch nicht in die Öffnung oben hinein." Es wurden allerdings nur zwei Bilderbücher und ein Sachbuch gefunden, in denen eine Urnen- bzw. Seebestattung thematisiert wird. Es ist erstaunlich, dass es zu dieser Bestattungsform nicht mehr kindgerechte Broschüren oder Bilderbücher gibt. Ein Grund könnte sein, dass der Umgang mit dieser Bestattungsform in unserer Kultur noch nicht vollständig angenommen ist. In den Kinderbüchern *Wie kommt der große Opa in die kleine Urne?* (Abb. 78) und *Für immer mein Opa* sind Hinweise für ein Gespräch über die Feuerbestattung zu finden.

Beispiele: *Und was kommt dann? Willi will's wissen. Ich will etwas vom Tod wissen.* Siehe auch *Wie ist das mit ... der Trauer* von *Kachler* (2007). *Für immer anders* von *Schroeter-Rupieper* (2010). Arbeitsbuch zu *Lara's Schmetterlinge* (2005).

Abb. 78: *Wie kommt der große Opa in die kleine Urne?*

Leichenhalle. Thematisch aber auch grafisch auffallend ist in einem Bilderbuch eine Leichenhalle dargestellt. Mit dem Vater an der einen Hand und der Puppe in der anderen ist ein kleines Mädchen hinter brennenden weißen Kerzen abgebildet. Die im Gegenlicht dunkel erscheinenden Figuren gehen aus dem Dunkel in das helle Licht. Dieses Bild fordert auf, von eigenen Gedanken zu erzählen (*Die Blumen der Engel,* Abb. 79).

Abb. 79: *Die Blumen der Engel*

Beerdigung. Die stimmungsreichen Bilder in dem Buch *Abschied von Rune* erzählen von einer Beerdigung (Abb. 80). Sara steht alleine in der Nähe des geöffneten Grabes, das mit bunten Blumen geschmückt ist. Trauernde umarmen sich oder warten, bis sie an das Grab treten können. Bilder vom Leichenschmaus regen an, von den Gebräuchen unserer Kultur zu erzählen. Beim gemeinsamen Kaffeetrinken besteht die Gelegenheit, Abschied zu nehmen. Das Bild der fröhlich gestikulierenden Menschen, die sich an Essen und Trinken erfreuen, weist daraufhin, dass das Leben weitergeht.

Beispiele: *Da spricht man nicht drüber. Die besten Beerdigungen. Als Otto das Herz zum ersten Mal brach. Ein Himmel für Oma. Lukas und Oma nehmen Abschied. Abschied von Anna. Garmans Sommer. Tim trauert um seinen Freund. Wenn Oma nicht mehr da ist. Als der Tod zu uns kam. Lukas und Oma nehmen Abschied. Tschüss, kleiner Piepsi.*

Grab. Bilder vom Grabstein regen zum Erzählen über seine Bedeutung an. Der Stein ist leblos und symbolisiert den Unterschied zwischen „tot" und „lebendig". Auf manchen Gräbern gibt es immergrüne Pflanzen, wie den Lorbeer.

Die „Hauptfrage" des Kindes: Wo werde ich nach dem Tod sein? bleibt während des Lebens und ist ebenso noch eine Frage des Erwachsenen. Das Grab ist ein Ort,

Abb. 80: *Abschied von Rune*

Abb. 81: *Himbeermarmelade*

wo in der Vorstellung eine Nähe mit dem Verstorbenen hergestellt werden kann. Das Bild von einem bestimmten Platz hilft dem Menschen, eine Idee zu haben, wo der Tote sich befinden könnte. In einem Bilderbuch redet Rici, das kleine Mädchen, vom Grab als dem „letzten Bett von ihrem Onkel Georg" und dem „Efeu als seiner Bettdecke" (*Himbeermarmelade*, Abb. 81).

Beispiele: *Ein Himmel für Oma. Abschied von Aika. Tschüss, kleiner Piepsi. Da spricht man nicht drüber. Tim trauert um seinen Freund. Garmans Sommer. Justus ist traurig. Lukas und Oma nehmen Abschied.*

Rituale in anderen Ländern. Die Illustratorin *Birthe Müller* erzählt in ihrem Bilderbuch *Auf Wiedersehen, Oma* von dem Umgang mit Sterben und Tod in Bolivien (Abb. 82). In dieser Kultur erleben die Kinder von früh an, dass Sterben zum Leben gehört. Der

Abb. 82: *Auf Wiedersehen, Oma*

Tod wird von den Älteren nicht mit Schrecken gesehen und vor den Kindern versteckt. Die Familien feiern mit ihren Kindern und Freunden ein fröhliches Fest auf dem Friedhof. *Birthe Müller* schafft es, diese lebensbejahende Stimmung der Südamerikaner zum Fest der Toten in farbenfrohen, großflächig gemalten Bildern zu vermitteln. Die leuchtenden bunten Farben der Bilder wirken sich auf die Stimmung der betrachtenden Kinder aus. Kinder, die das Bilderbuch anschauen, erzählen von einem lustigen Treiben auf dem Friedhof. Über die farbliche Gestaltung finden die Kinder spontan einen unbekümmerten Zugang zu dem Thema. Ein weiteres Buch von *Birte Müller* erzählt ebenfalls über den Umgang mit dem Tod in Südamerika (*Zuckerguss für Isabel*).

Beispiele: *Opas Kiste. Tschüss, kleiner Piepsi. Die schlaue Mama Sambona.*

Die Verwandlung

Mit einer Verwandlung kommt es zu einer neuen, bisher nicht denkbaren Form des Weiterlebens. Die Verwandlungsgeschichten zeigen: Es gibt noch etwas Unvorstellbares nach dem Leben. Der Tod ist nicht das absolute Ende.

Weiterleben. Die Bilder in *Herr Pommerin verschenkt sich* erzählen von einem Weiterleben in der Natur. Mit dieser Fortführung des Lebens auf eine andere Art verliert der Tod in der Vorstellung seinen Schrecken. Herr Pommerin fühlt sich alt, müde und allein nach dem Tod seiner Frau. Im Herbst, als die Blätter von den Bäumen fallen, bemerkt er, dass es für ihn Zeit geworden ist, seinen letzten Willen aufzuschreiben. Er sucht sich einen passenden Ort, wo er sich wohl fühlt, und nach und nach verschenkt er sich an die Natur. So gibt er den Muscheln seine Ohren, eines seiner Augen dem blinden Stier. Zarte Federzeichnungen regen zum genauen Betrachten an und vermitteln eine märchenhafte Stimmung.

In der Geschichte *Pelle und die Geschichte mit Mia* wird die Verwandlung mit dem Abstreifen eines getragenen Handschuhs und dem anschließenden Anziehen eines neuen Handschuhs verdeutlicht. Pelles kleine Schwester ist am frühen Kindstod verstorben. In der Geschichte werden Gedanken des christlichen Glaubens aufgegriffen und abgewandelt. Das beendete Leben der kleinen Schwester wird mit einem abgestreiften Handschuh verglichen. Mit dem Eintreten des Todes tut ihr nichts mehr weh, weil sie nichts mehr spürt. Sie bekommt einen neuen Handschuh, ein neues Gewand und beginnt ein neues Leben bei Gott im Himmel.

Ein Bild aus dem Buch *Großvater und ich und die traurige Geschichte mit dem kleinen Kätzchen* erzählt vom Weiterleben nach dem Tod (Abb. 83). Ein Kreuz steht auf einem Grab, auf dem frische Blumen wachsen. Vor dem Kreuz ist die geöffnete Hand des Großvaters zu sehen. Sie enthält Samenkörner. Eine kleine junge Kinderhand berührt die alte Hand des Großvaters wie zum Hinweis auf die Verbindung von Jung und Alt.

Abb. 83: *Großvater und ich und die traurige Geschichte mit dem kleinen Kätzchen*

Bemerkenswert und einmalig ist in dem Buch *Honiggelb und Steingrau* für die Kleinen die abstrakt verarbeitete Vorstellung vom Sterben und dem Danach dargestellt (Abb. 84). Der kranke Onkel Steingrau, mit wenigen Strichen gezeichnet als ein graues Oval, stirbt. Er hat dem Kind Honiggelb, dargestellt als ein kleiner gelber Kreis, erzählt, dass Tote auf dem Friedhof begraben werden. In der Vorstellung des zurückgebliebe-

Abb. 84: *Honiggelb und Steingrau*

nen Kindes schwebt der verstorbene Onkel, hier ein graues Oval mit Flügeln, hoch in den Himmel. Hierzu heißt es im Text: „Aber seine Seele würde bestimmt zu Gott in den Himmel kommen und dort weiterleben." Die reduzierte Darstellung regt manche Kinder zu phantasiereichen Überlegungen an.

Kreislauf vom Vergehen und Neubeginn. Die ersten Beobachtungen zur Verwandlung machen alle Kinder in der Natur. Sie sehen, wie die ehemals grünen Blätter im Herbst rot, gelb oder braun von den Bäumen fallen. Sie beobachten, dass neue hellgrüne Blätter im Frühjahr wachsen. In dem Bilderbuch *Mukis Wunderbaum* wird das Kommen und Gehen der Jahreszeiten bildlich und sprachlich verständlich umgesetzt. Auf einem Bild sind die vier Jahreszeiten kreisförmig aufeinander folgend in einer Baumkrone gemalt. Diese phantasievolle Darstellung verdeutlicht den ewig sich wiederholenden Kreislauf und erzählt vom Weiterleben auf eine andere Art. Bilder aus diesem Buch regen manches Kind, wie hier den 8-jährigen Christoph, zum Malen eines „Vier-Jahreszeiten-Baumes" an (*Bild 30*).

Vom Kommen und Gehen in der Natur erzählt auch die Geschichte *Guten Morgen alter Baum*. Ein Junge lebt mit seinem Großvater zusammen. Jeden Morgen begrüßt

Bild 30 Christoph, 8 Jahre

er einen alten Baum. Er liebt es, auf ihm zu klettern und zu spielen. Dieser Baum wird durch ein Unwetter zerstört. Der Großvater und sein kleiner Enkel sind traurig. Doch ein neues Zweiglein sprießt aus dem alten Baumstumpf. Großvater findet einen Weg, den Baum weiterleben zu lassen. Er baut einen Schaukelstuhl aus dem Holz des alten Baumes. Ein Bild zeigt den Jungen auf dem Schaukelstuhl schaukelnd. Er fühlt sich versetzt in seinen alten Baum und hört wie früher den Wind in den Bäumen rauschen. Zitat vom Großvater: „So habe ich's mir gedacht. Unsere große alte Buche wird dich dein Leben lang schaukeln."

Weitere Beispiele: *Wo bleibt die Maus? Laura. Im Traum kann ich fliegen. Wenn Oma nicht mehr da ist. Vier Pfoten am Himmel.*

Raupe und Schmetterling. Beliebt bei Kindern sind die bebilderten Geschichten vom Aufbrechen eines Eies oder dem Ausschlüpfen einer Raupe, der Wandlung einer Larve oder eines Engerlings. Die Verwandlung einer kleinen unscheinbaren Raupe in einen farbenprächtigen Schmetterling versinnbildlicht, dass mit dem Tod das Leben nicht aufhört. Vom Sterben als Wandlungsprozess handelt zum Beispiel das Bilderbuch *Abschied von der kleinen Raupe*, das bereits in der 12. Auflage erschienen ist.

Abb. 85: *Lara's Schmetterlinge*

Der Hinweis auf die Entwicklung einer Raupe zum Schmetterling hilft in der Geschichte *Lara's Schmetterlinge* der Mutter, mit ihrer krebskranken Tochter Lara und den Freunden aufrichtig über Sterben und Tod zu reden. Die Mutter erzählt von der Verwandlung der Raupe in einen wunderschönen Schmetterling. Das Bild des Schmetterlings begleitet das sterbende Mädchen und hilft ihr und ihren Freunden (Abb. 85).

Beispiele: *Auf welchem Stern lebt Sina? Im Traum kann ich fliegen. Die kleine Raupe Nimmersatt.*

Weiterleben als ein ... Viele lustige Bilder wecken Vorstellungen von allen denkbaren Erscheinungsformen für ein Weiterleben nach dem Tod in dem Buch *Fall um* (Abb. 86).

Abb. 86: *Fall um*

Vielleicht tauchen wir ja eines Tages
als irgend jemand wieder auf!

Als Krake,

als Elch,

als Baby,

als Wurm,

241

Bilder vom Jenseits

Zu allen Zeiten beschäftigte die Menschen die Frage, was nach dem Leben sein wird. Alle Religionen bemühen sich darum, eine Antwort auf diese Frage zu finden. Da ein verstorbener Mensch nicht wieder lebendig wird, gibt es dazu keine wirklichkeitsgetreuen Aussagen. Jeder Einzelne verbindet mit dem Jenseits seine eigenen Vorstellungen, die es zu respektieren gilt. Das Gemeinsame aller Jenseitsbilder im Bilderbuch: Es sind keine Schreckens- sondern Hoffnungsbilder. Sie ersetzen die Angst vor dem Nichts durch anschauliche bunte Bilder von einem Leben in Geborgenheit und Harmonie. Es sind Wege, die über eine Brücke, über eine Seilbahn, durch einen „Langen Tunnel" führen, in das „Land Später", in das „Dorf-wo-der-Rauch-steil-aufsteigt", nach „Woanders," „Irgendwo," „in den Sternenhimmel," „zu dem Lieblingsort", „auf eine Wolke", „zu Gott".

Himmel. Wie Johanna (5;2 Jahre) antworten viele Kinder auf die Frage „Tot, was dann?": „Dann komme ich in den Himmel." Hierzu passen Bilder vom goldenen Himmelstor. Die Bilder vom Himmelstor unterstützen die Vorstellung von einem Paradies im Himmel. Die Idee, im Himmel, ähnlich wie auf der Erde, weiter zu leben wird bildhaft und thematisch bearbeitet in *Wo die Toten zu Hause sind*. In diesem Buch finden die Musikliebenden im Himmel eine Wohnung, in der sie munter trommeln, flöten und singen können. Leider wirken die comicartigen Figuren eher kitschig und albern und sprechen deshalb meist weder Kinder noch Erwachsene an. Dennoch soll das Buch hier wegen der anregenden Gedanken und vor allem wegen der begleitenden Hinweise zum kindlichen Todesverständnis erwähnt werden. In einem anderen Bilderbuch glaubt ein kleines Mädchen, ihren verstorbenen Vater auf seinem Boot hoch oben im Himmel zu sehen (*Das Mädchen unter dem Dohlenbaum*, Abb. 87).

Abb. 87: *Das Mädchen unter dem Dohlenbaum*

Abb. 88: *Schwanenwinter*

Wolken. Wolken schweben und verändern sich ständig. Sie regen durch ihre Formen zu eigenen Phantasiebildern an. In Schwanenwinter stirbt ein kleines Schwanenkind im Kreis seiner Familie. Während die hinterbliebenen Eltern und Geschwister in den Süden fliegen, formieren sich über ihnen die Wolken am Himmel zu dem großen Gefieder eines Schwanes.

Aus einer Bilderbuchbetrachtung: Hierzu sagt der 7-jährige Philip: „Irgendwie ist das tote Schwanenkind immer noch dabei. Hier sehen es die Schwäne in den Wolken. So ist es nicht richtig weg, sondern immer noch bei seiner Familie." (Abb. 88)

Auf einem Bild in der Geschichte *Leb wohl, lieber Dachs* winkt der zurückbleibende Maulwurf auf einem Hügel stehend in die Wolken. Dabei denkt er an den verstorbenen Dachs und glaubt ihn zu sehen (Abb. 89).

Weitere Beispiele: *Herr Wolke. Vier Pfoten am Himmel.*

Abb. 89: *Leb wohl, lieber Dachs*

Abb. 90: *Als Eure Großeltern jung waren*

Berührend und unvergesslich ist ein Bild in dem Bilderbuch zum Holocaust *Als eure Großeltern jung waren* (Abb. 90). Die verstorbenen Eltern stehen hoch oben am Himmel auf den Wolken und winken hinab zu den Kindern, die auch zu ihnen hinauf sehnsuchtsvoll die Hände recken.

Paradies. In verschiedenen Bilderbüchern, wie beispielsweise in *Die Fahrt zum Pferdeparadies*, dem bebilderten Tagebuch der 9-jährigen leukämieerkrankten Iris, wird ein paradiesischer Zustand als Darstellung des Jenseits gewählt (Abb. 91).

Abb. 91: *Die Fahrt zum Pferdeparadies*

Die bebilderten Vorstellungen von der Sterbeforscherin *Elisabeth Kübler-Ross* erzählen in dem Buch *Die unsichtbaren Freunde* von einem idealisierten Weiterleben mit lieben Menschen nach dem Tod. „Sie bewegen ihre Lippen nicht, wenn sie miteinander reden. Jeder liest die Gedanken des andern. Sie verstehen sich ohne Worte." Vor dem gemeinsamen Betrachten dieser „süßlichen" Jenseitsvorstellungen sollte die Bezugsperson entscheiden, ob sie diese vom realen Leben abweichenden Vorstellungen einem Kind zeigen möchte.

Frieden. Ein friedvolles Gefühl vermitteln Farben und Malart in Übereinstimmung mit dem Text bei Bildern aus den folgenden Büchern:

In dem Bilderbuch von *Dudok de Wit*: *Vater und Tochter* lässt ein dahingleitendes Boot in einem weiten Meer das Gefühl von Weite und Ruhe aufkommen (Abb. 92).

Abb. 92: *Vater und Tochter*

Abb. 93: *Die Reise nach Ugri-La-Brek*

In dem leider vergriffenen Bilderbuch *Die Reise nach Ugri-la-Brek*[5] weckt ein Bild mit steil aufsteigendem Rauch aus einer kleinen, leicht verschwommenen Häusergruppe eine friedliche Vorstellung vom Jenseits (Abb. 93).

---

[5] Ugri-la-Brek heißt das Dorf und das bedeutet, das „Dorf-wo-der-Rauch-steil-aufsteigt".

In der Geschichte *Liplaps Wunsch* wünscht sich ein kleiner Hase sehnsuchtsvoll, seine Großmutter auf einem Stern zu sehen. Seine Mutter hört ihm zu. Sie schaut mit ihm in den Sternenhimmel und ermuntert ihn, zu glauben, was ihm gut tut, indem sie sagt: „Ich denke, du könntest dir wünschen, dass es so ist."

Abb. 94: *Wenn ich nicht mehr bei dir bin, bleibt dir unser Stern*

In dem Buch *Wenn ich nicht mehr bei dir bin* weiß das krebskranke Mädchen Anna um ihre Krebserkrankung und dass sie bald sterben wird. Gemeinsam mit ihrem Freund Tim schaut sie in den Himmel zu den Sternen. Die beiden Freunde wählen einen Stern als ihren gemeinsamen aus: „Das soll unser Stern sein," flüstert Anna. „Wenn du den Stern siehst, sollst du an mich denken." Tim versteht nicht, was Anna damit sagen will. „Aber ich denke doch sowieso immer an dich. Du bist doch bei mir." „Nicht mehr lange," flüstert Anna. „Bald werde ich weggehen, und wir können nicht mehr zusammen sein. Dann hast du den Stern als Erinnerung." (Abb. 94)

Abb. 95: *Abschied von Opa Elefant*

Engel. Verstorbene verwandeln sich in Engel. Diese Vorstellung einer Verwandlung hat etwas Beruhigendes. In dem Buch *Abschied von Opa Elefant* stellen die personifizierten Elefantenkinder Fragen, wie sie Kinder im Alter zwischen 4 und 9 Jahren selbst formulieren: kurz, eindeutig und direkt. Ausgehend von diesen Fragen werden die verschiedensten Vorstellungen vom Danach sprachlich und bildhaft ansprechend umgesetzt. Die Bilder in warmen Farbtönen vermitteln eine ruhige Stimmung (Abb. 95).

In *Die Blumen der Engel* wird die verstorbene Schwester als fliegender Engel gemalt. Die Geschichte beginnt nach dem Unfalltod des Mädchens und den fassungslosen Empfindungen des Vaters und der Schwester, als sie diese Nachricht erhalten. Das zurückgebliebene Kind stellt sich vor, dass die tote Schwester nun im Himmel sei und sie sieht die Schwester als Engel fliegen. Dieses Bild von der verschwundenen Schwester hilft ihr, den Schmerz zu ertragen (Abb. 96).

Abb. 96: *Die Blumen der Engel*

In verschiedenen Büchern lebt der Verstorbene unsichtbar als Engel weiter und gibt dadurch Nähe, Schutz und Trost. In *Meine Schwester ist ein Engel,* wird die totgeborene Schwester für den Bruder zu einem imaginären Begleiter. In einem Nahtoderlebnis begegnet ein verunglückter Fünfjähriger einem Engel, den er als einen früheren Freund wiedererkennt. Der Engel bittet den Jungen, „in das große Licht einzutreten", und gemeinsam fliegen die beiden „durch das Universum in die unendliche Sternenwelt" *(Georgs Reise zu Gott).*

Kapitel 5
Weitere praktische Hilfestellungen

Ergänzend zu dem Kapitel „Praktische Anregungen im Bilderbuch" werden hier weitere Hilfestellungen in der Auseinandersetzung mit Sterben und Tod vorgestellt. Der Grundgedanke dieser Anregungen ist, dem Kind zu helfen, die Wirklichkeit zu verstehen. Hierzu dient vor allem das Wissen, was getan werden kann. Denn die schwer vorstellbaren Begriffe Sterben und Tod können eher verständlich gemacht werden, wenn sie mit dem Sehen, Hören, Berühren und überhaupt mit dem Erleben im Tätigsein verbunden werden.

1. Selbst etwas tun

Kinder sind neugierig und wollen mit den Sinnen die Welt erforschen. Kinder wollen am Leben teilnehmen und nicht zur Seite geschoben werden. Es ist Aufgabe der Bezugspersonen, diese Bereitschaft wahrzunehmen und das Kind da abzuholen, wo es steht.

Im täglichen Leben gibt es viele Gelegenheiten, um die Vergänglichkeit allen Lebens zu erfahren. Es hilft dem Kind in seinem Verständnis vom Leben und Sterben, wenn es seine Beobachtungen ungestört machen darf und dabei behutsam begleitet wird. Anlässe hierzu geben:
- die Fliege, die bewegungslos auf der Fensterbank liegt,
- die Spinne, die in ihrem Netz eine kleine Fliege fängt und frisst,
- die Tulpe, die in der Vase verwelkt,
- die Seifenblasen, die zerplatzen,
- der Rauch, der wegfliegt,
- der Regenbogen, der verschwindet,
- der Kirschbaum, der im Frühjahr frische kleine Blätter und Blüten trägt, im Sommer saftige Kirschen trägt und im Winter alle Blätter verliert.

Ein guter Einstieg, über Sterbeprozesse zu reden, ergibt sich bei Beobachtungen und Tätigkeiten in der Natur. Kinder graben und pflanzen gern. Es macht ihnen Freude, mit den Fingern die Erde im Garten oder in einem Blumentopf locker zu machen, kleine Samenkörner zu säen oder Blumenzwiebeln zu setzen. Sie können angeleitet werden, die Erde und die Pflanzen zu begießen, um sie feucht zu halten. Es wird eine wunderbare Erfahrung für sie sein, wenn die ersten zarten Blätter hervorsprießen. Irgendwann verblühen die Blütenblätter und die Pflanze verwelkt. Vielleicht gibt es Ableger, neue Samenkörner oder Triebe, die aus Zwiebeln wachsen. Beim Mitwirken und Beobachten in ihrer Umgebung bekommen die Kinder gleichzeitig eine Vorstellung vom Naturkreislauf.

Der Gang zum Friedhof. Ein ruhiger Spaziergang auf dem Friedhof kann anregen, die Grabsteine anzuschauen. Anhand der Daten auf den Steinen kann auf das Alter der Gestorbenen geschlossen werden. Es werden sich Gespräche über das Sterben von jungen und alten Menschen ergeben. Kleine Aufgaben während des Spaziergangs können weitere Gespräche ermöglichen:
- Welche Symbole (Darstellungen, Bilder, Skulpturen, Grabsteine) gibt es auf den Gräbern?
- Aus welchem Material sind die Symbole?
- Welches Symbol gefällt dir am besten? Warum?
- Es gibt verschiedene Lichter auf den Gräbern. Welche? Warum wohl?
- Schaue hinter die Grabsteine! Was liegt da häufig? Warum?
- Manchmal gibt es Gräber, auf denen kleine Gegenstände wie ein Porzellanhase, ein Windrad, ein Teddybär zu sehen sind. Warum wohl? Findest du ein solches Grab?

> Das Kind lernt über das eigene Tun und dies muss ihm ermöglicht werden.

2. Malen

Beim Malen können Kinder ihre Wunschbilder realisieren, Sehnsüchte und Ängste ausdrücken, Spannungen abreagieren. Manches Kind verarbeitet beim Malen seine Trauer über den Verlust eines Menschen. In der jeweiligen Situation soll das Kind selbst entscheiden, ob, was und mit welchen Farben es malen möchte. Häufig sind es wiederkehrende Motive wie ein Kreuz, das Grab, ein Kranz mit Blumen und einer Schleife.

Die Formulierung: „Male ein Bild", wie sie in der Kindertherapie eingesetzt wird, unterscheidet sich nicht von der Aufgabenstellung zu Hause, im Kindergarten oder im Kunstunterricht in der Schule. Der Unterschied zeigt sich auch nicht an den Materialien. Es sind jeweils Papier und Stifte. Der tatsächliche Unterschied ist unsichtbar und in den Überlegungen des Therapeuten zu suchen. Er ist in dem Zusammenhang nicht an einer Überprüfung der feinmotorischen Geschicklichkeit oder des Umgangs mit dem Stift interessiert. Sein Ziel ist, das vor ihm sitzende Kind besser zu verstehen und ihm zu helfen, seine Empfindungen auszudrücken. Die gewählten Farben, das

Motiv, der Malstil, die Vorgehensweise beim Malen und die begleitenden Erzählungen können wertvolle Hinweise geben. Manches gemalte Bild gibt Aufschluss über die Vorstellungen des Kindes.

Beim Malen sitzt der Therapeut meist als stiller Beobachter neben dem Kind. Häufig tut es dem Kind gut, beim Malen die volle Zuwendung zu spüren. Manchmal ergeben sich kleine Fragen – jedoch sollte möglichst nicht in den kreativen Prozess des Kindes eingegriffen werden. Es bedarf Einfühlungsvermögen seitens der Bezugsperson, um zu erkennen, was das Kind in seinem Malprozess unterstützt. Manches Kind möchte, ohne befragt zu werden, sein Bild in Ruhe malen. Ein solches Kind wird Fragen zu seinen Absichten und Gedanken gar nicht beantworten. Vielleicht gibt es durch Mimik oder Gesten zu verstehen, dass es nicht gestört werden will. Manches andere Kind redet gern und öffnet sich bei Fragen wie: „Erzähle doch mal, was das sein soll?"

Malen kann ein geeignetes Kommunikationsmittel für Kinder mit unterschiedlichen Eigenschaften sein. Manche Kinder, die unaufhörlich reden, sich aber trotzdem nur mühsam verständlich machen können, schaffen es, ihre Empfindungen und Aussagen auf dem Papier zu verdeutlichen. Andere Kinder, denen die Worte für schwer Sagbares fehlen oder die lieber schweigen, können sich mit Stift und Farbe mitteilen. Helle oder dunkle Farben, die Maltechnik, die Stiftführung, die Überbetonung gewisser Details, alle diese Merkmale können versteckte Hinweise enthalten. Die Interpretation eines Bildes darf allerdings nicht spekulativ begründet sein. Die Erklärungen des Kindes zu seinem Bild sind wichtig. Hinweise aus der Lebensgeschichte des Kindes, aus seinen Äußerungen, aus der Verhaltensbeobachtung und dem Wissen um die realen Ereignisse sollten gegeben sein, bevor es zu einer Deutung kommt.

Aus der Praxiserfahrung: Das Malen bringt die 13-jährige Maria zum Reden. Ihre Mutter ist vor drei Jahren verstorben. Nach Aussage des Vaters war Maria nach dem Tod der Mutter wie erstarrt. Während eines Gesprächs erwähnt sie, dass sie nachts manchmal heftig träumt. Ich frage sie, ob sie Erlebtes aus ihren Träumen malen möchte. Sie ergreift spontan einen Bleistift und malt eine Figur. Um die Figur zieht sie einen Kreis und malt ihn mit schwarzer Farbe aus. Nur die Figur bleibt weiß (*Bild 31*). Sie zeigt auf die Figur und sagt: „Das bin ich. Ich falle in ein großes schwarzes Loch. Das ist das Nichts ... dann komme ich zu meiner Mutter." Sie schweigt. Plötzlich beginnt sie zu weinen. Sie erzählt von der Krankheit und dem Sterben ihrer Mutter.

Bei dem 8-jährigen Niklas gibt das Malen den Einstieg über seine Ängste bei seiner Krebserkrankung zu reden. Ich weiß, dass Niklas gerne malt und bitte ihn: „Male das Paradies." Niklas malt einen Fluss, in dem Fische schwimmen. Einer der Fische springt vor Freude aus dem Wasser hoch in die Luft. Büsche und Blumen wachsen am Flussrand. Eine kleine Brücke führt über den Fluss. Von ihr führt ein Weg fort. Am Flussufer steht eine Palme, von der eine Kokosnuss abfällt. In dieses friedliche Bild malt Niklas einen Jäger mit einem Gewehr. An den oberen Bildrand malt er zwei Figuren, die er jeweils in einen gelben Kasten setzt (*Bild 32*). Seine Mimik verrät mir, dass er

Bild 31 Maria, 13 Jahre

beim Malen nicht gestört werden möchte. Ich schaue ihm ruhig zu und stelle zunächst keine Fragen. Erst als er die Stifte hinlegt und mich anschaut, bitte ich ihn, mir zu erzählen, was er gemalt hat. Niklas erzählt: „Dieser Mann ist ein Jäger. Er hat ein Gewehr in der Hand." Rückfragen ergeben, dass der Jäger aufpasst, dass die Fische weiter in Ruhe schwimmen dürfen, dass keiner sie angelt oder ihr Wasser verschmutzt. Ich frage nach den Zeichen oben am Bildrand. Es fällt Niklas schwer, die richtigen Wörter zu finden. Wiederholt setzt er an: „Das ist etwas Geheimnisvolles. Das schwebt da oben. Das gehört zu einem Ungeheuer. Das ist jederzeit da. Vielleicht sind das die Beine und davon die Füße." Es kommt mir der Gedanke, dass Niklas mit diesem Bild etwas von sich erzählen möchte. Niklas leidet seit seiner Geburt an einer Krebserkrankung und wurde bereits mehrfach operiert. Er weiß um seine Krankheit und hat das starke Bedürfnis, immer wieder Fragen zu stellen wie: „Kann ich noch mal krank werden? Muss ich dann wieder ins Krankenhaus? Kann ich dann sterben?" Niklas trägt die gute Erfahrung in sich, dass seine Eltern aufrichtig mit ihm reden und so traut er sich zu fragen,

Bild 32   Niklas, 8 Jahre

was ihn bewegt. Das angedeutete Wesen, das unsichtbar über dem Bild schwebt, gibt den Einstieg, über Ängste zu sprechen. Es ergeben sich erneut Fragen zu seinen Narben und zu den Untersuchungen, die sich ständig wiederholen. Wir sprechen über die Gewissheit, dass er bei den Untersuchungen oder im Krankenhaus nicht alleine ist und dass er weiterhin solange zu mir kommen kann, wie er möchte.

> Beim Malen ist es wichtig, nicht einzugreifen und dem Kind Raum zu geben, Gedanken und Phantasie zu entwickeln und auszudrücken.

3. Schreiben

Manche, vor allem ältere Kinder schreiben gerne. Sie sollten in schwierigen Lebenssituationen ermuntert werden, ihre Vorstellungen und Gefühle in einem Brief, in

Geschichten, Gedichten oder im Tagebuch aufzuschreiben. Bei einem solchen kreativen Prozess kann sich das innere schmerzliche Empfinden verändern. Es kann befreiend wirken, die schwer sagbaren, verwirrenden Gefühle aus sich herauszugeben und in Worte zu fassen.

Beispielhaft sei auf zwei Bilderbücher hingewiesen. In *Papi, wir vergessen dich nicht* hat die 13-jährige *Marie Herbold* gemeinsam mit ihren Geschwistern Gedanken, Gefühle und Ereignisse während Krankheit und Sterben, und auch nach dem Tod ihres Vaters aufgeschrieben. In dem Buch *Die Prinzessin vom Gemüsegarten* beschließt Hanna in ihrer Verzweiflung nach dem Tod der Mutter zu schreiben. Sie möchte Schriftstellerin werden.

> Beim Schreiben haben die Kinder auf der gedanklichen Ebene häufig einen Partner, an den sie das Geschriebene richten. So kann es zu einer inneren Verbindung mit einer vorgestellten Person kommen.

4. Lieder singen, Musik hören

Kinder singen und bewegen sich dabei gern. Beim Singen sind sie meist mit allen Sinnen dabei. Kurze einfache Texte, die sich oft auch im Refrain wiederholen, prägen sich schnell ein. Die Verhaltensbeobachtung von singenden Kindern – vor allem in der Gruppe – zeigt, wie sehr das Singen befreit und gleichzeitig Freude schenkt. Die Kinder beobachten sich gegenseitig beim Singen. Sie bleiben beieinander stehen oder sitzen und laufen nicht umher. Durch die Nähe entsteht ein Gruppengefühl, das durch die Gemeinsamkeit des Singens verstärkt wird. Während des Singens unterstreichen die Kinder bei manchen Liedern die gesungenen Worte mit Körperbewegungen. Einige wiegen sich in der Melodie. Es entsteht der Eindruck, als machten sie sich über die Bewegung und das Singen die gesungenen Aussagen zu Eigen.

Aus der Praxiserfahrung: Die 9-jährige Michelle trifft sich jede Woche mit einer Gruppe von Kindern zur „Vorbereitungsstunde" für die Kommunion. Bei diesen Treffen hören die Kinder Geschichten aus der Bibel, lernen Lieder und machen Spiele. Michelle strahlt, als sie auf ein Lied zu sprechen kommt, das alle gemeinsam zu Beginn jeder Stunde singen. Sie erzählt: „Wir haben ein schönes Lied gelernt ... Es ist wie ein Schatz, der zu mir gehört und den mir keiner mehr nehmen kann ... Ich habe den immer bei mir. ... Wenn ich nicht mehr weiß, was ich tun soll und Angst habe ... dann singe ich mein Lied: ‚Meinem Gott gehört die Welt, meinem Gott das Himmelszelt.'" Versonnen schaut sie vor sich hin. Leise singt sie ihr Lied.

5. Sprüche, Verse, Gedichte

Das Aufsagen von Reimen oder Gedichten kann Freude bereiten und in besonderer Situation eine beruhigende Wirkung haben. Wenn die Worte sicher beherrscht werden, kann beim lauten Sprechen das Gefühl aufkommen, die Aussage selbst aus eigenen Empfindungen zu geben. Vielleicht wecken die Worte oder ihr Klang auch die Phantasie für beruhigende Bilder.

Aus der Praxiserfahrung: Jonas besuchte die 7. Klasse, als ein gewaltsamer Übergriff eines früheren Klassenkameraden in der Schule geschah. Der ehemalige Schüler wollte sich an seinem früheren Lehrer rächen, drang deshalb mit einer Pistole bewaffnet in den Klassenraum seiner „alten" Klasse ein und bedrohte die ehemaligen Mitschüler und den Lehrer. Die Jungen und Mädchen mussten ihm gehorchen und durften über Stunden den Raum nicht verlassen. Der Täter konnte von der Polizei überwältigt werden. Wegen des erlittenen Traumas suchte der 13-Jährige psychologische Hilfe. In der Therapie erzählt er von seinen Gefühlen während des Überfalls: „Ich dachte, dass wir alle totgeschossen werden. Ich hatte Angst, in dem Moment, jetzt sogleich, sterben zu müssen. Wir mussten uns aufteilen, durften nicht zusammenbleiben. Ich musste mich vorne an die Tafel stellen. Wir durften nichts sagen. Da ist mir plötzlich ein Spruch aus der Bibel eingefallen. Ich habe den immer wieder aufgesagt und daran geglaubt. Das hat mir geholfen. Ich bin froh, dass ich den in mir habe." Jonas sagt den Spruch: „Und ob ich schon wanderte im finstern Tal, fürchte ich kein Unglück, denn du bist bei mir, dein Stecken und Stab trösten mich."

> Sprüche, Verse und Gedichte können helfen.

6. Rollenspiele

Im Rollenspiel ahmen kleine Kinder andere Personen nach und sie sprechen, wie sie es bei ihnen beobachtet haben. Über das „Nachspielen" werden manche Gewohnheiten der Erwachsenen vertrauter; sie verlieren gegebenenfalls auch an Bedrohlichkeit (siehe auch S. 150–151).

> Das Rollenspiel hilft dem Kind, die soziale Wirklichkeit um es herum im Nachahmen zu verstehen und zu verinnerlichen.

7. Rituale

Auch Rituale helfen, die Unsicherheit und die Hilflosigkeit, die Wut und den Schmerz im Erleben des Todes zu verringern und unter Kontrolle zu bringen. Sie geben Ordnung und Struktur. Rituale vermitteln ein entlastendes Gefühl und schaffen Verhaltenssicherheit. Ein Ritual kann Ruhe im Erleben erfahrbar machen, vielleicht auch eine feierliche Stimmung.

> Rituale tun gut – sie helfen bei der Verarbeitung.

Bei Gesprächen über Sterben und Tod sollten die üblichen Rituale erklärt werden. Es ist von Vorteil, wenn diese Abläufe den Kindern vor dem tatsächlichen Erleben bekannt sind.

> Für die Auseinandersetzung mit dem Sterben ist es für Kinder ab etwa 4 bis 5 Jahren – nach einer Vorbereitung – sinnvoll und hilfreich, an der Beerdigung teilzunehmen, vorausgesetzt, das Kind wünscht es.

Vorbereitung vor der Beerdigung

Es sollte genau erzählt werden, was geschieht: Menschen kommen in dunkler Kleidung, möglicherweise weinen sie. Es werden Reden gehalten. Der Sarg wird zum Grab gebracht und die Trauernden gehen hinter dem Sarg her. Der Sarg wird an Seilen in das ausgehobene Grab herabgelassen. Erde und Blumen werden in das Grab geworfen. Die Trauernden geben den Hinterbliebenen die Hand und sagen tröstende Worte. Die Trauernden kommen zusammen, essen und trinken gemeinsam, und unterhalten sich über den Verstorbenen. Es werden Geschichten aus der Vergangenheit erzählt. Wenn sie länger miteinander reden, fallen ihnen manchmal auch lustige Geschichten ein, über die sie lachen.

Es sollte gesichert sein, dass sich während der gesamten Zeit eine vertrauensvolle Bezugsperson dem Kind liebevoll zuwenden kann. Sie sollte alle Fragen beantworten. Wenn dies kein Angehöriger sein kann, könnte es ein vertrauter Nachbar sein. Das Kind sollte an der Hand gehalten oder auf den Arm genommen werden. Im Einzelfall ist zu überlegen, ob das Kind vielleicht nur wenige Minuten bei der Trauerfeier oder der Beerdigung dabei ist. Es sollten Möglichkeiten besprochen werden, jederzeit mit der begleitenden Bezugsperson den Ort verlassen zu können. Wenn das Kind nicht an der Beerdigung teilnehmen möchte, sollte es zu einem späteren Zeitpunkt mit einer Bezugsperson zu dem Grab gehen.

Manche Kinder wiederholen die Beerdigung im Rollenspiel mit Puppen oder toten Tieren, was ihnen nicht ausgeredet werden sollte.

Rituale vor und während einer Beerdigung
- Wünsche des Kindes zur Blumengestaltung für den Sarg, die Kranzschleife, die Trauerfeier berücksichtigen,
- die Frage mit dem Kind ansprechen, ob es den toten Körper im Sarg sehen möchte,
- den Sarg schmücken, mit Farben bemalen, mit Fotos oder Bildern bekleben,
- die Kranzschleife bemalen und eine Kerze bekleben,
- etwas Ausgewähltes (Brief, Bild, Schmusestuch, Spielzeug, Erinnerungsstück) in den Sarg legen,
- Wünsche des Kindes bei der Trauerfeier berücksichtigen (Fürbitte sprechen, Kerze anzünden oder halten, Spruch, eigene Worte oder Lied auswählen für die Trauerfeier in der Kirche, am Grab, wenn der Sarg in die Erde gelassen wird, Blätter verteilen, auf die ein Abschiedssatz geschrieben wird),
- Symbole malen (Pferdchen, Wolke, Blüte, Fußspur), ausschneiden, etwas auf die Formblätter schreiben (z. B. Ich denke an dich), um das Grab legen,
- Bild oder Brief an einen Luftballon hängen und wegfliegen lassen oder in einem Glasbehälter in einen Fluss geben,
- am Grab das Körbchen für die Blumen halten.

Rituale nach der Beerdigung
- das Grab besuchen und pflegen,
- ein Rosenstöckchen auf das Grab pflanzen,
- am Grab ein Lied auf der Flöte spielen,
- einen Baum im Garten pflanzen,
- eine Kerze am Grab, in der Kirche oder an einem Bild aufstellen und anzünden,
- bei Traurigkeit in ein Erinnerungsbuch schreiben, malen, etwas kleben, ein Bild malen,
- das Kind ein Erinnerungsstück bzw. Erbstück auswählen lassen,
- eine Fotografie in einem Rahmen an die Wand hängen oder aufstellen,
- am Todes- oder Geburtstag etwas Schönes machen, was früher gemeinsam mit dem Verstorbenen unternommen wurde, z. B. ein Waldspaziergang, ein besonderes Essen in einem Restaurant.

Rituale in der Nähe des Todes für den, der bleibt
- in Ruhe dasein,
- eventuell die Hand halten,
- dem Sterbenden eine kleine Freude bereiten,
- von schönen gemeinsamen Momenten sprechen,

- erzählen, was alles bleibt,
- (gemeinsam) eine Kerze anzünden,
- ein gemeinsames Foto machen (je nach Situation).

Rituale in der Nähe des Todes für den, der geht
- in Ruhe dasein,
- die Hand halten,
- von schönen Momenten erzählen,
- Musik vorspielen oder etwas vorlesen,
- einen Wunsch äußern dürfen,
- aussprechen, dass das Leben für die anderen nach dem Tod weiter gehen darf (es dürfen bunte Kleider bei der Trauerfeier getragen werden, die Kinder dürfen weiterhin Spaß haben und sich mit Freunden treffen und feiern, das Leben genießen),
- etwas dem Gegenüber mit auf den Weg geben (Ziele, Wünsche, über die Liebe sprechen),
- Trostkiste für den Zurückbleibenden machen,
- Anregungen geben, etwas zu schreiben (Erinnerungen, trostvolle Gedanken).

Nach dem Sterben, für die Hinterbliebenen
- mit Zeit da sein, dem Tod Raum geben,
- Fürbitte, Gebet sprechen,
- Fenster öffnen,
- getrocknete Blütenblätter auf das Bett oder den Nachttisch legen,
- einen Erinnerungsort gestalten: Bild aufstellen, ein Kreuz, ein Gesangbuch hinlegen,
- eine Kerze anzünden,
- Bilder malen, in eine Flasche stecken und in einen Fluss geben,
- einen Regenbogen malen,
- Steine bemalen,
- „Was ich noch mal sagen wollte" aufschreiben und in einer Kiste verschließen,
- Erinnerungsbaum (ein Zweig mit ausgeschnittenen beschrifteten Symbolblättern),
- Glasschale mit Teelichtern (siehe auch S. 96–97),
- eine Erinnerungskiste herstellen (beim Baby: Haarlocke, Elektroden, Hemdchen, Mützchen, Namensschild, Fußabdruck, Puder),
- Trostkiste, in die die Kinder greifen dürfen (Süßes, liebe Sätze, Bilder, Luftballons, Seifenblasen),
- eine Erinnerungsecke gestalten,
- ein bestimmtes Lied singen,
- Platz (Esstisch, Pult in der Schule) freilassen,
- an Monats- bzw. Geburtstagen des Verstorbenen etwas zur Erinnerung gemeinsam gestalten.

8. Anregungen zur Stärkung des Realitätssinns

Vor dem Friedhofsbesuch sagt die Mutter zu ihrer kleinen Tochter: „Ich nehme rote Tulpen für den Friedhof. Oma hatte die roten Tulpen so gern." Diese Sätze verschleiern, was wirklich geschehen ist. Es könnte bei dem kleinen Mädchen der Eindruck entstehen: Oma liegt in dem Grab und freut sich über die Blumen. Kinder sollen jedoch mit der Wirklichkeit konfrontiert werden. So wäre es günstiger bei dem Kauf der roten Tulpen zu sagen: „Früher hatte Oma rote Tulpen gerne. Wir denken an sie und werden die Blumen nehmen, die sie immer gerne gehabt hat."

> Wichtig ist es,
> - das Kind dem Alter entsprechend am realen Ablauf teilnehmen zu lassen
> - immer wieder klar und deutlich dem Alter entsprechend vom Tod als endgültigem Fortsein zu sprechen.

Manchen Kindern und Jugendlichen kommt das Gefühl für die Realität abhanden, wenn sie sich zu lange und zu häufig fiktionale Filme anschauen oder sich mit bestimmten Computerspielen beschäftigen. Kinder sehen in Filmen, wie Gestalten aus einem Trickfilm erst zertreten oder zerquetscht werden, und dann plötzlich wieder da sind und sich weiter bewegen. Diese Darstellung führt zu der Vorstellung, Tod und Leben sind austauschbar. Schon Kindergartenkinder spielen mit den Yogiyokarten, mit denen ein Gegner getötet oder auch wieder ins Leben zurückgeholt werden kann.

Aus der Praxiserfahrung: Der 5-jährige Robert zeigt seine Yogiyokarten. Er kann nicht lesen, kennt aber die Bedeutung der Karten und will sie erklären. Plötzlich beginnt er von seinem Bruder zu reden. Er ist vor einem Jahr gestorben. Robert vermisst ihn sehr und fragt fast täglich nach ihm. Robert sagt: „Wenn man tot ist, kommt man auf den Friedhof. Aber mit einer ‚Zurückkarte' (er zeigt auf eine Yogiyokarte) komme ich wieder her und bin nicht mehr tot. Ich frage mich, wann kommt mein Bruder endlich wieder?"

Die Aussagen der Karten entsprechen seiner Vorstellung: Totsein meint nur ein vorübergehendes Wegsein. Sie erschweren ihm die Annahme der Realität.

Je jünger die Kinder sind, umso wichtiger ist es, dass mögliche Altersbegrenzungen bei Spielen eingehalten werden und dass sich Eltern selbst mit dem Material auseinandersetzen. Grundsätzlich empfiehlt es sich, vor dem Einsatz eines Spiels die Angaben auf der Verpackung oder die beiliegende Beschreibung vollständig zu lesen. Eltern sollten jedes Spiel zunächst alleine anschauen und dann je nach Gegebenheit möglichst mit den Kindern gemeinsam spielen. Wenn Eltern ihren Kindern beim Spielen zuschauen, ist es ihnen eher möglich, in kritischen Augenblicken sofort beruhigend auf sie einzuwirken und das Spielen zu beenden. Wenn es zu Vermischungen zwischen Realität und Phantasie kommen sollte, ist es zunächst wichtig, das weitere Spielen zu unterbrechen und viel mit den Kindern über das Gesehene zu reden und sie immer wieder mit der Wirklichkeit zu konfrontieren. Vergleichbares gilt für Filme.

> Spiele und Filme sollen von Eltern auf den Realitätsgehalt überprüft werden.

(Siehe auch Kasten 13: Anregungen zur Stärkung des Realitätssinns, S. 141)

9. Gegenstände als Trostspender

In schwierigen Situationen tut es gut, einen Gegenstand bei sich zu haben, mit dem sich angenehme Gefühle verbinden. Durch eine Fotografie oder eine Kette beispielsweise kann es zu einer gefühlsmäßigen Verbindung mit dem Verstorbenen kommen.

Der Psychoanalytiker *Bruno Bettelheim* (2003) beschäftigte sich mit der Frage: Was gewährt Kindern psychische Sicherheit? Er zitiert eine Geschichte der schwedischen Psychoanalytikerin Pedersen aus der Zeit, als die Nazis Norwegen besetzten. Pedersen war als Führerin mit einer Gruppe von Flüchtlingen über die Berge nach Schweden geflohen. Wegen des mühseligen Weges konnten die Erwachsenen und die Kinder nur mitnehmen, was sie selbst in ihren Rucksäcken tragen konnten. Bei einer Rast sah Frau Pedersen im Rucksack eines Kindes einen kleinen silbernen Stern, wie man ihn an den Weihnachtsbaum hängt. Sie hatte die Verantwortung für diese Kinder und interessierte sich dafür, was den Kindern psychische Sicherheit geben könnte. Nachdem die Gruppe ihr Ziel erreicht hatte, schaute die Analytikerin auch in die Rucksäcke der anderen Kinder und fand wiederholt billigen Christbaumschmuck.

Nach Pedersens Überlegungen hatten die Kinder diese kleinen zerbrechlichen Teile mitgenommen, „weil nur sie wie ein Zauber die Angst beschwichtigen konnten, die sie empfanden, als sie sich auf die Reise ins furchterregende Unbekannte begaben." Die kleinen Flitterornamente wurden zum Symbol für die Erinnerung an glückliche Momente in der Familie. Auch in einem Todesfall können ganz kleine, unbedeutende Gegenstände zu Trostspendern werden.

> Ein Trostspender kann in traurigen Zeiten helfen.

10. Imaginärer Begleiter

Schon im Vorschulalter zeigt sich in der Verhaltensbeobachtung bei manchen Kindern, dass sie mit einem imaginären Begleiter sprechen und ihn auch sprechen lassen. Hinweise aus den sprachlichen Äußerungen der Kinder lassen vermuten, dass es sich bei diesen ausgedachten Personen oft um einen unsichtbaren Spielkameraden handelt. Das Kind entscheidet, wen sein imaginärer Kamerad vertritt. Dies kann ein realer Freund sein, der im Augenblick nicht verfügbar ist, die Lieblingsfigur aus einem Film, eine erdachte oder abwesende Figur. Ein solcher imaginärer Begleiter kann beim Spielen, aber auch in schwierigen Situationen anwesend sein. Diese vorgestellte Person oder Figur hilft bei Ängsten, Albträumen oder Alleinsein. Manchmal kann diese Person auch noch mehr als in einer Situation da sein und helfen. Das Kind lässt seinen Begleiter Gedanken aussprechen, die aus der Sicht des Kindes eine andere Person hat.

Als Einstieg bei der Suche nach einem imaginären Begleiter könnte bei einem Kind, das Tiere liebt, die Aufforderung stehen: „Stelle dir ein Phantasietier vor." Alternativ könnte die Fragen weiterhelfen: „Gibt es eine Fernsehfigur, die du besonders gern hast? Was kann die Figur besonders gut? Kennst du eine Geschichte, in der es einen Helden gibt, den du gut findest?" Bei den Pokemon- oder den Yogiyokarten gibt es häufig Helden, die den Kindern bewundernswert erscheinen. Kinder entwickeln – wenn sie hierzu die Bereitschaft haben – mit viel Freude die skurrilsten Vorstellungsbilder. Es gilt, dem Kind zu vermitteln, dass diese Figur ihm in einer schwierigen Situation helfen könnte.

Aus der Praxiserfahrung: Der 6-jährige Pippin reagiert spontan auf die Aufforderung, ein Phantasietier zu malen. Beim Malen erzählt er: „Mein Tier ist sehr schnell und kann fliegen. Es hat Feuer unter sich und wenn es fliegt, dann zischt das Feuer los. Es hat auch Feuer an den Flügeln, das brennt auch, wenn es fliegt. Es ist stark. Es hat Krallen, wenn es angegriffen wird, kann es sich verteidigen. Mit den Krallen findet es auch seine Beute. Es hat auf dem Kopf eine Tarnkappe, mit der wird es bei Gefahr unsichtbar. Ich kann mit unter die Tarnkappe. Es hilft mir." (Siehe auch S. 154–156, Praktische Anregungen im Bilderbuch)

> Ein imaginärer Begleiter kommt, wenn er gebraucht wird, und er hilft.

11. Geschichten erzählen mit verändertem Verlauf oder Perspektivenwechsel

Wer in gehörte oder gelesene Geschichten eintaucht und sich mit den Gefühlen einer Person identifiziert, übernimmt deren Gefühle. Es ist eine gute Erfahrung, selbst nicht nur passiv dem Geschehen ausgesetzt zu sein. So können in einer bedrohlichen Situation helfende Figuren oder eine veränderte Lebenssituation erfunden werden und in der Vorstellung zu einem guten Ende verhelfen.

> In der Phantasie kann jedes Erleben oder jede Geschichte abgeändert werden.

Eine gefühlsmäßige Entfernung von dem augenblicklichen Geschehen kann herbeigeführt werden, indem eine Geschichte in einen entfernten Bezugsrahmen gestellt wird. Dies kann eine zeitliche Verschiebung in die Vergangenheit sein. Was damit gemeint ist, wird am Beispiel der Geschichte *Rupp Rüpel* von *Astrid Lindgren* deutlich: „Es dauerte auch nicht lange, und wir bettelten wie immer: ‚Großmutter, erzähl doch mal von Rupp Rüpel!' Und dann tat Großmutter es. Ungefähr so fing sie an: ‚In dem Dorf ...'. ‚Aber warst du denn damals schon auf der Welt?', fragte ich. Großmutter schnaubte ungeduldig durch die Nase. ‚Hab ich das etwa gesagt? Ich doch nicht, du Dummerchen! Aber meine Großmutter, die konnte von ihm erzählen, so dass es mich kleines dummes Ding, das ich damals war, richtig gruselte.' ‚Dann hat also deine Großmutter Rupp Rüpel gesehen?', fragte mein Bruder. ‚Nein, hat sie nicht. Aber ihre Großmutter hat ihn wohl gesehen, soviel ich weiß. Jedenfalls hat sie von ihm erzählt, als meine Großmutter noch klein war.'"

Ebenso hilft die folgende Formulierung, das Erzählte weit wegzurücken: „Meine Großtante, die hatte einen Bruder und der hatte einen Klassenkameraden und dessen Freund ..."

Ein Perspektivenwechsel hilft, Abstand zur eigenen Sichtweise zu bekommen. Diese andere Wahrnehmung von einem augenblicklichen Erleben kann auch durch eine gedankliche Versetzung in die Zukunft oder in eine andere Person ausgelöst werden. Durch den Perspektivenwechsel entsteht eine Distanz zu dem gerade vorherrschenden Gefühl. Die Erkenntnis, dass irgendwann später das augenblickliche Gefühl nicht mehr so beherrschend wie im Augenblick ist, hat etwas Befreiendes.

Das folgende Vorgehen hat sich bei Kindern ab 8 Jahre bewährt:

Es werden den Kindern Bilder vorgelegt, auf denen ihnen vertraute Personen skizzenhaft abgebildet sind. Dies können Freunde oder Familienmitglieder sein. Es sind strichartig gemalte Figuren mit Denkblasen, wie sie allen Kindern aus Comicheften bekannt sind. Eine Aufgabe könnte heißen: „Wovor hat ... Angst?" oder „Was denkt ... vom Sterben?" oder „Was glaubst du, was macht ...?" Die Kinder werden je nach Alter gebeten, die Gedanken, Vorstellungen, Wünsche, Ängste der Figuren in die Denkblasen hineinzuschreiben oder ihre Gedanken zu sagen (siehe auch: Materialie 3 im Anhang 2).

> „Gedankenspiele" zeigen, dass sich Gefühle im Laufe der Zeit ändern und dass jeder etwas anderes empfindet.

Schaubild 4: *Wovor hat ... Angst? Was denkt ... vom Sterben?*

12. Fiktive Geschichten

Bei einem weiteren Erzähltrick werden die Ereignisse so dargestellt, als gäbe es sie gar nicht wirklich. Bei dieser Erzählform handelt es sich um eine fiktive Geschichte, die wahrscheinlich oder gewiss nicht zutrifft. Es wird so getan, „als ob".

In der Reihe „Die Sendung mit der Maus" (21.11.04) wurde diese hypothetische Erzählform für die Auseinandersetzung mit dem Tod gewählt. Die Sendung trägt den vieldeutigen Titel „Abschied von der Hülle" und wurde als Buch veröffentlicht. In der verfilmten Geschichte stirbt der imaginäre Zwillingsbruder des Erzählers. Der Autor stellt sprachlich und bildhaft dar, was nach dem Tod auf der Handlungs- und Gefühlsebene geschehen könnte. Er erzählt zu einem Film, wie er als Zwillingsbruder des Verstorbenen mit seiner Familie zu der Beerdigung käme. Wiederholt betont der Erzähler, dass es diesen Bruder nicht gibt und dass er darum nicht gestorben ist. Mit diesem Erzählstil wird vom Sterben und dem Danach erzählt, doch erscheint das Geschehen so fern, dass es nur wenig berührt. Indem in der Wirklichkeitsform immer wieder betont wird, dass dieser Bruder gar nicht gelebt hat, erscheinen er und sein Sterben weit weg. Durch die Entfernung wird seine Geschichte, und so auch der Tod, nicht als bedrohlich erlebt.

Es gab im Anschluss an die Fernsehsendung viele Zuschriften. Die veröffentlichten Kinderbriefe zeigen, wie gut Kinder diesen Erzähltrick verstehen und wie neugierig und unvoreingenommen sie sich mit dem Thema auseinandersetzen.

> Mit einem Erzähltrick rücken die Geschehnisse weiter weg und werden so erträglicher.

13. Therapeutische Geschichten

Grundidee von therapeutischen Geschichten ist es, bei zunächst unlösbar erscheinenden Problemen, Hilfe anzubieten. Als Lösungsweg gilt häufig das Aufsuchen eines hilfreichen Menschen. Das Motto einer solchen Geschichte könnte heißen: „Es gibt Hilfe! Es gibt einen Menschen, den du fragen kannst. Er wird dir weiterhelfen. Du bist nicht allein." Grundsätzlich bietet sich ein Mensch an, der auf Grund seiner eigenen Vorerfahrungen von dem Kind als vertrauenswürdig, stark, tüchtig, liebevoll, verlässlich angesehen wird. Dies könnten die Großmutter, der Vater oder ein Nachbar sein. Je nach Alter und Interessenslage empfehlen sich auch Figuren aus den Lieblingsfernsehsendungen, aus Filmen oder Büchern wie Benjamin Blümchen, Power Ranger, Batman. Bei einem Kind, das sich in der Tierwelt gut auskennt, vielleicht auch Fabeln gern liest und Tiere liebt, könnte die Eule als ein weiser Helfer ausgewählt werden. Die Figuren können mit allen wünschenswerten Fähigkeiten ausgestattet werden.

Es empfiehlt sich, selbst erfundene Geschichten mit minimalen Übereinstimmungen aus dem Leben des Kindes, beispielsweise in Bezug auf Wohnort, Alter, Klassenzugehörigkeit, Namen, Haarfarbe, Geschwisterkonstellation, Vorlieben und Stärken, anzureichern. Bei jüngeren Kindern sollten die Geschichten sogar wiederholt mit persönlichen Bezügen ausgestattet sein: „Der Junge ist etwa so alt wie du. Er wohnt wie du in einem Hochhaus. Er war in den Ferien im Schwarzwald. Warst du da nicht auch mal?" Kinder reagieren beim Erzählen einer solchen Geschichte oft mit: „Das ist ja wie bei mir. Das kenne ich. Ich habe das auch so." Durch das Wiedererkennen von eigenen Erlebnissen und Gefühlen bei einem anderen Kind wächst das Interesse am Fortgang der Geschichte. Die Kinder fühlen sich angesprochen und beginnen, sich mit dem dargestellten Kind zu identifizieren. Findet das Kind seine eigenen Erlebnisse, Gedanken oder Gefühle in der Geschichte wieder, so wird es aufmerksam und hellhörig. Die Verbindungen zwischen der Geschichte und seinem eigenen Leben erleichtern ihm eine Identifikation. Dann kommt das eigentliche Problem. Das Kind in der Geschichte überlegt, was es in seiner Not tun könne. Es kommt auf die Idee, sich Hilfe zu suchen. Wer könnte ihm helfen? Es erinnert sich an eine weise, kluge Person. Das Kind in der Geschichte ist mutig und schafft es, der aufgesuchten Person von dem Problem zu erzählen und Fragen zu stellen. Die helfende Figur versteht seine Sorgen und gibt ihm Trost (siehe auch: Materialie 1 im Anhang 2).

Wichtig ist es, beim Erzählen das Kind gut zu beobachten und für alle Reaktionen offen zu sein. Bei welchen Episoden langweilt sich das Kind? Wo zeigt es Ängste? Bei welchen Situationen fragt es nach? (Siehe auch: Fortsetzung 1 der Fallbeschreibung Paul im Anhang 2)

Weitere Hinweise zum besseren Verständnis der Gedankengänge des Kindes ergeben sich bei Fragen zur Fortsetzung der Geschichte: „Wie glaubst du, geht die Geschichte wohl weiter?" Dem Entwicklungsstand und dem Interesse des Kindes entsprechend sollte es eine Fortsetzung der Geschichte geben, in der Fragen des Kindes aufgegriffen und bearbeitet werden (siehe auch: Materialie 2). Es ist auch denkbar, dass in einer weiteren Geschichte ein anderes Kind die gleiche Erfahrung durchlebt. Das wiederholte Erleben des eigentlichen Problems kann zu einer Entschärfung beitragen. Die gefundene Lösung wird vertrauter und verfestigt sich (siehe auch: Materialie 5).

Hilfreich kann es auch sein, wenn das Kind die Probleme, die die Figuren in der Geschichte beschäftigen, aus einer anderen Sicht wahrnimmt. Leere Sprechblasen, in die das Kind etwas hineinschreibt, können dazu anregen, sich vorzustellen, was andere in der heutigen Zeit, und auch was die Helden in der Geschichte in der Zukunft über das Thema denken (siehe auch S. 265–267 Perspektivenwechsel und Materialie 3 S. 289–290).

Zur Überprüfung der Erinnerung und des Verständnisses von der Geschichte haben sich „Rätselspiele" bewährt (siehe auch: Materialie 4). Fragen regen das Kind an, mit eigenen Worten zu erzählen, was es verstanden hat (siehe auch: Materialie 5).

Eine weitere Möglichkeit ist es, die Geschichte aufzuschreiben und sie mit selbst gemalten oder geklebten Bildern, Ausschnitten aus der Zeitung oder Fotografien zu einem eigenen Bilderbuch auszugestalten.

> In therapeutischen Geschichten gibt es Lösungen für die Probleme und Fragen des Kindes.

14. Erinnerungsbücher

Das Weiterleben in der Erinnerung ist meist bei Trauernden eine zentrale Trostquelle. Häufig sagen Kinder und ebenso Jugendliche und Erwachsene nach dem Tod eines nahe stehenden Menschen: „Das, was ich mit ihm erlebt habe, vergesse ich nie." Jeder weiß, dass sich ein Teil der Erinnerungen im Laufe der Zeit verändert und dass manches auch vergessen wird.

In Therapien empfehle ich immer wieder, Erinnerungen an gemeinsame Erlebnisse möglichst zeitnah aufzuschreiben und so zu versuchen, Gedanken und Gefühle festzuhalten. Das erneute Durchleben beim Aufschreiben der Erinnerungen ist meist sehr schmerzhaft. Häufig erzählen Betroffene dann aber von der Erfahrung, dass nach einer anfangs zunehmenden Verschlimmerung später eine Beruhigung oder Erleichterung eintritt.

Für Kinder geschriebene Erinnerungsbücher geben vielfältige Anregungen, Vergangenes festzuhalten. Sie enthalten eine Fülle von Vorschlägen, was Kinder in ihrer Traurigkeit malen, schreiben, basteln oder dichten können. Ein solches Erinnerungsbuch für Kinder kann der Begleitperson auch als Leitfaden für Gespräche mit einem Kind dienen. In dem Abschieds- und Erinnerungsbuch *Wohnst du jetzt im Himmel?* sind neben den Schreibanregungen auch Hinweise zur Trauerverarbeitung enthalten. Hierzu gehört es, belastende Ängste und Sorgen in ein getrenntes Heft aufzuschreiben, es dann zuzuklappen, um so die Gedanken erst einmal wegzuschieben. Eine weitere Hilfestellung ist der Gedanke, einen Brief an die verstorbene Person zu schreiben und ihr von guten oder traurigen Ereignissen zu erzählen. Weitere Anregungen für Kinder zur Verarbeitung der Erinnerungen sind zu finden in folgenden Materialien: *Wenn sich jemand selbst getötet hat* (Ein Arbeitsheft für Kinder nach einem Suizid). *„Und wenn du dich getröstet hast, wirst du froh sein, mich gekannt zu haben ..."* (Erinnerungsalbum für verwaiste Eltern still geborener Kinder). *„Egal wie klein und zerbrechlich ..."* (Erinnerungsalbum für ein fehlgeborenes Kind). *„Manchmal verlässt uns ein Kind ..."* (Erinnerungsalbum für ein früh verstorbenes Kind).

15. Comic- oder Fotobücher als Gesprächseinstieg mit Jugendlichen

Comics. Die meisten Kinder und Jugendlichen mögen Comics. Mitunter sind allerdings gerade diese Bücher sehr anspruchsvoll, wie beispielsweise das Comicbuch *Komm zurück, Mutter*. Realität und Fiktion wie auch verschiedene Zeiten, Perspektivenwechsel und Bilder, die in Teile zerfallen, vermischen sich hier in einer komplexen Geschichte. Die thematischen Schwerpunkte dieser Comicgeschichte sind das Gefühlschaos nach dem Tod der Mutter und die Überforderung des Kindes durch das psychotische Verhalten des Vaters, der sich vor den Augen seines Sohnes in den Tod stürzt.

Weitere Beispiele: *Mutter hat Krebs* (zur Krebserkrankung der Mutter). *Meine Mutter ist in Amerika und hat Buffalo Bill getroffen* (zum Trauerverhalten nach dem Tod der Mutter). *Jakob* (zum Trauerverhalten nach dem Tod der Mutter und Tod durch Vergiftung). *Maus I: Die Geschichte eines Überlebenden. Mein Vater kotzt Geschichte aus. Maus II: Die Geschichte eines Überlebenden. Und hier begann mein Unglück* (zum Holocaust).

Fotobücher. Beim Sterben eines Lebewesen kann ein Mensch zusehen, aber er kann es eigentlich nicht begreifen. Der Mensch kann sich ein Dasein ohne Raum und Zeit nicht vorstellen. Es fehlt tatsächlich die Sprache, um wiederzugeben, was geschieht. Bilder hingegen halten das Geschehen fest, das mit Sprache und erklärenden Worten nicht zu fassen ist. Die vorliegenden Fotobücher über das Sterben erzählen von der letzten Lebensphase eines Menschen. Die überwiegend großformatigen Aufnahmen haben etwas Meditatives. Sie regen an, jeweils länger auf ein Bild zu schauen und sie geben auf diese Weise Raum für eigene Gedanken (siehe auch S. 124–125 Die Macht eines Bildes). Nach meiner Erfahrung eignen sich diese Fotobücher zum Gesprächseinstieg bei Jugendlichen.

Situationen, in denen sich Fotobilderbücher als Gesprächseinstieg anbieten

- Bei einer Auseinandersetzung mit Sterben und Tod (im Konfirmandenunterricht, im Ethik-, Religions-, Deutschunterricht),
- zur Vertiefung eines Erlebens von Sterben und Tod im Umfeld,
- als Anregung, um selbst Phasen des Krankheits- und Sterbeprozesses bei einem Menschen (mit Erlaubnis des Sterbenden) oder Tier festzuhalten.

Sachlich anschaulich und gleichzeitig mitfühlend und einfühlsam erzählen die Bilder aus *Zwei Flügel des einen Vogels* über den Sterbeprozess einer krebskranken Mutter. Zu den schwarz-weißen Aufnahmen ist ergänzend jeweils ein kurzer Text gesetzt. Das Geschehen ist im allgemeinen gut ohne diese Erklärungen zu verstehen, doch bereichern vor allem die Zitate aus dem Gefühlsleben der sterbenden Frau. Die Bilder und auch die Worte geben Einblick in intime Bereiche, ohne voyeuristisch zu sein. Das Buch ermöglicht ein einfühlsames Miterleben des unaufhaltsamen Sterbeprozesses, des Abschieds der Mutter von ihren Kindern, Freunden und von ihrem Leben.

Philip Toledano veröffentlichte eine kunstvolle Fotoreportage über die letzten drei Lebensjahre seines demenzkranken Vaters. Für *Philip Toledano* sollte ein Foto „wie ein unvollendeter Satz sein – um Raum für Fragen zu lassen." Die thematischen

Schwerpunkte dieses einfühlsamen Tagebuchs über eine sich wandelnde Beziehung zwischen Vater und Sohn können eine Anregung geben, von eigenen Erfahrungen oder auch Vorstellungen eines letzten Abschieds zu reden (*Letzte Tage mit meinem Vater*).

Weitere Beispiele: *Großvater geht. Gramp* (zum Sterben eines Großvaters).

16. Weitere Hilfsmittel zum Gesprächseinstieg – ein „Handwerkskoffer"

In Seminaren fragen die Teilnehmerinnen häufig nach Einstiegsmöglichkeiten oder Hilfsmitteln für ein Gespräch mit Kindern über Sterben und Tod. Aus den verschiedenen Diskussionen entwickelte sich der „Handwerkskoffer", eine Sammlung von Materialien, die sich in der praktischen Arbeit bewährt haben.

- Schmusetier (alternativ: Doktor Bär, Krankenschwester, Notfallseelsorger); Raupe zum Verwandeln in einen Schmetterling[6]; Fingerpuppe, Handpuppe, Sack mit Sorgenpüppchen[7]; 3 Playmobilfiguren, 3 Legofiguren (Ritter, Jäger ...), Tierskelett aus einem Playmobilset; Luky Luke mit Revolver; Yogiyo Karten (speziell die „Zurückkarte ins Leben").

- Erzählstein; (Sand-, Stopp-) Uhr als Zeitsymbol; Postkarten mit ausgewählten Themen wie Raupe, Skelett, Zeitgutschein; Tüte mit Vergissmeinnichtsamen.

- Gebastelte Kraniche[8]; Wutball.

- Malblock, Buntstifte; Pappe, Pfeifenreiniger zum Basteln eines Schmetterlings oder einer Libelle; Schere, Kleber; Vorlagen zum Ausschneiden, Beschriften, zur Gestaltung eines Erinnerungsbaums[9].

- Kleine Musikinstrumente (Drehorgel); Seifenblasen; Luftballons; Knete; kleines Reisetaschenspiel (Mikado, 4 gewinnt); Knobeleien; Tierquartett; Bilderbücher: *O wie schön ist Panama. Ist 7 viel? Weißt du eigentlich wie lieb ich dich hab?*

---

[6] siehe Fußnote 3 auf S. 97
[7] Näheres zu finden im internet unter: http://www.silberschmuck-grosshandel.de/blog/allgemein/2008/sorgenpueppchen-vertreiben-kummer-und-sorgen/index.html
[8] zu finden im internet unter: Sadako Kraniche
[9] siehe auch Fußnote 11 auf S. 302

- Geschichte von der Gräfin mit einer Schachtel Bohnen (siehe unten); Trostkiste mit kleinen Süßigkeiten; Tempotaschentücher mit lustigen Motiven; kleine Engelbilder; Kerze.

- Glasschale mit 10 Teelichtern[10].

Die Geschichte von einer Gräfin, die sehr alt wurde, weil sie eine Lebensgenießerin par excellence war

Sie verließ niemals das Haus, ohne zuvor eine Hand voller Bohnen einzustecken. Sie tat das nicht etwa, um die Bohnen zu kauen. Nein, sie nahm sie mit, um so die schönsten Momente des Tages bewusster wahrzunehmen und um sie besser zählen zu können.

Jede positive Kleinigkeit, die sie tagsüber erlebte – z. B. einen fröhlichen Plausch auf der Straße, das Lachen eines Menschen, den sie liebte, ein köstliches Mahl, einen schattigen Platz in der Mittagshitze – für alles, was die Sinne erfreute, ließ sie eine Bohne von der rechten in die linke Tasche wandern.

Manchmal waren es sogar zwei oder drei.

Abends saß sie dann zuhause und zählte die Bohnen aus der linken Tasche. Sie zelebrierte diese Minute. So führte sie sich vor Augen, wie viel Schönes ihr an diesem Tag widerfahren war, und freute sich.

Und sogar an einem Abend, an dem sie bloß eine Bohne zählte, war der Tag gelungen, hatte es sich gelohnt zu leben. (Quelle unbekannt)

---

[10] siehe auch S. 96–97

Anhang 1
Aus der praktischen Erfahrung: Bilderbuchbetrachtungen

Luca

Gesprächsanlass. Luca leidet seit seiner Geburt an einem schweren Herzfehler und musste immer wieder zu Untersuchungen und Eingriffen ins Krankenhaus. Vor einigen Monaten wurde eine mehrstündige Herzoperation durchgeführt. Bemerkungen und Fragen des 7-jährigen Jungen lassen vermuten, dass er die Angst der Mutter um seine Gesundheit spürt. Er erzählt, dass seine Mutter manchmal weint, ihm aber keinen Grund sagt. Luca soll ermuntert werden, auszudrücken, was ihn bewegt.

Buchauswahl. Zum Einstieg in das Gespräch wird das Bilderbuch *Die Geschichte von Babar und seiner Familie* gewählt. In der Geschichte, die von personifizierten Tieren handelt, wird der Tod erwähnt, aber nicht als zentrales Thema behandelt.

Bilderbuchbetrachtung. Ich frage Luca, ob er zum Lesen lieber auf dem Boden oder am Tisch sitzen will. Er setzt sich an den Tisch, ich setze mich auf den Stuhl neben ihm und sage: „Heute möchte ich mit dir ein Bilderbuch anschauen. Ich bin gespannt, ob dir die Bilder und die Geschichte gefallen werden. Es ist die Geschichte von Babar, einem kleinen Elefanten." Ich gebe ihm einen weichen biegsamen Elefanten (ca. 20 cm groß). Die Figur trägt einen grünen Anzug und auf dem Kopf eine gelbe Krone. Auf der Vorderseite des Pullovers steht in goldenen Buchstaben Babar. Luca nimmt den Elefanten in die Hand und betrachtet ihn. Er dreht und wendet die beweglichen Arme, Beine und den Rüssel. Er lächelt, denn der kleine Elefant gefällt ihm.

Das großformatige Bilderbuch lege ich auf den Tisch. Luca setzt den Elefanten neben das Buch. Nun schlage ich das Buch auf. Wir schauen beide auf das erste Bild. Ein kleines Elefantenkind schaukelt in einer Hängematte. Ein großer dicker Elefant sitzt neben der Hängematte und berührt mit seinem Rüssel die Hängematte. Er schaukelt das kleine Kind. Wir verweilen bei dem Bild.

Luca beginnt von sich aus zu erzählen: „Wir haben zu Hause auch eine Hängematte. Das erste Mal, als wir die aufgehängt haben, ist meine Mutter reingegangen und da ist die runtergefallen!" „Wie, erzähle mal. Was ist denn da passiert?", frage ich. Ich bin erstaunt und erleichtert, dass er ohne Fragen, von sich aus, etwas zu dem Bild erzählt: „Wir hatten die Hängematte an zwei Bäumen festgemacht. Einfach drumgewickelt die Schnur." Ich nehme seine Gedanken auf und frage: „Wo habt ihr die

Hängematte aufgehängt?" Er erzählt spontan: „In unserem Garten zwischen den Bäumen. Als sich meine Mutter dann da reingelegt hat, ist das Band an dem Baum runtergerutscht. Da ist die auf den Po, auf den Boden gefallen!" Er freut sich und lacht. Nach diesem Wortwechsel frage ich: „Möchtest du ein wenig aus dem Buch vorlesen oder soll ich lesen?" Ich stelle ihm diese Frage, weil ich weiß, dass er schon gut lesen kann. Er sagt: „Du!" Ich beginne ruhig die ersten Sätze vorzulesen. Zwischen den kurzen Sätzen mache ich bewusst Pausen. Ich möchte selbst die angesprochenen Details auf dem Bild sehen und Luca auch hierzu anregen. Der Text beschreibt, was das Bild erzählt: Eine Mutter wiegt ihr kleines Kind mit dem Rüssel in den Schlaf und singt leise dazu. Ich betrachte das Bild und möchte Luca die Gelegenheit geben, zu fragen oder zu erzählen. Ich spüre, dass er mehr von der Geschichte hören will und fahre fort.

Auf der nächsten Doppelseite sind spielende Elefanten in einer weiten Lichtung im Dschungel abgebildet. Ich lese die Sätze dieser Doppelseite vor, in denen von Babar erzählt wird. „Der mit der Muschel im Sand gräbt, das ist er." Sofort zeigt Luca mit einem Finger auf den beschriebenen Elefanten. Er umrandet ihn mit dem Finger. Wir verweilen bei dem Bild. Ich gehe mit meinem Zeigefinger zu einer kleinen Elefantengruppe, die um einen ovalen Ball herumrennt und versucht, ihn mit den Rüsseln anzustoßen. Ich frage: „Was machen die denn?" Luca erklärt: „Die spielen Fußball. Und sie haben auch ein Tor." Ich frage kurz: „Wieso? Wo?" Denn noch sehe ich nicht, was er meint. Luca umrandet mit dem Zeigefinger das Fußballfeld und sagt: „Da, wo der Stock zwischen die Bäumen gesteckt ist. Das ist das Tor. Der Ball, das ist eine Kokosnuss." Er betrachtet längere Zeit diesen Bildausschnitt und fährt fort: „Oben hängt noch eine Kokosnuss. Da an der Palme. Wenn die Kokosnuss runterfällt, dann kriegt die einer auf den Kopf." Nun lacht er fröhlich.

Wir bleiben bei dem Bild und betrachten gemeinsam die spielenden Kinder und erzählen abwechselnd, was sie tun. Plötzlich beginnt Luca alle Elefanten zu zählen. Er zeigt Freude an den Spielen der Elefantenkinder.

Auf der folgenden Seite erzählen zwei Bilder in Folge vom Tod der Elefantenmutter. Auf dem ersten Bild sitzt Babar auf dem Rücken der Elefantenmutter, die gemächlich über eine Wiese trottet. Der kleine Elefantenjunge wirkt zufrieden, denn er streckt seinen Rüssel hoch in die Luft. Vögel und Schmetterlinge fliegen umher. Weitere Tiere sitzen auf der Wiese oder im Gebüsch. Dieser Ausschnitt des Bildes spiegelt eine friedliche Stimmung. Doch hinter einem Gebüsch steht ein Jäger. Er zielt mit seinem Gewehr auf den Elefanten und feuert einen Schuss ab. Dicker Qualm und Feuerfunken entweichen dem Gewehr. Auf dem folgenden Bild liegt die Elefantenmutter auf dem Boden. Während Babar auf sie klettert, spritzen Tränen aus seinen Augen. Der Jäger rennt mit dem Gewehr in der Hand zu den beiden Elefanten.

Langsam lese ich den Text vor. Ich mache Pausen, um die Worte über den Tod der Elefantenmutter wirken zu lassen. Es herrscht zunächst absolute Stille. Ich fühle mich betroffen von der Sinnlosigkeit des Tötens und frage: „Warum macht das der Jäger? Was meinst du?" Luca reagiert spontan auf diese Frage. „Der will den Elefanten nicht töten, der will ihn betäuben." „Wieso?", frage ich erstaunt. Hierauf sagt Luca: „Auf dem Bild sieht er nicht tot aus. Er liegt da und schläft. Der Jäger will ihn für einen Zoo haben. Darum hat er geschossen!" Ich bin total erstaunt über den Ausweg, den er gefunden hat. Mit dieser Idee ist sein Weltbild wieder in Ordnung! Ich erinnere ihn an ein früheres Gespräch zu einem Bild aus einem anderen Bilderbuch, das ihn traurig gemacht hatte. Damals hatten wir die entsprechende Textstelle in dem Buch überklebt. Luca hatte ein tröstliches Ende für eine traurige Geschichte gefunden. Ich frage ihn, ob wir den Text wieder abändern sollen. Ich schlage ihm vor, die Textreihen auf der Seite zu überkleben und seine Idee auf das aufgeklebte Blatt zu schreiben. Doch Luca verneint dies. Er möchte nicht in das schöne Buch kleben oder schreiben. Er meint: „Da erzählen wir es anders, als es da steht. Das ist dann gut so."

Im weiteren Verlauf der Geschichte stirbt der Elefantenkönig, nachdem er einen vergifteten Fliegenpilz gegessen hat. Luca will wissen, was ein Fliegenpilz sei und wo es den gäbe. Er gibt zu verstehen, dass er nicht über das Sterben des Elefanten reden möchte.

Wir blättern weiter, betrachten die Bilder und erzählen. Manche Bilder geben einen Einstieg über gute Erfahrungen im Leben zu sprechen. Ein Beispiel ist die Begegnung mit der reichen alten Dame, die gerne anderen eine Freude macht. Sie mag Elefanten und merkt, worüber sich Babar freut. Wir sprechen über „gute" Menschen, über solche, die Verständnis haben und helfen.

Auf einem anderen Bild steht Barbar weinend am Fenster. Er vermisst seine Familie, die im Urwald lebt. Hier ergeben sich Fragen: „Was macht dich traurig? Worüber hast du geweint?" Luca erzählt von dem traurigen Erlebnis, als seine Katze gestorben ist und auch, dass er nun eine andere Katze hat.

Nachdem wir in Ruhe alle Bilder betrachtet und den Text gelesen haben, schauen wir noch einmal ausgewählte Bilder an. Auf meine Frage: „Gibt es ein Bild, das du traurig findest?", zeigt Luca das Bild, auf dem Babar weinend auf dem Rücken der toten Mutter sitzt.

Zu der Frage: „Welches Bild gefällt dir besonders?", sucht Luca das Bild, auf dem der Elefant mehrfach in einem Fahrstuhl abgebildet ist. „Das hier finde ich witzig! Wie Babar immer wieder mit dem Fahrstuhl hoch und runter fährt!" Bei dem Bild lacht er erneut fröhlich. Er möchte noch mehr „witzige" Bilder suchen und wählt das Bild, auf dem Babar in einer roten Gymnastikhose mit der alten Dame Kniebeugen macht. Auch gefällt ihm gut, wie Babar und die anderen Elefantenkinder sich schöne Anziehsachen aussuchen: „Die sehen lustig aus!"

Ich frage ihn: „Wenn die Geschichte keinen Text hätte, kannst du erkennen, was die Elefanten fühlen?" Luca sucht als Erstes das Bild, auf dem der kleine Elefant weint, weil der Jäger seine Mutter tot geschossen hat. Beim weiteren Blättern sieht er, wie die

Elefantenkinder Arthur und Celeste mit gebeugtem Kopf und hängenden Rüsseln vor ihren Eltern stehen. Die Geschwister waren von zu Hause weggelaufen. Nun bekommen sie Ärger. Hierzu sagt Luca: „Bei den Eltern kann ich gut erkennen, dass die sauer sind. Die Eltern haben nämlich böse Falten über den Augen." Er bemerkt, dass die alten Tiere und der sterbende Elefantenkönig „irgendwie anders gemalt" sind. Auf die Frage: „Was ist denn anders?", antwortet Luca: „Die Alten und der Elefant, der stirbt, die haben Falten." Er zeigt auf die zittrige Umrandung.

Anna

Gesprächanlass. Die Eltern der 10-jährigen Anna suchen psychologische Hilfe, weil ihre Tochter häufig über Bauchschmerzen klagt. Sie schläft abends schlecht ein, klagt über Albträume und stellt in den letzten Wochen zunehmend ängstliche Fragen über das Sterben.

Buchauswahl. Es wird das Bilderbuch *Floris & Maja* gewählt. Die Bilderbuchgeschichte handelt von zwei vermenschlichten kleinen Hasenkindern. Die Geschichte verdeutlicht, wie grausam und sinnlos der Krieg ist. Die Bilderbuchgeschichte beginnt, als der Krieg ausbricht. Auf einmal verändert sich die Welt für die Hasenkinder Floris und Maja. Ein Stacheldraht wird ohne Begründung mitten durch ihren gemeinsamen Garten gezogen. Ab sofort dürfen die beiden nicht mehr miteinander spielen. Die Familien werden auseinander gerissen. Die Väter müssen in den Krieg ziehen, um zu kämpfen. Schwer verwundet kommen sie nach Hause zurück. Die Geschichte endet mit dem erfolgreichen Bemühen der Kinder, trotz Stacheldraht zueinander zu finden und wieder zusammen zu spielen.

Ein Bild aus diesem Bilderbuch ermöglicht einen Einstieg, über Sterben und Tod zu reden. Es soll Anna frei gestellt bleiben, ob sie dieses Thema ansprechen möchte.

Bilderbuchbetrachtung. Zu Beginn der Bilderbuchbetrachtung von *Floris & Maja* sage ich zu der 10-jährigen Anna: „Ich möchte dich bitten, dieses kleine Buch anzuschauen. Vielleicht denkst du: Ein Bilderbuch ist doch was für Kleine! Es gibt aber heute Bilderbücher, die ältere Kinder und Jugendliche wie auch Erwachsene ansprechen. Ich bin an deiner Meinung zu dem Buch interessiert. Vor allem interessiert mich, für welches Alter du dieses Buch empfiehlst. Später habe ich auch noch weitere Fragen an dich." Anna nimmt bereitwillig das Bilderbuch und beginnt die Geschichte laut vorzulesen.

Anna betrachtet ruhig die Bilderbuchseiten. Bei einem Bild hält sie eine Weile inne. Tränen zeigen sich in ihren Augen, während sie das Gesicht des traurigen Hasenmädchens anschaut. Das Hasenkind steht hinter einem Fenster und guckt zu seinem Freund auf der anderen Seite des Stacheldrahts. Die 10-Jährige identifiziert sich mit den Gefühlen des traurigen Hasenkindes. Unerwartet spontan klappt Anna bei diesem Bild das Buch zu. „Ich will mir so etwas Trauriges nicht angucken." Ich ermuntere sie, das Buch zu Ende zu lesen und die Bilder anzuschauen. Ich versuche ihr eine Begründung zu geben: „Es ist gut, zu wissen, wie die Geschichte ausgeht. Wenn du jetzt aufhörst, wirst du die traurige Erinnerung behalten. Du wirst immer wieder denken: Wie ist es wohl weitergegangen?"

Anna nimmt erneut das Buch und liest die Geschichte zu Ende. Sie erinnert sich an meine Frage nach der Altersempfehlung und begründet ihre Meinung, warum sie es ab 8 Jahre empfiehlt. Im weiteren Verlauf des Gesprächs stelle ich ihr kleine Fragen: „Vielleicht magst du auch erzählen, an was dich die Geschichte erinnert? ... Warst du mal so traurig wie das Mädchen? ... Bist du mal von einer Freundin getrennt worden? ... Kennst du die Gefühle, die das Mädchen hat?" Es vergeht einige Zeit. Anna schaut versonnen vor sich hin. Mit zögerlichen Worten beginnt sie, von ihrer Angst zu erzählen, dass sich ihre Eltern trennen könnten. Wir bleiben eine Weile bei dem Thema und vereinbaren, in der nächsten Stunde über ihre Gedanken und Ängste weiterhin in Ruhe zu sprechen und gemeinsam zu überlegen, was zu tun ist.

Ich beende das Gespräch, indem ich mich für ihre Stellungnahme zu dem Bilderbuch bedanke. Sie reagiert positiv auf mein Interesse an ihrer Meinung zu der Geschichte und sagt: „Ich wusste gar nicht, wie reich an Gedanken und Bildern ein Bilderbuch sein kann."

Anhang 2
Aus der praktischen Erfahrung: Fallbeschreibungen mit therapeutischen Materialien

Jonas

Der 13-jährige Jonas surft im Internet. Bei einer Seite hält er sich länger auf und liest höchst interessiert, dass bei den folgenden Bildern die Grenze zwischen tot und lebendig aufgehoben sei. Es heißt, dass sich Geister von Toten unter die Lebenden mischen. Auf einer der Seiten sind drei Männer und ein Baby zu sehen. Hier heißt der Text: „Der Junge im Hintergrund wurde während der Aufnahme von keinem aus der Filmcrew gesehen, erkannt oder wahrgenommen. Nach langen Ermittlungen stellte sich heraus, dass er vor ein paar Jahren in diesem Raum sein Leben gelassen hat."

In der folgenden Nacht wacht Jonas mit starkem Herzklopfen aus einem Albtraum auf. Er spürt eine panische Angst, dass Geister im Raum sein könnten. Verzweifelt weckt er seinen Vater. Der Vater ärgert sich zunächst, erkennt aber schnell die Not seines Sohnes. Der Vater steht auf und will ihn ins Bett zurückbringen. Doch die Angst von Jonas ist zu gewaltig. Der Vater reagiert verständnisvoll und setzt sich mit seinem Sohn an den Küchentisch. Sie reden miteinander. Jonas erzählt von den Geistern. Der Vater hört zu. Später darf Jonas im Bett des Vaters weiterschlafen.

Während der folgenden Tage fühlt sich Jonas schlecht. Er klagt häufig über Angst. Immer wieder sieht er in seiner Vorstellung die Bilder aus dem Internet. Er fragt seine Eltern, ob sie einen Psychologen für ihn suchen können. Die Eltern bemühten sich um einen Termin.

Zunächst findet ein Elterngespräch ohne den Jungen statt. Im Erstgespräch, zu dem der 13-Jährige alleine kommt, öffnet sich Jonas schnell. Er redet über seine anfängliche Neugierde bei den Geisterbildern, den Albtraum und auch die plötzlich aufgekommenen Angstgefühle, die ihn noch immer quälen. Jonas erzählt: „Die Geister- und Teufelsbilder sind alle wahr. Ich krieg sie nicht aus meinem Kopf. Ich kann nicht mehr schlafen, habe Angst, selbst Geister im Leben real zu treffen. Ich habe Angst, einen psychischen Schaden zu kriegen. Auf der Internetseite stand nämlich: Psychologischer Schaden nicht ausgeschlossen."

Während der ersten Stunde bitte ich ihn, ruhig und möglichst genau immer wieder von allen Details auf den Bildern zu erzählen. Ich ermuntere ihn, seine Gedanken und Gefühle beim Betrachten der Internetseiten in den vergangenen Angstmomenten und nun in der Gegenwart auszusprechen. Jonas redet von einer eindringlichen Musik, die gleichzeitig mit den Internetbildern ertönte. „Diese Musik hat mir eine schreckliche Angst gemacht. Und das Schlimme ist, wenn jetzt diese Bilder in meinen Kopf wieder auftauchen und da herumschwirren, dann höre ich immer wieder die Musik und ich krieg diese Angst."

Jonas kann Phantasie und Wirklichkeit gut auseinander halten. Im Verlauf des Gesprächs sagt er: „Die Musik ist nicht hier im Raum. Mir kann nichts passieren. Ich werde nicht sterben." Er findet Sprache für sein inneres Empfinden, während er die Bilder im Internet gesehen hat. „In meiner Angst spürte ich hinter mir diesen Geist und der kam so nahe an mich heran und er berührte mich. Vor dem Bildschirm habe ich geglaubt, dass seine Hand auf meiner Schulter gelegen hat. Erst dachte ich: Der kommt wieder. Das kann noch mal passieren. Aber jetzt weiß ich, was Phantasie und was Wirklichkeit ist."

Bereits nach wenigen Therapiestunden fühlt sich Jonas entlastet. Gemeinsam arbeiten wir heraus, was ihm in der angsterregenden Situation und in der weiteren Verarbeitung geholfen hat. Diese guten Erfahrungen sollen thematisiert und festgehalten werden. Ich bitte ihn, diese Erinnerungen symbolhaft mit kleinen Bildern aufzumalen. Jonas ist sogleich bereit. Er nimmt einen Stift und erzählt beim Malen:

„Ich habe in den ersten Tagen nach diesem Ereignis bis zu 200 Seiten in Harry Potter gelesen und mich mit Game-boy-Spielen abgelenkt ... Es war gut, in der Nähe von jemandem zu schlafen und reden war gut. Ich bin in der ersten Nacht zu meinem Vater und in der nächsten zu meinem Bruder ins Bett gegangen. Mit meinem Bruder habe ich auch viel geredet."

Die weitere Entwicklung des Jungen ist erfreulich. Jonas verarbeitet das Angsterlebnis in einem Traum, in dem er die Geister aus eigenen Kräften besiegen konnte: „Ich habe von den Geistern geträumt. Und da habe ich plötzlich ein Schwert und mit dem Schwert habe ich die Geister besiegt." Nach diesem Traum fühlt er sich erleichtert und „wie befreit". Nicht nur im Traum, sondern auch in der Realität findet er Lösungen, wie er sich selbst helfen kann. In der Therapiestunde erzählt er stolz, wie er nun seine Ängste besiegt: „In der Nacht, wenn ich ein Geräusch höre, dann überlege ich mir, wo das Geräusch herkommt. Ich kenne die Geräusche vom Eisschrank und auch von den Meerschweinchen. Auch knackt manchmal das Haus. Ich weiß jetzt, dass ich keine Angst haben muss."

Es werden nur fünf Therapiestunden mit Jonas benötigt. In der letzten Stunde meint er: „Das Gute an der Sache war: Das war mir eine Lehre für das Leben. Ich gucke solche Seiten nie wieder an."

Paul mit Materialien 1 bis 5

Der 8-jährige Paul kommt ein Mal wöchentlich zur Therapiestunde. Die Mutter schreibt im Rahmen dieses therapeutischen Prozesses täglich ein Tagebuch mit dem Titel: Mein

Leben mit Paul. Die aktuellen Blätter wirft sie jeweils einen Tag vor der Therapiestunde in meinen Briefkasten. So weiß ich um die Geschehnisse der vergangenen Woche und bin auf mögliche Fragen von Paul vorbereitet. Aus den Aufzeichnungen der Mutter ergeben sich Themen für Elterngespräche.

Aus dem Tagebuch von Pauls Mutter: Paul fragt mich gestern Abend beim Zubettgehen beiläufig: „Kann die Mutter und ihr Kind gleichzeitig sterben?" Bei der Frage hüpft er im Zimmer herum. Auf einmal bricht er in Tränen aus. „Ich will nicht sterben. Das muss ja furchtbar sein, wenn man nichts mehr kann … nichts mehr tun … nichts mehr hören und sehen … Das Schlimmste ist, dass ich dann nichts mehr tun kann … Ich habe Angst, wenn dann alles aufhört. Was ist dann?" Zunächst weiß ich nicht richtig, wie ich reagieren soll. Ich wundere mich, wie er darauf kommt. Ich möchte es richtig machen, denn ich merke, er hat große Angst. Dann erzähle ich ihm von der christlichen Vorstellung, dass die Seele zu Gott in den Himmel geht, dass der Körper zwar aufhört zu leben, doch dass er mit der Welt eine ganze Einheit bildet. Ich rede, was mir einfällt, vom Werden und Vergehen, davon dass Tod und Leben zusammengehören, dass es uns alle (Menschen, Tiere, Pflanzen, Meer …) nur als einzelne Tropfen in einer Art Lebensfluss gibt, dass das Ganze unsterblich ist. Dann fallen mir Berichte von „beinahe Gestorbenen" ein, die vom Tod als einem Übergang erzählen. Ich selbst fühle mich nach all dem Sprechen erleichtert. Paul sagt fast gar nichts. Ich weiß nicht, was in ihm vorgeht. Er stellt keine Fragen. Er will noch mit mir kuscheln und das tun wir dann auch. (Ende des Zitats der Mutter)

Für die Stundenvorbereitung ist es gut zu wissen, was Paul zurzeit beschäftigt. Zu der nächsten Stunde lege ich das Bilderbuch *Der kleine Bär und sein Opa* von *Nigel Gray* auf den Tisch (Abb. 18). Es handelt von einem alten kranken Bär. Ich will Paul nicht auf seine Fragen über den Tod ansprechen, sondern ihm mit dem Buch einen Einstieg anbieten, über dieses Thema zu sprechen.

Paul sieht sogleich das Buch auf dem Tisch. Er fragt, ob er es anschauen darf. Er setzt sich auf seinen Platz am Tisch und betrachtet in Ruhe den bunt bemalten Buchdeckel. Er stellt das Buch so vor sich auf den Tisch, dass nur er allein die Bilder anschauen kann. Ich weiß, wie wichtig es für ihn ist, allein neue Sachen zu erkunden und sie mir dann später zu zeigen. Er blättert in dem Buch, schaut die Bilder in Ruhe an. Ich frage ihn nach einer Weile: „Wer soll lesen, du oder ich?" Er zeigt auf mich. Ich nehme das Buch, lege es auf den Tisch zwischen uns und lese langsam die Geschichte vor. Wir gucken gemeinsam die Bilder an. An der Textstelle, wo der Großvater Bär stirbt, zeigt Paul fast ein wenig übermütig auf den Bären und ruft: „Der lacht ja." Ganz plötzlich verändert sich seine Stimmung. Bisher hat er ruhig geschaut und auf einmal bewegt er sich hektisch. Seine Stimme klingt erregt. Dann bricht es plötzlich aus ihm: „Ich will nicht sterben. Ich habe Angst … Was soll ich denn dann tun?" Ich spüre seine Verzweiflung. Wir sitzen dicht beieinander am Tisch. Ich lege meine Hand auf seinen Arm. Paul zittert leicht, scheint sich aber durch die sanfte Berührung wieder zu beruhigen. Ich schweige erst einen Moment, um nachzudenken und sage: „Dann ... ist alles ruhig und gut. In der Geschichte ist der alte Bär müde und erschöpft von dem langen Leben. Er ist auch krank. Auf dem Bild sieht der tote Großvater Bär zufrieden aus. Er lächelt." Bei den Worten fahre ich mit dem Finger über das Bild von dem Bären. Paul hört auf meine Worte und schaut auf das Bild. Ruhig lese ich nach einer kleinen Weile weiter in dem Buch, wohlwissend, dass die Geschichte beruhigend enden wird. Das kleine Bärenkind wird von seiner Mutter liebevoll getröstet und beschützt.

Nachdem ich die Geschichte zu Ende vorgelesen habe, wechselt der 8-Jährige schnell das Thema, indem er fragt: „Können wir Kicker spielen." Nach einem kurzen fragenden Blick, den ich mit einem Kopfnicken beantworte, springt er auf und holt das Fußballspiel. Während dieser Stunde sprechen wir nicht mehr vom Sterben und Tod.

Ich telefoniere nach der Stunde mit der Mutter, um ihr von dem Gespräch zu erzählen. So ist sie auf mögliche weitere Fragen vorbereitet.

In der nächsten Stunde möchte ich das Thema noch einmal aufgreifen, ohne es direkt anzusprechen. Ich möchte Paul freistellen, ob er hierüber reden möchte. Eine gezielte Frage würde er sicher ablehnen bzw. nicht beantworten. Das Gesprächangebot soll in eine Geschichte verpackt werden. Das Ziel ist, Paul zur Identifikation mit einem Kind zu verhelfen, das dieselben Ängste und Fragen wie er spürt und in der Geschichte auf geheimnisvolle Art zu einer inneren Ruhe gelangt. Es entsteht die Geschichte „Jan versteht nichts mehr." (Materialie 1)

In die Geschichte werden zunächst einige Übereinstimmungen mit Pauls Leben eingebaut. Der 8-Jährige war in den letzten Sommerferien mit seiner Mutter im Schwarzwald. Aus dem Grund spielt die Geschichte in dieser Gegend. Paul mag seine Lehrerin gern. So wird der erfundene Junge in der Geschichte eine Lehrerin in seiner Not aufsuchen. Der Name dieser erfundenen Lehrerin ähnelt dem Namen der wirklichen Lehrerin. Sie versteht den Jungen in der Geschichte. Sie hört ihm zu und hilft ihm weiter. In der Geschichte gibt es einen Hund, weil Paul sich einen wünscht. Wie der Vater in der Geschichte hat auch Pauls Vater die Familie verlassen. Und so wie der Vater in der Geschichte kauft Pauls Vater Überraschungseier und macht mit ihm „Papawochenenden." (Siehe auch Therapeutische Geschichten, S. 268–269)

Den folgenden Text habe ich mit Schreibmaschine auf DIN-A4-Blätter geschrieben und dabei mehrere freie Stellen gelassen. Beim Vorlesen mache ich Pausen und ermuntere Paul, kleine Bilder in die freien Zwischenräume zwischen den Zeilen zu malen. Es entsteht ein Bilderbuch.

Materialie 1: Jan versteht nichts mehr

Jan ist 6 Jahre alt. Er besucht die 1. Klasse in einer kleinen Schule im Schwarzwald. Jan geht gerne in die Schule. Er hat viele Freunde und er mag seine Lehrerin. Sie heißt Frau

Kugel. Frau Kugel erzählt oft lustige Geschichten und gibt nur wenig Schularbeiten auf. Jan freut sich immer auf die Pause. Dann kann er mit seinen Freunden gut spielen.

Jan hat einen kleinen Hund. Der Hund heißt Justus. Wenn Jan von der Schule nach Hause kommt, wartet Justus bereits auf ihn. Sobald Jan vor der Haustür steht, jault der kleine Vierbeiner und wedelt vor Freude mit seinem Schwänzchen.

Jan hat ein schönes Leben, bis eines Tages etwas geschieht. Es ist an einem Samstagmorgen, als Mama sagt: „Papa ist heute Nacht weggegangen." So hat sie es genannt: WEGGEGANGEN. In Wirklichkeit ist der Vater aber nicht weggegangen, denn wenn er weggegangen wäre, dann wäre er spätestens am nächsten Morgen wiedergekommen.

Jan versteht nicht, wo Papa geblieben ist. Nun steht er häufig am Fenster und schaut hinaus. Manchmal glaubt er, Papa sei wie früher nur zur Bude an der Straßenecke gegangen. Oft hat er ihm dort ein Überraschungsei oder eine „bunte Tüte" mit Gummibärchen gekauft.

Jan ist traurig. Viele Gedanken schwirren ihm im Kopf herum: Warum hat Papa sich nicht verabschiedet? Warum hat er ihn nicht mitgenommen? Wo ist Papa? Wohin ist er gegangen?

Erst Tage später hört er, wie Mama telefoniert. Mama erzählt, dass sich Papa eine neue Wohnung genommen hat. Jan versteht nicht, was Mama meint.

Es vergeht viel Zeit. Jan ist inzwischen 7 Jahre und besucht schon die 2. Klasse. Papa holt ihn nun oft ab und die beiden unternehmen schöne Ausflüge. Alle zwei Wochen darf Jan bei Papa schlafen. Er freut er sich immer auf das „Papawochenende".

Dann passiert etwas sehr Trauriges. Opa wird krank. An einem Tag ruft Oma an und sagt zu Mama: „Opa geht es sehr schlecht. Komm!" Mama packt schnell eine Tasche mit ein paar Anziehsachen und fährt mit Jan und Justus gleich los. Es ist nicht weit bis zu den Großeltern. Sie wohnen in der Nachbarstadt. Oma steht schon an ihrer Haustür. Sie weint und sagt: „Opa ist für immer von uns gegangen." Jan kriegt einen Schreck. Was meint Oma? Hat er sich wie Papa eine andere Wohnung genommen? Jan spürt, das etwas geschehen ist, das alles verändert hat. Oma hat eine Stimme, wie er sie noch nie bei ihr gehört hat. Jan fühlt sich traurig und weiß nicht wieso.

Später nimmt Oma ihn in den Arm. Sie drückt ihn fest und weint. Sie streichelt ihm über den Kopf und sagt: „Opa ist tot." Jan spürt einen Schreck im Körper. Er schaut Oma an und ahnt, dass etwas Gewaltiges geschehen ist. Er weiß nicht, was er sagen soll und umarmt sie. Auf einmal gibt es viel Unruhe. An der Tür klingelt es. Oma dreht sich weg, läuft zur Tür und ruft ihm zu: „Geh raus spielen. Wir erklären dir alles später."

Jan fühlt sich alleine. Er sucht seinen Hund und geht mit ihm in sein Versteck unter dem Baum. Er legt sich zu Justus auf die Wiese und kuschelt mit ihm. Er erzählt Justus, was geschehen ist. Auf einmal denkt er an seine Lehrerin. Frau Kugel, die würde ihm gut zuhören. Sie würde ihn nicht wegschicken und sagen: „Das erkläre ich dir später." Sie würde ihn in den Arm nehmen. Er könnte sie fragen: „Was ist, wenn man tot ist? Kann sich der Opa nicht mehr bewegen? Was tut er dann? Tut es weh, tot zu sein? Wenn man tot ist, wo kommt man dann hin?"

Am nächsten Tag geht Jan wieder zur Schule. Lange vor Schulbeginn steht er schon vor dem Schultor. Als Jan seine Lehrerin Frau Kugel sieht, läuft er auf sie zu. Sie merkt sogleich, dass etwas passiert ist. Frau Kugel bleibt stehen und nimmt ihn tatsächlich in den Arm, so wie er es sich gewünscht hat. Jan fragt sie sofort: „Was tut Opa, wenn er tot ist? Er muss doch etwas tun. Was macht er?" Frau Kugel schaut ernst und sagt: „Jan, was meinst du? Was ist passiert?" Jan erzählt, dass sein Opa gestorben ist. Die Lehrerin schaut Jan ruhig an und streichelt ihm über den Kopf und sagt: „Es tut mir leid." Jan fragt: „Wo geht man hin, wenn man tot ist?" Frau Kugel antwortet ruhig: „Wie stellst du es dir vor? Was glaubst du?" Jan guckt erstaunt und sagt: „Ich weiß es nicht. Ich war noch nie tot."

Nach einer Weile sagt Frau Kugel: „Du hast viele Fragen und alle deine Fragen sind sehr wichtig. Alle Menschen, überall auf der ganzen Welt und schon immer, so lange es Menschen gibt, haben die gleichen Fragen wie du. Manche glauben dieses, manche glauben jenes. Keiner weiß genau, was nach dem Tod sein wird. Keiner kann von seinem Tod erzählen. Der Tod bleibt für alle ein Geheimnis." „Aber was soll ich denn denken?", fragt Jan. Frau Kugel denkt eine Weile nach und sagt: „Was wünscht du dir für deinen Opa? Wenn wir uns etwas vorstellen, das uns Angst macht, dann haben wir keine Ruhe mehr. Es geht uns besser, wenn wir gute Bilder in uns haben." Jan weiß auf einmal viel zu sagen: „Ich wünsche mir, dass es Opa gut geht ... Ich wünsche mir, dass ich ihn am Himmel, auf einer Wolke oder auf einem Stern sehen könnte."

„Ich denke, du könntest dir wünschen, dass es so ist," antwortet Frau Kugel. „Wenn es dir gut tut, den Opa so in Gedanken auf einer Wolke oder auf einem Stern zu sehen, dann ist es so."

Auf einmal läutet die Schulglocke. Frau Kugel nimmt Jan noch einmal in den Arm und sagt: „Jetzt müssen wir in die Klasse gehen. Wir werden heute über Leben und Sterben reden. Wir werden viel sprechen und erzählen."

Jan läuft in das Klassenzimmer zu seinem Platz. Es ist ihm leichter ums Herz.

Fortsetzung 1 der Fallbeschreibung Paul: Paul hört mit großem Interesse bei der Geschichte zu. Mehrfach unterbricht er mich und ruft aus: „Das ist ja wie bei mir." „Ich kenne den Schwarzwald ... Mein Vater ist auch ausgezogen ... Ich habe auch Papawochenenden." Während des Erzählens ermuntere ich Paul, einen Stift zu nehmen und etwas in die freien Stellen im Text zu malen.

Paul stellt beim Erzählen der Geschichte viele Fragen: „Aber was ist dann? Was ist, wenn ich tot bin? Wie geht es dann weiter? Was soll ich dann tun?" Je mehr Fragen ihm in den Sinn kommen, umso unruhiger wird er. Der Inhalt seiner Fragen und die Art, wie er sie formuliert, deuten auf tiefe Angst. Diese hervorbrechenden Gefühle über das Danach geben den Anlass zu einer weiteren Geschichte: „Denk dir besser etwas Schönes." (Materialie 2) In dieser Fortführung geht es um die Umwandlung einer angsterregenden in eine beruhigende Vorstellung.

Materialie 2: Denk dir besser etwas Schönes

Jan hat viele Bücher in seinem Regal. An einem Tag liest er in einem Tierbuch die Geschichte von der kleinen Larve Aurelia.

Die kleine Larve Aurelia lebt mit ihrer Familie und ihren Freunden in einem Teich. Aurelia schwimmt munter im Wasser herum. Sie bemerkt, dass manchmal andere Larven oder auch Frösche plötzlich verschwinden. Zuerst denkt sie, die anderen verstecken sich in den Wasserpflanzen. Sie schwimmt ihnen nach und wundert sich, dass sie die Larven und Frösche, die eben noch mit ihr im Wasser herumschwammen, nicht mehr findet. Wo sind sie geblieben? Gibt es denn noch eine Welt „hinter" dem Wasser?

Sie beobachtet, dass die Frösche plötzlich wiederkommen. Aber die Larven bleiben weg. Wieso?

Die kleine Aurelia ist mutig und fragt den alten Frosch: „Ich habe gesehen, dass du plötzlich nicht mehr da bist. Wo gehst du hin, wenn du verschwindest? Wo bist du, wenn ich dich nicht sehe? Kommst du hinter das Wasser? Was ist da? Die Vorstellung, ‚hinter' dem Wasser zu sein, macht mir Angst." Der alte Frosch guckt die kleine Larve erstaunt an und sagt: „Habe keine Angst, wenn du nicht weißt, wovor du Angst haben musst! Es gibt dort nichts, wovor du dich zu fürchten hast. Denke dir besser etwas Schönes. Warum hast du Angst, wenn du nicht weißt wovor? Ich will dir jetzt etwas erzählen:

Hinter oder über dem Teich gibt es einen Himmel, von dem es regnet, stürmt und schneit. Manchmal spürst du Bewegungen im Wasser, die kommen vom Regen. Dann fallen Tropfen vom Himmel. Am Himmel scheint die Sonne. Sie gibt uns Licht und wärmt uns. Die Sonne macht die warmen hellen Stellen im dunklen Teich. Es gibt eine Welt über oder außerhalb des Teichs, wie es auch eine Welt hier im Teich gibt. Außerhalb des Teiches gibt es trockenes Land mit grünen Wiesen und bunten Blumen. Viele Tiere fliegen dort in der Luft, manche krabbeln auf der Wiese, manche laufen, andere klettern auf den Bäumen."

Die kleine Larve staunt und fragt den Frosch immer mehr. Sie will so vieles wissen: „Können die Tiere vom trockenen Land auch unter Wasser leben?... Haben die Tiere auch Pflanzen zum Verstecken?... Wie kommst du in die andere Welt? ... Warum kann ich da nicht hin?"

Aurelia kann einfach nicht glauben, dass ein Leben außerhalb vom Wasser möglich ist. Sie sagt zu dem alten Frosch: „Wenn ich aus dem Wasser heraus will, dann falle ich zurück ... Ich kann nur im Wasser leben ... Ich schaffe es nicht, aus dem Wasser hinaus zu schwimmen. Es ist so, als pralle ich gegen eine Wand ... Über dem Teich, wo das Wasser aufhört, ist für mich der Tod ... Ich verstehe das alles nicht."

Der alte Frosch hört der kleinen Larve geduldig zu und er beantwortet ihr alle Fragen, so gut wie er es kann. Er sagt: „Mach dir nicht so viele Gedanken. Du wirst es nicht herausfinden, also brauchst du dich nicht zu fürchten. Ich erzähle dir jetzt noch eine kleine

Geschichte: Einmal bin ich aus dem Teich an das trockene Land gegangen. Dort habe ich etwas Seltsames beobachtet. Eine kleine Larve, ein bisschen dicker und größer als du, kam langsam aus dem Wasser hervor. Sie kletterte an einem Schilfhalm hoch. Sie war wohl gerade aus dem Wasser gekommen und erst einen Augenblick in der Luft. Ich habe mich gewundert, denn Larven können nur im Wasser leben. Aber mit dieser Larve geschah in dem Moment etwas Besonderes. Pass gut auf! Plötzlich hörte ich ein Knacken und es gab ein Zittern, Reißen und Ziehen an dem kleinen Larvenkörper. Es war mir, als träumte ich. Die kleine Larve bewegte ihren Körper hin und her und plötzlich geschah etwas Unerwartetes. Sie verwandelte sich in etwas Neues mit wunderschönen bunten Flügeln. Dieses kleine zarte Tier, das noch eben auf einem Stängel gesessen hatte, hob sich von allein hoch, breitete Flügel aus und flog in die Luft. Die kleine Larve war zu einer farbenfrohen Libelle geworden."

Aurelia schaut den Frosch an und staunt.

„Du brauchst also keine Angst zu haben, was hinter oder über dem Wasser sein könnte. Denke an die Geschichte von der Larve, die sich zu einer wunderschönen Libelle hinter dem Wasser verwandelt hat! Bleibe nun ganz ruhig und habe Vertrauen in das, was kommt. Warum Angst haben, wenn du nicht weißt wovor? Denke dir etwas Schönes und es geht dir gut," sagt der Frosch.

Aurelia kann es sich einfach nicht vorstellen! Sie staunt über alles, was der Frosch ihr erzählt hat. Sie bleibt noch eine Weile bei ihm. Sie spürt eine tiefe Dankbarkeit zu dem alten Frosch. Schnell schwimmt sie zu ihren Freundinnen, um ihnen von dem zu erzählen, was der Frosch ihr gesagt hat.

Die Zeit vergeht und Aurelia beobachtet weiterhin das Kommen und Gehen im Teich. Eines Tages fühlt sich die kleine Larve anders. Sie spürt in sich, es wird irgendetwas Neues geben.

Aurelia schwimmt und plötzlich merkt sie, dass sie höher als gewöhnlich schwimmen kann. Sie stutzt und bemerkt, dass sich um sie herum etwas verändert hat. Es ist so, als wäre sie nicht mehr im, sondern hinter dem Wasser. Sie spürt eine wohlige Wärme. Sofort denkt sie an den Frosch. In Gedanken sieht sie ihn vor sich und hört seine beruhigenden Worte: „Denk dir etwas Schönes!" Sie spürt in ihrem Körper ein Zittern, Knacken und Reißen. Plötzlich ist es ihr, als sei sie frei. Sie fühlt sich leicht. Glänzende Flügel bewegen sich leicht an ihrem Körper und tragen sie. Aurelia kann fliegen!

Nun hat Aurelia auch ihre alte Welt verlassen. Gerne würde sie den anderen Larven von der schönen neuen Welt, von den duftenden Blumen, den Wiesen, den Sträuchern, den Bäumen erzählen! Aber sie kann nicht in das Wasser zurück. Am liebsten würde sie ihnen sagen: „Habt keine Angst. Ihr wisst nur nicht, wie schön es hier ist. Warum Angst haben, wenn ihr nicht wisst wovor. Wartet mal ab. Denkt euch etwas Schönes!"

(In Anlehnung an: Von der Larve Geronimo. Vier klassische Gleichnisse aus der Natur, nacherzählt für Kinder von heute von Frau Gatty. Christliches Verlagshaus o.J.)

Fortsetzung 2 der Fallbeschreibung Paul: Paul stellt weiterhin Fragen über das Sterben und zeigt so, dass er sich noch weiter mit dem Thema beschäftigen möchte. In einer weiteren Stunde liegt vor Paul ein Bild, auf dem Kinder mit leeren Sprech- bzw. Denkblasen gemalt sind (Materialie 3). Ziel dieser Vorgehensweise ist es, die gehörte Geschichte vom Sterben des Großvaters (Materialie 1) noch einmal aus einer anderen Perspektive zu betrachten (siehe auch S. 265–267). Paul soll sich vorstellen, dass ein Kind später zum Jugendlichen, zum Vater, zum Großvater und Urgroßvater wird und er soll sich überlegen, was dieser Mensch in der Zukunft denken wird. Es geht darum, Paul zu vermitteln, dass sich manche Einstellung im Laufe der Zeit ändert.

Materialie 3: Was meinen wohl die anderen?

„Erinnerst du dich noch an die Geschichte von Jan? ... Jan ist traurig, weil sein Großvater gestorben ist. Was glaubst du, denken die Freunde? ... Überlege mal ... Möchtest du es in die Denkblasen schreiben?"

Jan nimmt spontan den Stift. Er denkt eine Weile nach und schreibt: – „Sie sind bestint froh das ir Opa lebt."

„Entscheide du, ob du bei den anderen Freunden auch Denkblasen für deren Gedanken malen möchtest."

Paul verneint.

Auf weiteren Bildern ist Jan als Jugendlicher, als Erwachsener und als alter Mann abgebildet. Ich lege ihm das Bild von einem Jugendlichen mit einer Denkblase vor.

„Stelle dir vor, die Zeit geht weiter ... Jan ist ein Jugendlicher geworden. Er ist nun 18 Jahre alt. Bald ist er mit der Schule fertig. Er fährt schon ein Mofa. Er hat viele Freunde und es geht ihm gut. Manchmal denkt er noch an seinen Großvater. Viel Zeit ist vergangen, seitdem der Großvater gestorben ist. Nun ist er schon lange tot. Damals war Jan sehr traurig. Was glaubst du, fühlt er nun? Magst du es in die Denkblase schreiben." Paul schreibt: – „Es ist nicht mehr schlim."

„Und weiter gehen die Jahre. Jan ist ein Vater geworden. Er hat eine Frau und auch einen kleinen Jungen. Er erzählt dem Jungen von seinem Großvater. Sein Großvater ist der Urgroßvater von dem Jungen. Wie ist jetzt wohl sein Gefühl nach so vielen Jahren?"

Jan schreibt: – „Ich habs vast vergessen."

„Wieder sind viele Jahre vergangen. Jan ist alt geworden. Er ist ein Opa und hat einen Bart. Jan hat seinen eigenen Großvater nicht vergessen. Was fühlt Jan, der nun alt ist, wohl heute, wenn er an seinen Großvater denkt?"

Jan schreibt: – „Jetzt bin ich Opa."

Er fügt leise murmelnd hinzu: „Nun ist der alt und am besten mal ich einen Sarg."
(Bild 33 a, 33 b, 33 c, 33 d)

Bild 33 a Paul, 8 Jahre

Seine Freunde

Bild 33 b Paul, 8 Jahre

Jan ist ein Jugendlicher

Bild 33 c Paul, 8 Jahre

Jan ist Vater geworden und hat eine Familie

Bild 33 d Paul, 8 Jahre

Jan ist alt

Fortsetzung 3 der Fallbeschreibung Paul: In einer späteren Stunde wird das Thema noch einmal aufgegriffen. In einem für Paul zusammengestellten „Rätselspiel" (Materialie 4) gibt es Fragen zu „Jan versteht nichts mehr" und „Denk dir besser etwas Schönes." Die Idee zu dem Rätselspiel ergibt sich aus der Erfahrung, dass Paul gerne rätselt und mich immer wieder um neue Aufgaben oder Spiele bittet.

Paul reagiert freudig auf diese Rätsel. Er beantwortet die Fragen gerne und zeigt mit den Antworten, dass er sich gut an die Geschichte erinnert.

Materialie 4: Was erinnerst du? (Rätselspiele)

Einige Fragen heißen: Erinnerst du noch den Namen des Kindes aus der Geschichte? Wie alt ist der Junge? Wo lebt der Junge? Hat er ein Haustier? Was beschäftigt den Jungen? Bei wem sucht er Hilfe? Kann die Person ihm helfen? Wie hilft sie? Was sagt sie?

Fortsetzung 4 der Fallbeschreibung Paul: Auf Grund seiner Bitte nach weiteren Rätseln entsteht eine neue Geschichte: „Jan will helfen." (Materialie 5) Die wiederholte Bearbeitung von grundlegenden Fragen soll helfen, vertrauter mit den Antworten zu werden.

Materialie 5: Jan will helfen

Jan ist nun in der 3. Klasse. Er hat einen guten Freund, den er jeden Morgen auf dem Weg zur Schule abholt. Der Freund heißt Markus. Die Familie von Markus hat den Hund Goldi.

Als Jan an einem Morgen bei seinem Freund klingelt, hört er sogleich, was in der Nacht geschehen ist. Markus weint und sagt: „Goldi ist tot. Ich weiß überhaupt nicht, was geschehen ist. Wieso bewegt der sich nicht mehr? Tot?! Was ist jetzt?"

Jan schießen auch die Tränen in die Augen. Er erinnert sich an die Zeit, als sein Großvater gestorben war. Damals ist er zu seiner Lehrerin gegangen und die hat ihm geholfen. Er möchte jetzt seinem Freund sagen, was die Lehrerin ihm damals gesagt hat, als sein Großvater gestorben war.

Fortsetzung 5 der Fallbeschreibung Paul: Paul hört bei der Geschichte konzentriert zu. Ich bitte ihn zu überlegen, was Jan seinem Freund sagen wird. Paul hält inne, schaut vor sich hin, nimmt einen Stift und sagt: „Du brauchst gar keine Angst haben. Keiner weiß, was nach dem Tod kommt."

Nach einer Weile schreibt er: „Ein tor zum Himmel." Paul erzählt von seinen Vorstellungen, wie es im Himmel aussehen könnte *(Bild 34).*

Bild 34 Paul, 8 Jahre

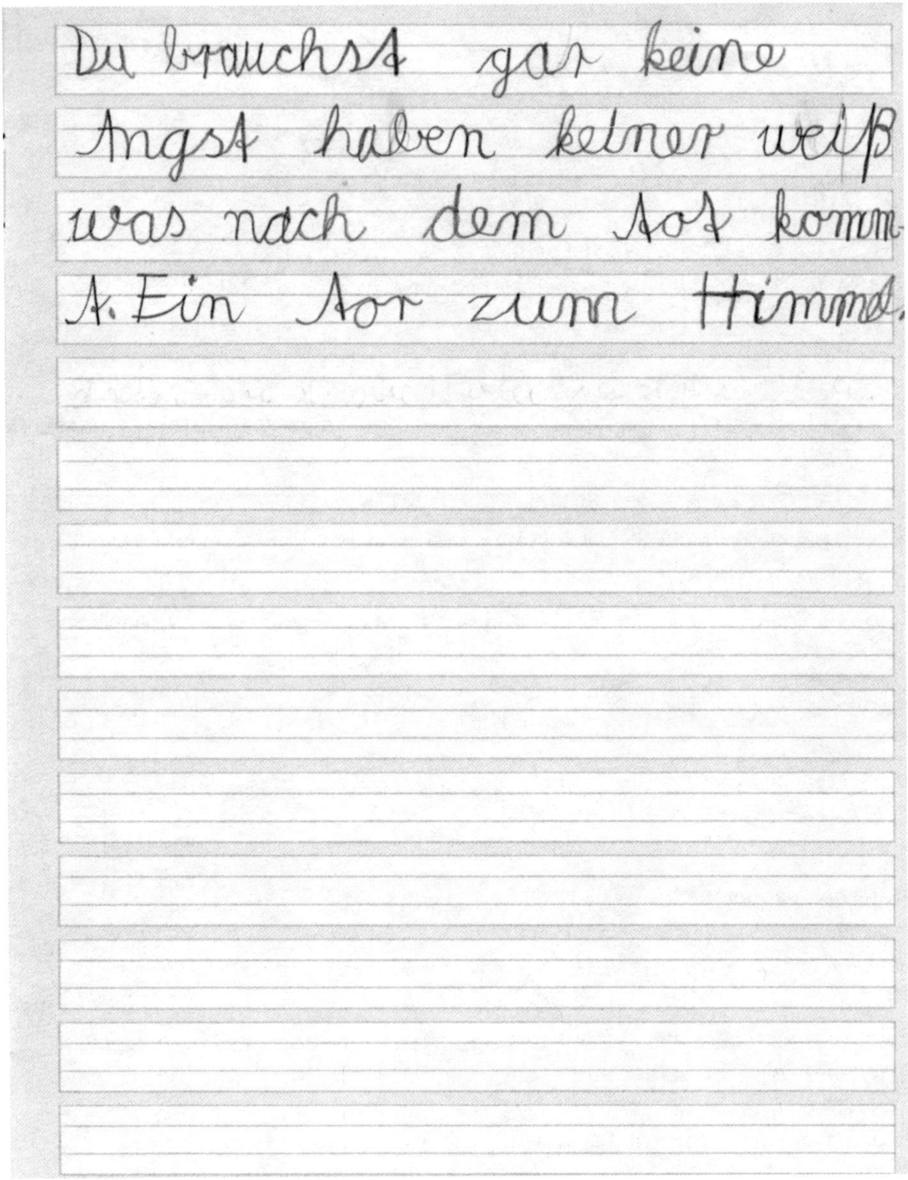

Du brauchst gar keine Angst haben ketner weiß was nach dem tot komm t. Ein tor zum Himmel.

Anhang 3

1. Fragen der Kinder und mögliche Antworten des Erwachsenen

„Du bist schon sehr alt. Stirbst du bald?"
„Mir geht es gut. Ich habe noch vieles vor und ich will jetzt nicht sterben. Ich denke wohl manchmal an das Sterben, weil es zum Leben gehört. Ich will lange bei dir bleiben und dich aufwachsen sehen. Ich habe noch viele Pläne für das Leben. Ich möchte noch lange leben und passe auf mich auf." (Siehe auch: S. 103–104 Aufrichtige Aussagen, S. 55 Fragen ehrlich beantworten, S. 34 Unbekümmerte Haltung)

„Kann man an Krebs sterben?"
„Ja, Krebs ist eine Krankheit, an der man sterben kann, aber nicht sterben muss. Wenn man sie rechtzeitig erkennt und behandelt, stirbt man nicht an der Krankheit." (Siehe auch: *Wann kommst du wieder, Mama?*)

„Kann ich sterben, wenn ich schlafe?"
„Nein, wenn du schläfst, dann atmest du und lebst. Dein Körper ruht sich beim Schlafen aus. Du wirst nicht sterben, wenn du schläfst. Wenn du ausgeschlafen bist, wirst du wach und kannst wieder aufstehen." (Siehe auch: S. 43 Angst vor dem eigenen Tod)

„Sterben Kinder auch?"
Worte werden weniger helfen als die Aufrichtigkeit, mit der die Bezugsperson Fragen nach dem eigenen Tod oder den der nächsten Bezugspersonen beantwortet. Ungünstig wäre es, zu leugnen, dass auch Kinder sterben können. Denn das fragende Kind könnte am nächsten Tag von dem Sterben eines Kindes hören. Dann würde das Kind sich von der Bezugsperson getäuscht fühlen, weil sie nicht die Wahrheit gesagt hat. Eine Antwort sollte immer Gedanken von einem noch lange währenden Leben beinhalten: „Ja, Kinder sterben auch. Aber Kinder sind jung und sie haben das Leben noch vor sich." (Siehe auch: S. 103–104 Aufrichtige Aussagen, S. 55 Fragen ehrlich beantworten)

„Stirbst du auch?"
„Alles was lebt, stirbt. Ich werde auch sterben. Aber ich werde noch lange leben." Je nach Situation kann ergänzt werden: „Für den Fall, dass mir etwas passieren sollte,

habe ich alles aufgeschrieben. Deine Patentante wird sich um dich kümmern, wenn es erforderlich ist. Sie hat es mir zugesagt. Ich passe auf, dass ich noch lange leben werde." Bei beharrlichen Fragen sollte der Erwachsene in einem Gespräch den Grund für diese Sorge hinterfragen: „Was ist passiert? Ist jemand gestorben? Was macht dir Angst?" (Siehe auch: S. 42–43 Angst vor dem Tod der Mutter, S. 103–104 Aufrichtige Aussagen, S. 55 Fragen ehrlich beantworten)

„Muss man denn immer sterben, wenn man ins Krankenhaus kommt?"
„Nein. Die Ärzte im Krankenhaus wollen den Kranken helfen, wieder gesund zu werden und meist schaffen sie das auch." (Siehe auch: S. 42 Unterscheidung zwischen leichter und schwerer Erkrankung)

„Fürchtest du dich vor dem Sterben?"
„Alles, was lebt, wird sterben. Keiner weiß wie Sterben geht und so bleibt es ein Geheimnis bis zu dem Moment, wo es geschieht. Vielleicht ist es eine Veränderung oder Umwandlung? Ich fürchte mich nicht vor dem Sterben. Ich möchte noch viel erleben und noch lange leben." (Siehe auch: S. 42–43 Angst vor dem Tod der Mutter)

„Tut sterben weh?"
„Ich weiß es nicht, denn ich bin noch nicht gestorben. Keiner weiß, wie sterben geht. Es ist denkbar, dass man schläft und es tut einem nichts mehr weh und dass es schnell geht. Vielleicht hilft es in dem Moment, nicht alleine zu sein. Vielleicht hilft auch ein schönes Bild, an das zu denken gut tut. Hast du ein solches Bild?"
„Keiner kann das Sterben an einen anderen abgeben. Jeder muss es irgendwann selbst tun, so wie auch jeder Einzelne geboren wird. Keiner weiß vorher, wie es sein wird. Warum Angst haben vor etwas, von dem wir nicht wissen, wie es sein wird?" (Siehe auch: S. 103–104 Aufrichtige Aussagen, S. 45 Interesse für Sterbevorgänge)

„Wie geht sterben?"
„Ich weiß es nicht. Ich habe es noch nicht getan." „Der Tod ist ein großes Geheimnis ... Niemand weiß genau, was passiert, wenn man stirbt. Das muss jeder für sich alleine erleben, und das ist das Besondere daran ... Wenn ich gestorben bin, werde ich auf eine andere Weise bei euch sein. ... Ich werde euch in euren Träumen besuchen ... Ihr könnt mich in euren Gedanken sehen ... Und in alle den Dingen, die wir zusammen gemacht haben." *Abschied von Opa Elefant.*

„Werde ich auch sterben?"
„Wir alle werden irgendwann sterben. Du bist jung und du hast noch ein langes Leben vor dir. Du bist gesund und ich bin für dich da." (Siehe auch: S. 113–114 *Ginette Raimbault* (1996), S. 76, 114 *Dietrich Niethammer* [2008])

„Wann muss ich sterben?"
„Das weiß ich nicht. Niemand weiß, wann er sterben muss. Das wäre gar nicht gut, wenn wir das wüssten. Weißt du, was die Indianer sagen? Sie sagen: Lebe jeden Tag, als könnte es dein letzter sein." Abgeändert nach: *Hat Opa einen Anzug an?*

„Ist Tante Else tot, weil ich böse war?"
„Du hast keine Schuld, dass sie gestorben ist! Sie war schon sehr alt. Egal, was du denkst oder sagst oder tust, dadurch können Menschen nicht sterben."

In diesem Zusammenhang sei auf das Bilderbuch *Die Reise nach Ugri-la-Brek* hingewiesen. In der Bilderbuchgeschichte fürchten die Kinder Jule und Max, für den Tod des Großvaters verantwortlich zu sein. (Siehe auch: S. 81–82 Schuld- und Schamgefühle)

„Wer hat die Biene totgemacht?"
„Du fragst dich, woran die Biene wohl gestorben ist? Was meinst du? ... Vielleicht war sie schon sehr alt." (Siehe auch: S. 41 Begründungen für das Sterben, S. 32–33 Der Tod kommt von außen)

„Was ist mit der Fliege? Die bewegt sich nicht mehr!"
Ist eine verständnisvolle Bezugsperson bei dem Kind, so wird sie ruhig seine Fragen beantworten. Sie wird ihm kurz den Unterschied von „tot" und „lebendig" erklären: „Alles, was lebt, stirbt irgendwann. Die Fliege ist tot. Sie kann nicht mehr krabbeln und fliegen." Zeigt das Kind Interesse, so könnte sie hinzufügen: „Jeder hat ein Recht auf sein Leben, auch die Fliegen. Die kleinen Tiere leben, wie wir Menschen, in einer Gemeinschaft und sie brauchen einander. Die kleine Fliege wird vielleicht von den anderen Fliegen jetzt gesucht."

„Was ist der Tod?"
„Keiner hat eine endgültige Antwort. Menschen haben ganz unterschiedliche Vorstellungen vom Tod. Was meinst du dazu?"

„Tod – was ist dann?"
„Keiner weiß genau, was nach dem Leben sein wird. Was meinst du dazu? Wie stellst du dir das vor?" „Ich weiß es auch nicht. Kein Mensch hat die richtige Antwort. Die verschiedenen Menschen haben unterschiedliche Vorstellungen." (Siehe auch: S. 66 Die eigene Unwissenheit zugeben)

„Tot, was ist tot?"
In der Geschichte «*Was ist das?» fragt der Frosch* erleben personifizierte Tiere das Unfassbare des Todes. „Der Hase kniete sich neben die Amsel und sagte dann: ‚Sie ist tot.' ‚Tot?'

fragte der Frosch. ‚Was ist das?' Der Hase zeigte zum Himmel hoch. ‚Alles stirbt einmal,' sagte er. ‚Wir auch?', fragte der Frosch. ‚Ja, wenn wir alt sind,' sagte der Hase." (Abb. 97)

Abb. 97: »*Was ist das?*« *fragt der Frosch*

In dem Bilderbuch *Abschied von Rune* gibt es eine Antwort auf diese Frage. In der Geschichte findet Sara ihren Freund Rune leblos auf einem See schwimmend. „Jetzt ist er tot. Er kann nichts mehr sehen und nichts mehr hören. Er kann nicht mehr gehen oder laufen oder spielen. Er wird Sara nie mehr anlächeln und sie nie mehr umarmen. Rune ist tot."

„Wie ist es, tot zu sein?"
„Mit dem Tod hört das Leben auf. Dann kann man nichts mehr spüren. Keiner weiß, was dann sein wird." Zur Veranschaulichung kann es helfen, ein Beispiel aus der Natur zu geben. Das Bild von einer Raupe, die sich in einen farbenfrohen Schmetterling verwandelt, vermittelt eine hoffnungsvolle Vorstellung. Es gibt Raupen als Plüsch-

tiere (ca. 33 cm lang), die in wenigen Handgriffen zu Schmetterlingen mit großen bunten Flügeln gewendet werden können (siehe auch Abb. 98, *Abschied von der kleinen Raupe, Lara's Schmetterlinge*).

„Wenn man weg ist, ist man dann tot?"
„Wenn man weg ist, ist man nicht tot. Morgens geht der Vater zur Arbeit. Dann ist er weg. Abends kommt er wieder nach Hause. Dann ist er wieder da. Er geht weg und er kommt wieder." In dem Bilderbuch *Eines Morgens war alles ganz anders* hört das Kindergartenkind Anna eines Tages von dem Unfalltod ihres Vaters. Als sie kurz

Abb. 98: *Abschied von der kleinen Raupe*

darauf ihren Teddy nicht mehr findet, überlegt sie, „ob Teddys auch sterben können und dann nie mehr wiederkommen. Ihr Teddy war weg, sie hatte schon überall nach ihm gesucht." (Siehe auch: S. 33 Die Toten bleiben in der Vorstellung lebendig)

„Wenn man tot ist, wächst man dann weiter?"

Die Antwort soll kurz und sachlich und nicht ausschweifend sein: „Wenn der Mensch tot ist, dann lebt er nicht mehr. Der Körper bewegt sich nicht mehr. Der Mensch wächst dann nicht mehr. Er ist friedlich und ruhig. Er kommt nicht wieder." (Siehe auch: S. 33 Die Toten bleiben in der Vorstellung lebendig)

„Weiß der Opa, dass der Sarg zugemacht wird?"

Eine mögliche Antwort könnte lauten: „Wenn man tot ist, hört das Herz auf zu schlagen. Dann kann man nichts mehr sehen, riechen und fühlen. Wenn man tot ist, merkt man nichts mehr!"

„Warum gibt es den Tod?"

„Wenn die Menschen nicht sterben würden, wäre auf der Welt nicht genügend Raum für die neuen Kinder, die geboren werden und aufwachsen."

Auf die Frage nach dem „Warum" des Todes sagt der 17-jährige Tsi Fai: „Der Tod ist ein Teil des Lebens. Wir werden geboren um zu sterben. Ob wir mit hohem oder mit jungem Alter sterben, ist unmöglich zu wissen. Es ist ein Rennen mit der Zeit, das wir eines Tages verlieren werden. Es muss den Tod geben, um das Leben der neuen Generation zu ermöglichen und Platz zu schaffen. Weil unsere Welt nicht unbegrenzt Leben tragen kann. Nach dem Tod zerfallen wir zu Staub und nichts von uns bleibt. Oder gibt es ein Leben nach dem Tod? Es könnte auch einen Ort geben, wo wir unsere Vorfahren sehen. Vielleicht werden wir wiedergeboren? Für mich ist es sehr schwer darüber nachzudenken, weil man es nie weiß."

„Warum hört das Leben auf?"

„Fändest du es gut, wenn die Blumen immer weiterblühten und nicht verwelkten? Du würdest nie mehr einen neuen Strauß pflücken. Aber wenn er verwelkt, denkst du an einen neuen Strauß, der ganz anders aussehen wird. Die Welt ist immer in Bewegung. Gott sei Dank. Es geht alles weiter, von der Geburt an. Ich war einmal so jung wie du, dann erwachsen, dann älter, alt und jetzt uralt. Jedes Ding, jedes Lebewesen hat seine Zeit." *Ich will etwas vom Tod wissen*

„Alles was lebt, muss einmal sterben. Tiere und Pflanzen leben ganz unterschiedlich lang. Ein Fuchs kann 8–10 Jahre alt werden, ein Schwein 10 Jahre, ein Rabe 60 Jahre, eine Riesenschildkröte sogar 150 Jahre. Manche Eintagsfliegen leben nur wenige Stunden. Dagegen kann ein Rosenbaum 300 Jahre alt werden und ein Brotbaum kann es bis zu 1000 Jahre bringen." *Ich will etwas vom Tod wissen*

„Warum ist sie gestorben? Warum gerade meine Schwester?"
Möglicherweise ist es besser, keine zu großen Erklärungen zu geben, sondern einfach zu sagen: „Du hattest deine Schwester sehr lieb."

Vielleicht ist es gut, nicht nach einer Antwort auf das Warum zu suchen, sondern stattdessen zu fragen: Was gibt es jetzt zu tun?

„Warum wird Opa verbrannt?"
„In Zeiten der Pest wurden die Menschen aus hygienischen Gründen verbrannt. Man wollte so vermeiden, dass sich eine Krankheit weiter verbreitete. Bei einer Verbrennung oder Einäscherung wird der Körper verbrannt. Der Körper, den der Mensch benutzt hat, der stirbt und hört auf zu leben. Heute können die Menschen entscheiden, ob sie in einem Sarg beerdigt oder ob sie verbrannt werden wollen. Opa wollte, dass sein toter Körper verbrannt wird." Eine gute Bearbeitung der Urnenbeisetzung für Vorschul- und Grundschulkinder enthalten die bebilderten Kinderbücher *Wie kommt der große Opa in die kleine Urne? Für immer mein Opa. Wie ist das mit der Trauer?*

„Passt die Großmutter in den kleinen Kasten?"
Mit dem Tod gibt es eine Trennung für immer. Es gibt verschiedene Rituale, wie von dem Körper Abschied genommen wird. Manche Menschen beschließen, nach ihrem Tod in einem Sarg beerdigt zu werden. Andere wollen verbrannt werden. Man nennt das Verbrennen auch Einäscherung. Die Asche, die übrig bleibt, kommt dann in einen kleinen Behälter, der auch Urne genannt wird. Es gibt verschiedene Plätze, wo die Urne aufbewahrt werden kann. Eine Urne kann in den Erdboden hinabgelassen werden. In dem kleinen Behälter ist nicht der Körper. Das, was von einem Menschen bleibt, ist nicht sein Körper. Was bleibt, sind die gemeinsamen Erinnerungen.

„Warum hat er sich das Leben genommen?"
Es sollte den Kindern bzw. Jugendlichen im näheren Umfeld vermittelt werden:

Jeder Mensch hat eigene Gefühle. Keiner weiß um die tiefe Verzweiflung, das Leid des Suizidenten. Keiner ist in der Lage, die Entscheidung zu bewerten, da jeder nur sein Empfinden hat. Hilfreich erscheint mir die Formulierung: Es ist mutiger bei all dem Kummer und Schmerz weiterzuleben, als aus dem Leben zu gehen. Einen guten Gesprächseinstieg kann das Buch *Da spricht man nicht drüber* geben (siehe auch: S. 115–116 Freitod).

„Warum war ich nicht für ihn da?"
„Du glaubst, du hättest seinen Freitod verhindern können. Es war seine Entscheidung. Du hast keine Schuld!"

Nach dem Erleben eines Todesfalles und besonders nach einem Freitod kommt es bei den Überlebenden immer wieder zu Selbstvorwürfen. In der Situation könnte gesagt werden: „Es tut dir jetzt leid, dass du sie (ihn) nicht gefragt hast, ob du helfen kannst. Du machst dir jetzt Vorwürfe, nicht länger zugehört zu haben." (Siehe auch: S. 310–311 Freitod. Weitere Anregungen zu Gesprächen über Schuldgefühle gibt es in dem Jugendroman ab 13 Jahre mit Arbeitshilfe: *Stolperschritte* von *Myriam Pressler.*)

„Was ist die Ewigkeit?"
„Auf der Erde hört alles einmal auf, aber in der Ewigkeit gibt es keine Zeit mehr." *Ich will etwas vom Tod wissen*

„Wieso heißt das Trauer-Feier?"
„Es hat mehr mit ‚feierlich' zu tun. Es geht darum, dass der, welcher gestorben ist, an diesem Tag der Mittelpunkt ist und wir uns von ihm verabschieden. Wir spielen zum Beispiel Musik, die er gerne hatte, und wir schmücken die Kapelle mit Blumen, die er mochte." (Siehe auch: *Nie mehr Oma-Lina-Tag?*)

„Wo kommen die Toten hin?"
Antwort durch eine Gegenfrage: „Was glaubst du, was wird dann sein?"
„Die Toten werden in einen Sarg gelegt und beerdigt. Manche bestimmen zu Lebzeiten, dass sie verbrannt werden. Der Körper zerfällt. Was bleibt ist, was der Mensch gesagt, erschaffen, getan hat. Du kennst Micky Mouse. Der Mann, Walt Disney, der die Micky Mouse erfunden hat, der lebt nicht mehr. Aber die Kinder gucken seine Trickfilme immer noch gern. In der Erinnerung lebt er weiter."
„Wenn man tot ist, ist man nicht mehr da. Aber solange wir an den Toten denken, ist es, als ob er noch bei uns ist."
„Weißt du, ich werde … (Opa) mein ganzes Leben lang im Kopf mitnehmen." *Opa kommt nicht wieder*
„Geht sie (die Großmutter) zum lieben Gott, so wie ein Engel?" „Das weiß ich nicht. Ich glaube, dass Gott sie aufnimmt. Wie, weiß ich nicht, aber ich weiß, dass sie für immer in den Frieden eingeht." „Was ist Frieden?" „Ein Ort oder ein Zustand, wo man durch nichts verwirrt oder gekränkt wird, wo man nicht mehr Angst hat." *Ich will etwas vom Tod wissen*

„Wo werde ich dann sein?"
Mit dieser Frage beschäftigen sich die Menschen in allen Kulturen seit jeher. Es gibt keine allgemeingültige Antwort, aber viele Gedanken hierzu. Manche Menschen meinen, dass mit dem Tod alles aufhört. Andere stellen sich ein Weiterleben an einem anderen Ort vor. Andere meinen, sie leben in einer anderen „Form" weiter.
Für den griechischen Philosophen Sokrates bedeutete der Tod eine Befreiung: „Da wir nichts wissen vom Tod, brauchen wir ihn nicht zu fürchten."

2. Fragen der Begleiter und mögliche Antworten

Abschied	**Wie kann ein zurückbleibendes Kind beim letzten Abschied von einem Sterbenden unterstützt werden?**
	Es wird dem Kind bei der späteren Trauerverarbeitung helfen, wenn es von dem Sterbenden Abschied nehmen durfte. Die folgenden Anregungen ergaben sich aus Gesprächen mit betroffenen Kindern:
	• In Ruhe zusammensein, über gemeinsame Erlebnisse reden,
	• eine „greifbare" Erinnerung oder Aufzeichnung von gemeinsamen Erfahrungen in Form eines Tagebuchs geben,
	• Musik vorspielen, etwas schreiben,
	• einen Gegenstand geben (Schutzengel, Schmusetier, Uhr),
	• Anregungen hören, was nach dem Tod fortgeführt werden kann,
	• eine Erinnerungskiste gestalten,
	• Fingerabdruck als Goldanhänger,
	• einen Brief zu einem bevorstehenden Ereignis vorbereiten,
	• keine Erwartungen äußern,
	• Aufforderung, mit Freude und auch ohne Schuldgefühl weiterzuleben, zu lachen, zu feiern, Spaß zu haben.
	Beispiele: *Wenn ich nicht mehr bei dir bin, bleibt dir unser Stern* (zum Sterben eines Kindes). *Mama Luftballon* (zum Sterben einer Mutter). *Papi, wir vergessen dich nicht* (zum Sterben eines Vaters). *Abschiedsbrief von Opa Maus* (zum Sterben eines Großvaters). *Tschüss Oma* (zum Sterben einer Großmutter). *Abschied von Tante Sofia* (zum Sterben einer Bekannten). (Siehe auch S. 261–262)
	Wie kann der Abschied für den Sterbenden unterstützt werden?
	In schwierigen Situationen ist das Dasein das Wesentliche und nicht mehr das Tun.
	Ist ein aktives Verabschieden möglich, empfiehlt es sich, den Sterbenden dabei zu unterstützen, seine Gefühle und Wünsche zu äußern. Je nach Verfassung und der besonderen Situation könnte dies Folgendes sein:
	• Musik (Flötenspiel) gemeinsam oder alleine hören,
	• gemeinsam Fotoalben anschauen,
	• einen Gegenstand geben wie Schmusetier, Engelfigur, Stein,
	• etwas Ermutigendes, Kraftvolles sagen,
	• über den Ablauf der Beerdigung reden,

	- die Normalität des Alltags einhalten, - Rückzug zulassen, - einen Wunsch erfüllen (eine Reise machen, Freunden treffen). Beispiele: *Abschied von Tante Sofia* (zum Abschied einer Bekannten). *Zwei Flügel des einen Vogels* (zum Sterben einer Mutter). *Ein Himmel für Oma* (zum Sterben einer Großmutter). (Siehe auch S. 262) **Wie kann der Abschied von einem verstorbenen Schüler gestaltet werden?** - Platz des Kindes frei lassen, mit Blumen schmücken, - einen „geschützten Raum" einrichten (einen ruhigen Platz im Klassenraum, an den sich die Klassenkameraden in ihrer Traurigkeit zurückziehen können), - eine Erinnerungsecke mit einem Bild, einer Kerze, mit Blumen, Fotos, Bildern gestalten, - einen Erinnerungsbaum anfertigen[11], - ein Erinnerungsbuch gestalten, - Formen wie Fußspuren, Drachen, Schmetterlinge mit aus Papier ausgeschnittenen Gedanken und Erinnerungen beschriften und auslegen, - Abschiedsbriefe schreiben. Bilderbücher: *Als Otto das Herz zum ersten Mal brach. Lara's Schmetterling. Wenn ich nicht mehr bei dir bin, bleibt dir unser Stern.*
Beerdigung	**Was tun, wenn ein Kind nicht an der Beerdigung teilnehmen konnte?** Einem 12-jährigen Mädchen war es wegen einer Erkrankung nicht möglich, an der Beerdigung der Großmutter teilzunehmen. Das Mädchen trauert nach dem Tod der Großmutter sehr stark. Sie weint häufig und zieht sich von ihren Freundinnen zurück. Sie fragt wiederholt die Eltern: „Warum konnte ich nicht dabei sein? Warum habe ich mich nicht verabschieden können?" Wenn die Teilnahme eines Kindes an der Beerdigung nicht möglich war, kann es hilfreich sein, zu einem späteren Zeitpunkt mit

---

[11] Aus Papier werden Formen wie Wolken, Schmetterlinge, Blüten, Pferdchen ausgeschnitten und mit Namen oder einem kurzen Satz beschrieben, z.B.: „Du fehlst." „Wir denken an Dich." Die ausgeschnittenen Papiere werden an einen Zweig mit bunten Fäden befestigt.

dem Kind eine Trauerfeier am Grab durchzuführen. Eine solche Abschiedsfeier könnte wie folgt gestaltet werden: Es werden Kerzen angezündet, Blumen, selbst gemalte Bilder oder Windmühlen auf das Grab gelegt oder gesteckt. Es werden Lieder gesungen oder von einem CD-Gerät abgespielt, ein Gebet, eine Fürbitte gesprochen, ein Erinnerungsbaum gestaltet, ausgeschnittene Symbole (Fußspuren, Wolken) mit kurzen Sätzen um oder auf das Grab gelegt, ein Bäumchen gepflanzt.

Bei dem oben genannten 12-jährigen Mädchen unterstützte ein solcher „stellvertretender" Abschied das Kind in seinem Trauerprozess.

Beispiel: *Herr Wolke.*

Sollen kleine Kinder an der Beerdigung teilnehmen?
Auch kleine Kinder sollten an der Beerdigung teilnehmen, vorausgesetzt, es begleitet sie eine ihnen vertraute Person. Diese Begleitperson sollte auf die Bedürfnisse des Kindes eingehen, bei seinen Fragen zuhören, sie gegebenenfalls auch beantworten, und jederzeit bereit sein, mit dem Kind – wenn dieses es wünscht – die Kirche, den Friedhof oder das Restaurant beim Leichenschmaus zu verlassen. Die Eltern sollten mit der Vertrauensperson Antworten auf mögliche Fragen des Kindes absprechen, wie beispielsweise „Wo kommt Oma hin?" „Was passiert bei der Verbrennung?"

Beispiele: *Hat Opa einen Anzug an? Lukas und Oma nehmen Abschied* (Teilnahme eines kleinen Kindes an der Beerdigung). *Tod und Sterben Kindern erklärt* (Wohin gehen die Toten?). *Wie kommt der große Opa in die kleine Urne?* (zur Verbrennung). (Siehe auch S. 260–261)

Begriffe	**Sollen die Begriffe „Sterben und Tod" genannt werden, auch wenn die Kleinen die Begriffe noch nicht verstehen?** Die Begriffe sollten auch kleinen Kindern gegenüber verwendet werden und so von Anfang an zum Sprachschatz der Kinder gehören. Es ist für die spätere Auseinandersetzung förderlich, wenn mit dem Lebensende zunächst keine ängstliche oder gar panikartige Stimmung assoziiert wird. Aus dem Grund empfiehlt es sich, die Wörter „sterben" und „tot" ruhig auszusprechen und sie möglichst in Situationen zu verwenden, in denen keine eigene Betroffenheit besteht.

	Wenn vom Sterben aus aktuellem Anlass gesprochen werden muss, ist es gut, einleitend zu sagen: „Ich habe dir etwas Trauriges zu sagen", und nicht: „Ich muss dir etwas Schlimmes sagen." Der Tod sollte nicht mit der Vorstellung von Schrecklichem verbunden sein, sondern als zum Leben gehörend dargestellt werden. Beispiele: *Abschied von Opa Elefant. «Was ist das?» fragt der Frosch* (zur Erklärung vom Tod) (siehe auch S. 101).
Fragen	**Was sage ich, wenn ich keine Antwort auf die Fragen des Kindes weiß?** Kinder spüren, ob der Erwachsene meint, was er sagt. Wenn der Gefragte keine Antwort kennt, ist es gut, dies auch zuzugeben: „Ich weiß es nicht. Ich werde darüber nachdenken. Was meinst du denn?" Beispiele: *Sarahs Mama. Liplaps Wunsch.*
Gefühle	**Darf ich bei dem Gespräch mit einem betroffenen Kind meine Gefühle zeigen?** Grundlage für eine vertrauensvolle Beziehung ist Aufrichtigkeit. Wenn der erwachsene Begleiter das Bedürfnis hat zu weinen, dann ist es richtig, die Tränen zuzulassen. In dem Fall sollte er dem vor ihm sitzenden Kind eine Erklärung für sein Weinen geben: „Ich bin traurig, weil Opa gestorben ist. Ich vermisse ihn." Beispiele: *Lilly ist ein Sternenkind. Justus ist traurig. Die Blumen der Engel. Ein Himmel für Oma.* **Was mache ich, wenn das Kind nach einem Todesfall keine Gefühle zeigt und nicht reden will?** Jeder Trauerprozess ist einzigartig und in seinem besonderen Verlauf zu respektieren. Auch ist zu beachten, dass Kinder anders trauern als Erwachsene. Nach meiner therapeutischen Erfahrung brechen die Gefühle von trauernden Kindern häufig erst nach Tagen, auch Wochen oder Monaten auf. Zeigt also das Kind direkt nach einem Todesfall keine Gefühle, so ist dieses unbekümmert wirkende Verhalten nicht als auffällig zu bezeichnen. Jedes Kind ist in seinem Trauerverhalten zu respektieren und zu unterstützen (siehe auch: S. 84, Ein trauerndes Kind hat das Recht).

	Was sage ich einer Mutter, die Angst hat, im Gespräch mit ihrem Kind die Fassung zu verlieren? In einem solchen Fall ist es hilfreich, eine Vertrauensperson oder „Patin" zu dem Gespräch hinzuzunehmen. Wenn es bei der Mutter zu einem Gefühlsausbruch während des Gesprächs kommen sollte, kann die Vertrauensperson mit dem Kind das Gespräch fortführen. Wichtig ist es, dass die hinzugezogene Begleiterin die grundlegenden Fragen übereinstimmend mit den Eltern beantwortet. Die Mutter sollte also vor dem Gespräch mit dem Kind mit der Vertrauensperson gesprochen haben.
Geschwisterkinder	**Sollen die Geschwister das verstorbene Kind sehen?** Hinweise aus der Verhaltensbeobachtung, aus Gesprächen mit Eltern und Kindern bestätigen, dass die direkte Konfrontation mit dem verstorbenen Kind für die Realitätsverarbeitung des Geschwisterkindes hilfreich ist. Auch hier gilt, dass eine Vertrauensperson oder Patin gemeinsam mit den Eltern das Kind begleiten kann. Falls die Eltern vom Schmerz überwältigt werden, könnte die Patin dem Kind zur Seite stehen. Die Annäherung an das verstorbene Kind sollte behutsam sein: Hilfreich kann es sein, das Kind an die Hand zu nehmen (wenn es dies wünscht), zunächst vor, dann an der geöffneten Tür stehen zu bleiben, wenige Schritte in Richtung des Sarges gemeinsam langsam zu gehen … Je nach Alter sollte das Kind selbstverständlich zuvor um seine Meinung gefragt werden. Beispiele: *Die Blumen der Engel. Justus ist traurig.*
Gespräch	**Eltern fragen: Worauf habe ich bei einem Gespräch über Sterben und Tod mit meinem Kind zu achten?** • Offen und aufrichtig bleiben, • Entwicklungsstand berücksichtigen, • zuhören, • nach Vorstellungen fragen, • Fragen in kurzen Sätzen verständlich beantworten, • Schuldfrage ansprechen, • Anregungen geben, etwas zu tun. **Gibt es Regeln für ein solches Gespräch?** Folgende Techniken haben sich bewährt:

> Kurze Sätze, verständliche Sprache, keine Begriffe im übertragenen Sinn verwenden; wiederholte Pausen einbauen, um Fragen des Kindes zu ermöglichen; zuhören und gemeinsames Schweigen; knappe Beantwortung der Fragen.
>
> Immer sollte hinterfragt werden, ob die Kinder verstehen, wovon geredet wird. So denken jüngere Kinder bei dem Begriff Krebs an ein krabbelndes Tier wie Anna, die behauptet, „ein Krebs hätte Mamas Brust mit seinen Scheren abgezwickt" (*Aufgeben tut man einen Brief,* Abb. 99). (Siehe auch S. 111)
>
> **Wie ist es mit der Wahrheit?**
> Jakobs Mutter hat Krebs. Die Mutter will mit ihrem 8-Jährigen über ihre Erkrankung sprechen. Sie fragt: „Was sage ich, wenn er mich fragt, ob ich daran sterbe?" Eine mögliche Antwort könnte sein: „Alles, was lebt, stirbt irgendwann. Aber: Keiner weiß, wann

Abb. 99: *Aufgeben tut man einen Brief*

und woran er sterben wird. Krebs ist eine Krankheit, an der man nicht sterben muss. Heute gibt es so gute Behandlungsmethoden, die den Krebs besiegen. Ich habe einen guten Arzt und er ist auf dem neusten Stand der Forschung. Ich habe starke Hoffnung, dass er mir helfen kann. Und ich werde alles tun, um gegen den Krebs zu kämpfen. Ich will noch lange leben. Ich will dich aufwachsen sehen, will dabei sein, wenn du zum ersten Mal mit dem Motorrad oder mit einem Auto fährst. Ich will deine Frau und deine Kinder sehen ..."

Beispiele in Bilderbüchern: *Wann kommst du wieder, Mama? Aufgeben tut man einen Brief. Mutter hat Krebs.*

Ist der Gesundheitszustand der befragten Mutter aussichtslos, so sollte sie die Wahrheit nicht verschweigen. Es wird dem zurückbleibenden Kind helfen, wenn die Mutter aufrichtig mit ihm über das bevorstehende Ende und die Zeit danach spricht.

Beispiele: *Tod und Sterben Kindern erklärt. Zwei Flügel des einen Vogels.*

Gibt es Grundfehler, die zu vermeiden sind?
- Das Kind mit eigenen Ängsten belasten,
- unkontrolliert persönliche Standpunkte weitergeben,
- Fragen und Antworten nicht abwarten,
- zu ausschweifend reden.

Was ist bei der Vermittlung einer Todesnachricht zu berücksichtigen?
- Mit dem Kind zeitnah und aufrichtig reden,
- den Tod eindeutig benennen,
- Schuldfrage ansprechen,
- die Möglichkeit geben, den Verstorbenen zu sehen,
- Teilnahme bei der Beerdigung unterstützen.

Was ist das Wichtigste, was bei einem Gespräch mit einem trauernden Kind zu beachten ist?
Kinder benötigen in ihrer Trauer ein Gegenüber, das ihnen Trost, Zuversicht und einen festen Halt geben kann.
Hierzu ein Wortwechsel am Ende des Bilderbuchs *Papas Arme sind ein Boot*:
„Wird schon werden", sagt Papa. „Sicher?" „Ganz sicher."

Hilfestellung für trauernde Eltern	**Wie kann ich trauernde Eltern unterstützen, die ein Kind verloren haben?** • Dasein und zuhören, • keine Erwartung an ein bestimmtes Trauerverhalten, • Tränen, Wut, Leere, Verzweiflung, Schweigen mitaushalten, • Trauer wahrnehmen, ansprechen, • Zeit geben für den Trauerprozess, • anregen, Geschwister in der Trauer wahrzunehmen und sie zu unterstützen. Beispiel: *Lilly ist ein Sternenkind.* **Was hilft besonders den Müttern?** • Immer wieder über ihr Kind reden und die gleichen Fragen stellen dürfen, • Aktionismus zulassen und auch „nicht funktionieren müssen", • Nichtbetroffene mit ihren alltäglichen Problemen nicht aushalten müssen, • Verständnis haben für ihr Vermeidungsverhalten (gegenüber Kindern im selben Alter wie das eigene verstorbene Kind). **Was hilft besonders den Vätern?** • Verständnis haben für die oft schnelle Rückkehr in den Berufsalltag, • Angebote für trauernde Väter/männerspezifische Trauergruppen, • gemeinsame Erinnerungen ansprechen, pflegen, • vertraute Rituale aufrecht halten. (Siehe auch: *Mechthild Schroeter-Rupieper* 2009)
Hilfestellung für das Kind	**Wenn Eltern fragen: Was hilft dem Kind bei schwerer Erkrankung/drohendem Tod in der Familie?** • Alltag des Kindes schützen, • Hobbys und Freundschaften fördern, • Interesse zeigen, • auf Regeln und Disziplin bestehen, • aufrichtig reden, • Familienaktivitäten bewahren. **Wenn Eltern fragen: Was hilft dem trauernden Geschwisterkind?** • Dasein, zuhören, trösten,

	- ihnen Beachtung und Verständnis geben,
- sie dem Entwicklungsstand entsprechend behutsam informieren,
- keine Erwartung an ein bestimmtes Trauerverhalten,
- von Schuld und Scham befreien,
- den Alltag weiterleben dürfen,
- praktische Anregungen zur Trauerbewältigung geben,
- Erzieherinnen und Lehrerinnen informieren.

Beispiele: *Lara's Schmetterlinge. Papi, wir vergessen dich nicht. Die Blumen der Engel. Himmelskind. Lilly ist ein Sternenkind. Justus ist traurig.*

Warum Gespräche mit Geschwistern wichtig sind
- Kinder spüren die Ausnahmesituation.
- Wenn nicht geredet wird, entwickeln sie schlimme Phantasien, mit denen sie alleine sind.
- Sie fühlen sich ausgeschlossen, nicht ernst genommen.
- Sie verlieren Vertrauen und fürchten, es könne wieder etwas passieren und sie werden nicht informiert.
- Häufig entwickeln sie Schuldgefühle. |
| Geschwister-rivalität | **Was tun, wenn ein Geschwisterkind sich benachteiligt fühlt?**
Häufig fühlen sich die gesunden Geschwisterkinder vernachlässigt, wenn die Eltern dem erkrankten Kind vermehrt Zuwendung geben. In solchen Situationen, wenn die Geschwisterkinder ihre Gefühle äußern, empfehlen sich zunächst Gespräche, um den gesunden Kindern Verständnis zu zeigen. Klare Absprachen für mögliche Veränderungen können vielleicht weiterhelfen.
Beispiel: *Christian.* |
| Geschwister-trauer | **Was ist bei der Geschwistertrauer zu beachten?**
Folgende Gesichtspunkte können für ein trauerndes Geschwisterkind bedeutsam sein:
- Wunsch, nicht übermäßig beschützt zu werden,
- Schuldgefühle,
- Recht selbst zu trauern,
- Bedürfnis nach einem Gespräch,
- Besonderheit der Geschwisterbeziehung im Vergleich zu anderen Freundschaften,
- Sehnsucht, in der Familie beachtet zu werden. |

Hilflosigkeit	**Darf ich als Begleiter hilflos sein?** Eigene Hilflosigkeit und plötzliche Sprachlosigkeit können jeden in der Nähe des Todes betreffen. Es wäre nicht gut, sie zu verstecken. Beispiele in Bilderbüchern: *Abschied von Tante Sofia. Justus ist traurig. Papas Arme sind ein Boot. Als Oma ein Vogel wurde. Schmetterlingspost.* **Was hilft mir in meiner Hilflosigkeit?** Wichtig ist, sich in solchen Momenten selbst zu schützen. Ein Einstieg kann sein, sich seiner Rolle bewusst zu werden. Wer bin ich: Mutter, Freundin, Tante, Nachbarin, Ehrenamtliche, Lehrerin, Pflegende? Zur Selbstfürsorge gehören auch die Fragen: Was tut mir gut? Wo sind meine Grenzen der Belastbarkeit? (Siehe auch S. 87–88)
Krisensituation	**Wie helfe ich Kindern in einer Krisensituation?** Kinder brauchen ein Gegenüber, das ihnen Nähe und Zuwendung gibt. Sie brauchen ehrliche Informationen. Nichts sollte verheimlicht werden, jedoch ist das Alter der Kinder immer zu berücksichtigen. Möglichst schnell sollte die Schuldfrage thematisiert werden. (Siehe auch S. 112–114) Kinder sollen die Möglichkeit haben, ihre Fragen zu stellen und ihre Gefühle zu äußern. Schmerz, Trauer, Panik dürfen gezeigt und gelebt, und sollen nicht weggetröstet werden. Das Schweigen der Kinder, ihre Tränen, ihre sich wiederholenden Fragen sollen ertragen werden!
Sterbephasen	**Wie heißen die Sterbephasen nach Kübler-Ross?** • Schock und Verleugnung, • Zorn, Auflehnung, • Verhandeln, • Depression, • Zustimmung.
Schuldgefühle	**Wie gehe ich mit Schuldgefühlen nach einem Todeserleben um?** Wenn im nahen Umfeld ein Kind, ein Jugendlicher, ein Erwachsener oder ein alter Mensch stirbt, fühlen sich häufig die Hinterbliebenen in irgendeiner Form mitschuldig an dem Tod. Trauernde

wiederholen Sätze wie: „Wenn ich da gewesen wäre ... Wenn ich ihm die Freude gemacht hätte ..., so wäre das alles nicht passiert!" Hinweise auf diese quälenden unausgesprochenen Schuldgefühle werden manchmal erst Jahre später in Gesprächen gegeben.

Damit solche belastenden Gefühle nicht aufkommen oder sich nicht verstärken, ist es hilfreich, mit dem Kind dieses Thema behutsam anzusprechen. Ich habe gute Erfahrung mit dem folgenden Vorgehen gemacht: Ich erzähle von einem ungefähr gleichaltrigen Kind in einer vergleichbaren Situation, das über seine Schuldgefühle gesprochen hat. Dann frage ich das vor mir sitzende Kind: „Hast du auch schon mal so ein Gefühl gehabt?" Nach meiner Erfahrung wird nun das Kind erleichtert von den eigenen Gefühlen reden und so eine Bearbeitung ermöglichen.

Alternativ dazu kann man auch folgende Geschichte erzählen:

Ich möchte dir von einem anderen Mädchen erzählen. Dieses Mädchen war damals zehn Jahre alt. Ihre Mutter ist auch gestorben. Das Mädchen war mit der Schulklasse in einer Freizeit. Als sie wieder nach Hause kam, war die Mutter gestorben. Das Mädchen machte sich viele Vorwürfe: „Warum bin ich weggegangen? Wäre ich die Nacht bei meiner Mutter geblieben, wäre sie bestimmt nicht gestorben."

Dieses Mädchen hat – genau wie du – keine Schuld an dem Tod der Mutter.

Deine Mutter hatte eine schwere Krankheit. Die Ärzte haben es immer wieder gesagt: „Es gibt keine Heilungschancen."

Beispiele: *Julie ist wieder da!* (zur Schuld an der eigenen Erkrankung). *Lukas und Oma nehmen Abschied. Papa hat Krebs. Als der Mond die Nacht erhellte* (zur Schuld an der Erkrankung eines anderen).

Suizid	**Ab welchem Alter rede ich mit Kindern über einen durchgeführten Suizid?** Kinder haben ein Recht, die Wahrheit zu erfahren. Kinder aus der Nachbarschaft oder dem Freundeskreis in Schule oder Kindergarten werden von der Selbsttötung vielleicht von ihren Eltern hören oder es in der Zeitung lesen. Sie werden weitererzählen, was sie gehört haben. Für das verwaiste Kind wäre es sehr schmerzlich und schlimm, von Außenstehenden zu erfahren, was es nicht wusste. In der therapeutischen Arbeit gibt es Beispiele dafür, dass

	Kinder mit solcher Erfahrung im weiteren Leben immer wieder befürchten, es würde ihnen erneut etwas verschwiegen. Sie entwickeln ein starkes Misstrauen. Auch fällt es ihnen meist schwer, sich vertrauensvoll in eine Beziehung einzugeben. Beispiel: *Darüber redet man nicht.*
Traurigkeit	**Kann ich dem trauernden Kind Anregungen geben, was es in der Traurigkeit tun kann?** Etwas selbst zu tun, kann im großen Schmerz helfen, den nächsten Augenblick zu überstehen. Wenn das Kind einverstanden ist, kann es gut sein, bei dem Kind zu verweilen oder gemeinsam etwas zu machen: Bilder malen, Erinnerungen aufschreiben, einen Erinnerungsbaum gestalten (siehe auch Fußnote 11, S. 302), zum Friedhof gehen, Steine bemalen. Beispiele: *Der Abschiedsbrief von Opa Maus. Orangen für Opa* (nach dem Tod des Großvaters). *Als Oma ein Vogel wurde* (nach dem Tod der Großmutter). *Abschied von Rosetta. Die beste Katze der Welt* (nach dem Tod einer Katze). *Abschied von Aika* (nach dem Tod eines Hundes). *Das Mädchen unter dem Dohlenbaum* (nach dem Tod eines Vaters). *Mein trauriges Buch* (nach dem Tod eines Sohnes). *Lara's Schmetterlinge. Als Otto das Herz zum ersten Mal brach* (nach dem Tod eines Kindes). *Leb wohl, lieber Dachs. Der Bär und die Wildkatze. Über den großen Fluß* (nach dem Tod eines personifizierten Tieres).
Wenn der Sterbende nicht sprechen und hören kann?	**Was kann ich tun, wenn der Sterbende anscheinend nicht mehr hört, sieht und fühlt?** Nach meiner Erfahrung in der ambulanten Kinderhospizarbeit ist es in einer solchen Situation gut, sich dem Sterbenden gegenüber so zu verhalten, als könne er meine Worte noch hören und meine Berührungen spüren. Minimale Reaktionen haben mich immer wieder in diesem Vorgehen ermutigt und bestärkt.
Lebensverkürzend erkrankt	**Was benötigt ein lebensverkürzend erkranktes Kind?** • Die unmittelbare Offenheit eines Gesprächspartners, • keine Verunsicherung durch plötzliche und direkte Fragen, • Verständnis für seine mögliche Überempfindlichkeit und Agressivität, • eine intensive menschliche Beziehung, • Verlässlichkeit.

Beispiele: *Lara's Schmetterlinge. Wenn ich nicht mehr bei dir bin. Drache, kleiner Drache. Christian. Ritter in meinem Blut. Die Fleckenfieslinge.*

Wie ist es mit der Wahrheit bei einem lebensverkürzend erkrankten Kind?
Dazu ein Beispiel: Die Eltern eines 11-jährigen an Krebs erkrankten Kindes fühlen sich hilflos im Umgang mit ihrem Kind. Ihre Frage lautet: „Sollen wir unserem Kind die Wahrheit sagen, wenn es uns nach der Erkrankung fragt? Warum die Wahrheit sagen? Warum sollen wir ihm Angst machen für die noch bleibende Zeit?" Eine Antwort könnte heißen: „Bleiben Sie aufrichtig! Ihr Kind wird spüren, ob Sie ihm die Wahrheit sagen. Ihr Kind wird nur seine Fragen aussprechen, von seinen Ängsten reden, wenn Sie ehrlich mit ihm reden. Es wird spüren, ob Sie sagen, was Sie wissen und meinen."

Anhang 4
Tabellarische Übersicht zu Bilderbüchern[12]

Titel	Autor/ Illustrator	Besonderheiten	Wen trifft der Tod? (Warum?)	Eigene Altersempfehlung/ Hinweise	Seite
Abschied von Aika	Min-ki Kim/[13] Mun-hee Kwon	Erinnerung an die Zeit des Abschieds von einem geliebten Hund, tröstliche Verarbeitung des Verlusts, großformatige Bilder mit wenig Text, sehr empfehlenswert (auch für Sammler von Kunst-Bilderbüchern)	Erinnerung an den Tod des Hundes (vom Auto überfahren)	5–10 Jahre	119, 235, 312
Abschied von Anna	Michaela Holzinger/ Heide Stöllinger	Trost gebende Geschichte über liebevolles Miteinander von Jung und Alt, Krankheit, Abschied und Sterben, eingebaute Phantasiegeschichte zum Weiterleben in der Erinnerung, sehr empfehlenswert	„Leihoma" (hohes Alter, Krankheit)	5–8 Jahre	119, 127, 148, 180, 233
Abschied von der kleinen Raupe	Heike Saalfrank/ Eva Goede	vermenschlichte Tiere (Raupe), Sterben als Wandlungsprozess von der Raupe zum Schmetterling, empfehlenswert		4–8 Jahre	240, 297

---

[12] rot geschriebene Bücher: Diese Bücher empfehle ich besonders für die angegebenen Altersklassen (nach den Kriterien: hoffnungsvolle Bilder und/oder verständliche Sprache).
[13] Vor dem Schrägstrich werden die Autoren, hinter dem Schrägstrich die Illustratoren genannt.

Abschied von Opa Elefant	Isabel Abedi/ Miriam Cordes	vermenschlichte Tiere, aufrichtiges Reden über das bevorstehende Sterben, Trost in der Erinnerung, bemerkenswerte bildhafte Umsetzung von Vorstellungen zum Danach, sehr empfehlenswert	Elefant (hohes Alter)	5–10 Jahre	100, 119, 128, 159, 218, 250, 294, 304
Abschied von Rosetta	Sylvia Schopf/ Manfred Tophoven	Gespräche über Leben und Tod zwischen einem kleinen Jungen und der Großmutter, Hilfestellungen nach dem Tod eines Haustieres, Rituale, leider keine gelungene Illustration, trotzdem empfehlenswert	Meerschweinchen	5–10 Jahre	23, 118, 119, 204, 312
Abschied von Rune	Marit Kaldhol/ Wenche Øyen	Trost in der Gemeinschaft und im Kreislauf der Natur, beeindruckende expressive Aquarellbilder, modellhaftes Verhalten der Bezugspersonen, Rituale, sehr empfehlenswert (auch für Sammler von Kunst-Bilderbüchern)	Kind (Tod durch Ertrinken)	5 Jahre und für alle	123, 151, 167, 233, 296
Abschied von Tante Sofia	Hiltraud Olbrich/ Astrid Leson	hilfreiche Gespräche über Sterben und Tod mit religiösem Inhalt, eingebaute Parabel mit Personifikation vom Tod als Fährmann, Rituale, sehr empfehlenswert	Tante (hohes Alter, Krankheit), zeitlich zurückliegender Tod eines Bekannten der Tante	6 Jahre und für alle, mit Hinweisen für Eltern	19, 120, 150, 158, 219, 301, 302, 310

Adieu, Herr Muffin	Ulf Nilsson/ Anna-Clara Tidholm	vermenschlichte Tiere (Meerschweinchen) und Menschen, trostvolle Worte von römischen Philosophen („jeder kommt am Ende nach Hause"), praktische Anregungen, Rituale, sehr empfehlenswert	Meerschweinchen (hohes Alter)	5–10 Jahre	
Alle Zeit der Welt	Antje Damm	ein „Gesprächsbilderbuch" über die Zeit, Bilder aus dem Leben, wozu auch ein Grab gehört, wenig Text, empfehlenswert		3–8 Jahre	19
Alles hat seine Zeit	Jude Daly	meditative Bilder zu biblischen Versen		8 Jahre und für alle	
Als der Tod zu uns kam	Jürg Schubiger/ Rotraut Susanne Berner	märchenhafte Geschichte über den Tod (dargestellt als tollpatschiger Fremder mit trostvollen Zügen), sehr empfehlenswert (auch für Sammler von Kunst-Bilderbüchern)	Kind (Hausbrand)	8 Jahre im Gespräch mit einem Erwachsenen und für alle	19, 224, 233
Als Oma ein Vogel wurde	Kristien Aertssen	liebevoller Abschied, Trauer und Neubeginn, Trost in der Natur, in der Erinnerung, in der liebevollen Zuwendung des Enkelkinds, ergänzende Erklärung zu „Sterben als Schlafen" ist eventuell	Großmutter (hohes Alter)	5–8 Jahre	180, 181, 204, 310, 312

		erforderlich, sehr empfehlenswert (auch für Sammler von Kunst-Bilderbüchern)			
An Großvaters Hand	Chen Jianghong	Mischung aus Bilderbuch und Graphic Novel, Zusammenhalt von Jung und Alt, chinesische Kulturrevolution aus kindlicher Perspektive, Alltagsleben in der Familie, ergänzende Erklärung zu „zum Himmel aufsteigen" ist eventuell erforderlich, großformatige, erzählende Bilder, sehr empfehlenswert (auch für Sammler von Kunst-Bilderbüchern)	zeitlich zurückliegender Tod eines Kindes, der Großmutter, des Großvaters (Krankheit), des Vorsitzenden Mao	7 Jahre im Gespräch mit einem Erwachsenen und für alle	108, 109, 120
Angelman	Didier Lévy/ Matthieu Roussel	indirekte Hinweise auf den Tod, fiktionale Geschichte, computergestützte animierte Bilder, sehr empfehlenswert	alternder Superheld (Verdacht auf Freitod)	8 Jahre und für alle	121, 190, 191
Anja nimmt Abschied	Carolyn Nystrom/ Eira Reeves	Begleitung bei Krebserkrankung, Trost im religiösen Glauben, Weiterleben bei Gott, praktische Anregungen, viel Text	Tante (Krebserkrankung)	7–12 Jahre	154, 161
Apollo, das Maultier	Helen Güdel	lebensnahe Geschichte von zwei Tieren aus den	Esel	4–8 Jahre	118

		Bergen, hilfreich als Einstieg zu einem Gespräch über Sterben, Trauer und hoffnungsvollen Neubeginn, großformatige Landschaftsbilder, sehr empfehlenswert			
Auch Hunde kommen in den Himmel	Cynthia Rylant	vermenschlichte Tiere (Hunde), paradiesisches Leben bei Gott im Himmel	Hunde	3–7 Jahre, nach dem Tod eines Hundes	137–138
Auf der Suche nach Atlantis	Colin Thompson	indirekte Benennung vom Sterben, phantasievolle Geschichte, eindrucksvolle Bilder mit vielen Details, sehr empfehlenswert	Ahnung vom Tod des Großvaters und eines Papageis (hohes Alter)	5 Jahre und für alle	123, 128
Auf welchem Stern lebt Sina?	Liliane Steiner	Suche eines zurückbleibenden Kindes nach seiner Schwester, Hinweis auf Sterben als Wandlungsprozess eines Engerlings zum Maikäfer, empfehlenswert	Schwester	5–10 Jahre und für Eltern zum Verstehen der Empfindungen eines Geschwisterkindes	
Auf Wiedersehen, Oma	Birte Müller	Umgang mit Sterben und Tod in Bolivien, Ritual des „Dia de Todos los Santos", farbintensive einprägsame Bilder, sehr empfehlenswert	Großmutter	5–10 Jahre	120, 235
Aufgeben tut man einen Brief	Susanne Wilfling/ Christina Hummel	mutmachende Geschichte über die wiederholte Erkrankung und		8–10 Jahre und für Eltern als Gesprächshilfe	161, 162, 306, 307

		Behandlung von Brustkrebs der Mutter aus der Sicht eines Kindes, verständliche Erklärungen, keine Fragen zum Sterben, praktische Anregungen zur Bewältigung, sehr empfehlenswert			
Aus dem Leben von Freddie, dem Blatt	Leo Buscaglia	vermenschlichte Pflanzen (Blätter), vom Kreislauf in der Natur, Fragen und Antworten zum Sinn des Ganzen, sehr empfehlenswert	Blätter (Herbst)	5–10 Jahre	22, 119
Brundibar	Tony Kushner/ Maurice Sendak	zur Friedenserziehung, eindrucksvolle Bilder mit Sprechblasen und kurzem Text, sehr empfehlenswert (auch für Sammler von Kunst-Bilderbüchern)	in Tyrannei	8 Jahre und für alle	120
Christian	Elisabeth Reuter	Umgang der Familie mit der Leukämieerkrankung eines 5-jährigen Jungen, über Arztbesuch und Krankenhausaufenthalt, Angst vor Ansteckung, Geschwisterrivalität, aufrichtiges Gespräch über Sterben, empfehlenswert	Hinweis auf Tod eines Kindes im Krankenhaus (Leukämie)	5–8 Jahre	309, 313
Da bin ich	Friedrich Karl Waechter	zur Friedenserziehung, vermenschlichte Tiere, sehr	Katzen (ertränkt, vom Hai gefressen),	8 Jahre und für alle	

		empfehlenswert (auch für Sammler von Kunst-Bilderbüchern)	Hai (erschossen)		
Da spricht man nicht drüber	Mechthild Hüsch/ Heinrich Hüsch/ Ulrich Roth (Idee)	Trauer eines verwaisten Jungen nach dem Suizid seines Vaters, hilfloses und abweisendes Verhalten der Umwelt, Trost spendende Unterstützung durch den Pfarrer und die Schulklasse, Rückkehr in den Alltag, sehr empfehlenswert	Tod des Vaters (Suizid durch Erhängen)	6–14 Jahre im Gespräch mit einem Erwachsenen und für alle, zwei Fachkommentare zum Thema Suizid	122, 196, 205, 233, 235
Danke, lieber Fuchs	Anna-Barbara Wickli/ Daniela Villiger	vermenschlichte Tiere, einfühlsame Geschichte über das Sterben, Trost in der Erinnerung und durch das Bild der Verwandlung einer Raupe in einen Schmetterling	Fuchs (Krankheit)	5–8 Jahre	119, 122
Das Guten Tag Buch	Walter Schmögner	meditatives Buch, personifizierte Gegenstände, erfordert Abstraktionsvermögen	zeitlich zurückliegender Tod eines Mannes (hohes Alter)	8 Jahre und für alle	119
Das ist das Haus am krummen Baum	Imme Dros/ Harrie Geelen	kleine Verse zu bunten Bildern, indirekte Hinweise auf den Tod	zeitlich zurückliegender Tod der Großmutter	3–5 Jahre	
Das Licht in den Blättern	Margaret Wild/ Ron Brooks	indirekte Hinweise auf den Tod, vermenschlichte Tiere, behutsame und tröstliche Geschichte, Großmutter	Ahnung vom Tod der Schweinegroßmutter	5–10 Jahre	127, 159

Das Mädchen mit den Schwefelhölzern	Hans Christian Andersen/ Jan Mogensen	Märchen mit religiösen Gedanken, indirekte Hinweise auf den Tod, Personifikation des Todes als lieber Engel	Mädchen (erfroren), zeitlich zurückliegender Tod der Großmutter	7 Jahre und für alle	210, 211
Das Mädchen unter dem Dohlenbaum	Riitta Jalonen/ Kristiina Louhi	Gedanken und Empfindungen eines Kindes nach einem Todeserleben, Trost spendende, einprägsame Bilder, sehr empfehlenswert (auch für Sammler von Kunst-Bilderbüchern)	Vater	5 Jahre und für Erwachsene, die die Gefühle eines Kindes verstehen wollen	154, 155, 159, 242, 312
Das O von Opa	Imme Dros/ Harrie Geelen	behutsame Herangehensweise an das Sterben, vermenschlichte Gegenstände, empfehlenswert	zeitlich zurückliegender Tod vom Großvater	3–7 Jahre	119
Das rothaarige Mädchen	Helen Eustis/ Reinhard Michl	märchenhafte Geschichte über den Tod (dargestellt als Cowboy), empfehlenswert	zeitlich zurückliegender Tod eines Stallburschen (erschossen) und eines kleinen Kindes in der Wiege (Krankheit)	8 Jahre und für alle	213
Der Abschiedsbrief von Opa Maus	Jeanette Randerath/ Daniela Chudzinski	vermenschlichte Tiere, praktische Anregungen, modellhaftes Verhalten der Bezugspersonen	Großvater Maus (hohes Alter)	4–7 Jahre	148, 301, 312
Der alte Bär muss Abschied nehmen	Udo Weigelt/ Cristina Kadmon	vermenschlichte Tiere, aufrichtige Vorbereitung auf den Abschied, praktische Anregungen, Trost in der Erinnerung, sehr empfehlenswert	Bär (hohes Alter, Krankheit)	5–8 Jahre	23

Der alte Elefant	Laurence Bourguignon/ Valérie D´Heur	indirekte Benennung vom Sterben, vermenschlichte Tiere, Trost in der Vorstellung eines Wiedersehens, religiöse Gedanken	Elefant (hohes Alter)	5–8 Jahre, mit einführenden Worten	
Der alte Mann und der Bär	Janosch	vermenschlichte Tiere und ein alter Mann, märchenhafte Darstellung vom Sterben	Mann (hohes Alter)	5–8 Jahre	
Der Bär und die Wildkatze	Kazumi Yumoto/ Komako Sakai	vermenschlichte Tiere, berührende Geschichte über Trauer und neu aufkommende Lebensfreude, Trost in der Zuwendung durch einen anderen und in der Musik, Weiterleben in der Erinnerung, sehr empfehlenswert (auch für Sammler von Kunst-Bilderbüchern)	Vogel	5 Jahre und für alle	119, 123, 152, 161, 312
Der Baum, der nicht sterben wollte	Gunilla Lundgren/ MilitWellner, (Bilder)/Lars Jacobsson (Fotos)	behutsame Hinführung, realistisches Bild vom Sterben, mit afrikanischem Märchen über den Kreislauf in der Natur, viel Text, sehr empfehlenswert	Großmutter (hohes Alter), Baum (Kreislauf des Lebens)	8–12 Jahre	177, 180, 184
Der Besuch vom kleinen Tod	Kitty Crowther	phantastische Geschichte über den Tod (dargestellt als „reizende kleine Person", die an eine Nonne erinnert), über trau-	Mann, Frau (Krankheit, Schmerzen)	8 Jahre im Gespräch mit einem Erwachsenen und für alle	225

		rige und erlösende Begegnungen des Todes mit Sterbenden, friedliches Miteinander des Todes mit einem liebevollen Engel, empfehlenswert (auch für Sammler von Kunst-Bilderbüchern)			
Der Großvater im rostroten Ohrensessel	Jutta Treiber/ Jens Rassmus	Vermischung von Realität und Phantasie, surrealistische Bilder, fehlende Zuwendung der Bezugsperson	Hinweis auf Tod des Großvaters – oder von beiden Großvätern (hohes Alter, Demenz)	8–10 Jahre (für Kinder, die Phantasiewelten lieben)	120
Der kleine Bär und sein Opa	Nigel Gray/ Vanessa Caban	vermenschlichte Tiere, ergänzende Erklärung zu „Sterben als Schlafen" erforderlich	Großvater Bär (Krankheit)	5–8 Jahre	165–166, 283
Der kleine Soldat	Mario Ramos	zur Friedenserziehung, keine Benennung von Sterben und Tod		5–8 Jahre	
Der Krieg und sein Bruder	Irmela Wendt/ Antoni Boratynski	zur Friedenserziehung, phantastische Geschichte mit surrealen Bildern, empfehlenswert		8 Jahre und für alle	120
Der Rapskönig	Jochen Missfeldt/ Christine Schübel	Vermischung von Traum und Wirklichkeit nach einem Todeserleben, Schönheit der Natur, viel Text	Hund (Unfall)	8–10 Jahre	
Der rote Faden	Heike Ellermann	hilfreich als Einstieg, da weit zurückliegender Tod, viel Text, empfehlenswert	zeitlich zurückliegender Tod eines 9-jährigen Kindes	5–10 Jahre	132

Der rote Wolf	Friedrich Karl Waechter	keine Hinweise auf den Tod, vermenschlichte Tiere, bildhafte Darstellungen von möglichem Freitod, Erinnerungsbilder beim Sterben, sehr empfehlenswert (auch für Sammler von Kunst-Bilderbüchern)	Wolf und Hund (Verdacht auf Freitod)	6 Jahre und für alle	120, 121, 192–193
Der schwarze Vogel	Hannelore Dierks/ Carme Solé Vendrell	Umweltverschmutzung, Ölpest, Trost im Weiterleben, sehr empfehlenswert (auch für Sammler von Kunst-Bilderbüchern)	ein großer schwarzer Vogel (Umweltverschmutzung)	8 Jahre und für alle	118, 202, 203
Der Seelenvogel	Michal Snunit/ Na´ama Golomb	meditative Verse mit kleinen Bildern		8 Jahre und für alle	
Die Ballade vom Tod	Koos Meinderts/ Harrie Jekkers/ Piet Grobler (Bilder)	zeitlose Ballade in Versen, vermenschlichte Tiere, Sehnsucht nach Unsterblichkeit, Angst vor dem Sterben, personifizierter Tod (dargestellt als Hase mit Arztkittel und -koffer), Annnahme des Todes, sehr empfehlenswert (auch für Sammler von Kunst-Bilderbüchern)	König Löwe (hohes Alter)	8 Jahre und für alle	27, 119, 143, 210, 212
Die beste Katze der Welt	Lesléa Newman/ Ronald Himler	Beschreibung der Trauerphasen eines Jungen nach dem Tod der Kat-	Katze (hohes Alter)	5–10 Jahre, nach dem Tod einer Katze	118, 312

325

		ze und Annahme eines neuen Tiers, umsorgendes Verhalten der Umwelt mit Modellcharakter, Anregungen zur Trauerbewältigung, sehr empfehlenswert			
Die besten Beerdigungen der Welt	Ulf Nilsson/ Eva Eriksson	Kindergespräche zum Tod, Beerdigung von Tieren als Rollenspiel, veränderte Sichtweise vom Sterben nach eigenem Erleben, sehr empfehlenswert	Feldmaus, Hamster, Hahn, Hering u. a.	5–10 Jahre	23, 150
Die blaue Wolke	Tomi Ungerer	zur Friedenserziehung, indirekte Hinweise auf den Tod, personifizierte Wolke	im Krieg	wenn Kinder anfangen, sich für das Kriegsgeschehen zu interessieren – bis 8 Jahre	120
Die Blumen der Engel	Jutta Treiber/ Maria Blazejovsky	hilfreich zum Verstehen der Gefühle des zurückgebliebenen Geschwisterkindes, Beschreibung des rituellen Geschehens aus der Sicht eines Kindes, trostvolle Anregungen, sehr empfehlenswert	Schwester (Unfalltod)	6–10 Jahre und für Erwachsene zum Verstehen der Empfindungen eines Geschwisterkindes	19, 83, 131, 232, 251, 304, 305, 309
Die Fahrt zum Pferdeparadies	Iris Isler	selbst gestaltetes Bilder-Tagebuch eines Kindes über seine tröstlichen Vorstellungen vom Danach, empfehlenswert	9 ½-jähriges Mädchen (Leukämie)	5–10 Jahre, mit Tagebuchaufzeichnungen der Mutter über Leben und Sterben ihrer Tochter	148, 246

Die Flecken-fieslinge	Sylvia Schneider/ Mathias Weber	einfühlsame behutsame Hinführung zum Thema Krebserkrankung, von dem Zeitpunkt der Diagnose bis zur Genesung, Leben auf einer onkologischen Kinderstation, Frage der Mutter nach möglichem Sterben mit beruhigender Antwort des Arztes, Schuldfrage wird angesprochen, sehr empfehlenswert		5–10 Jahre und für Eltern zur Gesprächsvorbereitung, mit einem Nachwort für die Eltern und Adressen von Einrichtungen bei Krebserkrankung von Kindern	161
Die Geschichte von Babar, dem kleinen Elefanten	Jean de Brunhoff	vermenschlichte Tiere, Sterben als eines von vielen Ereignissen	Elefantenmutter (erschossen), alter König (Pilzvergiftung)	5–10 Jahre	130, 275–277
Die große Frage	Wolf Erlbruch	meditatives Bilderbuch mit allgemeinen Fragen und Antworten, u. a. bildhafte Darstellung vom Tod als Clown (auch für Sammler von Kunst-Bilderbüchern)		3–8 Jahre und für alle	126, 208–210
Die kleine Raupe Nimmersatt	Eric Carle	Verwandlung einer Raupe in einen Schmetterling, einfache farbenfrohe, kindgerechte Illustration, sehr empfehlenswert (auch für Sammler von Kunst-Bilderbüchern)		3–6 Jahre	25, 122, 241

Die kleine Schnecke	Godsi Ghazinoor	vom Mut zu leben	Wurm (gefressen)	5–8 Jahre	
Die kleine Sensenfrau	Michael Stavaric/ Dorothee Schwab	phantasievolle Geschichte aus dem Lebenslauf der lebenslustigen, gutmütigen Tochter des Herrn Tod (fragmentartig dargestellt), Suche nach dem Sinn des Lebens und Sterbens	Ahnung vom Tod eines Unbekannten	8–10 Jahre (für Kinder, die nicht von Sterben und Tod betroffen sind) und für alle	227
Die Papierkette	Claire Blake/ Kathy Parkinson	praktische Hilfestellungen für Familien mit kleinen Kindern zur Bewältigung einer Krebserkrankung der Mutter, kein Hinweis auf mögliches Sterben, sehr empfehlenswert		3–8 Jahre mit einem Glossar	161
Die Reise nach Ugri-La-Brek	Thomas Tidholm/ Anna-Clara Tidholm	phantastische Geschichte mit zeitlichen und räumlichen Dehnungen und Kürzungen, beruhigende Bilder vom Danach, sehr empfehlenswert	Großvater	8–10 Jahre	82, 145, 168–169, 248, 295
Die schlaue Mama Sambona	Hermann Schulz/ Tobias Krejtschi	märchenhafte Geschichte über den Tod (dargestellt als Handlungsreisender), lebensfrohe Bilder aus Afrika, sehr empfehlenswert (auch für Sammler von Kunst-Bilderbüchern)		8 Jahre und für alle	214, 236

Die Schneegans	Pirkko Vainio	Kreislauf der Natur, Wandlung vom Gänseei zum Küken, empfehlenswert	Schneegans (Verletzung)	5–8 Jahre	
Die unsichtbaren Freunde	Elisabeth Kübler-Ross	phantastische Geschichte mit religiösen Gedanken, paradiesische Vorstellung vom Weiterleben im Himmel	Kind (Krankheit), zeitlich zurückliegender Tod eines Vaters	5 Jahre und für alle	58, 246
Die Vogelbande	Allan Guggenbühl/ Rolf Imbach	personifizierte Tiergeschichte, zur Friedenserziehung, gegen Gewalt	Vogel (im Kampf gegen andere Vögel)	5–10 Jahre, mit Begleitheft für Erwachsene	
Drache, kleiner Drache	Rolf Krenzer/ Elisabeth Reuter	eine Bilderbuchgeschichte über die Kraft der Träume, häufiges verzweifeltes Weinen und Angst des Protagonisten zu sterben	Hinweis auf das Sterben von zwei Kindern im Krankenhaus (Leukämie)	eher nur für Erwachsene zum Verständnis eines imaginären Begleiters und die Kraft der Träume	154, 161, 313
Du bist immer noch bei mir	Mariko Kikuta	indirekte Hinweise auf den Tod, Trauer eines vermenschlichten Tieres (Hund) um ein Kind, minimalistisch gemalte comicartige Bilder mit wenig Text, Trost in der Erinnerung	Kind	5–10 Jahre (für Kinder, die nicht direkt vom Tod betroffen sind)	161, 205
Du fehlst mir	Paul Verrept	Abschied, kurzer Text, hilfreiche Sprache, empfehlenswert	zeitlich zurückliegender Tod der Großmutter	4–7 Jahre	159
Du wirst immer bei mir sein	Inger Hermann/ Carme Solé Vendrell	behutsam erzählte Geschichte, Trauer eines Jungen um den Tod des	Vater (Unfalltod)	5–10 Jahre	

329

		Vaters, praktische Anregungen, Trost und Hoffnung auf ein gutes Weiterleben, sehr empfehlenswert			
Ein Brief an ein Kind mit Krebs	Elisabeth Kübler-Ross	Brief mit religiösen Gedanken und kleinen Bildern		8 Jahre und für alle	
Ein Himmel für den kleinen Bären	Dolf Verroen/ Wolf Erlbruch	vermenschlichte Tiere, Suche nach dem Ort, wo sich die Toten aufhalten, Trost in der Geborgenheit der Eltern, Anregung, das begonnene Fragespiel fortzuführen, sehr empfehlenswert (auch für Sammler von Kunst-Bilderbüchern)	Großvater Bär (hohes Alter)	3–7 Jahre	126, 148, 207
Ein Himmel für Oma	Antonie Schneider/ Betina Gotzen-Beek	behutsame Begleitung beim Tod eines Vogels und der Großmutter, ergänzende Erklärung eventuell empfehlenswert zu: „Oma ist jetzt im Himmel", praktische Anregungen, sehr empfehlenswert (Neuauflage des Buchs: Leb wohl, Chaja!)	Großmutter (Alter), Vogel	5–8 Jahre, mit einem Nachwort zum Trauerverhalten von Kindern und Hilfestellungen	41, 118, 127, 180, 204, 205, 233, 235, 302, 304
Ein Mann, der weint	Mathias Jeschke/ Wiebke Oeser	kein Hinweis auf Sterben und Tod, hilfreiche Anregung über Gefühle zu reden, über Weinen, Mitgefühl und Trost, wenig Text, sehr empfehlenswert		4–8 Jahre als Gesprächseinstieg, um über Gefühle zu reden	

Ein Weihnachtstraum	Friedrich Hechelmann/ Elisabeth Borchers	märchenhafte Geschichte, trostvolles Bild zum Sterben, ergänzende Erklärung zu „Sterben als Schlafen" erforderlich	Kind, zeitlich zurückliegender Tod der Großeltern (hohes Alter)	5 Jahre und für alle	176, 177
Eine Kiste für Opa	Marie-Thérèse Schins/ Birte Müller	Vorstellungen vom Tod in der afrikanischen Kultur, Anregungen zu Gesprächen und zu einer lustigen Kunstaktion, aktive Vorbereitung auf den Tod als Teil des Lebens, sehr empfehlenswert (auch für Sammler von Kunst-Bilderbüchern)		4–10 Jahre	23, 120, 146
Eine Sonne für Oma	Petra Fietzek/ Anna Plankenberg	Trost und Halt in Gott, Weiterleben in der Natur, behutsamer Abschied, Anregung zum Tun, Rituale	Großmutter und entfernter Altenheimbewohner (hohes Alter)	5–10 Jahre, mit einführenden Worten von Hans Gärtner	119, 158
Eines Morgens war alles ganz anders	Barbara Davids/ Gabriele Münzer	Trauerphasen eines Kindes, Verständnis und Hilfestellungen für den Umgang mit einem trauernden Kind, sehr empfehlenswert	Vater (Unfalltod)	5–10 Jahre	31, 297
Ente, Tod, Tulpe	Wolf Erlbruch	meditative Geschichte über das Leben und den Tod, vermenschlichte Ente und personifizierter Tod, sehr empfehlenswert (auch für Sammler von Kunst-Bilderbüchern)	Ente	10 Jahre und für alle	145, 222

Erik und das Opa-Gespenst	Kim Fupz Aakeson/ Eva Eriksson	comicartig gemalte Bilder, Vermischung von Phantasie und Realität, viel Text	Großvater	8–10 Jahre (für Kinder, die mit Bildern aus der Gespensterwelt umgehen können)	120
Eugen und der freche Wicht	Michael Grotzer/ Anna Sommer	Bilderbuchgeschichte mit Sachinformationen zu Untersuchung und Therapie bei einem Hirntumor mit Rezidiv, kindgerechte Sprache, erklärende bunte Bilder, aufrichtiges Miteinander, Frage nach möglichem Sterben wird nicht angesprochen, sehr empfehlenswert		5–10 Jahre, im Gespräch mit einem Erwachsenen, auch für onkologische Kinderstationen	120, 161
Eva im Land der verlorenen Schwestern	Thierry Robberecht/ Philippe Goossens	poetisches Bilderbuch über Trauer nach dem Tod der Schwester mit wenig Text und viel Freiraum für eigene Gedanken, sehr empfehlenswert	Mädchen	5–10 Jahre, nach dem Tod eines Geschwisterkindes oder zum Verstehen eines anderen trauernden Kindes	83
Fabian und der Krieg	Anais Vaugelade	zur Friedenserziehung, empfehlenswert	Jugendlicher (im Krieg)	wenn Kinder anfangen, sich für das Kriegsgeschehen zu interessieren – bis 10 Jahre	196, 198
Fall um	Babette Cole	aus dem Leben der Großeltern mit allgemeinen Gedanken zum Tod und dem Danach, comicartige		5–10 Jahre	206, 241

		Zeichnungen, mit derbem Humor			
Felix	Elizabeth Dale/ Frédéric Joos	Trauerphasen eines Kindes nach dem Tod seines geliebten Hundes, modellhaftes Verhalten der Bezugsperson, sehr empfehlenswert	Hund (Krankheit)	5–8 Jahre	
Flieg Hilde, flieg!	Jörg Stanko/ Heike Jankowski	Bilder eines Kindes zu verschiedenen Vorstellungen vom Danach, kurzer Text, kein Handlungsfaden	Hinweis auf Tod der Großtante (hohes Alter)	5–8 Jahre	
Floris & Maja	Elzbieta	zur Friedenserziehung, indirekte Hinweise auf den Tod, vermenschlichte Tiere, sehr empfehlenswert (auch für Sammler von Kunst-Bilderbüchern)		8–12 Jahre	120, 196, 197, 278
Frau Drosselmann	Józef Wilkon	indirekte Hinweise auf den Tod, vermenschlichte Tiere (Vögel), sehr empfehlenswert		5 Jahre und für alle	128
Frau Friedrich	Heinz Janisch/ Helga Bansch	indirekter Hinweis auf den Tod, Freundschaft zwischen Jung und Alt, Vermischung von Realität und Phantasie, erzählende Bilder, kein Handlungsfaden	Andeutungen vom möglichen Tod der Nachbarin (hohes Alter)	6–9 Jahre (für Kinder, die Spaß an phantasiereichen Bildern haben)	128
Fred	Posy Simmonds	Kinder und vermenschlichte Tiere, Beerdigung	Haustier Kater (hohes Alter)		

		als Rollenspiel, comicartig gemalte Bilder			
Fuchs	Margaret Wild/Ron Brooks	vermenschlichte Tiere, eine berührende Geschichte über Neid, Eifersucht, Hass	Rabe, (Ahnung vom Hitzetod in der Wüste)	8 Jahre und für alle	202
Für immer leben	Colin Thompson	Parabel über Jugend, Alter, Sehnsucht nach Unsterblichkeit, großformatige Bilder mit vielen Details, empfehlenswert		5 Jahre und für alle	20
Für immer und ewig	Alan Durant/ Debi Gliori	vermenschlichte Tiere, Trost in der Gemeinsamkeit und in der Erinnerung, praktische Anregungen, empfehlenswert als erster Einstieg	Fuchs (Krankheit)	4–8 Jahre	126, 161
Garmans Sommer	Stian Hole	meditatives, phantasievolles Bilderbuch über Ängste bei Jung und Alt, über Abschied, Vergänglichkeit und Tod, ernst, lustig und humorvoll, ausdrucksstarke Bildsprache, sehr empfehlenswert (auch für Sammler von Kunst-Bilderbüchern)	Vogel (zufällig gefunden)	5 Jahre (für Kinder, die gern philosophieren) und für alle	19, 106, 120, 128, 176, 178, 205, 233, 235
Gehört das so??!	Peter Schössow	über die Gefühle von Wut, Zorn, Fassungslosigkeit nach dem Tod, Trost im rituellen	Kanarienvogel	5–8 Jahre, mit Erklärung eines Erwachsenen	161

		Geschehen und in der Gemeinsamkeit, einprägsame Bilder			
Georgs Reise zu Gott	Bernhard Jakoby/ Michaela Adler	Nahtoderlebnis nach dem Unfall eines 5-jährigen Jungen, Weiterleben mit lieben Verstorbenen bei Gott im Himmel	Hinweis auf zurückliegenden Tod des Großvaters	5–8 Jahre im Gespräch mit einem Erwachsenen, die an das Weiterleben mit lieben Menschen im Himmel glauben, leere Seiten zum Malen der eigenen Vorstellung von dem Danach	251
Gewitternacht	Michèle Lemieux	lebensphilosophisches Gedanken-Bilder-Buch mit Fragen zum Tod und dem Danach, Anregungen zum Miteinanderreden, comicartige Bilder, sehr empfehlenswert		8 Jahre und für Jugendliche	32, 217–218
Gilgamesch von Uruk	Arnica Esterl/ Marek Zawadzki	eine Freundschaft über den Tod hinaus, Suche nach Unsterblichkeit und dem Sinn des Lebens, sehr empfehlenswert	junger Mann (Fieber)	10 Jahre und für alle	
Großmutter	Franz Hübner/ Kirsten Höcker	vergeblicher Versuch eines Kindes den Tod zu überlisten, Trost im Kreislauf der Natur und in der Erinnerung, sehr empfehlenswert	Großmutter	5–8 Jahre	

Großpapa	John Burningham	indirekte Hinweise auf den Tod, behutsame und tröstliche Geschichte, sehr empfehlenswert	Großvater	3–7 Jahre	126, 128, 129–130
Großvater hebt ab	Sigrid Laube/ Maria Blazejovski	märchenhafte Geschichte, nur indirekter Hinweis auf das Sterben	Ahnung vom Tod des Großvater (Herzbeschwerden)	5–8 Jahre (für Kinder, die nicht direkt vom Tod betroffen sind) im Gespräch mit einem Erwachsenen	
Großvater und ich und die traurige Geschichte mit dem kleinen Kätzchen	Marlee Alex/ Benny Alex/ Otto Wikkelsoe (Fotos)	Fotobilderbuch zum rituellen Geschehen nach einem Todesfall wie auch zum Kreislauf in der Natur, Anregungen den Abschied vorzubereiten, religiöse Geschichte	Großvater (hohes Alter), Kätzchen	5–10 Jahre	128, 158, 180, 236–237
Gute Nacht, Anna	Regine Schindler/ Ivan Gantschev	keine direkte Benennung vom Tod, religiöse Geschichten und Gebete, empfehlenswert		4–8 Jahre, mit Nachwort für Eltern und Erzieher	
Guten Morgen alter Baum	Masao Tsurumi/ Mamoru Suzuki	Kreislauf in der Natur, Weiterleben in einer anderen Art, empfehlenswert	Baum (nach Sturm), zeitlich zurückliegender Tod der Mutter	5–8 Jahre	238
Guten Tag, lieber Feind!	Gudrun Pausewang/ Inge Steineke	zur Friedenserziehung, keine direkten Hinweise auf den Tod	im Krieg	wenn Kinder anfangen, sich für das Kriegsgeschehen zu interessieren – 8 Jahre	

Han Gan und das Wunderpferd	Chen Jianghong	indirekte Hinweise auf den Tod als ein Ereignis unter vielen, einprägsame Bilder, sehr empfehlenswert (auch für Sammler von Kunst-Bilderbüchern)	im Krieg	5–10 Jahre	120
Hat Opa einen Anzug an?	Amelie Fried/ Jacky Gleich	Wirkung der Rituale und der Ratlosigkeit der Erwachsenen auf ein Kind, Weiterleben in der Erinnerung, innerer Dialog als „Opa-Gespräche", religiöse Gedanken, Rituale, sehr empfehlenswert	Großvater (hohes Alter)	7–10 Jahre und Erwachsene, die sich auf Fragen eines Kindes vorbereiten wollen	149, 295, 303
Herr Wolke. Dorles Oma. Eine Geschichte für das Leben	Rolf Barth/ Thorsten Droessler	phantastische Geschichte über einen nachgeholten Abschied von der geliebten Großmutter im Traum, comicartige Bilder, Trost in der Erinnerung	Großmutter	5–8 Jahre (für phantasiereiche Kinder)	128
Himbeermarmelade	Friedrich Karl Barth/ Dorota Wünsch	Trost in der Erinnerung, Hinweis auf christliche Rituale zum letzten Abschied, Trost in der Gemeinsamkeit, modellhaftes Verhalten der Bezugspersonen, empfehlenswert	Onkel (Unfall)	5–10 Jahre	119, 234
Himmelskind	Julia Ruß/ Elke Broska	altersgemäße Geschichte mit praktischen Anregungen zur Trauerverarbeitung nach einer Fehl-	Fehlgeburt, Hinweis auf eine verstorbene Großmutter	4–8 Jahre und für Erwachsene als Gesprächshilfe	120, 122, 150, 309

		geburt, Trost im Weiterleben und in der Geborgenheit bei Gott, Gespräch zum Weiterleben im Himmel eventuell erforderlich, empfehlenswert			
Honiggelb und Steingrau	Pierre Markus Heinrichs- dorf	Kombination von abstrakten, teils farbigen Flächen, einfache Sätze zu Grundfragen, Gedanken zum Weiterleben im Jenseits, sehr empfehlenswert (auch für Sammler von Kunst-Bilder- büchern)	entfernter Onkel	8–10 Jahre	237, 238
Hubert und der Apfelbaum	Bruno Hächler/ Albrecht Rissler	indirekte Hinweise auf den Tod, Geschichte von Freundschaft, Alt- werden, Erleben des Weiterlebens in der Natur, sehr empfehlenswert	Baum (Unwetter)	5–8 Jahre	202
Ich hab dich so lieb!	Hans Wilhelm	Trost in der Erin- nerung, praktische Anregungen, empfehlenswert	Hund (hohes Alter)	5–8 Jahre	
Ich und du, du und ich	Angelika Kaufmann	Vermischung von Realität und Phan- tasie, Erinnerung und Gegenwart	Junge (Unfalltod)	8–10 Jahre	83, 119
Ich will etwas vom Tod wissen	Antoinette Becker/ Elisabeth Niggemeyer (Fotos)	Fotobilder- buch mit 28 Geschichten zu Sterben und Tod, sehr hilfreich als Einstieg zum Reden und zum	Großmutter (Alter), Hund (Unfall), Mutter (Krebserkran- kung),	5–12 Jahre und für Erwachsene zum Ver- stehen von kindlichen Gedanken,	19, 23, 120, 148, 180, 231, 298

		Verstehen der kindlichen Verhaltensweisen, Rituale, Hinweis auf Urne, praktische Anregungen, sehr empfehlenswert	Kindergartenkind (Krankheit) u. a.	Empfindungen, Verhaltensweisen	
Im Traum kann ich fliegen	Eveline Hasler/ Käthi Bhend	vermenschlichte Tiere, Kreislauf der Natur, Verwandlung der Raupe in einen Nachtfalter, weitere Erklärung zum Begriff „tot" wären hier hilfreich, erzählende Bilder mit vielen Details, sehr empfehlenswert (auch für Sammler von Kunst-Bilderbüchern)		5–8 Jahre und für alle	240, 241, 250
Indianerjunge Kleiner Mond	Winfried Wolf/ Nathalie Duroussy	Mut zum Weiterleben nach einem Todeserleben, empfehlenswert	Indianerin (hohes Alter)	5–8 Jahre	
Ist 7 viel?	Antje Damm	Bilderbuch für jede Gelegenheit, auch Bild eines krebskranken Kindes, eines Soldatenfriedhofs u. a., empfehlenswert		3–8 Jahre	126, 130 131, 205, 218
Ist Omi jetzt ein Engel?	Dirk Walbrecker/ Martina Mair	komplizierte Geschichte mit wiederholtem Wechsel von Wirklichkeit, Erinnerung und Phantasie, Puppe als Trostgegenstand, religiöse Gedanken	Großmutter, zeitlich zurückliegender Tod des Großvaters	8–10 Jahre (für Kinder, die phantasievoll sind)	153

Jolante sucht Crisula	Sebastian Loth	vermenschlichte Tiere, indirekter Hinweis auf den Tod, Trauer, Todesvorstellung der Jüngsten, klar strukturierte Bilder, verständliche Sprache, sehr empfehlenswert	Schildkröte (hohes Alter)	3–8 Jahre	19, 119, 126, 128, 161
Julia bei den Lebenslichtern	Angela Sommer-Bodenburg/ The Tjong Khing	phantastische Geschichte mit Personifikation des Todes als Kind, Vorstellung vom Weiterleben nach dem Tod in der Erinnerung	Großmutter	6–10 Jahre und für alle	146, 207–208
Julie ist wieder da!	Michael Grotzer/ Anna Sommer	Bilderbuchgeschichte mit Sachinformationen zu Untersuchungen und Behandlungsmöglichkeiten, auch Schuldfrage bei Leukämie, großformatige comicartige Bilder, Frage nach möglichem Sterben wird nicht angesprochen, sehr empfehlenswert		7–10 Jahre im Gespräch mit einem Erwachsenen, auch für onkologische Kinderstationen, mit einem Glossar	120, 161, 311
Junger Adler	Chen Jianghong	Sterben als ein Ereignis neben vielen, trostvolles Bild zum Sterben, sehr empfehlenswert (auch für Sammler von Kunst-Bilderbüchern)	alter Weiser (im Boxkampf)	5–10 Jahre	120, 175–176
Justus ist traurig	Gabriele Sturm/ Jasmin Sophie Hillen	Trauer eines 5-jährigen Kindes bei Krankheit und nach dem Sterben seiner Schwester,	2-jährige Schwester (hohes Fieber), zeitlich zurückliegender Tod eines	5–8 Jahre, ein Nachwort für Eltern und Erzieher	41, 82, 83, 119, 120,

		ergänzende Erklärung zum Weiterleben der verstorbenen Schwester im Himmel ist eventuell erforderlich, liebevolle Unterstützung durch die Eltern, Hinweis auf Geborgenheit bei Gott, hilfreiches Ritual, empfehlenswert	Wellensittichs		124, 125, 127, 128, 161, 184, 235, 285, 304, 305, 309, 310
Kartoffeln hier, Kartoffeln da	Anita Lobel	zur Friedenserziehung		5–8 Jahre	
Kevin Kanin oder Als es dunkel wurde am Lohewald	Dagmar Krol/Pieter Kunstreich	vermenschlichte Tiere, indirekte Hinweise auf den Tod, Trost in der gemeinsamen Erinnerung und im Glauben an die Liebe, religiöse Gedanken, sehr empfehlenswert	Kind (Mord)	5–10 Jahre, nach einer Kindesentführung und -ermordung	122, 154, 156, 187
Kleine Schwarzpfote	Käthe Recheis/ Christine Sormann	nach einem indianischen Märchen, tröstliche Geschichte über Freundschaft bis in den Tod	Hund (nach Angriff von einem Ungeheuer)	5–8 Jahre und für alle	
Komm, Emil wir gehn heim!	Hans Traxler	vermenschlichtes Tier (Schwein), Einstieg zum Reden über Töten von Tieren, gutes Ende bei der Geschichte, empfehlenswert	Schweine (schlachten)	5–10 Jahre und für alle	200–201
Lakritzbonbons	Sylvia van Ommen	lebensphilosophisches Bilderbuch mit Fragen zum Tod und dem Danach, empfehlenswert		5–10 Jahre und für alle	

Lara's Schmetterlinge	Linda Blumentritt	Begleitung eines krebskranken Kindes bis zum Tod mit anschließendem Ritual, sehr empfehlenswert	Kind (Leukämie)	5–10 Jahre und Erwachsene, Arbeitshilfe zum Buch mit Abbildung einer Urne	119, 161, 231, 240–241, 297, 302, 309, 312, 313
Laura	Binette Schroeder	poetische Geschichte von der Suche nach Freundschaft, von Momenten des Glücks, von Angst und Trennung, surreale Bildwelt, Verwandlung, sehr empfehlenswert (auch für Sammler von Kunst-Bilderbüchern)		5 Jahre (für Kinder, die Spaß an phantasiereichen Bildern haben und nicht von Sterben und Tod betroffen sind) im Gespräch mit einem Erwachsenen	120, 240
Lebwohl Fritz Frosch	Mira Lobe/ Angelika Kaufmann	Rollenspiel zur Beerdigung von Tieren, empfehlenswert	Frosch, Maulwurf, Maus, Küken, Vögel	5–10 Jahre	150
Leb wohl, Chaja!	Antonie Schneider/ Maja Dusíková	behutsame Hinführung zum Sterben eines Haustieres und eines lieben Menschen, modellartiges Verhalten der Bezugspersonen, praktische Anregungen, sehr empfehlenswert	Großmutter und Wellensittich (Alter)	5–8 Jahre	128, 180
Leb wohl, lieber Dachs	Susan Varley	vermenschlichte Tiere, behutsame und tröstliche Geschichte, beruhigendes Bild vom Sterben, Trost in der Erinnerung, praktische Anregungen, sehr	Dachs (hohes Alter)	5 Jahre und für alle	100, 117, 119, 133, 161, 173–174, 244, 312

		empfehlenswert (auch für Sammler von Kunst-Bilderbüchern)			
Leben nach dem Tod	Klara und Maria Horvath	Trostbuch von Kindern geschrieben und gemalt, Bilder vom Danach		8 Jahre und für alle	
Lena und Paul	Gisela Degler-Rummel	zur Friedenserziehung	zeitlich zurückliegender Tod des Großvaters (Krieg)	wenn Kinder anfangen, sich für das Kriegsgeschehen zu interessieren – bis 8 Jahre	120
Lenny soll nicht sterben!	Rosaria Colturi Huskamp/ Daniel Kintrup	geheftetes Bilderbuch, Angst um einen Hund nach einem Verkehrsunfall (mögliches Sterben), kindgemäße medizinische Erklärungen zu seiner Operation		5–8 Jahre, auch für Tierarztpraxen	
Liplaps Wunsch	Jonathan London/ Sylvia Long	vermenschlichte Tiere (Hasen), Vorstellung vom Weiterleben als Stern, praktische Anregungen, Bekräftigung des Kindes, seine eigene Vorstellung zu finden	Großmutter Hase	5–8 Jahre	249, 304
Luca und der Schmetterling	Sabine Herrmann/ Jo Bahde	einfühlsame trostspendende Geschichte, indirekte Hinweise auf den Tod, Gedanken vom Weiterleben als Engel im Himmel, sehr empfehlenswert	Kind (Unfalltod)	5–10 Jahre, mit Nachwort für Eltern, Großeltern und Geschwister	187, 189

Mach's gut kleiner Frosch	Amanda McCardie/ Caroline Crossland	vermenschlichte Tiere, indirekte Hinweise auf den Tod, vom Abschiednehmen nach einem langen Leben, Trost in der Erinnerung, sehr empfehlenswert	Frosch (hohes Alter)	5–10 Jahre	151
Mach's gut, kleiner Freund	Rolf Krenzer/ Ines Rarisch/ Reinhard Horn (Musik)	Sterben als ein Teil des Lebens, Beerdigungsritual von Haustieren, vom Wandlungsprozess der Raupe zum Schmetterling, mit Liedtexten und Noten	Vogel, zeitlich zurückliegender Tod einer Katze (Unfalltod)	5–8 Jahre mit CD	151
Mama Luftballon	Ingrid Kottig-Busche/Jana Busche	hilfreiche Antworten bei Kinderfragen zum Sterben und dem Danach, praktische Anregungen, beiliegendes Tagebuch mit Luftballon, sehr empfehlenswert	Mutter (Krebserkrankung)	5–10 Jahre	27, 152, 161, 301
Mama, wie groß ist der Himmel?	Elizabeth Liddle/Imke Sönnichsen	allgemeine Fragen über das Leben und den Tod, viel Text		6–8 Jahre	
Marianne denkt an ihre Großmutter	Bettina Egger/ Sita Jucker	Anregungen zum praktischen Tun, sehr empfehlenswert	Großmutter	5–10 Jahre, mit kurzem Nachwort	148
Mein Freund der Opabaum	Habib Bektas/ Irmtraud Guhe	indirekter Hinweis auf den Tod des Großvaters, Gespräch zwischen personifiziertem Baum und Mensch, Kreis-	Großvater, Baum (Umweltvergiftung)	7–10 Jahre	

		lauf in der Natur, Wandlung vom Baum in Papier, viel Text, empfehlenswert			
Mein Name ist Jason Gaes	Jason Gaes/ Tim und Adam Gaes	sachbuchähnliche Informationen zur Krebserkrankung, Tagebuch eines krebskranken Jungen mit selbst gemalten Bildern		6–10 Jahre	120, 148, 161
Mein Opa ist alt, und ich hab ihn sehr lieb	Wolf Harranth/ Christina Oppermann-Dimow	Trauer des Großvaters um die Oma aus der Sicht des Enkels	zeitlich zurückliegender Tod der Großmutter	5–8 Jahre	
Mein trauriges Buch	Michael Rosen/ Quentin Blake	traurige und zornige Gefühle eines Vaters nach dem Tod seines Sohnes, praktische Anregungen, empfehlenswert	18-jähriger Sohn	8 Jahre und für alle	161, 168, 312
Mein Vater ist ein Wolkenmann	Caudia van der Sluis	Trauer eines 6-jährigen Jungen, trostvolle Anregungen, viel Text, empfehlenswert	Vater	8–10 Jahre	
Meine Mutter ist in Amerika und hat Buffalo Bill getroffen	Jean Regnaud/ Émile Bravo	Graphic Novel, Sehnsucht nach der abwesenden Mutter, Verleugnung des Todes durch die Erwachsenen, Einsamkeit des verwaisten Kindes, sehr empfehlenswert (auch für Sammler von Kunst-Comicbüchern)	Mutter	8 Jahre mit Lese- und Bilderfahrung (im Gespräch mit Erwachsenen), für Jugendliche	119, 161, 271
Meine Schwester ist ein Engel	Ulf Stark/ Anna Höglund	imaginäres Zusammenleben eines ca. 10-jährigen Jungen	zeitlich zurückliegende Totgeburt einer Schwester	5–9 Jahre im Gespräch mit einem	154, 251

		mit einer nicht gekannten verstorbenen Schwester, Verarbeitung einer Totgeburt in der Familie, sehr empfehlenswert		Erwachsenen	
Mitten in der Nacht	Kathy Henderson/ Jennifer Eachus	Bilder mit kurzen Sätzen, indirekte Hinweise auf den Tod (in einem Mehrbettzimmer im Krankenhaus)	„alter Mensch" (Krankenhaus)	5–7 Jahre	
Nichts und wieder nichts	Antje Damm	Bilder aus dem Alltagsleben, wenig Text, behutsamer Gesprächseinstieg auch über das, was nach dem Tod sein wird, empfehlenswert		3–8 Jahre	126
Nie mehr Oma-Lina-Tag?	Hermien Stellmacher/ Jan Lieffering	über Sterben, Tod und Rituale, praktische Anregungen, religiöse Gedanken, empfehlenswert	Nachbarin (Krankheit)	5–10 Jahre	119, 147, 230, 300
Opa ist überall	Allan Ellsworthy/ Mariam Ben-Arab	Trauer um den Tod des Großvaters, Gespräche über das „Sitzen als Engel auf einer Wolke" sind eventuell erforderlich, Trost im Glauben an Gott, „der überall ist"	Großvater	5–8 Jahre im Gespräch mit einem Erwachsenen	120
Opa kommt nicht wieder	Rien Broere/ Ann de Bode	modellartiges Verhalten der Bezugsperson, einprägsame Bilder und hilfreicher Text, Rituale, praktische Anregungen, sehr empfehlenswert	Großvater (plötzlicher Herztod)	5–10 Jahre	147, 148, 149, 152, 300

Opa, ich kann Hummeln zähmen!	Monika Feth/ Isabel Pin	lyrische Sprache, ergänzende Erklärung zu „Sterben als Schlafen" erforderlich, Verbot zum Grab zu gehen, keine Unterstützung durch die Bezugspersonen, praktische Anregungen, Gedanke vom Weiterleben auf einem Stern	Großvater	6–10 Jahre und für alle	147, 204
Opas Engel	Jutta Bauer	indirekte Hinweise auf den Tod, ruhiger Abschied mit Betrachtung des vergangenen Lebens, tröstliches Bild zum Sterben, einige gemalte Hinweise werden von Kindern allerdings nicht verstanden (z. B. Darstellung eines Hakenkreuzes oder des Judensternes), sehr empfehlenswert (auch für Sammler von Kunst-Bilderbüchern)	Großvater (hohes Alter und Krankheit)	8 Jahre im Gespräch mit einem Erwachsenen und für alle	119, 130, 174, 175
Opas Kirschbaum	Jan Godfrey/ Jane Cope	Sterben in der Natur, religiöse Gedanken, Wandlungsprozess bei einem Kirschkern, einer Raupe, einem Ei, einem Samenkorn, empfehlenswert	Baum (hohes Alter)	5–8 Jahre	150
Ophelias Schattentheater	Michael Ende/ Friedrich Hechelmann	märchenhafte Geschichte, Personifikation des Todes als Schatten, Gedanke vom Weiterleben im	Souffleuse (Verkehrsunfall)	10 Jahre und für alle	187, 188, 219, 220

		Himmel als traumhaftem Ort bei den Engeln			
Orangen für Opa	Francoise Legendre/ Natali Fortier	unterstützendes Miteinander von Jung und Alt, liebevolles Abschiednehmen, Trost im Weiterleben mit Ritualen und in der Erinnerung, sehr empfehlenswert (auch für Sammler von Kunst-Bilderbüchern)	Großvater (hohes Alter)	5 Jahre und für alle	119, 312
Paneelos Melodie	Stefan Gemmel/ Markus Muckenschnabl	phantastische Geschichte, vermenschlichte Elfen, praktische Anregungen, Rituale	Elfenjunge (Vergiftung)	7–10 Jahre	152, 161, 184
Papa hat Krebs	Martina Brandt/ Juliane Uhl	Tagebuch (eines Kindergartenkindes) mit selbst gemalten Bildern (eines Grundschülers) über das Leben mit der Krebserkrankung des Vaters, Schuldfrage wird angesprochen, Gespräche über die Aussage: „Wenn du Krebs hast, musst du sterben" sind erforderlich, Schutzengelfee als Trostspender	Ahnung vom Tod des Vaters (Krebs)	5–8 Jahre, Vorwort für Eltern und Pädagogen	82, 154, 311

Papa, wo bist du?	Uwe Saegner	verzweifelte Suche nach dem abwesenden Vater, Hilfe durch aufrichtiges Reden und Nähe mit einem Erwachsenen, comicartig gemalte Bilder, empfehlenswert	Vater	5–8 Jahre, mit einem Nachwort von Uwe Saegner	119, 161
Papi, wir vergessen dich nicht	Marie Herbold	Tagebuch mit selbst gemalten Bildern eines 13-jährigen Mädchens über Sterben und Tod ihres Vaters, praktische Anregungen, Rituale, sehr empfehlenswert	Vater (Krebserkrankung)	8–10 Jahre	119, 148, 157, 161, 181, 182, 258, 301, 309
Pele und das neue Leben	Regine Schindler/ Hilde Heyduck-Huth	Pflanzen als Metapher für den Kreislauf des Lebens, Trost im christlichen Glauben	Kind (Krankheit)	7–10 Jahre, mit Hinweisen für Eltern und Erzieher	25, 120
Pelle und die Geschichte mit Mia	Kari Vinje/ Vivian Zahl Olsen	religiöse Geschichte mit Antworten auf Kinderfragen zum Tod und dem Danach, Rituale	Kind (plötzlicher Kindstod)	8–10 Jahre und für Eltern zum Verstehen des Geschwisterkindes	82, 83, 120, 184, 236
Prinz Bär	Helme Heine	keine direkte Benennung und Bearbeitung von Sterben und Tod	Bäume (abgeschlagen)	4–7 Jahre	
Raupengeschichte	Achim Bröger/ Katrin Brandt	Geschichte von der Wandlung einer Raupe zum Schmetterling		5–8 Jahre	25, 122
Rote Wangen	Heinz Janisch/ Aljoscha Blau	Geschichte mit phantastischen Gedanken, Weiterleben in der Erinnerung	Großvater	5–8 Jahre und für alle	203–204

Sadako	Eleanor Coerr/ Ed Young	Sprache für Empfindungen bei schwerer Erkrankung und bevorstehendem Sterben, praktische Hilfestellung bei Krankheitsbewältigung, Einstieg zur Aufarbeitung von Hiroshima, sehr empfehlenswert (auch für Sammler von Kunst-Bilderbüchern)	9-jähriger Junge und 12-jähriges Mädchen (Leukämie-Erkrankung), zeitlich zurückliegender Tod der Eltern eines Kindes	10 Jahre und für alle	133–134, 146, 182
Sara und der goldene Weizen	Meryl Doney/ William Geldart	über den Kreislauf in der Natur, religiöse Gedanken	Getreide (Mähdrescher)	5–10 Jahre	
Sarah's Weide	Friedrich Recknagel/ Maja Dusikova	Kreislauf in der Natur	Baum (gefällt)	5–8 Jahre	
Sarahs Mama	Uwe Saegner	aufrichtige Gespräche und Unterstützung nach dem Tod der Mutter, Frage nach dem Danach, ergänzende Erklärung zum Weiterleben im Himmel ist eventuell erforderlich, Trost in der Erinnerung, comicartig gemalte Bilder, empfehlenswert	Mutter	5–8 Jahre	82, 119, 304
Schaut Oma aus dem Himmel zu?	Elke Voß/ Angela Glökler	Sachbilderbuch mit Fragen und Antworten zu christlichen Ritualen, weitere Hinweise in einer Geschichte, viel Text	Großmutter (hohes Alter)	5–10 Jahre, mit Hinweisen für Eltern, Erklärungen für Kinder im Anhang zu Gebräuchen und Riten der christlichen Kultur	150, 285

Schildkröten-träume	Gerd Imbsweiler/ Petra Rappo	vermenschlichtes Tier (Schildkröte), indirekte Hinweise auf den Tod, unruhige ablenkende Bilder	Mann (hohes Alter)	5–8 Jahre	
Schmetter-lingspost	Ursel Scheffler/ Jutta Timm	abwechslungs-reiche Geschichte, Trauer um den Tod der Groß-mutter, Trost im gemeinsamen Tun, zum Ge-brauch der Leiter, um im Himmel weiterzuleben, sind eventuell weitere Gespräche erforderlich, Schmetterling als Hoffnungsträger, empfehlenswert	Großmutter (nach einer Operation)	5–8 Jahre	108
Schneeflocke	Bernadette	poetische Geschichte über Vergänglichkeit und Neubeginn		4–7 Jahre	184
Schwanen-winter	Keizaburo Tejima	personifizierte Tiere (Schwäne), Weiterleben in der Erinnerung, Trost in der Natur und in der Gemeinschaft, einprägsame großformatige Holzschnitte, vorübergehende Einsamkeit des sterbenden Kindes, empfeh-lenswert (auch für Sammler von Kunst-Bilderbü-chern)	Schwanenkind (Krankheit)	5 Jahre und für alle (hilf-reich für El-tern, die ein Kind verloren haben)	183–184, 243

Sei nicht traurig, kleiner Bär!	Rachel Rivett/ Tina Macnaughton	vermenschlichte Tiere, Pflanzen, Fluss, Sonne, Mond, Trauer über den Tod der Großmutter, Sehnsucht nach Beständigkeit, Hinweis auf Geborgenheit in Gott	Großmutter	4–6 Jahre	119, 126, 128
Sein erster Fisch	Hermann Schulz/ Wiebke Oeser	eigenwillige Bilder, Einstieg zum Gespräch über das Töten von Tieren beim Angeln	Fisch, (geangelt)	5–10 Jahre	201, 202
Seinen Opa wird Jan nie vergessen	Bette Westera/ Harmen van Straaten	ein Trostbuch bei tiefer Trauer, Taschentuch des Großvaters als Trostgegenstand, Weiterleben in der Erinnerung, sehr empfehlenswert	Großvater	5–10 Jahre und für alle	152
Sonnenau	Astrid Lindgren/ Marit Törnqvist	indirekte Hinweise auf den Tod, möglicher Freitod	Geschwister (Verdacht auf Freitod), zeitlich zurückliegender Tod der Mutter	8 Jahre und für alle	121, 190
Still, ich denke an das Huhn	Hans Hagen/ Harrie Geelen	vermenschlichte Tiere, märchenhafte Geschichte, ein prägsames Bild vom Danach, Weiterleben in der Natur, sehr empfelenswert (auch für Sammler von Kunst-Bilderbüchern)	Huhn	5–7 Jahre	170–171
Tante Lotti geht in den Himmel	Ruth Feile/ Kathrin Feile	Fotogeschichte eines Rollenspiels zum Thema Altwerden und Sterben, phantastische		5–7 Jahre (für phantasiereiche Kinder, die nicht direkt	120

		Gedanken eines Kindes über ein Weiterleben nach dem Sterben		vom Tod in ihrem Umfeld betroffen sind)	
Trost für Miriam	Ursula Kirchberg	behutsame Heranführung an das Sterben, Hilfe bei der Trauerbewältigung, vom Kreislauf des Lebens, sehr empfehlenswert	Großmutter, Wellensittich (hohes Alter)	5–8 Jahre	
Tschüss Oma	Eva Höschl/ Nana Kutschera	Zusammenleben von Jung und Alt, gemeinsam Abschied nehmen, friedliches Sterben der Großmutter auf der Palliativstation, ergänzende Gespräche zu verschiedenen Vorstellungen zum Sterben und dem Danach sind eventuell erforderlich, tröstende Anregungen für das trauernde Kind, empfehlenswert	Großmutter (nach langer Krankheit)	6–10 Jahre auch als Gesprächseinstieg zum Thema: Palliativstation, mit Glossar und einem Nachwort	122, 127, 159, 160, 301
Tschüss, kleiner Piepsi	Meyer. Lehmann. Schulze/ Susanne Göhlich	Geschichte aus dem Kindergartenalltag, multikulturelle Bestattung eines Vogels im Rollenspiel, empfehlenswert	Vogel (zufällig gefunden), Gespräche der Kinder über zurückliegende Beerdigungen, Friedhofsbesuche, tote Verwandte (Großeltern) und Tiere (Meerschweinchen, Biene, Vogel)	4–8 Jahre	205, 233, 235, 236

Über den großen Fluss	Armin Beuscher/ Cornelia Haas	vermenschlichte Tiere, indirekte Hinweise auf den Tod, Hinweise auf kindliches Trauerverhalten, Trost in der Erinnerung, sehr empfehlenswert	Hase	5–8 Jahre	107, 128, 151, 156, 157, 312
Und was kommt dann?	Pernilla Stalfelt	humorvolles Sachbilderbuch zum Tod mit comicartigen Bildern, behutsame, unbelastete Herangehensweise, Rituale, Hinweis auf Urnenbestattung, sehr empfehlenswert		5 Jahre und für alle	23, 120, 218, 231
Und was kommt nach tausend?	Anette Bley	Gespräche über das Leben, auch die Freundschaft und den Tod, Abschied und Trauerfeier, Weiterleben in der Erinnerung, sehr empfehlenswert	ein älterer Freund (hohes Alter)	5–10 Jahre	
Varenka	Bernadette	nach einer russischen Legende, friedvolles Ende mit Gottes Hilfe, sehr empfehlenswert		5 Jahre und für alle	
Vier Pfoten am Himmel	Annette Langen/ Antje Bohnstedt	begleiteter Abschied vom geliebten Hund, die Aussage: „Du kommst in den Himmel, wenn du stirbst" sollte eventuell besprochen werden, empfehlenswert	Hund (hohes Alter)	4–8 Jahre	127, 161, 240, 244

Wann kommst du wieder, Mama?	Martine Hennuy. Sophie Buyse/ Lisbeth Renardy	Informationen zur Krebserkrankung, Trost und Hilfestellung bei schwerer Erkrankung, viel Text, sehr empfehlenswert bei Fragen zu einer Tumorerkrankung		8 Jahre und für alle	120, 131, 161
Warum lieber Tod…?	Glenn Ringtved/ Charlotte Pardi	Geschichte vom Tod, hier personifiziert als Gevatter	Großmutter (hohes Alter)	5–10 Jahre	179, 214, 216
Warum?	Nicolai Popov	textfrei mit erzählenden Farbbildern, vermenschlichte Tiere, sehr empfehlenswert (auch für Sammler von Kunst-Bilderbüchern)	Töten und Sterben im Krieg	wenn Kinder anfangen, sich für das Kriegsgeschehen zu interessieren – bis 10 Jahre	120, 122, 123, 136
«Was ist das?» fragt der Frosch	Max Velthuijs	vermenschlichte Tiere, kindgemäße Fragen und Antworten zu Sterben und Tod, klar strukturierte Gestaltung, Rituale, einprägsame hilfreiche Bilder, sehr empfehlenswert	Amsel (Alter, Gleichheit vor dem Tod)	3–8 Jahre	23, 100, 126, 133, 134, 138, 148, 295–296, 304
Was kann Lukas trösten?	Jennine Staring/ Charlotte Dematons/ Martin Kempermann (Fotos)	Erinnerungsstücke helfen bei Traurigkeit, Fragen als Anregung zum Gesprächseinstieg	Hund (hohes Alter)	5–10 Jahre, mit Hinweisen für Eltern und Erzieher	118, 153, 204
Was kommt nach dem Tod?	Carolin Nystrom	Fragen und religiöse Antworten	Vogel (gegen Scheibe geprallt)	5–10 Jahre	

Weihnachten bei Großvater	Winfried Wolf/ Eugen Sopko	Trost in der Gemeinschaft, Verarbeitung eines gefällten Baumes in einen Schaukelstuhl	Hinweis auf früheren Tod der Großmutter und des Vaters (Verkehrsunfall), Sterben eines Baumes	5–8 Jahre	43, 82
Wenn ich an meine Oma denk ...	Malika Doray	schlichte comicartige Bilder, wenig Text, vermenschlichte Tiere, Trost in der Gemeinschaft und in der Erinnerung, Rituale, es bleibt offen, was nach dem Tod kommt und doch gibt es Anregungen	Großmutter (hohes Alter)	5–7 Jahre	
Wenn ich nicht mehr bei dir bin, bleibt dir unser Stern	Patrick Gilson/ Claude Dubois	über Freundschaft und Abschiednehmen, Trost in der Vorstellung vom Weiterleben auf einem Stern	Mädchen (Krebserkrankung)	5–10 Jahre	161, 249, 301, 302
Wenn Oma nicht mehr da ist	Lucy Scharenberg/ Verena Ballhaus	liebevolles Miteinander von Jung und Alt, Trauer um den Tod der Großmutter, Tagträume von schönen, gemeinsamen Erinnerungen, Löwenzahn als Sinnbild der Vergänglichkeit und des Neubeginns, trostvolle Gedanken, sehr empfehlenswert	Großmutter (hohes Alter, Krankheit)	5–10 Jahre	161, 180, 233, 240
Wenn Sally fliegt	Colin Thompson	indirekte Hinweise auf den Tod, märchenhafte Geschichte, wunderbare Bilder mit vielen Details, empfehlenswert	Großmutter (Krankheit)	5–8 Jahre	

Wie der Schatten eines fliegenden Vogels	Mordicai Gerstein	jüdische Legende um das Sterben von Moses		10 Jahre und für alle	229
Wo bleibt die Maus?	Mark Benecke/ Lisa Fuss	kindgerechtes Bildersachbuch über den Verwesungsprozess der Mäuse, über den Lebenskreislauf, über den Sinn des Sterbens, empfehlenswert	Mäuse	4–8 Jahre (für Kinder, die neugierige biologische Fragen stellen und nicht direkt vom Tod betroffen sind)	25, 240
Wo die Toten zu Hause sind	Christine Hubka/ Nina Hammerle	bildhafte Bearbeitung von biblischen Aussagen		5–9 Jahre und für Erwachsene, die sich mit religiösen Fragen beschäftigen, mit religionspädagogischem Anhang	242
Wolkenland	John Burningham	märchenhafte Geschichte, indirekte Hinweise auf den Tod, Anregungen zu eigenen beruhigenden Vorstellungsbildern, Identifikationsmöglichkeit für ein schwer krankes Kind, Collagen von Wolkenbildern, sehr empfehlenswert	mögliches Sterben eines Kindes	4–10 Jahre	128, 184, 185
Zuckerguss für Isabel	Marie-Thérèse Schins/ Birte Müller	fröhliches Fest am Tag der Toten in Mexiko, Vermischung von Wirklichkeit und Traum beim Wiedersehen mit dem gestorbenen Mädchen, farbenfrohe einprägsame Bilder	zeitlich zurückliegender Tod eines Kindes (Krebserkrankung)	5–10 Jahre	120, 236

Tabellarische Übersicht zu bebilderten Kinderbüchern[14]

Titel	Autor/ Illustrator	Besonderheiten	Wen trifft der Tod? (Warum?)	Eigene Altersempfehlung/ Hinweise	Seite
Alarm im Körperhaus	Marianne Franke/ Willy Blaufelder. Helga Kasper	bebildertes Kindersachbuch mit viel Text zur Krebserkrankung einer Mutter, verständliche Erklärungen, Fragen nach Schuld und Ansteckung, problematisch ist die bildhafte Darstellung des Todes und die Benennung der Krebszellen als „Monsterzellen", Hinweis auf mögliches Sterben und Personifikation des Todes sollte im Gespräch aufgegriffen werden		8–12 Jahre im Gespräch mit einem Erwachsenen	228
Als der Mond vor die Sonne trat	Gerhard Trabert/ Ruth Krisam	erzählendes Kindersachbuch mit viel Text zur Krebserkrankung einer Mutter, Behandlungsmöglichkeiten, Hilfestellungen zum Gespräch über die Erkrankung, mögliches Sterben wird angesprochen, sehr empfehlenswert	Hinweis auf zurückliegenden Tod der Großmutter (Krebs)	6–10 Jahre im Gespräch mit einem Erwachsenen, mit einem Glossar und Liste von Beratungsstellen	161

---

[14] Die tabellarischen Übersicht enthält eine Auswahl von bebilderten Kinderbüchern zu Sterben und Tod.

Als der Mond die Nacht erhellte	Gerhard Trabert/ Ruth Krisam	Fortführung der Geschichte: Als der Mond vor die Sonne trat (5 Jahre später), Rückblick auf die Belastungen durch die Erkrankung und erfahrene Hilfestellung seit Diagnosestellung, Fragen nach Schuld und möglicher Ansteckung, mögliches Sterben wird thematisiert, Hinweis auf erlebte Rituale nach einem Todesfall, sehr empfehlenswert	Hinweis auf zurückliegenden Tod einer Freundin der Mutter (Krebs) und der Großmutter	8–12 Jahre im Gespräch mit einem Erwachsenen, mit Tipps von den Kinderseiten www.kinder-krebskranker-eltern.de, Platz für Notizen, Gedanken und Fotos	311
Als Otto das Herz zum ersten Mal brach	Axel Schulß/ Daniela Bunge	bebildertes Kinderbuch, Trauer eines Kindes, Trost in der Erinnerung und in der Geborgenheit durch Eltern und Schule, praktische Anregungen, sehr empfehlenswert (auch für Sammler von Kunst-Bilderbüchern)	Kind (häuslicher Unfall), Hinweis auf zeitlich zurückliegenden Tod der Großmutter und Tod eines Vaters (lange, schwere Krankheit)	6–10 Jahre und für Erwachsene zum Verständnis der kindlichen Trauer	119, 223, 301, 312
Der allerliebste Junge von der ganzen Welt	Ted van Lieshout	Empfindungen eines Kindes nach dem Tod eines nahen Angehörigen, viel Text, bebildertes Kinderbuch	Vater	8 Jahre und für Bezugspersonen von trauernden Kindern	
Der Großvater im Bollerwagen	Gudrun Pausewang/ Inge Steineke	Großvaters Gedanken um den Freitod, ein Einstieg über den Freitod zu reden, Lebensfreude		8–10 Jahre	122, 194

Die Prinzessin vom Gemüsegarten	Annemie Heymans/ Margriet Heymans	phantastische Geschichte von zwei Geschwistern, praktische Anregungen, Trauerarbeit, viel Text	Mutter	8–12 Jahre	119, 258
Ein Wolkenlied für Omama	Jan Uwe Rogge/ Moni Port	trostvolle Geschichte über den Abschied, praktische Anregung	Großmutter	5–8 Jahre	151
Im Land der Dämmerung	Astrid Lindgren/ Marit Törnqvist	Träume eines kranken Jungen, die mehrfache Deutungen zulassen		5–10 Jahre	58
Julia und Ibrahim	Georg Schwikart/ Gretje Witt	bebilderte Sachgeschichten über Moslems und Christen		10 Jahre und für alle	122
Leo – früh geboren	Mathias Nelle/ Daniela Greiner	bebilderte Kinderbuchgeschichte zum Thema Frühgeburt, Erleben aus der Sicht eines Geschwisterkindes, Hinweis, dass „das kleine Baby nun vom Himmel herab auf uns schaut", sollte eventuell besprochen werden, empfehlenswert	unbekanntes Baby stirbt auf der Frühgeborenenstation	5–8 Jahre und für Eltern und Großeltern, die sich auf Fragen eines Geschwisterkindes vorbereiten wollen, im Anhang Raum für Tagebuchaufzeichnungen, Glossar, Adressen, Informationen über frühgeborene Kinder, Geschichte „Seesterne" von Loren Eisely	

Lilly ist ein Sternenkind	Heike Wolter/ Regina Masaracchia	bebildertes Kindersachbuch mit kindgemäßem Text zu Schwangerschaft, Geburt, Stillen und Totgeburt mit praktischen Anregungen zum Gespräch mit Geschwisterkindern über das Sterben, den Tod, Abschiednehmen und die Beerdigung, Trauerverhalten von Kindern und Erwachsenen, trostspendende Anregungen, sehr empfehlenswert	Totgeburt, zeitlich zurückliegende Beerdigung eines Käfers	5–8 Jahre und Erwachsene, die sich auf das Gespräch mit einem Geschwisterkind vorbereiten wollen, hilfreiche Tipps auf Empfehlung des „Bundesverbandes Verwaiste Eltern in Deutschland" (siehe hierzu auch: Oma war die Beste), Glossar für Eltern, Adressen zu Fragen bei Schwangerschaft, Früh-, Fehl- und Totgeburt, Kinder-, Geschwistertrauer, mit einem Nachwort von Klaus Schäfer	120, 122, 146, 304, 308, 309
Lukas und Oma nehmen Abschied	Sylvia Weigner. Christine Weiß/Birgit Kreimeier	Geschichte über Sterben und Trauern, ergänzendes Gespräch zu „... dass Oma auch noch im Himmel auf ihn aufpassen kann" eventuell erforderlich, Schuldfrage wird angesprochen, sachbuchähnliche Informationen zur Beerdigung, sehr empfehlenswert	Großmutter (schwere Krankheit)	3–8 Jahre, kleiner Ratgeber für Eltern	119, 180, 233, 303, 311

Oles Großvater stirbt	Monika Gydal. Thomas Danielsson/ Mats Andersson	behutsame Vorbereitung auf das Sterben als ein Ereignis neben vielen, sehr empfehlenswert	Großvater (hohes Alter)	5–10 Jahre	177, 179
Oma war die Beste!	Heike Wolter/ Regina Masaracchia	bebildertes Kindersachbuch zum Thema Sterben, Trösten und Leben, viel Text, Probleme des alternden Menschen, Gespräch über das Sterben, liebevoll gestalteter Abschied, Trauer, praktische Anregungen, ergänzende Gespräche zum Weiterleben im Himmel und zum Hinweis beim Spiel „Ich sehe was, was du nicht siehst" auf Anwesenheit der verstorbenen Großmutter als Seele eventuell erforderlich, sehr empfehlenswert	Großmutter (hohes Alter), Hinweis auf zeitlich zurückliegenden Tod der kleinen Schwester	5–8 Jahre und für Erwachsene als Unterstützung bei der Begleitung eines zurückbleibenden Kindes, hilfreiche Tipps auf Empfehlung des „Bundesverbandes Verwaiste Eltern in Deutschland" (Übereinstimmungen mit: Lilly ist ein Sternenkind), Glossar für Eltern, Adressen und Links zu „Kind und Tod", mit einem Nachwort von Beate Alefeld-Gerges	
Roberts alter Freund	Antoinette Becker/ Susanne Mocka	Sterben als ein Ereignis neben vielen, jüdischer Friedhof, sehr viel Text, empfehlenswert	Bekannter (hohes Alter), zeitlich zurückliegender Tod vom Vater (Krieg)	8–10 Jahre	
Sterben und Tod Kindern erklärt	Andrea Moritz/ Sabine Gerke	bebilderte Geschichten zu Fragen um Sterben und Tod, praktische	unbekannte Frau, Nachbar (hohes Alter), Vogel (Gewitter),	6–12 Jahre mit pädagogischer Anleitung	

		Anregungen, Vorstellung vom Weiterleben bei Gott nach dem Tod, Trost in Gottes Geborgenheit, empfehlenswert	Kind (Krebs), Großmutter (schwere Krankheit), Ahnung vom Tod der Mutter (Krebs)		
Und wer baut dann den Hasenstall, wenn Opa stirbt?	Inger Hermann/ Sabine Waldmann-Brun	bebildertes Kinderbuch, behutsame Begleitung bei Krankheit, Pflegedürftigkeit und Sterben im Hospiz, „Gotteslicht als Trost" sollte besprochen werden, sehr empfehlenswert	Großvater	6–10 Jahre (besonders als Gesprächseinstieg zum Thema Hospiz), mit einem Nachwort von Johann-Christoph Student	120, 122, 159
Unsere Lisa ist ein Frühchen	Rolf Vortkamp/ Martin Speyer	bebildertes Kindersachbuch mit kindgemäßen Erläuterungen zu den verschiedensten Fragen und Besonderheiten bei einer Frühgeburt, emotionale Sicht eines Geschwisterkindes, multikulturell, empfehlenswert		5–7 Jahre	122
Wie kommt der große Opa in die kleine Urne?	Helene Düperthal/ Daniela Veit	Bilderbuchgeschichte von einem Jungen und seinem vermenschlichten Teddybär, Trauer um den Tod des Großvaters, verständliche Informationen zu Urnenverbrennung und -beisetzung, Schuldgefühl bei wieder aufkommender	Großvater	6 Jahre im Gespräch mit einem Erwachsenen, Nachwort für Eltern, Erzieher, Begleiter in der Trauer	119, 231, 299, 303

Titel	Autor/Illustrator	Besonderheiten	Wen trifft der Tod? (Warum?)	Eigene Altersempfehlung/Hinweise	Seite
		Lebensfreude, Trost in der Erinnerung, sehr empfehlenswert			
Willi wills wissen	Heike Gätjen. Uwe Kauss/ Götz Rohloff	umfassendes Kindersachbuch zu den verschiedensten Fragen zu Sterben, Tod und dem Danach, sehr empfehlenswert		6 Jahre und für alle	

Tabellarische Übersicht zu Comic-, Foto- und Bilderbüchern für Jugendliche[15]

Titel	Autor/Illustrator	Besonderheiten	Wen trifft der Tod? (Warum?)	Eigene Altersempfehlung/Hinweise	Seite
Anne Frank	Josephine Poole/ Angela Barrett	zur Friedenserziehung, über das Leben der Anne Frank, sehr empfehlenswert	Holocaust	12 Jahre im Gespräch mit einem Erwachsenen und für alle, mit einem Vorwort	120, 143
Als eure Großeltern jung waren	Judith Kestenberg/ Vivienne Koorland	zur Friedenserziehung, Thematik des Holocaust, sehr empfehlenswert, Text für Eltern und Erzieher: „Warum und wie sollen wir Kindern	Holocaust	12 Jahre im Gespräch mit einem Erwachsenen und für alle, mit hilfreichem Text für	120, 143, 245

---

[15] Diese Tabelle enthält Bilderbücher ab 12 Jahre. Weitere Bilderbücher für Jugendliche finden sich in der Tabelle S. 315 und Jugendbücher in den Literaturhinweisen S. 400.

		von der Nazi-Zeit erzählen?", „Wissen und Besprechen gibt den Kindern Gelegenheit, bewusst zu verarbeiten, was sie irgendwo einmal gehört haben."		Eltern und Erzieher	
Das Herz in der Flasche	Oliver Jeffers	indirekter Hinweis auf den Tod, Trauer um den Tod des geliebten Großvaters, Flucht in den Alkohol, Bewältigung des Suchtproblems durch die Beziehung zu einem Kind, sehr empfehlenswert (auch für Sammler von Kunst-Bilderbüchern)	Großvater	Jugendliche frühestens ab 12/13 Jahre zur Trauerbewältigung und Suchtprophylaxe	144
Das Hexen-Einmal-Eins	Johann Wolfgang von Goethe	Illustration zum Hexen-Einmal-Eins aus Goethes Faust		Oberstufenschülerinnen und -schüler im Deutschunterricht und für Erwachsene	143, 218–219
Das Märchen von der Welt	Jürg Amann/ Käthi Bhend	Märchen nach einem Textfragment von Büchners „Woyzeck", poetische Sprachbilder, empfehlenswert (auch für Sammler von Kunst-Bilderbüchern)	Vater und Mutter, „alles war tot und niemand mehr auf der Welt"	Oberstufenschülerinnen und -schüler im Deutschunterricht und für Erwachsene	143

Der Geigenbauer aus Venedig	Claude Clément/ Frédéric Clément	indirekte Hinweise auf den Tod, bildhafte Darstellung zum möglichen Freitod, einprägsame Bilder, sehr empfehlenswert (auch für Sammler von Kunst-Bilderbüchern)	Geigenspieler (Verdacht auf Freitod)	12 Jahre und für alle	121, 144, 145, 184, 186, 193–194
Der Maler und die wilden Schwäne	Claude Clément/ Frédéric Clément	indirekte Hinweise auf den Tod, bildhafte Darstellung zum möglichen Freitod, einprägsame Bilder, sehr empfehlenswert (auch für Sammler von Kunst-Bilderbüchern)	Maler (Verdacht auf Freitod)	12 Jahre und für alle	144, 145, 193, 195, 243
Der Mann, der lieber tot sein wollte	Thomas Rosenlöcher/ Jacky Gleich	Todeswünsche eines verlassenen Mannes mit humorvollen und ironischen Einfällen, teils gespenstisch wirkende Bilder, Vermischung von Realität und Phantasie		für Jugendliche und Erwachsene, die momentan nicht von Sterben und Tod betroffen sind	
Die große Angst unter den Sternen	Jo Hoestlandt/ Johanna Kang	indirekte Hinweise auf den Tod, Verarbeitung einer tragisch endenden Kinderfreundschaft zwischen einem jüdischen und einem nichtjüdischen Mädchen, aus der NS-Zeit, sehr empfehlenswert		8 Jahre im Gespräch mit einem Erwachsenen und für alle	120, 143

Erikas Geschichte	Ruth Vander Zee/Roberto Innocenti	rückblickende Geschichte einer Frau über ihr vorgestelltes Leben im Holocaust, sehr empfehlenswert (auch für Sammler von Kunst-Bilderbüchern)	Holocaust	12 Jahre im Gespräch mit Erwachsenen und für alle	120, 121, 143
Herr Pommerin verschenkt sich	Gordon Sheppard/ Jacques Rozier	märchenhafte Geschichte mit zarten Federzeichnungen, Weiterleben in der Natur, sehr empfehlenswert (auch für Sammler von Kunst-Bilderbüchern)	alter Mann (hohes Alter)	12 Jahre und für alle	145, 236
Jakob	Benjamin Schreuder/ Felix Mertikat	comicartige Erzählung zur Trauer eines Kindes, Heuchelei der Erwachsenen, verzweifelte Suche des Jungen nach der Mutter, Bearbeitung von existentiellen Fragen, sehr empfehlenswert	Mutter, Junge (visueller Hinweis auf Tod durch Vergiftung)	14 Jahre und für alle	271, 306, 335
Komm zurück, Mutter	Paul Hornschemeier	Comicgeschichte mit Vermischungen von Zeiten, Realität und Fiktion, Perspektivwechsel, Darstellungen zum Gefühlschaos nach dem Tod der Ehefrau bzw. Mutter, Hilflosigkeit der Umwelt im Umgang mit trauernden Menschen,	Mutter (Krebs), Onkel (Krebs), Vater (Suizid)	für anspruchsvolle Leser ab 14 Jahre	20, 122, 144, 270

		erzählende Bilder, Bildmotive von innerpsychischen Vorgängen, sehr empfehlenswert (auch für Sammler von Kunst-Comic-büchern)			
Letzte Tage mit meinem Vater	Phillip Toledano	Fotoreportage über das Zusammen-leben mit dem demenzkranken Vater, kurze tagebuchähnliche Aufzeichnungen über eine liebevolle Beziehung, ver-söhnlicher Abschied des Sohnes, sehr empfehlenswert (auch für Sammler von Kunst-Fotobü-chern)	Vater (hochbetagt), zeitlich zurückliegender Tod der Mutter	ab 16 Jahre und für alle	128, 204, 272
Liebe Mili	nach Wilhelm Grimm/ Maurice Sendak	poetische märchenhafte Erzählung, Verarbeitung von Erlebnissen aus dem Holocaust	Hinweis auf frühere Todesfäl-le von mehreren Kindern	12 Jahre im Gespräch mit einem Erwachsenen und für alle	120, 143
Meines Bruders Hüter	Israel Bernbaum	zur Friedenserzie-hung, eine gemalte Ghettowelt, viel Text	Holocaust	12 Jahre im Gespräch mit einem Erwachsenen und für alle	120, 143
Mutter hat Krebs	Brian Fies	autobiogra-phischer Comic zur Krebserkran-kung der Mutter, medizinische Fakten, Umgang der Gesellschaft mit der Diagnose, Familiensolida-rität, vielfältige Gespräche über	zeitlich zurück-liegender Tod des Großvaters (TBC) und der Großmutter (Krebs), nach Beendigung des Buches starb die Mutter	14 Jahre und für alle (auch zur Patientenauf-klärung für Betroffene, Angehörige, Pflegende aus medizi-nischen Beru-fen) mit einem	271, 307, 311

		das Sterben, sehr empfehlenswert (auch für Sammler von Kunst-Comic-büchern)	(Gehirnentzündung)	Nachwort der erkrankten Mutter und abschließenden Worten des Autors über den späteren Tod der Mutter, Adressen und Links zu Krebserkrankungen	
Neues ABC-Buch	Karl Philipp Moritz/Wolf Erlbruch	ein neu aufgelegtes ABC-Buch aus dem 18. Jh., enthält u. a. das Bild von einem Krankenpfleger als Personifikation vom Tod, sehr empfehlenswert (auch für Sammler von Kunst-Bilderbüchern)		Oberstufenschülerinnen- und schüler im Deutschunterricht und für Erwachsene	223
Nichtlustig 3	Joscha Sauer	Comicgeschichte über den Tod (dargestellt als Sensenmann) bzw. seinen Assistenten, den Pudel des Todes, ironisch, sarkastisch, zynisch		16 Jahre und für Erwachsene, die nicht von Sterben und Tod im Umfeld betroffen sind	226
Otto	Tomi Ungerer	vermenschlichter Teddy eines jüdischen Jungen, Deportation, Bilder vom Töten und Sterben im Krieg, sehr empfehlenswert (auch für Sammler von Kunst-Bilderbüchern)	Nazi-Zeit	12 Jahre im Gespräch mit einem Erwachsenen und für alle	120, 143, 369

Papas Arme sind ein Boot	Stein Erik Lunde/ Øyvind Torseter	poetisches Bilderbuch über Trauer, Trost in der Nähe und Geborgenheit des Vaters und unter dem Sternenhimmel, beeindruckende Bildsprache, ergänzende Erklärung zu „Sterben als Schlafen" ist eventuell erforderlich, sehr empfehlenswert (auch für Sammler von Kunst-Bilderbüchern)	Mutter	14 Jahre und für Erwachsene	145, 161, 207, 219, 307, 310
Papa Weidt	Inge Deutschkron/ Lukas Ruegenberg	tröstliche Erfahrungen mit „Papa Weidt" während der Nazi-Zeit, sehr empfehlenswert	Holocaust	12 Jahre im Gespräch mit einem Erwachsenen und für alle	120, 143
Rosa Weiss	Roberto Innocenti	fiktionale Geschichte mit authentischem Hintergrund zum Holocaust, indirekte Hinweise auf den Tod, sehr empfehlenswert (auch für Sammler von Kunst-Bilderbüchern)	Holocaust	12 Jahre im Gespräch mit einem Erwachsenen und für alle	120, 143, 198, 199
Vater und Tochter	Michael Dudok de Wit	indirekte Hinweise auf den Tod, ein Buch über das Leben mit unvergesslichen Bildern, die beruhigen, keine religiösen Versprechungen, aber Trost in der Erinnerung, sehr viel Text, sehr empfehlenswert	Vater	12 Jahre und für alle	134, 145, 246–247

		(auch für Sammler von Kunst-Bilder-büchern)			
Zwei Flügel des einen Vogels	Yoeke Nagel/ Michiel Wijnbergh	Dokumentation eines Sterbe-prozesses über 17 Monate in Bildern mit Tagebuchauf-zeichnungen, Ge-danken, Träume der sterbenden Mutter, Hinweise auf wohltuende Unterstützung, wiederholter Abschied von den 8- und 13-jäh-rigen Kindern, Schwankungen in der Befindlichkeit, Gespräche über das Sterben, sehr empfehlenswert	Mutter (Brustkrebs)	14 Jahre und für alle	128, 144, 181, 271, 302, 307

Anhang 5
Übersicht über die verwendeten Bilder

Kinderbilder

Bild 1	Nils, 4 Jahre
Bild 2	Linus, 5 Jahre
Bild 3	Anna, 5 Jahre
Bild 4	Paul, 5 Jahre
Bild 5	Kevin, 6 Jahre
Bild 6	Marvin, 6 Jahre
Bild 7	Sascha, 9 Jahre
Bild 8	Nils, 6 Jahre
Bild 9	Tobias, 6 Jahre
Bild 10	Ulli, 7 Jahre
Bild 11	Alexander, 8 Jahre
Bild 12	Hanna, 8 Jahre
Bild 13	Sara, 7 Jahre
Bild 14	Laura, 10 Jahre
Bild 15	Tim, 13 Jahre
Bild 16	Johanna, 12 Jahre
Bild 17	Felix, 13 Jahre
Bild 18	Dennis, 12 Jahre
Bild 19	Leon, 12 Jahre
Bild 20	Alexander, 12 Jahre
Bild 21	Jana, 14 Jahre
Bild 22	Constantin, 16 Jahre
Bild 23	Martin 18 Jahre
Bild 24	Fritz, 7 Jahre
Bild 25	Linus, 12 Jahre
Bild 26	Paula, 7 Jahre
Bild 27	Sarah, 8 Jahre
Bild 28	Ralf, 11 Jahre
Bild 29	Teresa, 7 Jahre
Bild 30	Christoph, 8 Jahre
Bild 31	Maria, 13 Jahre
Bild 32	Niklas, 8 Jahre
Bild 33 a	Paul, 8 Jahre

Bild 33 b Paul, 8 Jahre
Bild 33 c Paul, 8 Jahre
Bild 33 d Paul, 8 Jahre
Bild 34   Paul, 8 Jahre (Schrift)

Abbildungen aus Bilderbüchern

Abb. 1	Michèle Lemieux: Gewitternacht
Abb. 2	Stian Hole: Garmans Sommer
Abb. 3	Chen Jianghong: An Großvaters Hand. Meine Kindheit in China
Abb. 4	Ruth Vander Zee: Erikas Geschichte. Bilder Roberto Innocenti
Abb. 5	Gabriele Sturm: Justus ist traurig. Bilder Jasmin Sophie Hillen
Abb. 6	John Burningham: Großpapa
Abb. 7 a und b	Antje Damm: Ist 7 viel?
Abb. 8	Max Velthuijs: «Was ist das?» fragt der Frosch
Abb. 9	Peter Schössow: Gehört das so??! Die Geschichte von Elvis
Abb. 10	Cynthia Rylant: Auch Hunde kommen in den Himmel
Abb. 11	Amelie Fried: Hat Opa einen Anzug an? Bilder Jacky Gleich
Abb. 12	Dirk Walbrecker: Ist Omi jetzt ein Engel? Bilder Martina Mair
Abb. 13	Riita Jalonen: Das Mädchen unter dem Dohlenbaum. Bilder Kriistina Louhi
Abb. 14	Dagmar Krol: Kevin Kanin oder Als es dunkel wurde am Lohewald. Bilder Pieter Kunstreich
Abb. 15	Armin Beuscher: Über den großen Fluss. Bilder Cornelia Haas
Abb. 16	Eva Höschl: Tschüss Oma. Ein Kinderbuch zu Abschied und Trauer. Bilder Nana Kutschera
Abb. 17	Susanne Wilfling: Aufgeben tut man einen Brief. Bilder Christina Hummel
Abb. 18	Nigel Gray: Der kleine Bär und sein Opa. Bilder Vanessa Caban
Abb. 19	Marit Kaldhol: Abschied von Rune. Bilder Wenche Øyen
Abb. 20	Michael Rosen: Mein trauriges Buch. Bilder Quentin Blake

Abb. 21	Hans Hagen: Still, ich denke an das Huhn. Bilder Harrie Geelen
Abb. 22	Susan Varley: Leb wohl, lieber Dachs
Abb. 23	Jutta Bauer: Opas Engel
Abb. 24	Chen Jianghong: Junger Adler
Abb. 25	Friedrich Hechelmann. Elisabeth Borchers: Ein Weihnachtstraum
Abb. 26	Stian Hole: Garmans Sommer
Abb. 27	Monica Gydal. Thomas Danielsson: Oles Großvater stirbt. Bilder Mats Andersson
Abb. 28	Gunilla Lundgren: Der Baum, der nicht sterben wollte. Fotos Lars Jacobsen. Bilder Militta Wellner
Abb. 29	Kristien Aertssen: Als Oma ein Vogel wurde
Abb. 30	Marie Herbold: Papi, wir vergessen dich nicht
Abb. 31	Eleanor Coerr: Sadako. Bilder Ed Young
Abb. 32	Keizaburo Tejima: Schwanenwinter
Abb. 33	John Burningham: Wolkenland
Abb. 34	Claude Clément: Der Geigenbauer aus Venedig. Bilder Frédéric Clément
Abb. 35	Michael Ende: Ophelias Schattentheater. Bilder Friedrich Hechelmann
Abb. 36	Sabine Herrmann: Luca und der Schmetterling. Bilder Jo Bahde
Abb. 37 a, b	Astrid Lindgren: Sonnenau. Bilder Marit Törnqvist
Abb. 38	Didier Lévy. Matthieu Roussel: Angelman
Abb. 39	Friedrich Karl Waechter: Der rote Wolf
Abb. 40	Friedrich Karl Waechter: Der rote Wolf
Abb. 41	Friedrich Karl Waechter: Der rote Wolf
Abb. 42	Claude Clément: Der Geigenbauer aus Venedig. Bilder Frédéric Clément
Abb. 43 a, b, c, d	Claude Clément: Der Maler und die wilden Schwäne. Bilder Frédéric Clément
Abb. 44	Mechthild Hüsch: „Da spricht man nicht drüber." Wie Jakob den Suizid seines Vaters erlebt. Bilder Heinrich Hüsch

Abb. 45	Elzbieta: Floris & Maja
Abb. 46	Anais Vaugelade: Fabian und der Krieg
Abb. 47	Roberto Innocenti: Rosa Weiss
Abb. 48	Hans Traxler: Komm, Emil, wir gehn heim!
Abb. 49	Hermann Schulz: Sein erster Fisch. Bilder Wiebke Oeser
Abb. 50	Hannelore Dierks: Der schwarze Vogel. Bilder Carme Solé Vendrell
Abb. 51	Heinz Janisch: Rote Wangen. Bilder Aljoscha Blau
Abb. 52	Antje Damm: Ist 7 viel?
Abb. 53	Babette Cole: Fall um
Abb. 54	Dolf Verroen: Ein Himmel für den kleinen Bären. Bilder Wolf Erlbruch
Abb. 55	Angela Sommer-Bodenburg: Julia bei den Lebenslichtern. Bilder The Tjong Khing
Abb. 56	Wolf Erlbruch: Die große Frage
Abb. 57	Hans Christian Andersen: Das Mädchen mit den Schwefelhölzern. Bilder Jan Mogensen
Abb. 58	Koos Meinderts. Harrie Jeckers: Die Ballade vom Tod. Bilder Piet Grobler
Abb. 59	Jürg Schubiger: Das Mädchen und der Tod. In: Als die Welt noch jung war. Bilder Susanne Berner
Abb. 60	Helen Eustis: Das rothaarige Mädchen. Bilder Reinhard Michl
Abb. 61	Hermann Schulz: Die schlaue Mama Sambona. Bilder Tobias Krejtschi
Abb. 62	Hans Christian Andersen: Die Nachtigall. Bilder Lisbeth Zwerger
Abb. 63	Glenn Ringtved: Warum, lieber Tod ... ? Bilder Charlotte Pardi
Abb. 64	Alfred Rethel: Der Tod als Freund (das Bild ist dem Katalog: Totentanz entnommen, s. hierzu das Literaturverzeichnis)
Abb. 65	Michèle Lemieux: Gewitternacht
Abb. 66	Johann Wolfgang von Goethe: Das Hexen-Einmal-Eins. Bilder Wolf Erlbruch

Abb. 67	Michael Ende: Ophelias Schattentheater. Bilder Friedrich Hechelmann
Abb. 68	Hiltraud Olbrich: Abschied von Tante Sofia. Bilder Astrid Leson
Abb. 69	Wolf Erlbruch: Ente, Tod und Tulpe
Abb. 70	Karl Philipp Moritz: Neues ABC-Buch. Bilder Wolf Erlbruch
Abb. 71	Jürg Schubiger: Als der Tod zu uns kam. Bilder Rotraut Susanne Berner
Abb. 72	Kitty Crowther: Der Besuch vom Kleinen Tod
Abb. 73	Joscha Sauer: Nichtlustig 3
Abb. 74	Michael Stavaric: Die kleine Sensenfrau. Bilder Dorothee Schwab
Abb. 75	Marianne Franke: Alarm im Körperhaus. Bilder Willy Blaufelder. Helga Kasper
Abb. 76	Mordicai Gerstein: Wie der Schatten eines fliegenden Vogels
Abb. 77	Hermien Stellmacher: Nie mehr Oma-Lina-Tag? Bilder Jan Lieffering
Abb. 78	Helene Düperthal: Wie kommt der große Opa in die kleine Urne? Bilder Daniel Veit
Abb. 79	Jutta Treiber: Die Blumen der Engel. Bilder Maria Blazejovsky
Abb. 80	Marit Kaldhol: Abschied von Rune. Bilder Wenche Øyen
Abb. 81	Friedrich Karl Barth: Himbeermarmelade. Bilder Dorota Wünsch
Abb. 82	Birte Müller: Auf Wiedersehen, Oma
Abb. 83	Marlee und Benny Alex: Großvater und ich und die traurige Geschichte mit dem kleinen Kätzchen. Fotos Benny Alex
Abb. 84	Pierre Markus Heinrichsdorf: Honiggelb und Steingrau
Abb. 85	Linda Blumentritt: Lara's Schmetterlinge
Abb. 86	Babette Cole: Fall um
Abb. 87	Riita Jalonen: Das Mädchen unter dem Dohlenbaum. Bilder Kristiina Louhi
Abb. 88	Keizaburo Tejima: Schwanenwinter
Abb. 89	Susan Varley: Leb wohl, lieber Dachs
Abb. 90	Judith Kestenberg: Als Eure Großeltern jung waren. Bilder Vivienne Koorland

Abb. 91	Iris Isler: Die Fahrt zum Pferdeparadies
Abb. 92	Michael Dudok de Wit: Vater und Tochter
Abb. 93	Thomas Tidholm: Die Reise nach Ugri-La-Brek. Bilder Anna-Clara Tidholm
Abb. 94	Patrick Gilson: Wenn ich nicht mehr bei dir bin, bleibt dir unser Stern. Bilder Claude Dubois
Abb. 95	Isabel Abedi: Abschied von Opa Elefant. Bilder Miriam Cordes
Abb. 96	Jutta Treiber: Die Blumen der Engel. Bilder Maria Blazejovsky
Abb. 97	Max Velthuijs: «Was ist das?» fragt der Frosch
Abb. 98	Heike Saalfrank: Abschied von der kleinen Raupe. Bilder Eva Goede
Abb. 99	Susanne Wilfling: Aufgeben tut man einen Brief. Bilder Christina Hummel

Schaubilder

Schaubild 1: Geschwistertrauer

Schaubild 2: Die eigene Hilflosigkeit im Gespräch mit einem Kind

Schaubild 3: Einwirkungen beim Betrachten eines Bilderbuchs

Schaubild 4: Wovor hat … Angst? Was denkt … vom Sterben?

Literatur

Fachliteratur

Abram, Ido: Holocaust, Erziehung und Unterricht. Vortrag aus Anlass der Gründung der Forschungs- und Arbeitsstelle (FAS) Erziehung nach/über Auschwitz. 20.5.1998

Battegay, Raymond. Udo Rauchfleisch (Hrsg.): Das Kind in seiner Welt. Vandenhoeck & Ruprecht. Göttingen 1991

Bettelheim, Bruno: Ein Leben für Kinder. Erziehung in unserer Zeit. Verlag Beltz. Weinheim 2003 (DVA Stuttgart 1987)[16]

Bettelheim, Bruno: Kinder brauchen Märchen. Deutscher Taschenbuchverlag. München 1993 (DVA Stuttgart 1977)

Beutel, Manfred E.: Der frühe Verlust eines Kindes. Bewältigung und Hilfe bei Fehl-, Totgeburt und Plötzlichem Kindstod. Hogrefe. Göttingen 2002

Biesinger, Albert. Edeltraud und Ralf Gaus: Warum müssen wir sterben? Wenn Kinder mehr wissen wollen. Herder. Freiburg 2008

Bilstein, Johannes: Seelen formen. In: Johannes Bilstein. Matthias Winzen (Hrsg.): Seele. Konstruktionen des Innerlichen in der Kunst. Staatliche Kunsthalle Baden-Baden. Verlag für moderne Kunst. Nürnberg 2004

Bowlby, John: Das Glück und die Trauer. Herstellung und Lösung affektiver Bindungen. Klett-Cotta. Stuttgart 2009 (1982)

Brackmann, Andrea: Jenseits der Norm – hochbegabt oder hochsensibel. Leben lernen 180. Pfeiffer bei Klett Cotta. Stuttgart 2005

Brett, Doris: Anna zähmt die Monster. Therapeutische Geschichten für Kinder. Iskopress. Salzhausen 2007 (1994)

Brocher, Tobias: Wenn Kinder trauern. Wie Eltern helfen können. rororo Taschenbuch 7950. Rowohlt Taschenbuch Verlag. Reinbek bei Hamburg 1985

Bundesärztekammer und Kassenärztliche Bundesvereinigung: Grundsätze der Bundesärztekammer zur ärztlichen Sterbebegleitung. In: Deutsches Ärzteblatt PP 3/2011. Seite 139

Bürgin, Dieter: Das Kind, die lebensbedrohende Krankheit und der Tod. Verlag Hans Huber. Bern 1981 (1978)

Bürgin, Dieter: Kinder und der Tod. In: Raymond Battegay. Udo Rauchfleisch (Hrsg.): Das Kind in seiner Welt. Vandenhoeck & Ruprecht. Göttingen 1991

Cramer, Barbara: Der Tod im Bilderbuch. In: Friedhof und Denkmal. Zeitschrift für Sepulkralkultur 2/2003. Arbeitsgemeinschaft Friedhof und Denkmal. Kassel

---

[16] Die Angaben in der Klammer beziehen sich auf den Zeitpunkt der 1. Auflage.

Cramer, Barbara: Der Tod im Bilderbuch. Tut sterben weh? In: Deutsches Ärzteblatt PP 10/2003

Cramer, Barbara: Der Tod im Bilderbuch. Wie ist es im Himmel? In: WIR 3/2003

Cramer, Barbara: Mit Kindern angstfrei über Sterben und Tod reden. Bilder-, Kinder- und Jugendbücher als Einstieg zu einem Gespräch. Das Band 4/2004

Cramer, Barbara: Bilderbücher zu Sterben und Tod 2003. Sammelrezension. Beiträge Jugendliteratur und Medien 3/2004

Cramer, Barbara: Wie sag ich's meinem Kinde – Bilderbücher zu Alter, Krankheit und Tod. In: eselsohr. Fachzeitschrift für Kinder- und Jugendmedien. 27. Jg. Heft 8/2008. Seite 15

Cramer, Barbara: Tut Sterben weh? Kindliche Vorstellungen vom Tod. JuLit Heft 1/09: Tod und Trauer in der Kinder- und Jugendliteratur. Seite 3–8. Arbeitskreis für Jugendliteratur e.V. 2009

Cramer, Barbara: Die Angst vor dem Tod ist nicht angeboren. Sterben und Tod im Bilder- und Kinderbuch. In: Fachbuchjournal 5/2010. Seite 70–72

Cramer, Barbara: Wenn Fragen wichtiger werden als Antworten. Wie kann man mit Kindern über Sterben und Tod sprechen? In: Kölner Kirchenzeitung 43/2010. Seite 51

Cramer, Barbara: Wo ist Opa? Mit Kindern über den Tod sprechen. In: Kängeruh. Sonderbeilage 5/2010. Seite 4–5

Cramer, Barbara: Bist du jetzt ein Engel? Mit Kindern über Leben und Tod reden. In: Brückenschlag. Zeitschrift für Sozialpsychiatrie, Literatur, Kunst. Band 26/2010. Seite 112–117

Cramer, Barbara: Bist du jetzt ein Engel? Mit Kindern über Sterben und Tod reden. Ein Einstieg über das Bilderbuch. In: Lebenskünstler und ihre Begleiter. Erfahrungen in der Kinderhospizarbeit. Schriftenreihe des Deutschen Kinderhospizvereins e.V. Band 3/2011 Seite 107–122. der hospiz verlag. Ludwigsburg 2011

Deutscher Verband Ev. Büchereien (Hrsg.): Bilderbücher über Abschied, Trauer und Tod. Göttingen 2005

Devold, Simon Flem: Morten, 11 Jahre. Gespräche mit einem sterbenden Kind. Verlag Urachhaus. Stuttgart 1998

Enge, Annelore: Versuch einer Bestandsaufnahme von Bilderbüchern, Kinderbüchern, Jugendbüchern, Berichten, Ratgebern, Sekundärliteratur zu Kind und Tod 2011. Zu beziehen durch: Trau dich GmbH Kinder- und Jugendbuchladen. Holtenauer Straße 92. 24105 Kiel

Erikson, Erik: Kindheit und Gesellschaft. Klett Cotta. Stuttgart 2005 (1994)

Evangelische Bundesarbeitsgemeinschaft für Sozialpädagogik im Kindesalter e.V. und Kallmeyer'sche Verlagsbuchhandlung (Hrsg.): TPS. Theorie und Praxis der Sozialpädagogik. Extra 38: Kinder begegnen dem Tod. Kallmeyer'sche Verlagsbuchhandlung. Seelze 2000

Evangelisches Literaturportal e. V. (Hrsg.): Tod – was ist das? Bilderbücher über Abschied, Trauer und Tod. Themenheft. Göttingen 2010

Everding, Willi: Wie ist es tot zu sein? Tod und Trauer in der pädagogischen Arbeit mit Kindern. Herder. Freiburg 2005

Fässler-Weibel, Peter: Wenn Kinder sterben. topos Taschenbücher Band 660. Verlagsgemeinschaft topos. Freiburg/Schweiz 2008

Finger, Gertraud: Mit Kindern trauern. Kreuz Verlag. Zürich 1998

Fischer, Erika: Todesvorstellungen von Jugendlichen. Eine empirische Untersuchung zu kognitiven Todesvorstellungen und emotionalem Todeserleben jugendlicher Hauptschüler. S. Roderer Verlag. Regensburg 1990

Fleck-Bohaumilitzky, Christine: Wenn Kinder trauern. Südwest-Verlag. München 2003

Franz, Margit: Tabuthema Trauerarbeit. Erzieherinnen begleiten Kinder bei Abschied, Verlust und Tod. Don Bosco Verlag. München 2008 (2002)

Fuchs, Claudia. Rich R. Schmidt: Kraftquellen. Persönliche Ressourcen für gute und schlechte Tage. Klett Cotta. Stuttgart 2008

Furman, Erna: Ein Kind verwaist. Untersuchungen über Elternverlust in der Kindheit. Klett-Cotta. Stuttgart 1977

Grollman, Earl A.: Mit Kindern über den Tod sprechen. Ein Ratgeber für Eltern. Christliche Verlagsanstalt. Neukirchen Vluyn 2004 (Aussaat Verlag. Neukirchen Vluyn 2000)

Halbey, Hans Adolf: Das Besondere des Bilderbuchs in der Literatur. In: Bilderbuch: Literatur. Beltz Athenäum Verlag. Weinheim 1997

Harder, Gabriela M.: Sterben und Tod eines Geschwisters. Verlag pro juventute. Zürich 1991

Haupt, Ursula: Spiritualität in der Begleitung von Kindern mit begrenzter Lebenserwartung. In: Deutscher Kinderhospizverein (Hrsg.): Begleiten – Abschiednehmen – Trauern. verlag selbstbestimmtes leben. Düsseldorf 2008

Herzog, Edgar: Psyche und Tod. Wandlungen des Todesbildes im Mythos und in den Träumen heutiger Menschen. Rascher Verlag. Zürich 1960

Hug-Hellmuth, Hermine: Das Kind und seine Vorstellung vom Tod. In: Imago I. Hrsg. S. Freud 1912. S. 285–299

Imhof, Arthur E.: Die Kunst des Sterbens. Wie unsere Vorfahren sterben lernten. S. Hirzel Verlag Stuttgart. Leipzig 2000 (1998)

Inhelder, Bärbel. Harold Chipman: Von der Kinderwelt zur Erkenntnis der Welt. Koch Buchverlag. Planegg 1985 (Akademische Verlagsgesellschaft. Wiesbaden 1978)

Jaehner, Doris: Über die Einstellung des Kleinkindes zum Tod. In: Zeitschrift für angewandte Psychologie 1933. S. 262–288

Kain, Winfried: Die positive Kraft der Bilderbücher. Beltz Verlag. Weinheim 2006

Kaiserswerther Diakonie/M. Dargel (Hrsg.). H. Bartosch (Autor): Lebenswege. Fotos Peter Wirtz. Bergmoser + Höller Verlag AG. Aachen 2006

Kämper, Harriet. Birgit Pfahl: Mit Trauer leben. Hilfen für verwaiste Eltern und Geschwister. Ellert & Richter Verlag. Hamburg 2008

Klemm, Michael. Gerlinde Hebeler (Hrsg.): Tränen im Regenbogen. Phantastisches und Wirkliches aufgeschrieben von Mädchen und Jungen der Kinderklinik Tübingen. Attempto Verlag Tübingen 1998 (1989)

Kliman, Gilbert: Seelische Katastrophen und Notfälle im Kindesalter. Fischer Taschenbuch Verlag 6710. Hippokrates Verlag. Stuttgart 1982 (1973)

Klötzer, Marion: Raum für Trauer. In: eselsohr. Fachzeitschrift für Kinder- und Jugendmedien. 30. Jg. Heft 8 (2011). Seite 12–13

Komp, Diane M.: Fenster in den Himmel. Wie Kinder im Tod das Leben sehen. Aussaat Verlag. Neukirchen-Vluyn 1993

Kretschmer, Christine: Bilderbücher in der Grundschule. Westermann Verlag. Braunschweig 2010 (Volk und Wissen Verlag. Berlin 2003)

Kübler-Ross, Elisabeth: Kinder und Tod. Droemer/Knauer 2008 (1984)

Lazarus, Arnold: Innenbilder. Imagination in der Therapie und als Selbsthilfe. Reihe Leben lernen Nr. 47. Verlag J. Pfeiffer. München 1993

Leist, Marielene: Kinder begegnen dem Tod. Ein beratendes Sachbuch für Eltern und Erzieher. Gütersloher Verlagshaus Gerd Mohn. Gütersloh 2004

Lexe, Heidi: Der Tod und das Einmal-Eins. In: 1000 und 1 Buch. Nr. 4. 2004. Hrsg.: AG Kinder- und Jugendliteratur

Leyendecker, Christoph: Bedingungen und Möglichkeiten der Begleitung lebensbedrohlich erkrankter und behinderter Kinder. In: Deutscher Kinderhospizverein (Hrsg.): Begleiten – Abschiednehmen – Trauern. Kinder mit lebensverkürzender Erkrankung. Verlag selbstbestimmtes leben. Düsseldorf 2008

Lohthrop, Hannah: Gute Hoffnung, jähes Ende. Kösel. München 2007 (1991). Seite 40–94

Matouschek, Leonore. Monika Böddeling: Über das Anschauen eines toten Kindes. Zu beziehen über: Verwaiste Eltern und Geschwister Hamburg e. V. Bogenstraße 26. 20144 Hamburg o.J.

Mills, Joyce C. Richard J. Crowley: Therapeutische Metaphern für Kinder und das Kind in uns. Carl-Auer-Systeme. Verl. und Verl.-Buchh. Heidelberg 2006 (1996)

Ministerium für Kultus, Jugend und Sport Baden Württemberg: Vom Umgang mit Trauer in der Schule. Handreichung für Lehrkräfte und Erzieherinnen 3/2006. Als Download siehe auch: www.km-bw.de

Mussen, Paul et al.: Lehrbuch der Kinderpsychologie. Band 1 und 2. Klett-Cotta Stuttgart 1999 (1993)

Niethammer, Dietrich: Soll man mit schwerkranken Kindern über den Tod reden? In: Zeitschrift für medizinische Ethik 51/2005

Niethammer, Dietrich: Das sprachlose Kind. Vom ehrlichen Umgang mit schwer kranken und sterbenden Kindern und Jugendlichen. Schattauer. Stuttgart 2008

Ommen, Sylvia van: Lakritzbonbons. Jenseitsvorstellungen von Kindern ins Gespräch bringen: Perspektiven für den Religionsunterricht in der Grundschule. University press. Kassel 2009

Piaget, Jean: Die Entwicklung der Symbolfunktion beim Kinde. Ernst Klett Verlag. Stuttgart 2003 (1969)

Piaget, Jean. Bärbel Inhelder: Die Psychologie des Kindes. DTV. München 1993 (Walter-Verlag. Olten. Freiburg im Breisgau 1972)

Piaget, Jean: Urteil und Denkprozess des Kindes. Pädagogischer Verlag Schwann. Düsseldorf 1994 (1972)

Piaget, Jean: Das Weltbild des Kindes. Deutscher Taschenbuch Verlag. München1992 (Ernst Klett Verlag. Cotta'sche Buchhandlung Nachfolger. Stuttgart 1978)

Pieper, Annemarie: Philosophie für Kinder. In: Raymond Battegay / Udo Rauchfleisch (Hrsg.): Das Kind in seiner Welt. Vandenhoeck & Ruprecht. Göttingen 1991

Plieth, Martina: Kind und Tod. Zum Umgang mit kindlichen Schreckensvorstellungen und Hoffnungsbildern. Neukirchener Verlag. Neukirchen-Vluyn 2009 (2002)

Rabus, Silke: Und was kommt dann? Die vielen Bilder vom Tod. In: 1000 und 1 Buch. Nr. 4. 2004. Hrsg.: AG Kinder- und Jugendliteratur

Raimbault, Ginette: Kinder sprechen vom Tod. Klinische Probleme der Trauer. edition suhrkamp 1993. Suhrkamp Verlag. Frankfurt a. M. 1996 (1980)

Ramachers, Günter: Entwicklung und Bedingungen von Todeskonzepten beim Kind. Europäische Hochschulschriften. Reihe 6. Bd. 489. Verlag Peter Lang. Frankfurt a. M. 1994

Rasmussen, Wilhelm: Psychologie des Kindes zwischen vier und sieben Jahren. Felix Meiner Verlag. Leipzig 1925

Rechenberg-Winter, Petra. Esther Fischinger: Kursbuch systemische Trauerbegleitung. Vandenhoek & Ruprecht. Göttingen 2008 (mit CD)

Reed, Elizabeth: Kinder fragen nach dem Tod. Verlag Der Evang. Gesellschaft. Leipzig 1991 (Quell Verlag. Stuttgart 1972)

Ringel, Erwin: Selbstmord. Appell an die anderen. KT 68. Chr. Kaiser/Gütersloher Verlagshaus. Gütersloh 1989

Schacht, Lore: Baustelle des Selbst. Psychisches Wachstum und Kreativität in der analytischen Kinderpsychotherapie. Leben lernen 143. Pfeiffer bei Klett-Cotta. Stuttgart 2001

Schroeter-Rupieper, Mechthild: Für immer anders. Das Hausbuch für Familien in Zeiten der Trauer und des Abschieds. Schwabenverlag. Ostfildern 2010 (2009)

Specht-Tomann, Monika. Doris Tropper: Wir nehmen jetzt Abschied. Kinder und Jugendliche begegnen Sterben und Tod. Patmos Verlag. Düsseldorf 2011 (2000)

Spiecker-Verscharen, Ingun: Kindheit und Tod. Studien zur Kinder- und Jugendmedienforschung Bd. 9. Haag + Herchen Verlag. Frankfurt a. M. 1982

Stern, Daniel: Die Lebenserfahrung des Säuglings. Klett Cotta. J. G. Cotta'sche Buchhandlung Nachf. 2003

Student, Johann Christoph: Im Himmel welken keine Blumen. Kinder begegnen dem Tod. Herder spektrum. Verlag Herder. Freiburg im Breisgau 2000

Tausch, Anne-Marie und Reinhard: Hilfreiche Erfahrung bei der Begleitung Sterbender. Rowohlt Verlag. Reinbek bei Hamburg. ITP Ton- und Bildträger GmbH. Berlin 1993

Tausch-Flammer, Daniela. Lis Bickel: Wenn Kinder nach dem Sterben fragen. Ein Begleitbuch für Kinder, Eltern und Erzieher. Herder Verlag. Freiburg im Breisgau 2009 (1995)

Thiele, Jens: Das Bilderbuch. In: Thiele, Jens. Jörg Steitz-Kallenbach (Hrsg.): Handbuch Kinderliteratur. Herder. Freiburg 2003

Thiele, Jens (Hrsg): Das Bilderbuch. Universitätsverlag Aschenbeck & Isensee. Bremen. Oldenburg 2003 (2000)

Thun, Gaby von: Der liebe Gott sieht aus wie ein Elefant, oder? Kinder machen sich ein Bild von Gott. Mit einem Nachwort von Jan-Uwe Rogge. Rowohlt Verlag. Reinbek bei Hamburg 2008

Verst, Katharina: Der Pädagoge als Begleiter lebensverkürzend erkrankter Kinder und Jugendlicher: Aspekte der Betreuung, Förderung und Begleitung von Schülerinnen und Schüler mit MPS III. Ergebnisse eine Befragung von Müttern. Schriftliche Hausarbeit zur 1. Staatsprüfung für ein Lehramt an Sonderschulen. Würzburg 2009

Unruh, Jutta. Johannes Duven. Frank Müllenmeister: Wenn die Not Worte verschlingt. Kontrast Verlag. Pfalzfeld 2008

Wiese, Anja: Um Kinder trauern. Eltern und Geschwister begegnen dem Tod. Gütersloher Verlagshaus. Gütersloh 2001

Winnicott, D. W.: Vom Spiel zur Kreativität. Konzepte der Human-Wissenschaften. Ernst Klett Verlag. Stuttgart 2010 (1973)

Wittkowski, J.: Psychologie des Todes. Wissenschaftliche Buchgesellschaft. Darmstadt 1990

Wittkowski, Joachim. H. Schnell: Strukturen der Todesvorstellungen bei 8–14-Jährigen. In: Zeitschrift für Entwicklungspsychologie und Pädagogische Psychologie Bd. XIII. 4. S. 304–311

Wolfelt, Alan: Für Zeiten der Trauer. Wie ich Kindern helfen kann. Kreuz Verlag. Stuttgart 2002

Bilderbücher zu Sterben und Tod

Aakeson, Kim Fupz: Erik und das Opa-Gespenst. Bilder Eva Eriksson. Verlag Friedrich Oettinger. Hamburg 2005

Abedi, Isabel: Abschied von Opa Elefant. Bilder Miriam Cordes. Verlag Heinrich Ellermann. Hamburg 2006

Adrian, Christine: Was lebt in unserem Garten. Otto Maier Verlag. Ravensburg 1983

Aertssen, Kristien: Als Oma ein Vogel wurde. Gerstenberg. Hildesheim 2011

Alex, Marlee und Benny: Großvater und ich und die traurige Geschichte mit dem kleinen Kätzchen. Fotos Benny Alex. Otto Wikkelsoe. Brunnen Verlag. Gießen 2000 (1982)

Andersen, Hans Christian: Das Mädchen mit den Schwefelhölzern. Bilder Jan Mogensen. Orell Füssli + Parabel Verlag. Wiesbaden 1987

Andersen, Hans Christian: Die Nachtigall. Bilder Lisbeth Zwerger. Verlag Neugebauer. Salzburg 1991

Arima, Shizuko: Pon und Lulu. Bilder Junko Arima. Saatkorn Verlag. Hamburg 1996 (1984)

Bach, Michaela: Mukis Wunderbaum. Nach Motiven von György Lehoczky. Annette Betz Verlag. München 1989 (1971)

Barth, Friedrich Karl: Himbeermarmelade. Bilder Dorota Wünsch. Peter Hammer Verlag. Wuppertal 2003